JN164798

# コーポレートガバナンスと企業・産業の持続的成長

神作裕之
小野　傑　編
今泉宣親

商事法務

# はしがき

本書は、東京大学の公共政策大学院において、2016（平成27）年度に行われた「資本市場と公共政策——コーポレートガバナンスと企業・産業の持続的成長」の一部を速記録にもとづき収録したものである。この講義は、みずほ証券株式会社による寄付講座「資本市場と公共政策」の一環として、小野傑客員教授と今泉宣親特任准教授が担当し、それぞれのテーマに応じてその分野に精通した、また豊富な経験と知識をおもちの専門家・実務家にゲストとしてお越しいただき、最先端の実務と理論について、豊富なデータやご経験を示しつつ実態に即してお話をいただいたものである。なお、この講義は、公共政策大学院と、法曹養成専攻（法科大学院）および法学政治学研究科総合法政専攻との合併講義として開講された。

コーポレートガバナンス論は、日本のみならず世界的に活発に議論され、かつ、コーポレートガバナンス改革も多くの国や地域で頻繁に実践されている。コーポレートガバナンスは、その最終的な目的が必ずしも明確ではない上、仮に目標が明確に定まったとしても決してその終着点に到達することはないという意味では永遠のテーマである。さらに、コーポレートガバナンスは、会社法や金融商品取引法などの法的問題だけではなく、コーポレート・ファイナンス論や経済学・経営学などの理論、コーポレートガバナンス改革が実際に企業価値の向上につながっているかの実証的な検証などさまざまな観点からの検討が必要であり、実際に検討がなされている分野である。

とくに、主要先進国と比較しても日本企業の付加価値の増加が停滞しているという状況の下、中長期的な観点から企業価値を増加させるためのコーポレートガバナンスのあり方が、「攻めのガバナンス」という表現で注目されている。コーポレートガバナンス・コードのような法的拘束力のない社会規範をベストプラクティスとして提示するとともに、実務と市場の発展に応じて逐次それを更新していくという手法が世界的に広く普及していることも、「攻めのガバナンス」を実現するための一つの工夫であると考えられる。他方、不健全な経営ましてや違法な経営を抑止する「守りのガバナンス」が軽視されて良いわけでないことは言うまでもないし、企業価値を評価するもっとも効率的な市場である資本市場の公正さ自体が害されることがあってはならない。

本書の前半では、コーポレートガバナンス論の目的と手段の組合せについての経済学的視点からのモデル分析、OECDの改訂コーポレートガバナンス原則、経営者と機関投資家それぞれの観点から見たコーポレートガバナンス改革等について分析がなされる。また後半では、「守りのガバナンス」に重点をおいて、資本市場自体の機能と公正性を維持するための証券規制とそのエンフォースメントの実態と企業の危機管理体制等について議論がなされる。本書が、コーポレートガバナンスにさまざまな立場で携わっている方々およびそれに関心のある方々にとって参考になれば幸いである。

なお、本書の記述のうち意見にわたる部分は執筆者個人の見解であって、その所属する組織の見解ではないことをお断りする。

平成29年９月

**神作　裕之**

# はじめに

本書は、東京大学の公共政策大学院、法科大学院、および総合法政専攻の大学院生を対象に、2016年度に行われた講義「資本市場と公共政策」の速記録を編纂したものです。

本講義は、毎年度、資本市場を取り巻く様々な課題のうち、官公庁や法曹界などを目指す学生であれば学習しておくべき、社会的重要性の高まっているテーマを選んで、関係する実務家をゲストスピーカーに招き、講演や議論を通じて、学生各人にリアルな政策課題への理解を深めてもらうことを目的にしています。

2016年度は「コーポレートガバナンスと企業・産業の持続的成長」をテーマに取り上げました。各界を代表するスピーカーの熱のこもった講演、学生に対する示唆的な課題提供、これを真摯に受け止めた学生とのやりとり——これらは、大学の教室での仮初めにとどめるには惜しいものと思われたため、今回、講義録として出版することにしました。大学の授業の臨場感を読者の皆様にも堪能していただければ本望です。

コーポレートガバナンスというテーマは、これまでも法律学、経済学、さらには社会学など様々な分野で議論されてきており、この「資本市場と公共政策」においても、2010年度に取り上げたことがあります。今回このタイミングで再びコーポレートガバナンスをテーマに取り上げた趣旨は、2010年の講義の後、特に公共政策の観点から見て議論が大きく進んだためです。

具体的には、安倍内閣の成長戦略においてコーポレートガバナンス改革が大きな柱に据えられ、会社法の改正やコーポレートガバナンス・コードの策定などの取り組みが進みました。ここではかつて我が国の議論の中心であった経営者の暴走へのけん制（適法性の監視の視点）よりもむしろ、日本経済の成長戦略の一環として、経営の効率性の監視に重点が置かれています。そして、この効率性の監視を確保するための方策として、会社法等の法令ではなく、コンプライ・オア・エクスプレインの手法によるソフトローが主軸に据えられた点も新たな動きと言えます。

他方、こうしたコーポレートガバナンス改革の一方で、世間を揺るがすような大企業における不祥事件も続いています。こうした不祥事件の根本原因は何か、事件発覚時に取るべき望ましい対応はどのようなものかについても議論は進んでいます。

さらに、この両者の底流に流れることとして、企業の持続的成長には文化や倫理、あるいはESGといった無形の要素が重要になってくるのではないかという議論もあります。これは、投資家、ひいては国民家計全般にとっての、長期的なリターン・資産形成につながるものとなっていきます。

授業では、まず一橋大学大学院商学研究科の田村俊夫教授よりコーポレートファイナンスの専門家の立場からコーポレートガバナンスに関する学術的な議論について、OECDでコーポレートガバナンス原則改訂に従事された金融庁の野崎彰氏よりコーポレートガバナンスに関する国際的な議論について、それぞれ概説していただきました（第１編第１章・第２章)。

その上で、前述の企業・産業の持続的成長を実現するための、いわば「攻め」のコーポレートガバナンスのあり方の議論の前提として、実際の企業経営に深く関与されている立場から経営共創基盤の冨山和彦CEOに、長年日本の株式市場をウォッチされ、さらに学術的な観点からそれを分析してこられた一橋大学大学院国際企業戦略研究科の藤田勉特任教授に、それぞれ現在のコーポレートガバナンス改革をどう見るかなどについてお話しいただきました（第２編第１章・第２章)。

続いて、スチュワードシップ責任を負っている機関投資家の立場からは、ニッセイアセットマネジメントの井口譲二氏よりコーポレートガバナンス改革を受けて投資家側ではどのような動きが出てきているか、さらなる高度化にはどのようなことが求められるかといった点をご指摘いただきました。また、みずほ証券の菊地正俊氏からは、証券ストラテジストとして機関投資家等に対して日本の株式市場に関する評価分析を提供している立場から、各社のコーポレートガバナンス報告書などがどう映っているかお話しいただきました（第２編第３章・第４章)。

以上のような「攻め」のコーポレートガバナンスの観点からの議論に加えて、依然として続く大企業等の不祥事件を踏まえて、「守り」のコーポレートガバナンスについて、現在実務ではどのようになっているのか、単なる法令順守を超えて、何に取り組もうとしているのかを取り上げました。

具体的には、証券取引等監視委員会の佐々木清隆事務局長より、証券市場の不公正取引の動向やその取締りの場面におけるコーポレートガバナンスの重視の動きについてお話いただきました。また、企業法務における危機管理の専門家として、西村あさひ法律事務所の木目田裕パートナー弁護士より、企業の不祥事件への対応や不祥事件の根本原因がどこにあるのか等についてお話をいただきました（第３編第１章・第２章)。

なお、講義自体は全13回あり、第１回と第13回は担当教員である小野・今泉による講義のイントロダクションやレポートに関する情報提供、第２回は様々なバックグラウンドの学生達の前提知識を共通させるための、東京大学大学院法学政治学研究科の神作裕之教授による商法学者の立場からのコーポレートガバナンス論の整理であったため、これら以外のゲストスピーカーによる講演を中心に採録しています。講師の意向によりすべての講義は採録できていません。また、各章では講義後の質疑応答についてもご紹介していますが、紙面の関係から代表的なものに絞って掲載しています。

採録している複数のゲストスピーカーの主張の中には、相反するものもあります。その一方で、別の議論でありながら本質には共通の考えが流れている場合も少なくありません。リレー形式の講義のため、読者の方が読み進める際に重複などをお感じになる部分もあるかもしれませんが、こうしたスピーカーの立場ごとのアプローチの違い、あるいは別の角度からの観察ながらも最終的には共通する部分といったものを読者の皆様と共有することができればと考えています。

さいごに、いずれも登壇いただいた講師の属する企業・団体とは関係なく、全て講師の個人的な見解となりますので、この点、ご了解いただければと思います（講師の所属は講義当時のものを掲載しています)。

# 目　次

## 第２編　コーポレートガバナンスと企業の持続的成長

# 第1編

# コーポレートガバナンスを巡る学術的・国際的議論

# 第１章　コーポレートファイナンスの観点から見たコーポレートガバナンス

一橋大学大学院商学研究科　田村　俊夫

## 1　はじめに

### ⑴　上場会社とコーポレートガバナンス

コーポレートガバナンスとコーポレートファイナンスには密接な関係があります。そこで本日は、コーポレートファイナンスの観点から見たコーポレートガバナンスについてお話しします。

コーポレートファイナンスの教科書を見ると、要するに、正味現在価値（NPV）が正になる投資をしましょうということが書いてあります。正味現在価値の考え方は、企業価値の議論ではDCF価値、すなわち将来のキャッシュフローの現在価値を高めましょうという話に対応します。キャッシュフローは長い目で見れば利益とパラレルに動きますので、将来の利益の現在価値を最大化するのが企業の目的と言うことになります。借入水準を適正に保っておけば、企業価値の向上と株主価値の向上はおおむね同じことですので、結局、株主価値の最大化が企業の目的だというのが、コーポレートファイナンスの世界では大前提となります。しかも、入門的なコーポレートファイナンスの授業では、企業というのは、言ってみれば物理の質点みたいなもので、とにかく株主価値を最大化するために動く点のように扱われます。

しかし、実際の企業は、ご存じのとおり、点ではなくて、内部構造があります。取締役会があり、経営者がいて、従業員がいる、そこで人間的にいろいろな思惑がある、そういった中で意思決定がされている。実際に企業で意思決定をしている人が、例えば社長だとすると、その社長のよいと思う効用関数が必ずしも常に株主価値最大化の方向を向いているとは限らない。ここでコーポレートガバナンスの問題が出てきます。

上場会社において、仮に、企業の目的が株主価値の最大化だとして、それが侵害されるリスクの高い類型が大きく分けて２つあります。OECDコーポレートガバナンス原則にもそれが反映されていますが、１つは株主が分散している状況、もう１つは支配株主がいる状況です。

多くの上場会社では非常に株主が分散していて、１人ひとりの株主が経営に影響を及ぼせない。こういう状況下で、上場会社の経営者が事実上株主から独立してしまい、自分たちのやりたいようにやる。それが株主価値向上と方向性が一致すればいいのですが、一致しない場合にどうするか。これがエージェンシー問題です。

もう１つの、支配株主がいる会社とは、例えば、オーナーが大半の株式を持っているような会社です。その会社では、悪い言い方をすると、支配株主が会社を食い物にする、ということが起こり得ます。仮に、自分がある上場会社の株式の51％を持っているとして、その会社から収奪すると会社の価値は下がりますが、損をするのは51％分だけです。奪い取った分は100％自分のものですから、差し引きでは儲かってしまいます。誰が損をしているかというと、一般の株主が損をしているのです。

この２つが、一般株主が損害をこうむる可能性の高い類型です。大きく分けると、前者は、どちらかというとアメリカとかイギリスに多いパターンです。日本の上場会社も株主が分散した企業が主流です。これに対して、後者の支配株主がいるというのは、大陸欧州に多いパターンです。ここでは、前者の、一般株主が分散していて、経営者が必ずしも一般株主の利益に沿って行動しないという場合に焦点を当てて、お話しします。

### ⑵　本章のアウトライン

コーポレートガバナンスは企業の経営方針を左右するパワー構造に深く関係していますが、プレーヤーは大きく分けると３人、経営者と取締役会と株主です。この３人の誰が強いか、力関係がどう変化してきたか、この辺に焦点を置いて見ていきたいと思います。

前半（**2**）では、中でも経営者と取締役会の関係をお話しします。昔、経営者支配だったのが、だんだん取締役会の力が強くなって、取締役会＝モニタリング・ボードというモデルに移行してきています。

後半（**3**）は対株主の関係です。特に機関投資家の経営に対する影響力が非常に増大してきています。そこで、アメリカをはじめ、今、アクティビスト・ヘッジファンドが大きな影響力を持ってきていること、機関投資家と企業のエンゲージメントが非常に重要になってきていること、これらに対応して、経営がショートターミズム、短期主義的になるのではないかという懸念、このあたりを中心にお話ししたいと思います。コードで言いますと、前半はコーポレートガバナンス・コードの世界の話、後半は主にスチュワードシップ・コードの世界の話になります。

**〔図表１－１〕**はとても重要ですので、よく見ておいていただきたいのですが、コーポレートガバナンスを見るときに、２つの軸で切ってみると、理解が進みます[(1)]。横軸は目的軸、すなわち会社経営の目的をどう捉えるかということです。大きく分けると、会社経営の目的は、株主利益の最大化か――コーポレートファイナンスの教科書は当然そうだという前提で書いてあります――それとも、特に日本で強いステークホルダー全体の利益の最大化か。これが１つの軸です。縦軸のほうは手段軸、すなわち目的を達成するために誰が意思決定を行うか。これは大きく分けると、経営者なのか、取締役会なのか、株主なのかということです。

例えば、目的軸が株主利益重視で、手段軸は経営者支配ということだってあり得ます。つまり、会社の目的は株主利益の最大化ですが、何が株主利益にかなうかは経営者が一存で決定する。取締役会や株主に口を挟ませないというパターンです。

実際にアメリカで何が起こったかというと、実は1970年代までのアメリカはステークホルダー主義でした。会社の目的はステークホルダー全体の利益の最大化、これが支配的な考えでした。誰がステークホルダーの利益にかなうかを判断するかというと、それは経営者で、経営者支配が非常に強かった。それが敵対的買収など、いろいろな時期を経まして、1990年代以降は、目的

(1)　Stephen Bainbridge (2002), "Director Primacy: The Means and Ends of Corporate Governance," UCLA School of Law Research Paper No. 02-06 参照。

**〔図表1－1〕コーポレートガバナンスの目的軸と手段軸**

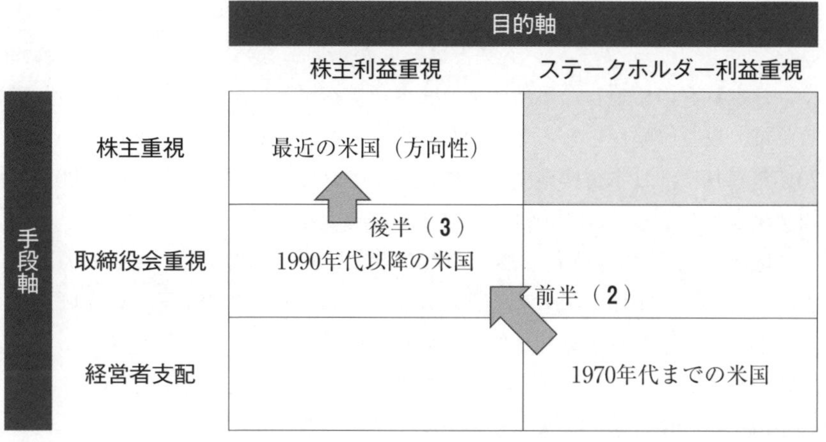


（出所）Bainbridge（2002）を元に、筆者作成（一部修正）

■「目的軸」（会社経営の目的）
—株主利益の最大化か、すべてのステークホルダーの利益の最大化か
■「手段軸」（会社経営に関する意思決定は誰が行うべきか）
—株主の最終決定権を重視するか、取締役会の意思決定権を重視するか（c.f.経営者支配）

は株主利益の最大化だとなりました。そして、何が株主利益にかなうかを判断するのは、経営者ではなくて取締役会だというふうに変わってきたわけです。それが最近また変わってきて、目的は株主利益重視で定まっているのですが、何が株主利益にかなうかは、最終的には株主が判断するという方向に移ってきています。

前半（2）では、下の1970年代までのステークホルダー利益重視・経営者支配から、1990年代に株主利益重視・取締役会重視に変わってきた、というお話を、後半（3）では、株主が株主利益を判断するというふうに変わってきている、というお話をさせていただきたいと思います。

### ⑶　日本経済とコーポレートガバナンス

本題に入る前に、まず前振りですが、なぜ今コーポレートガバナンス・コードや、スチュワードシップ・コードが重要になってきたのか、これには、日本特有の切迫した事情があります。アベノミクスには、金融政策、財政政策、成長戦略からなる３本の矢があり、第三の矢の成長戦略については、2013年６月に「日本再興戦略」が閣議決定されています。翌年に改訂2014が閣議決定されるなど、その後、少しずつ姿を変えて続いています。

**〔図表１－２〕**の「問題意識」のところを見ていただくと、民間の力を引き出すとか、株主などのステークホルダーから経営改善の働きかけを呼び込むとか、コーポレートガバナンスの強化で経営者のマインドを変革するとか、攻めの経営判断を後押しする仕組みを強化する、などと書かれています。これが何を意味するか。経営者が自分でやるべきことをやっているのであれば、後押ししたり引き出したり引っ張ったりする必要はないわけです。これは意地悪な見方をすると、日本政府が日本企業の経営者にだめ出しをしているわけです。ですから、このように書かれて、ちょっとムッとしている経営者もいたというのを覚えています。

では、経営者のお尻をたたいたり、後押ししたりするために何をやるかというと、１つは、特に社外取締役の機能が重要なのですが、取締役会に経営者を後押しさせる、これがコーポレートガバナンス・コードです。それから株主、中でも機関投資家に経営者の後押しをさせる、これがスチュワードシップ・コードという構図になっています。

なぜ経営者がだめ出しをされたかというと、日本企業全体で見ると、経営のパフォーマンスが非常に悪かったからです。しかも、長期にわたって、悪かった。**〔図表１－３〕**を見てください。上図は日本の名目GDPですが、1990年ぐらい、バブルの崩壊後から25年以上、ベタッと横ばいです。この間にアメリカとかイギリスの名目GDPは大体2.5倍になっています（下図）。ドイツとか欧州諸国も1.5倍から２倍ぐらいになっていますが、日本はベタッと横ばいと、ひどいですよね。

上図で名目GDPと重ね合わせているのが法人セクターの粗付加価値です。粗付加価値というのは、営業利益に減価償却費や人件費などを足し戻したも

〔図表１－２〕日本再興戦略：アベノミクス「第三の矢」＝成長戦略

| | 問題意識 | 鍵となる施策 |
|---|---|---|
| 日本再興戦略<br>（2013/６） | —「民間の力を最大限引き出す」（英訳：“Unleashing the power of the private sector …”）<br>—事業再編や事業組換を促進し、……特に、「攻め」の企業経営に向けた経営者の思い切った判断をこれまで以上に強力に促すため、株主などのステークホルダーからの経営改善の働きかけを呼び込む仕組みを導入 | 企業サイド：コーポレートガバナンス改革<br>—社外取締役の導入を促進<br>投資家サイド：スチュワードシップ責任<br>—日本版スチュワードシップ・コードの策定 |
| 日本再興戦略<br>改訂2014<br>（2014/６） | —岩盤規制に穴を空け、どんなに企業や個人が活動しやすい環境を整えても、経営者が「稼ぐ力」の向上を目指して、大胆な事業再編や新規事業に挑戦しなければ、いつまでも新陳代謝が進まず、単なるコスト抑制を超えた、日本経済の真の生産性の向上にはつながらない<br>—日本企業の「稼ぐ力」、すなわち中長期的な収益性・生産性を高め〔るためには〕、まずは、コーポレートガバナンスの強化により、経営者のマインドを変革し、グローバル水準のROEの達成等を一つの目安に、グローバル競争に打ち勝つ攻めの経営判断を後押しする仕組みを強化していくことが重要<br>—グローバル企業を中心に資本コストを意識してコーポレートガバナンスを強化し、持続的な企業価値向上につなげることが重要 | 企業統治の強化<br>—コーポレートガバナンス・コードの策定<br>—持ち合い株式の議決権行使の在り方についての検討<br>—政策保有株式の保有目的の具体的な記載・説明が確保されるような取り組み<br><br>公的・準公的資金の運用等の見直し<br>—年金積立金管理運用独立行政法人（GPIF） |

（出所）「日本再興戦略」、「日本再興戦略」改訂2014より筆者作成

**〔図表１－３〕日本企業の粗付加価値の停滞→名目GDPの停滞**

日本のGDPと法人セクター粗付加価値推移（上表）、
主要先進国名目GDP推移（下表）

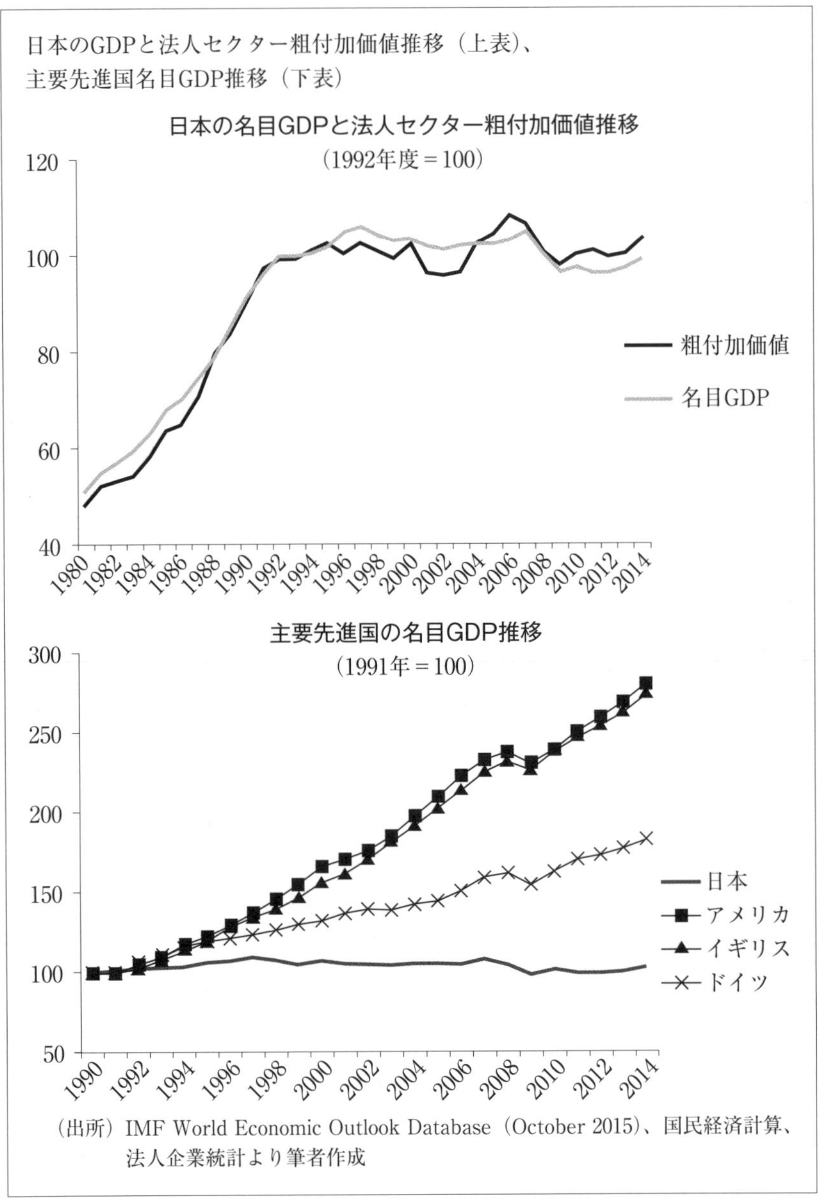


（出所）IMF World Economic Outlook Database（October 2015）、国民経済計算、法人企業統計より筆者作成

ので、言ってみれば企業が生み出しているパイの総額みたいなものです。それを従業員に人件費として分けたり、利益に回したりということをしているわけです。名目GDPの３分の２ぐらいは法人セクターの粗付加価値ですが、グラフはほぼ重なっています。要は日本の名目GDPが25年以上横ばいだったのは、法人セクターが25年以上伸びなかったからなのです。これは、はっきり統計で出ている、否定のしようがないことです。ですから、「長期的経営をやっている」などと言っても、20〜30年という十分長期で失敗しているので、もうこのまま放っておけないとなったわけです。

ちなみに、名目GDPは横ばいと言いましたが、この間に財政資金を多量に投入しています。つまり、上げ底でやっと横ばいで、これがなかったらどうなっていたか、というぐらいパフォーマンスが悪かったのです。これだけ財政資金を投入したので、今、日本の公的債務（借金）は、名目GDP（収入）の250％まで膨れ上がっています。これは第二次大戦末期とほぼ同水準です。ちなみに、ギリシャは170％です。日本国債はまだほとんど日本人が買っているので、ギリシャみたいになっていないのですが、この先ますます増えていくと、もう日本の貯蓄では賄えなくなります。

250％になったのは、もちろん財政赤字が積み重なったからですが、アメリカやイギリス並みにGDPが2.5倍になっていれば、今でも公的債務はGDPの100％で済んでいたはずです。やはり名目GDPの長期的停滞が日本の財政危機を招いています。公的債務問題を管理するために、消費税の引き上げが大きな政治課題としてありますが、上げたとしてもパイ全体が増えないと、結局、残りの経済がシュリンクしてしまいます。ですから、最終的には名目GDPを増やす以外に解決策はないわけです。そういう切実な事情があって、企業経営者に嫌われても、あなたたちはパフォーマンスが悪いから、申し訳ないが、尻をたたかせてもらいますということになっているわけです。

もう１つ押さえておいていただきたいのは、日本の株式の保有構造が大きく変わってきていることです。**〔図表１－４〕**の一番左側は1975年、昔の姿です。下の斜め線になっているのは銀行が持っている政策保有株です。その上が事業法人の持っている、これも政策保有株です。その他も含めると、だいたい５割ぐらいになります。この人たちは、かつては全部経営陣に賛成、と

〔図表1－4〕株式保有構造の変遷（日本）

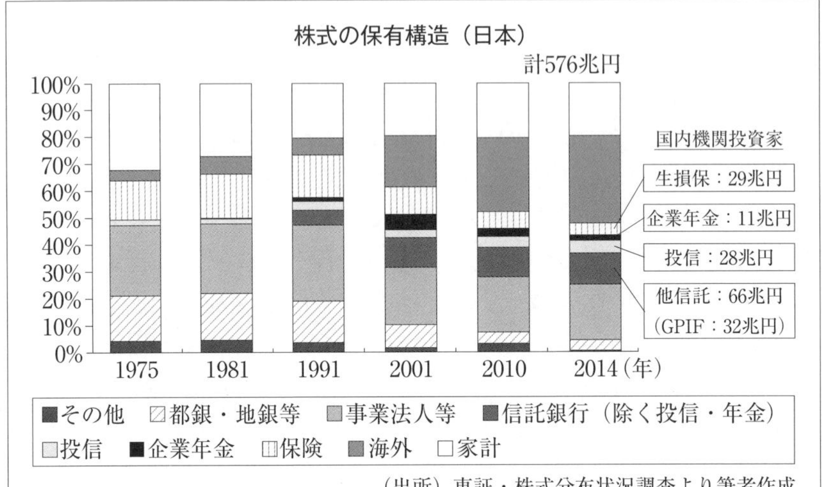

（出所）東証・株式分布状況調査より筆者作成

1．信託銀行については、国内機関投資家からのカストディアンとしての受託分を含む。
2．年金信託は、信託業務を営む銀行を受託者とする厚生年金基金等の企業年金関係の運用分を集計しているが、公的年金の運用分については含まれていない。
3．上場会社の自己名義分は、各社が属する投資部門に含まれる。2014年度の自己名義分は、19兆6,736億円（保有比率3.42%）となっている。

やっていましたから、結局、何でも経営陣の思うとおりになっていました。

その上で大きかったのが保険会社です。保険会社も、企業に保険の営業をやらせてもらう代わりに株を持っているというところもありました。一番上の個人（家計）もあまり投票しませんし、反対票を入れることもあまりありませんので、結局、ほとんど経営者の言うことを聞く株主ばかりでした。

それが今はどうなっているかというと、銀行の保有株式が激減しました。事業法人はまだそれほど減っていないのですが、コーポレートガバナンス・コードで、できるだけ政策保有株式は減らしましょうという方向になっています。保険会社も、グローバル分散投資を行うようになったので、日本株の保有比率が減っています。

代わりに増えたのは誰かというと、１つは海外の機関投資家です。もう１つ増えているのは、企業年金や投信、他信託です。他信託のうち半分ぐらいがGPIFなので、他信託、投信、企業年金を含めて、実は結構な部分が年金性の資産です。したがって、外国人と年金が増えて、銀行と保険会社が減ったという形です。

そうすると、かつては、海外の機関投資家が経営に問題ありと思っても、国内機関投資家と事業法人や銀行などが一緒になって経営陣に味方すると、すぐ否決できました。ところが、今は、まず事業法人等については、コーポレートガバナンス・コードで、あなたは政策保有株式を持っていてよいのですか、議決権行使もきちんと考えてやっているのですかと問われています。国内機関投資家は、スチュワードシップ・コードで、企業の成長にかなうような方向で、是々非々で判断しなさい、ケース・バイ・ケースで海外の機関投資家に味方をすべきという話になっています。そうすると、国内機関投資家と海外がくっついて経営陣の提案を否決できてしまう、そういう状況になっているわけです。

ちなみに、アメリカとかイギリスは、事業法人などの政策保有株式はほとんどありません。アメリカの場合は国内の機関投資家、イギリスの場合は海外機関投資家が圧倒的に多いです。どちらの機関投資家も、アメリカの会社、イギリスの会社を含めて国際分散投資をしていますが、イギリスは経済規模が小さいので、金をたくさん持っているアメリカの機関投資家が、結局、イギリスの株式を相対的にたくさん買い、こういう状況になっています。

## 2　取締役会主導のガバナンス

### (1)　手段軸：モニタリング・ボードの発展

ここから本題ですが、まず**2**では、経営者支配から取締役会によるガバナンスへの変遷についてお話しします。**2**の前半のキーワードは、「モニタリング・ボード」で、主に手段軸（〔**図表1－1**〕）に沿って、経営者支配から取締役会支配に変わってきたというストーリーです。

### (i)　「所有と経営の分離」と経営者支配

まず、所有と経営の分離の話です。皆さんが事業を始めるとします。自分でお金を出した。自分が株主で、経営者をやっている。そうすると、経営者と株主が一体化していますから、経営者と株主の利害が相反するという問題は起きません。ところが、上場会社になって、株主が分散して、１人ひとりの株主の影響力が小さくなる、しかも、お互いに協調行動をとるのも大変となると、事実上、経営者が独立してしまいます。

会社法には何と書いてあるかというと、アメリカも日本もイギリスもそうですが、株主総会が取締役を選んで、取締役会が経営者を選ぶとあります。実際そのとおりなのでが、実態は、株主が分散すると、経営者が取締役候補を選ぶことになり、株主総会でほとんど自動的に承認されてしまいます。そうすると、取締役会は、法律上は経営者の上司ですが、実質上、経営者の部下になってしまいます。特に日本の場合には、社内の従業員から取締役が選ばれましたので、まさに従業員の延長として社長の部下である人たちが、同時に取締役として社長を選ぶことになるわけです。

アメリカでもかつては全く同じような状況で、1950年代のアメリカは経営者支配の絶頂期でした。と同時に、この頃はアメリカ経済の黄金期でもありました。第二次大戦に勝ち、経済的に圧倒的に強くなり、アメリカ企業は我が世の春でした。この時期、企業経営の理念としてステークホルダー主義が当たり前だったのです。しかし、このステークホルダー主義は、何がステークホルダーのためになるかは、あくまで経営者の一存で決めるというのが暗黙の前提でした。ですから、経営者の自由裁量権が前提だったのです。

これはよく考えたらおかしいですよね。経営者は株主が選んでいるわけで、なぜ株主が選んだ経営者がステークホルダー全体の利益を見るのに適任なのかという話になります。経営者が、やはり株主が一番大事と言い出して、他のステークホルダーの利益をないがしろにして、株主にばかりよいことをしたとしても、とめる手段は何もない。そこで、まじめな学者の人たちは、会社法の改正案として、ステークホルダーそれぞれの代表の取締役を置きましょうなどという提案をしたわけです。それをConstituency Directorsといいます。ところが、これに経営者は大反対でした。なぜなら、従業員代表取締役とか、消費者代表取締役とかがいたら、うるさいと。

要するに、当時の経営者は、ステークホルダーが大事というのは建前で、自由裁量権が欲しかっただけなのですね。1970年代ぐらいまでのアメリカの上場会社の取締役会ではそれが実態でした。

日本と少し違ったのは、このころからアメリカは社外取締役が結構いた点ですが、経営者支配という意味では全く同じでした。このころの社外取締役は経営者に選ばれる名誉職でした。有名な大企業の社外取締役になるというのはステータスシンボルで、取締役会とか公の場で経営者に対して批判がましいことを言ったり、経営者の言っていることに反対するのは社会的なエチケットに反すると思われていました。このころの社外取締役には、会社のよく使っている銀行や投資銀行、法律事務所の偉い人などが入っていました。このため、経営者のお友達兼アドバイザーみたいな感じで、モニタリングをするという発想は全くなかったのです。

### (ii)　モニタリング・モデルの提唱

そのような時代に、メルビン・アイゼンバーグ先生というアメリカの会社法の大家が1975年に画期的な論文を書きました(2)。その論文では、会社法に書いてある取締役会の機能と上場会社における実態にはギャップがある、はっきり言って、上場会社においては、時間や情報、取締役会構成の制約もあり、会社法が予定したように取締役会が直接事業を経営することは事実上不可能である、そうであれば建前論はやめ、その現実を直視して、取締役会の機能をもう１回考え直してみるべきだと指摘しています。そのうえで、アイゼンバーグが提唱したのがモニタリング・モデルです。それまでの取締役会は、みんなで合議して経営するというフィクションがあったのを、上場会社については、みんなで経営する主体ではなくて、経営するのはCEOなどの経営陣で、それを監督する役割を取締役会に持たせようというのがモニタ

(2)　Melvin Eisenberg (1975), "Legal Models of Management Structure in the Modern Corporation: Officers, Directors, and Accountants," California Law Review, Vol.63, Issue 2.

リング・モデルです。

モニタリング・モデルの取締役会の核心的機能は何か。経営者支配になった理由は、究極的には経営者が人事権を持っていたからでした。ですから、モニタリング・モデルにおいて最も重要なのは、誰を経営者にするかを決め、その人を監督し、パフォーマンスが悪かったらクビにするという、経営者の人事権を取締役会に持たせるということです。

では、取締役会が経営者の人事権を行使できるようにするには何が大事か。１つは独立性です。監督される側である経営者から取締役会は独立している。経営者が取締役候補を選んでいたら全然独立ではないですね。だから、取締役候補を選ぶ人事権を経営者から取り上げないといけない。

もう１つは情報です。特に社外取締役は、社内の情報は今まで経営者に全部頼っており、経営者に都合のいい情報しか入ってこない。だから、経営者から独立した情報源を確保しないといけない。

そこで、アイゼンバーグが取締役会のどこを改善しないといけないと言ったかというと、１つは独立性、独立取締役が過半数を占める取締役会構成にする。しかも、独立要件というのは形式的な独立要件ではなくて、本当に経営者から独立していないといけない。特に重要なのは、取締役候補を経営者が選んではいけないので、独立取締役が取締役候補を選ぶ。これは必須だということです。もう１つの情報について言うと、一番重要なのは、モニターするためには情報を経営者経由ではなく受け取るようにしないといけない。ですから、監査機能を経営陣から独立させて、これを取締役会のコントロール下に置く。この２つが重要であるというのが1975年の論文の結論なのですが、その後の歴史も、このとおりに動いてきています。大変な慧眼ですね。

### (iii)　モニタリング・モデルの確立

米国におけるモニタリング・モデルは、1970年代の経営者の不祥事、1980年代以降の敵対的買収の脅威、1990年代の機関投資家アクティビズムなどを経て、1990年代の後半に独立取締役主導のモニタリング・モデルが正統性をほぼ確立しました[(3)]。〔**図表１－５**〕で見ていただきたいのは、1985年と1990年の部分です。非独立外部取締役が急に大きく減っています。つまり、実質

〔図表1－5〕米国取締役会の構成推移

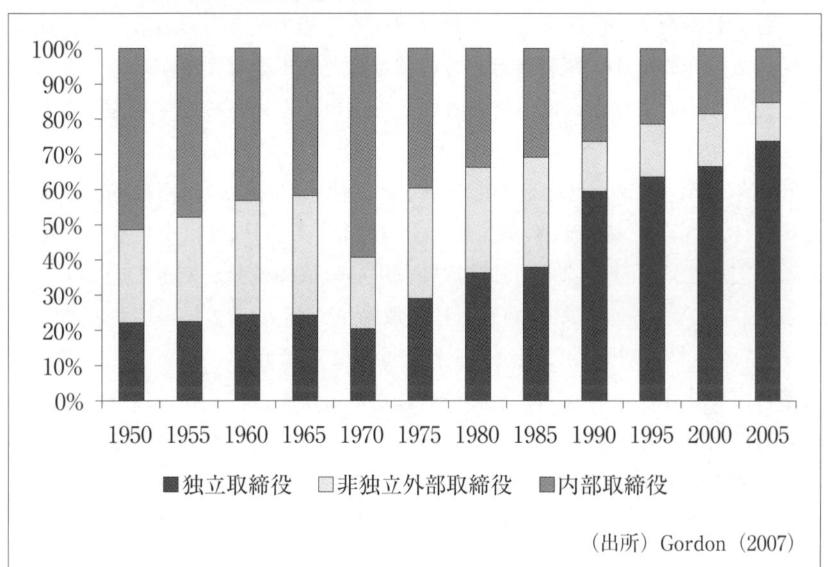

（出所）Gordon（2007）

上経営者がコントロールしていた外部取締役がいなくなって、代わりに本当に独立した取締役がグッと増えているわけです。1985年から1990年ぐらいが転換点になっていますが、これは敵対的買収の脅威が荒れ狂った時期と一致しています。

なぜこの２つに関係があるのか。敵対的買収が猛威を振るう。買収されるのは嫌なので防衛策をとる。ところが、防衛策をとると、株主が、これは経営者が買収されたらクビになるからと保身のために防衛しているのだ、と訴訟を起こす。そうすると、経営者は裁判所に対して、いやいや、保身のためではないと立証しなければならない。経営者から独立した取締役会が株主価値のために防衛すべきだと認めた、と言えないと防衛策が否定されかねません。そこで、経営者は、本当は独立取締役に支配されるのは嫌なのですけれ

(3)　アメリカにおける独立取締役の歴史については、Jeffrey Gordon（2007）, "The Rise of Independent Directors in the United States, 1950-2005: Of Shareholder Value and Stock Market Prices," Stanford Law Review, Volume 59, Issue 6に詳しい。

ども、敵対的買収されるよりはましなので、レッサー・イーヴル、つまり防衛策を入れるための代償として、独立取締役が過半数を占める取締役会構成を受け入れたのです。経営者は自分の裁量権とか支配権が下がるようなことはしたくないのですが、もっと嫌なことを避けるためだったら我慢するということです。

2013年に至っては、S&P500社でいくと、独立取締役の比率は85％に上っています。しかもS&P500の過半数の会社では、CEO以外は全員独立取締役になっています。そのくらい独立取締役中心の取締役会ができています。

実際、HOYAの鈴木洋CEOも「社内取締役が何人いても同じ」と言っています(4)が、社内取締役に議決権を持たせることは好ましくないとの認識が広がっています。なぜなら、取締役会にかける議案は、その前に経営会議に諮られており、社内取締役はそこに出席しています。しかも経営会議などの場では対等な取締役ではなくてCEOの部下として。経営会議などでCEOが「こうするぞ」と言って、「はい、わかりました」と賛成したのを、取締役会に行って、「やっぱり私は反対でした」と言えるわけがない。つまり、社内取締役の持っている票は全部CEOの持っている票です。もちろん情報や意見を聞くためにオブザーバーとして呼ぶのはよいのですが、議決権を持っている取締役として社内取締役を何人入れても、それはCEOに複数議決権を与えているのと同じです。それなら社内取締役はCEO１人で十分という考え方が主流になってきているのです。

モニタリング・モデルがルールとして定式化されたのは、エンロン、ワールドコムなどのスキャンダルがあった後の2003年11月で、ニューヨーク証券取引所とNASDAQが上場規則を改訂しました。内容はほとんど同じで、ニューヨーク証券取引所とNASDAQが自発的に行ったというよりも、米国証券取引委員会（SEC）がやらせたものでしょう。これにより上場規則に詳細なコーポレートガバナンス規則が盛り込まれました(5)。

---

(4)　2014年３月24日付日本経済新聞朝刊17面（(社内取締役をCEO１人にした理由を問われて)「社外が過半数を占めた時点で後戻りできないと考え、定款にも社外を半数以上と盛り込んだ。……あとは社内取締役が何人でも同じと考えた。私自身、取締役というより、執行役という意識で取締役会に出席している」)。

ニューヨーク証券取引所版の内容を大ざっぱに言うと、取締役の過半数を独立取締役とすることを義務づけました。実態的には既にほとんどの会社でそうなっていましたが、それを正式にルール化するとともに、全上場会社にこれを求めたのです。

しかも、重要なのは、独立要件を強化したことです。実は、エンロンもワールドコムも独立取締役が過半数だったのですが、その独立取締役は、例えば、会社やCEOが多額の寄付を行っている大学機関のトップ、政治献金先の上院議員の奥さんなど、どこが独立しているのかという感じですが、当時の形式要件では、適格でした。そこで、独立要件を非常に強化した。

もう１つ重要な点は、監査委員会と報酬委員会と指名委員会、この３つの委員会の設置を必須にして、しかも、この３つは全員独立取締役でないといけない、社内取締役は１人も入れさせないとしたことです。この３つの委員会はなぜ大事なのか。

まず監査委員会は、会社の経営の数字の実態を把握するところで、ここがCEOの支配下にあったら、数字を曲げられるというリスクがあるわけです。そこで、監査委員会は全員独立取締役で、しかも、そのメンバーは会計の数字に強い人でないといけないという条件がついています。

２番目は報酬委員会です。CEOの給料を誰が決めるか。これをCEOがお手盛りで決めるのはおかしいし、CEOの部下を入れても意味がないので、これも全員独立取締役となりました。この点は、リーマンショックに端を発した金融危機でCEOの報酬がおかしかったということで、今度はドッド＝フランク法により強化されています。

３番目が肝ですが、指名委員会です。指名委員会というと、CEOを指名する委員会と思われるかもしれませんが、取締役候補を指名する委員会です。つまり、独立取締役が取締役候補を指名すれば、CEOは取締役に対して人事権が全くなくなる、そして、CEOは、CEOから独立した独立取締役が過半数を占める取締役会全体で決めるわけです。

もう１つ重要な点は、社外取締役のみ、つまりCEOとか社内取締役を抜

(5)　NYSE Listed Company Manual Section 303A (Corporate Governance Standards).

きにした会議「エグゼクティブ・セッション」の開催を義務づけたことです（経営陣＝エグゼクティブ抜きの会議をエグゼクティブ・セッションと呼ぶのは、ちょっと変ですね）。これは非常に効果があったといわれています。CEOのパフォーマンスに不満があるときに、独立取締役同士が集まって会議をやる。しかし、CEOを抜きにして会議を開くと、すわクーデターかということで、CEOも警戒する。そこで、定期的に何も問題がないときにも必ず開くようにしておけば、平時にはCEOに気兼ねすることなく率直に意見交換ができますし、本当に問題があって相談するときにも、疑われないで会議を開けます。

そのほか、これはまだ義務づけられてはいませんが、取締役会の議長（会長）とCEOを分離する。本来、CEOをモニタリングする取締役会のトップがCEOというのはおかしな話ですが、アメリカでは、いろいろ歴史的な経緯があって、いまだに分離していないことが多いです。CEOは会長も兼ねていないと格が下がるという社会的な風潮があって、なかなか直らない。JPモルガンのジェイミー・ダイモンがCEOと会長を兼ねているのに対して、株主が分離提案を出したとき、ダイモンは、この提案が通ったらCEOを辞任すると言いましたから、これは名誉の問題という感じですね。これに対してイギリスは、ほとんどの会社で分離されています。アメリカは分離されていない会社が多いので、その代わりに独立取締役のトップとして筆頭独立取締役を置くのが慣例化しています。

**〔図表１－６〕**をご覧ください。少し古いのですが、デュポンの取締役会の構成です。当時、エレン・クルマンという女性が、CEOで会長を兼ねていたのですが、そのほかは全員独立取締役です。経歴のところを見ていただくとわかるのですが、名だたる大企業の現役もしくは元職のCEOや経営陣が非常に多い。経営のことがよくわかっていて、独立している人がモニタリングしていますから、経営がおかしいのではないかということになると、この人たちがいろいろ言うことになるわけです。実際去年（2015年）の10月にエレン・クルマンが辞任したのですが、これは事実上、独立取締役に引導を渡されたと報じられております。

デュポンに限らず、新任取締役の出自を見ると、多いのは現職、元職の

**〔図表1－6〕デュポンの取締役会構成（2014年10月）**

| | 取締役会役職（☆委員長） | 経営役職 | 経歴 |
|---|---|---|---|
| 経営陣 | | | |
| Ellen Kullman（女性） | 会長 | CEO | |
| 独立取締役 | | | |
| Lamberto Andreotti | 監査<br>科学技術 | | Bristol-Myers Squibb：現職CEO<br>（大手製薬企業の現職トップ） |
| Richard Brown | 監査<br>環境 | | Electronic Data Systems：元会長兼CEO<br>（ITサービス企業の元トップ） |
| Robert Brown | 監査<br>☆科学技術 | | Boston University：現職学長<br>（元MIT教授：ケミカルエンジニアリングが専門） |
| Bertrand Collomb | 指名<br>☆環境 | | Lafarge：元会長兼CEO<br>（大手セメント企業［仏］の元トップ） |
| Curtis Crawford（マイノリティー） | 指名<br>環境 | | XCEO：現職社長兼CEO<br>（ガバナンス関連コンサルティング企業の現職トップ） |
| Alexander Cutler | 筆頭取締役<br>報酬<br>☆指名 | | Eaton：現職会長兼CEO<br>（大手自動車部品メーカーの現職トップ） |
| Eleuthere du Pont | ☆監査<br>科学技術 | | Longwood Foundation：現職President<br>（創業家一族出身、慈善財団のトップ） |
| Marillyn Hewson（女性） | 報酬<br>指名 | | Lockheed Martin：現職会長・社長兼CEO<br>（大手航空機・防衛企業の現職トップ） |
| Lois Juliber（女性） | ☆報酬<br>科学技術 | | Colgate-Palmolive：元副会長<br>（大手日用品企業の元COO、副会長） |
| Lee Thomas | 報酬<br>環境 | | Rayonier：元会長兼CEO<br>（大手林産品企業の元トップ） |
| Patrick Ward | 監査<br>環境 | | Cummins：現職CFO<br>（大手ディーゼルエンジン企業の現職CFO） |
| ［Mark Schneider］ | 2014/10<br>就任予定 | | Fresenius：現職社長兼CEO<br>（大手ヘルスケア企業［独］の現職トップ） |

（出所）DuPont, "2014 Annual Meeting and Proxy Statement" およびホームページ

CEOで、半分近くになります(6)。経営のことがよくわかっているわけです。その他は、CEO以外の企業幹部や財務専門家です。財務専門家は現職・元職のCFOなどで、監査委員会に必ずいます。以上で85%です。CEOのお友達がやっていたときの昔のアメリカの社外取締役は、商業銀行、投資銀行、弁護士事務所、コンサルタント、学者が多かったのですが、今はこの比率が非常に小さくなって、プロの経営者が圧倒的多数を占めています。

ちなみに、日本の指名委員会等設置会社で、ガバナンスの非常によい日立製作所がどのくらいの状況か。ちょっと古くて、2015年６月現在ですけれども、なかなか立派です。社内取締役４人に対して社外が８人。しかも、外国人、女性と、ダイバーシティも結構ありますし、一番活躍しているジョージ・バックリーは元スリーエムのCEOです。この人が結構苦言を呈するみたいです。立派なのですけれども、あと一息というところがあって、指名委員会、報酬委員会、監査委員会にやっぱり社内の人が入っています。日本企業は人事権を完全に社外の人に渡してしまうというのが怖いので、そこはしっぽが残っている。しかも、監査委員会のトップは、まだこの時点では社内の人です。ですから、海外から見るとどのように見えるかというと、日本企業としては随分頑張っているけれども、モニタリング・モデルの趣旨からすると、もう一歩だよねということになります。もちろん、これは日本企業としては非常に進んだ形態ですし、実際日立はガバナンスが非常によく機能している会社ですので、立派なのですけれども、外形的には、海外のスタンダードに比べると、まだちょっと差があるということです。

### ⅳ　モニタリング・モデルの実効性

以上は形式要件です。しかし、形式的に要件を整えただけではモニタリング・ボードというのはうまく機能しません。実際に実効性を持たせるためには、実質的要件が重要です（**〔図表１－７〕**参照）。

---

(6)　2013年の米国における新任取締役の属性は、現職CEO等（23%）、元職CEO等（23%）、その他企業幹部（21%）、財務専門家〔監査委員会には必須〕（18%）、学者／NPO（４%）、コンサルタント（３%）、弁護士（２%）、その他（６%）となっている（Spencer Stuart Board Index 2013）。

〔図表1－7〕モニタリング・モデルの実効性のための要件

■問題意識

―形式的なベストプラクティス（独立取締役過半数、独立取締役のみの指名・報酬・監査委員会等）は、モニタリング・ボードが機能する必要条件にすぎない→モニタリング・ボードが実効性を持つ要件は？

1．取締役会の経営陣からの実質的独立性

―独立性要件（証券取引所規則）：外形的独立性要件に加え実質的独立性認定に関する開示が必要

―CEOの評価・選解任権は独立取締役が主体となって行う

・取締役会の責務として、サクセション・プランニング（Succession Planning）を重視

―取締役候補の選任は独立取締役のみ（指名委員会ないし独立取締役全体）で行う

2．取締役会の人材ポートフォリオ

―建設的な議論に貢献する能力

―集合体としての取締役会が、自社状況・ニーズに即した必要なスキルセットをバランス良く備えることが重要

3．取締役会のダイナミズム（生産的な議論の促進）

―実質的な議論ができる時間・状況の確保→取締役会の適正規模、取締役の兼務数制限等

―適切な議題設定、資料の事前送付

―独立取締役による率直な議論の促進→内部取締役の削減（CEOのみ）、エグゼクティブ・セッション等

―取締役研修

4．取締役による情報への十分なアクセス

―取締役会が監督機能を発揮するためには、（CEOから独立した）十分な情報へのアクセスが必要

・取締役会資料／CEO以外の幅広い情報源（経営幹部等）へのアクセス

（出所）諸種資料より筆者作成

1番目は、実質的独立性です。形式的な独立要件を満たすだけではなくて、実はあのCEOには恩義があって、切っても切れない絆があるとか、そういう実質独立性を疑わせるような事情がないということを、取締役会は、株主総会に議案をかけるときに疎明する必要があります。

２番目は、人材ポートフォリオです。取締役会は、経営のことをよくわかっている人、業界のことをよくわかっている人、それからその企業の課題に応じて、例えば海外が重要だったら海外をよくわかっている人など、取締役全体として必要なスキルセットを備えているかが最近非常に重視されています。逆にいえば、スキルセットをそろえた取締役会をつくろうと思ったら、社外取締役を多数置かないと困難です。

３番目が、取締役会のダイナミズム。例えば、議案を誰がコントロールするかとか、取締役会資料をいつ発送するかとか、こういったことが実際の議論に大きく影響します。ですから、何を議案にするかとか、資料に何をつけて、何を送るかというのを社外取締役主導でやる、もしくはCEO主導だったら筆頭独立取締役が必ず関与してやる、そういったようなプラクティスができ上がってきています。

最後に重要なのが、取締役が、CEOから独立して情報にアクセスすることが保証されているということです。CEOの息のかかった情報へのアクセスだけではだめです。米国企業には社内の監査スタッフがたくさんいますが、その人たちは独立取締役だけからなる監査委員会にレポートします。そうすると、完全にCEOから独立して情報がとれるような仕掛けができます。

#### (v)　日本における取締役会改革の流れ

以上、アメリカにおける流れをざっと見たのですが、では日本はどうなっているか。東京大学の藤田友敬先生が商事法務にすばらしい論文を書いていらっしゃいますので、ぜひオリジナルを読んでいただくとよいと思いますが、その中からちょっと抜粋してご紹介したのが**〔図表１－８〕**です。取締役会制度は、日本では昭和25年に商法改正で導入されたのですが、導入したときはアメリカの占領下でした。そこで、アメリカとそんなに変わらないような仕組みが導入されました。

ところが、その後、日本でもアメリカでも経営者支配になってしまった。経営者支配で本来会社法が予定していたガバナンスメカニズムがゆがんでしまったので、さあ、どうしようかというときにやった方向が、日本とアメリカで真逆だったのです。

〔図表1－8〕日本における取締役会改革の流れ

■藤田友敬「「社外取締役・取締役会に期待される役割――日本取締役協会の提言」を読んで」商事法務2038号（2014.7.15）

―取締役会制度：昭和25年商法改正により日本に導入
- ・導入当初は、取締役会に関する考え方には日米で大差なし

―その後、日米ともに、経営者支配による取締役会の形骸化が問題視されるようになり、経営機構の改革が試みられるが、とられた方向は日米で正反対
- ・米国の解決策：モニタリング・ボードへの転換（業務執行よりも経営陣の監督を重視）
  ―1990年代以降、グローバル・スタンダード化
- ・日本の解決策：マネジメント・ボードの強化（取締役会の業務執行強化を図る）
  ―昭和56年商法改正（取締役会の専決事項の追加）等

―現在の日本企業の伝統的なガバナンス構造
- ・取締役会は業務執行の決定と取締役の職務の執行の監督の双方を行う
- ・重要な業務執行の決定については、比較的具体的な内容まで取締役会で決定する
- ・取締役会が業務執行の決定を行うことから、監査役による業務監査があわせて行われる

―日本におけるモニタリング・モデルの（一部）受容
- ・委員会等設置会社（平成14年商法改正）→現「指名委員会等設置会社」：監査、報酬、指名委員会設置
- ・監査等委員会設置会社（改正会社法）：監査等委員会設置

■日本版コーポレートガバナンス・コードの制定（2015）

―OECDコーポレートガバナンス原則（モニタリング・モデルと整合的）を踏まえる

―その結果、日本版コーポレートガバナンス・コードもモニタリング・モデルへの志向が濃厚

（出所）掲記資料等より筆者作成

アメリカは、取締役会が直接経営するなどというフィクションはもう無理だから、モニタリング・ボードに転換しようとしました。つまり、取締役会というのは実際に経営するのではなくて、経営者を監督するほうを主任務に

しようとなったわけです。これが1990年代以降にヨーロッパとか海外に広まって、今では完全にグローバルスタンダード化しています。OECDコーポレートガバナンス原則も、モニタリング・ボードと書いてこそいませんけれども、実質的にはこの考え方にのっとっています。

ところが、日本が採ろうとした解決策は、なんとか取締役会が経営する——これをマネジメント・ボードというのですが——この方向で強化しようとして、いろいろ頑張りました。しかし、結局うまくいかなかったので、2000年代から方針転換して、委員会等設置会社や、最近の監査等委員会設置会社のように、モニタリング・モデル風なものを一部受容しようということになりました。最近舵をちょっと切ってきたのですが、世界の流れからは大分遅れています。世界の流れがいいかどうかは、価値判断として別の問題ですが、客観的事実としては、世界のスタンダードとは違った形になって、それを今、後追いしているという状況です。

2015年に日本版のコーポレートガバナンス・コードが制定されましたが、検討開始時の閣議決定の文言に、「OECDコーポレートガバナンス原則を踏まえて」と書いてあります。この時点で、有識者会議の結論を待つまでもなく、中身がモニタリング・モデルになることは確定していたと思います。私もでき上がったものを見てびっくりしたのですが、思っていた以上にモニタリング・モデルの最新のベストプラクティスを取り入れたものになっています。よく社外取締役が２名以上とかいうところだけを見て、まだ不徹底だと言われる方もいますが、これはさらに変わっていくということになると思います。その部分を除くと、非常にベストプラクティスに近づいているのです(**〔図表１－９〕**)。

まず、基本原則４では、「取締役会は、株主に対する受託者責任・説明責任を踏まえ……企業価値の向上を促〔す〕べく……独立した客観的な立場から……実効性の高い監督を行うこと」と書いてあります。日本の会社法では、受託者責任という言葉をストレートに書いているわけではなくて、委任の規定の善管注意義務とか、そういう世界ですね。しかし、コーポレートガバナンス・コードには「受託者責任」と、はっきりと書いてあります。

しかも、取締役会は、「独立した客観的な立場から……実効性の高い監督

**〔図表1－9〕日本版コーポレートガバナンス・コードにおける取締役会のあるべき姿**

■上場会社の取締役会は、株主に対する受託者責任・説明責任を踏まえ、……企業価値の向上を促〔す〕べく、……独立した客観的な立場から、経営陣（……）・取締役に対する実効性の高い監督を行うこと（基本原則4）

―企業価値向上に寄与する資質を十分に備えた独立社外取締役を少なくとも2名以上選任（4－8）
- ・取引所が定める〔形式的〕独立性基準＋各社独自の実質的独立性判断基準（4－9）
- ・自主的に少なくとも3分の1以上の独立社外取締役を選任することが必要と考える企業はその方針を開示（4－8）

―取締役会／独立社外取締役の責務……独立・客観の立場から
- ・経営陣幹部の選解任等の人事（4－3、4－7）
- ・経営陣の報酬（4－2）
- ・最高経営責任者等の後継者計画の監督（4－1③）

―監査役会設置会社等でも、任意に独立社外取締役主体の指名、報酬等の委員会の設置を奨励（4－10①）

―独立社外者会議の定期開催を奨励（4－8①）

―筆頭独立社外取締役の設置を奨励（4－8②）

―人材ポートフォリオ（4－11）
- ・知識・経験・能力を全体としてバランス良く備え、多様性と適正規模を両立

―審議の活性化
- ・取締役会資料の事前送付、審議時間の確保、年間スケジュールや審議事項の決定、審議項目数や開催頻度の適切な決定等（4－12①）
- ・取締役の兼任制限、兼任状況の開示（4－11②）

―取締役の役割・責務を果たすための十分な情報入手の確保（4－13）

―取締役トレーニング（4－14）

（出所）掲記資料より筆者作成

を行う」と書いていますので、例えば社内取締役が過半数の場合はどうやってこの基本原則4を守れるのだろうという疑問も湧いてきます。

また、独立社外取締役というのは、単に独立していればいいわけではなく、企業価値向上に寄与する資質を備えていないといけません。企業経営、企業価値が何もわかりませんという人は、いくら独立していてもコーポレートガ

バナンス・コードの趣旨からは逸脱しています。

さらに、２名以上と書いているのですが、不思議な文章になっていて、自主的に少なくとも取締役の３分の１以上の独立社外取締役を選任する企業は、その方針を開示しなさいと書いてあります。これは不思議ですよね。書いていなくても普通に開示しますよね。要するに、これは３分の１というのを書きたかったとしか思えないのです。３分の１以上選任すべきと言うと、とても大変だということになるのですけれども、いやいや、自主的にやりたい会社は開示してくださいと書いてあるだけだから、やりなさいとは書いていませんよと言えるわけです。でも、３分の１という数字がここに出てしまっている。しかも、明らかに国際的に立派な企業だったら少なくとも３分の１だよねというフィーリングがにじみ出ています。ある人は、これを霞が関文学の傑作だと言っていましたけれども、大変巧みだなと思いました。

それから、独立社外取締役主体の、指名、報酬等の委員会の設置を奨励すると。指名委員会等設置会社だったら必ず置かないといけないのですが、置かなくてもいい監査役会設置会社とか監査等委員会設置会社でも、独立社外取締役主体の――主体ということは多分過半数でしょうね――指名、報酬委員会を設置することを奨励しています。

独立社外者会議――エグゼクティブ・セッションについても言及されています。また、筆頭独立社外取締役、人材ポートフォリオ、審議の活性化、資料を事前に送付したり、審議時間を確保したり、議題をどうするか、十分な情報入手の確保、取締役トレーニング、どこかで聞いた話ばかりでしょう。まさに2000年代に至って、アメリカで醸成されてきたベストプラクティスが全部書いてあるという、すごいことになっています。ここまでのものが出るとは思いませんでした。

### ⑵　目的軸：株主利益対ステークホルダー利益

#### (i)　社会的価値最大化と株主価値最大化

ここまでは手段軸の、経営者支配から取締役会支配になったという話でした。元P&GのCEOで、その後、GMの社外取締役で議長になったジョン・スメールが「昔はCEOが取締役会のボスだったが、今は取締役会がCEOのボスだ」と言っていました(7)。ボスというのは人事権を持っているということですが、まさにアメリカではCEOの人事権を取締役会が掌握したのです。

ここからは目的軸の話です。会社経営の目的は、ステークホルダー利益の最大化か、株主利益の最大化か。要するに、取締役会がボスになったのですけれども、そのボスは一体どっちの方向を向いてモニタリングすればいいのかという話です。

まず、今どき、まともな人でステークホルダーの利益を収奪して、株主の目先の利益が上がればよいと思っている人はいません。アメリカだろうが、どこだろうが、会社全体としての目的は、社会全体の価値最大化と調和がとれていないといけないというのがメインストリームの意見です。

社会全体の価値の中に、ステークホルダー全体の価値が入ります。ですから、ステークホルダー全体の価値でもまだ狭い。途上国の環境基準の弱いところで公害を出しまくるとか、奴隷的労働をやったりして、その結果、従業員も地域社会もサプライヤーも、みんな潤うというのはよろしくないですよね。そこまでいくとESGまでいってしまいますが、社会全体の利益の中にステークホルダー全体の利益があって、その中に株主の利益があるわけです。問題は、社会全体の価値を最大化するためにはどうすればいいかという話です。もちろん、株主価値最大化と社会全体の価値の最大化が一致するという保証は、この段階ではありません（**〔図表１-10〕**）。

### (ii)　社会的価値最大化と取締役の行動基準

ではここで、この問題を公共政策の視点から考えてみたいと思います。皆さんが全能の立法者で、皆さんの最終目的は社会全体の価値の最大化だとします。企業の行動を律するのは取締役会だけではありません。環境法制とか、独禁法とか、消費者保護法とか、いろんな法律があり、取締役会は企業の行動を律するワン・オブ・ゼムの装置にすぎません。そのワン・オブ・ゼムの取締役会に、皆さんは全能の立法者としてどういうミッションを与えるかという問題です。「あなたは株主価値の最大化に専念してください」と言うか、

---

(7)　ケアリー＝ヴァイクス（鈴木主税、桃井緑美子訳）(2004)、『CEOアカデミー』日本経済新聞社。

**〔図表1-10〕社会的価値最大化と株主価値最大化**

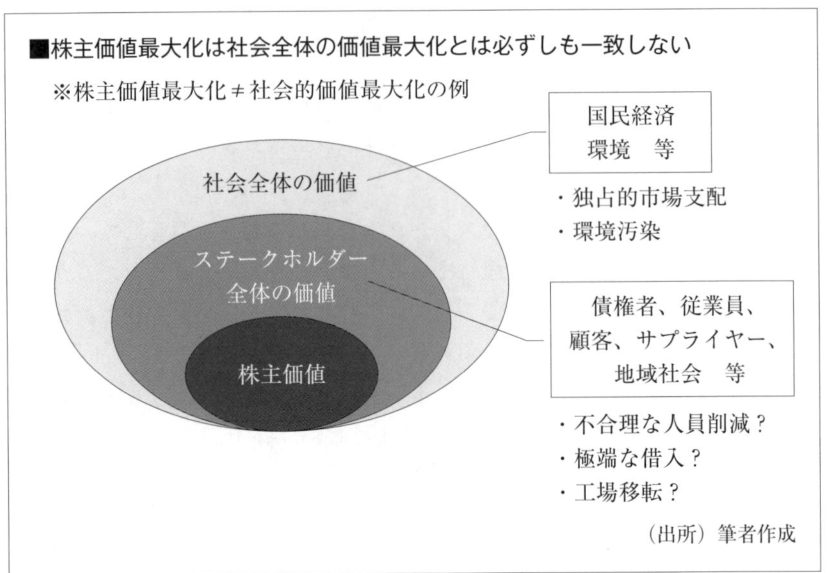

（出所）筆者作成

「社会全体の価値を見ながら判断してください」と言うか。皆さん、どちらにしますか。

これに関して、いくつか議論を紹介します。１つは法的な議論（受託者責任論）、もう１つは、こちらがメインですが、法と経済学的な議論（残余利益請求権者論、エージェンシー理論、不完備契約理論）です。

なお、日本ではいまだに「会社は誰のものか」といった議論がされることがありますが、これはあまり生産的ではありません。なぜなら、「ものである」の意味がきちんと定義されていないからです。例えば、私が八百屋コーポレーションの支配株主だったとします。会社は私のものだと言って、その八百屋に行って、お金を払わないで大根を持って出ていったら窃盗で逮捕されてしまいます。「ものである」とは一体どういう意味なのか、よく定義されていないので、この議論にはあまり発展性がないのです。もし「取締役は誰の利益を考慮して判断を下さなければならないか」という問いであれば、意味のある議論になります。ということで、以下では、取締役は誰の利益を考慮して判断を下さなければいけないか、この議論をさせていただきます。

㈠　受託者責任論

まず、法的な議論として、受託者責任論を取り上げます。ここでは極めて単純化して、受託者責任は注意義務と忠実義務から成っている、とします。受託者責任論では、取締役は株主という委託者の財産を預かって運用している受託者、すなわちフィデューシャリーである。言いかえれば、株主が本人（Principal）であって、取締役は代理人（Agent）であると考えます。

受託者あるいは代理人である取締役は、委託者ないし本人である株主に対して受託者責任を負っています。すなわち、信託の法理の応用で、注意義務と忠実義務を負っています。注意義務というのは、人の財産だからといって粗雑に扱ってはだめだよ、きちんと注意を払ってやりなさい、もう１つの忠実義務は、受託者、代理人なのだから、自分の利益でなくて、本人である株主の利益のために行動しなさい、ということです。

ただし、失敗したら全部責任を負わされるというのでは、リスクのある投資などできなくなります。そうすると結果的に企業活動は低調になってしまうので、「経営判断原則」というものがあって、注意義務と忠実義務をきちんと守って行動していれば、結果的に大損をしても取締役の責任は問いませんということになっています。逆に言うと、注意義務か忠実義務のどちらかが欠けていたら、取締役は損失の発生に対して責任を問われます。

ですから、受託者責任モデルでは、取締役は株主利益最大化のために行動すべきだとなりますが、これはあくまで法的な議論です。そこで、ここから先は社会全体の価値最大化を目指す経済学的、公共政策的観点から、取締役の責務を考えてみましょう。

㈡　残余利益請求権者論

１つ目の議論は残余利益請求権者論です。ほかの全てのステークホルダーが取り分を確保した上で、残ったものだけが株主のものになるという考え方です。株主は、実は自分の利益を守る手段が最も弱い存在です。なぜなら、株主はお金を出しますが、その後、企業にお金を返してくれとは言えない。株主は、お金を回収しようと思ったら、普通は他の人に株式を売って、そこから回収するので、企業から回収はできません。配当や自社株買いもありますが、これらは義務ではなく、やらなくても企業は債務不履行にはなりません。企業が、株主に未来永劫びた一文払わないと言っても、債権者のように金利を払えとか元本を返せといってお金を回収する手段がありません。だから、取締役会には株主の利益を守る責務を与える、という考え方です。

ここでもし、新古典派的な完全情報・完備契約、つまり他の人の取り分をはっきり決めることができたら、株主の利益を最大化すること＝社会全体の利益を最大化することになりますよね。本当に他の人の取り分が完全にはっきり決まっているわけではなくても、結構決まっているということであれば、とりあえず株主利益の最大化ということが社会全体の価値の最大化と大体ベクトルが合っているのではないかという話です。

今も言いましたが、残余利益請求権者である株主の価値を最大化することが社会全体の利益の最大化につながるという議論が成り立つ条件として、他のステークホルダーの利益がきちんと守られている必要があります。債権者は、きちんと元本、金利を返してください、返さなかったらデフォルトにして取り立てますよという権利を持っている、倒産法制もある、取引先は契約で自分の権利を守る、下請が弱かったら下請法で守ってもらう。労働者にとって一番大きいのは労働市場の流動性が高いということです。そうすると、割安に雇おうとしたら、他社に行ってしまうことができる、逆にいえば、労働市場の流動性がないと労働法制などで守らないといけない部分が大きくなる。また、消費者には独占禁止法や消費者保護法、環境問題には環境法制などがあります。ということで、取締役会以外の手段を使ってできるだけ他のステークホルダーの取り分を守っておけば、取締役会は株主利益のことだけを考えておけばいいとなります。他のステークホルダーの取り分が決まっているという制約条件の下で株主利益を最大化するという「制約条件付き最大化問題」というパターンになり、何を最大化すればよいかがはっきりしていますから、取締役会・経営陣のパフォーマンスがいいか悪いかは一目瞭然でわかるという世界です。

これに対する批判は、現実には他のステークホルダーの取り分ははっきり決まっていない、完全情報・完備契約ではない、というものです。ただし、この批判が成り立つ、つまり、実は従業員とか取引先、あるいは地域社会だって残余利益を少しは持っているという議論が成り立つとしても、圧倒的に残余利益をたくさん持っているのが株主であることは間違いありませんし、しかも株主には残余利益しかありません。利益が倍になったから従業員の給料を倍にしましょうとか、今期は利益が半分になったから従業員の給料を半分にします、ということは普通できませんが、株価は平気で倍になったり半分になったりします。であれば、やはり取締役会には株主利益に注力させたほうが全体のパイが大きくなるということになります。これがまず残余利益請求権者論の議論です。

(ウ)　エージェンシー理論

２つ目がエージェンシー理論です。受託者責任論と少し重なりますが、今度は法的な議論ではなくて経済学的な議論です。

ここでコーポレートファイナンスの教科書に戻ると、教科書的には企業の目的は極めて明確で、DCF価値を最大化することです。もし企業が物理学的な「質点」のような一枚岩の存在で、経営者は当然、DCF価値の最大化、企業価値・株主価値の最大化に向かって努力するのだとしたら話は単純なのですが、現実には、経営者の利益は必ずしも株主の利益とベクトルが一致していません。そうすると、経営者がちょっと脇見をする。本当は株主価値が下がるのだけど、もっと買収して大きな企業の経営者になりたいとか、不採算事業を整理したほうがいいのだけど大変だからやらないとか、そういうことによって、本来あるべき企業価値よりも企業価値が下がってしまいます。この本来あるべき企業価値から下がった差額のことをエージェンシーコストと定義すると、エージェンシーコストというのは、実証的には難しいでしょうが、コンセプトとしては原理的には計測可能になります。

このように、エージェンシー理論では、経営者が株主価値最大化に反する行動をとる可能性があると考えます。しかし、経営者が株主価値最大化に反する行動をとっても、それが社会的価値最大化に結びつけば、全能の立法者である皆さんからしたら別に問題はありません。問題は、株主価値最大化に反する経営者の行動が、社会価値最大化につながる可能性と、社会価値低下につながる可能性のどちらが大きいかということです。

結論から言うと、理論的にも、実際の経験からいっても、社会的価値低下につながる可能性のほうが大きいと考えられます。全体のパイを最大化して、他のステークホルダーにも適正に配分していれば、必ず株主価値も上がります。株主価値が上がっていないということは、パイを最大化できていない可能性が極めて高いのです。もちろん、パイは大きくしたけれども、他のステークホルダーに収奪させることにしたというのであれば別ですが、多分そんなことはやっていないでしょう。

ということは、株主価値最大化ができていない責任を逃れるために言いわけをしている可能性が非常にあるわけです。「ステークホルダー全体の価値を考えています」と言っておけば計測が極めて難しくなるので、何とでも言い逃れができるようになります。つまり、アカウンタビリティがなくなるということです。

アカウンタビリティというと、よく「説明責任」と訳されますが、あまり適切な訳語ではありません。説明責任というと、説明したらそれで責任を果たしたような感じですが、そうではなくて、アカウントしないといけない。例えば、私が株主で、経営者がいて、私が何で今期はそんなに業績が悪かったのかと聞きます。経営者は、かくかくしかじかと説明しますが、説明したらそこで終わりではなくて、その説明がもっともらしいと思ったら、あと１年だけ猶予をやるから、やってみなさいとなる。しかし、１年たってもやっぱりだめだったら、場合によっては経営者を交代させる。説明自体が全然納得性がなければ、もうその場で交代させる。

つまり、アカウンタビリティというのは、説明して、説明が通ったらセカンドチャンスをもらえるけれども、説明が通らなかったら責任を取らされる。これがアカウンタビリティの本当の意味です。

ステークホルダー論を認めると、業績も悪いし、株価も下がって株主価値が下がったではないか、というのに対して、いや、ステークホルダーの価値もいろいろありましてねと言いわけできるので、株主はステークホルダーの価値が上がっていないことについて立証責任を負わされて大変なことになります。経営者からすると物差しを複数化することによって計測が困難になり、責任をとらなくてよくなる。そこで、全能の立法者としては、取締役会、経営者には株主価値最大化を言い続けることで、エージェンシーコストを削減する、他のステークホルダーの取り分は、全能の立法者が別のほうから手を回すから、取締役会は余計なことを考えないで、株主価値最大化に専念してくださいという話です。

㈣　不完備契約理論（企業特殊的投資）

次は、不完備契約理論（企業特殊的投資）です。こちらは逆にステークホルダー論の援軍です。さきほど残余利益と言いましたが、例えば、将来こういうことが起こったら給料を上げますなどという労働契約を結んでいる人はあまりいません。したがって、将来何かが起こったときに、上がる、下がるというのは保証されていません。将来起こりうる事態を今からすべてリストアップして事前に契約で取り決めをしておくのは不可能です。

そうすると企業特殊的投資という問題が出てきます。企業特殊的投資とは、例えば、企業のサプライヤーが、その企業のその車のモデルにしか使えないような部品の発注を受けた。そこで設備投資をしてしまう。設備投資をしたら、その部品は他社には売れないから、バーゲニングパワーが全くなくなり、値段をたたかれて、安く納めさせられてしまうという話です。

従業員でも同じことがありえます。皆さんが会社に入った。今、皆さんの市場価値は100です。ここから皆さんは５年なり10年なり、一生懸命頑張ります。頑張るルートが２方向あります。１つは、その企業にとっては非常に価値があるけれども、世間一般には全然価値のないスキルを身につける。これが企業特殊的投資です。そうすると、５年なり10年たったら、皆さんのその企業にとっての価値は200になる。だけど、世間にとっては皆さんの価値は100のまま。一方、汎用的スキル、世間一般でも通用するスキルを身につける。このときには、その企業にとっても世間にとっても150の価値になる。社会全体からみると、皆さんがその企業にとって200の価値があるスキルを身につけて、その企業が200の価値を生み出したほうが、価値がより生み出されます。

ところが、皆さんがそうやって努力して、その企業にとって200の価値になったときに、企業が、ちょっとごめんね、君の給料は120ねと言ったときに、皆さんはどうしますか。受けるしかないでしょう。「約束が違う」と言って飛び出したら100になってしまうわけです。このように企業特殊的投資を行うと、行ったほうのバーゲニングパワーが弱くなって、事後的に約束をたがえられて、暗黙の契約が裏切られる、信頼の裏切りということが起こります。これをホールドアップ問題といいます。企業特殊的投資を行ってしまったらバーゲニングパワーが全然なくなってしまうとわかっていると、企業特殊的投資なんかやらずに、汎用スキルを身につけて150になる。そうすると社会全体としては50の価値が失われてしまう、という図式です。

したがって、敵対的買収などで、今までの暗黙の契約が反故になると、こういう価値が失われる。敵対的買収のリスクがあると、みんな企業特殊的投資をやりたくなくなるから、敵対的買収は抑止しようという議論につながります。

しかし、これはよく考えてみたらあまり現実味のない議論です。アメリカでは実証的裏付けに乏しいとして顧みられていませんし(8)、日本では、そもそも敵対的買収がないので実証がありません。敵対的買収をしても、また新たに継続的に投資してもらわないといけないわけで、果たして200の価値のある従業員をないがしろにするでしょうか。もっと言うと、ある企業内部では非常に価値があるけれども、社会では評価されないスキルというのは、実は社会全体でみても価値のないスキルであることが多いように思います。社内人脈とか、その会社でうまくやるやり方とか、こういうものは、社会全体でみると価値がないことも多いのですが、企業、特にガバナンスの効いていない企業だと、社内的には非常に価値があったりします。

ということなので、企業特殊的投資の議論は、理屈としては一見あり得るように見えますが、実証的に必ずしもサポートされていませんし、実態的にもどうなのかなという感じがします。

今までの議論をまとめると、最初の法的な議論を除いて、法と経済学的な議論だけで言うと、この議論の特色は、会社は誰のものかといった観念論ではなくて、社会全体の価値を最大化するという観点から、全能の立法者である皆さんが、政策論として取締役会のミッションをどのように設計するかというデザインの問題として考えるというアプローチです。皆さんは政策手段

(8)　田中亘（2007)、「買収防衛策の限界を巡って：ニッポン放送事件の法的検討」金融研究26巻法律特集号47頁参照。

をいっぱい持っている中で、取締役会に、ほかの手段では擁護が難しい株主の利益擁護に大幅に傾斜をつけたミッションを与えるか、それとも、取締役会にも全能の立法者の皆さんに成り代わって、皆さんのつもりで全体の利益をバランスするというミッションを与えるか。（しかも、取締役会が、環境問題とか消費者問題まで含めてプロである保証はありません。）

これは一義的に白黒をはっきりつけられる問題ではなくて、ポイントは、ほかの政策手段で他のステークホルダーとか社会の利益が守られていれば、取締役会の責務を株主利益に傾斜させてもいい、逆に、そこが何もないと、公害垂れ流し、従業員は搾取されるなどということになり、社会的にもまずいことになる、ということです。

つまり、これは制度的インフラの関数なのです。制度的インフラが整備されて、他のステークホルダーの利益が擁護されていればいるほど、取締役の責務を株主利益の擁護に傾斜させることが社会全体の利益につながる。逆に、その辺がまだ未発達な国は、やむを得ないので取締役会の段階でもバランスをとってもらうしかない。ただ、そのときには、エージェンシーコストは負担することになりますよということです。

### (iii)　啓発された株主価値

今まで、株主価値とはDCF価値であると言いました。DCF価値というのは長期的価値です。今期の利益が上がっても、将来の利益を犠牲にして目先の利益を上げたらDCF価値は下がってしまう。例えば、ステークホルダー、従業員とか地域社会とかサプライヤーから収奪すると、いい人が入ってこないし、関係者もみんな疲弊しますから、目先の利益を上げられても将来のキャッシュフローは減り、DCF価値は減ってしまいます。したがって、DCF価値を上げるという意味での株主価値というのは、当然長期的利益になります。

今の欧米実務の主流では、取締役が考慮すべき株主利益とは、Enlightened Shareholder Valueとされています。私はこれを「啓発された株主価値」と訳しています。人によっては「洗練された株主価値」と訳す人もいます。これは、イギリスの2006年の会社法に明文で書いてある考え方です。基本的には株主価値最大化ですが、それは、単に他のステークホルダーを収奪してでも株主に支払う目先の配当とか報告利益を最大化しろということではなくて、従業員の利益、サプライヤーとか顧客等との関係構築、地域社会や環境への影響、企業倫理などを考慮しながら、株主の利益のために会社の長期的価値を高めるように行動しなければならない、ということです。ステークホルダーの正当な利益を顧慮することが株主の長期的利益につながるという考え方が今主流になってきています。これはイギリスだけではなくて、アメリカでも同様です。

啓発された株主価値は、粗野な株主利益主義を「正」、ステークホルダー主義を「反」とすると、弁証法でいう「合」みたいな感じですが、あくまでベースは株主価値の最大化です。株主価値の解釈をもっと洗練させて、ステークホルダーの正当な利益を擁護する前提で最大化される長期的な株主価値というふうに、定義を充実させたものが啓発された株主価値なのです。

なぜ株主価値にこだわるかというと、そうでなければ経営者の業績を利益や株価で測ることが正当化できなくなるからです。利益や株価を指標として使えないと、アカウンタビリティが弱体化します。逆にいえば、株主価値が全体のパイの指標としてうまく機能するためには、DCF価値で株価が決まる、ステークホルダーに変なことをしている会社は、株価でペナルティが課せられる、というくらいに市場や投資家が洗練されないといけません。このように、市場の洗練度も、株主価値が基準として機能するための、重要な制度的インフラの１つです。

最後に、啓発された株主価値とステークホルダー主義の関係についてもう少し補足します。まず、第１に、啓発された株主価値的な考え方では、株主価値の最大化は、近視眼的に株主利益を最大化することで達成されるものではないということです。例えば、独占禁止法や環境規制などの法律は、その文言のみならず精神も尊重することが求められます。なぜなら、規制などいろんなものは将来にわたって変わっていくので、今法律で許容されているから、今ここの発展途上国は開発規制が緩いからと法の網をくぐるような利益追求を行っても、結局、将来しっぺ返しが来て、株主価値が下がるかもしれません。今は内部化されていないような外部性も、将来内部化されるかもしれませんし、ESG投資が盛んになると、それが早いタイミングで株価に反映してくる可能性もあります。レター・オブ・ローではなくて、スピリット・オブ・ローを守っていくのは当然のことで、こうしたソフトな制約条件も踏まえて、ステークホルダーを含めた全体のパイを拡大して、正当に分配した結果として株主価値が最大化されるというのが今の真っ当な考え方です。

したがって、経営者が集中しないといけないのは、全体のパイを拡大することです。全体のパイを拡大して、正当に分配して、株主価値が高まらないことはあり得ません。逆にいえば、株主価値を高められなかったら、まず真っ先に全体のパイを拡大できていないのではないかと疑われてしかるべきということで、これについては立証責任が転換されて、経営者が申し開きをしないといけません。

第2に、目的関数としての株主価値という考え方が非常に重要です。これは、マイケル・ジェンセン先生の論文(9)に書かれているのですが、広い意味で利益は、企業が生み出して顧客が評価したアウトプットと、企業がそのために消費したインプットの差額であり、それを上げていかないと、企業は社会の幸せを増やしていないことになります。そして、ステークホルダーが公正に扱われて、環境等の外部性とか独占問題が規制等でコントロールされているという前提条件をつけると、将来利益の現在価値である株主価値最大化は社会全体の厚生最大化につながります(10)。

ジェンセンの主張の核心は、株主価値最大化は、パイ全体の最大化を測定する上で最も適切な目的関数だということです。目的関数を複数にしてしまうと、たちまち言い逃れの余地がいっぱい出てくる。ところが、目的関数が1つであると、業績や株価が悪いと、その瞬間に立証責任が転換できます。経営者はなぜ悪かったか、実はかくかくしかじか、長期的に価値を高めることをやったのだが、今、過渡期でこうなっていますと説明しなければならなくなる。その説明がもっともらしければ、もうしばらく見守ろうとなるし、

(9) Michael Jensen (2001), "Value Maximization, Stakeholder Theory, and the Corporate Objective Function," Journal of Applied Corporate Finance, Vol. 14, No. 3 (Fall 2001).

(10) ジェンセン自身は「企業価値」を目的関数としているが、企業価値最大化と株主価値最大化はおおむね同じ方向であるので、本稿では「株主価値」に置き換えた。

もっともらしくなかったら、経営者の交代も検討する。目的関数が株主価値最大化で１つになっていることで、立証責任の転換がスムーズに行われ、アカウンタビリティが明確になります。

ジェンセンはまた、株主価値の最大化は、それ自体が目的なのではなくて、パイ全体の最大化を測定する上で最も適切な代理変数として重要だと言っています。よって、経営者が、「私は株主価値を高めることが経営方針です」と言ったら、それはおかしな経営方針に聞こえます。なぜなら、全体のパイを高める結果、株主価値を高めるというのは、目的に掲げる必要もないぐらい当たり前のことだからです。経営方針というのは、経営者がどうやってパイを最大化するつもりかが問われているのです。そのために、顧客を大事にしますとか、従業員の創意工夫を引き出しますと。これが経営方針であって、それがうまくいっているかどうかを測定するのが株主価値ということです。

このように、啓発された株主価値とは、社会全体の価値最大化を目指すステークホルダー主義と非常に親和性があります。唯一の違いは、社会全体の価値最大化の代理変数として、観測可能な株主価値最大化を採用するかどうかです。逆にいえば、ステークホルダー主義は、啓発された株主価値とほとんど近いにもかかわらず、最後の目盛りの部分を曖昧にすることによってアカウンタビリティが問えなくなるということで、非常な弱点を抱えています。

そもそも、ステークホルダー主義をとった場合に、経営者のアカウンタビリティを誰がどう判断するかというのは非常に問題です。今の会社法上、株主が選んだ取締役が経営者を選んでおり、株主は、みんなで集まれば経営者をいつでも取りかえらます。株主のみに選ばれた経営者が、株主利益至上主義に走った場合に、その歯止めは誰がかけるのでしょうか。本当にステークホルダーの利益を、経営者に全部バランスを取らせようというのであれば、取締役会のメンバーに、従業員代表や消費者代表、環境NGOなどまで入れて、多様化しないといけない。でも、多分そうしてほしいと思っている経営者はほとんどいないでしょう。ということは、ステークホルダー主義とは一体何だったのだろうかと、少なくとも疑惑を持たれても仕方がないでしょう。こうして、粗野な株主利益主義でもステークホルダー主義でもなく、両者を止揚した啓発された株主価値に向かってスタンダードが収斂しつつあるというのが世界的な状況です。

## 3　株主主導のガバナンス

### (1)　機関投資家アクティビズムとエンゲージメント

#### (i)　機関投資家とガバナンス

ここまでは、ステークホルダー利益重視から株主利益重視になった、そして、誰がそれを判断するかは、経営者であったのが、取締役会になったという話でした（**〔図表１－１〕**）。ここからは、株主利益重視は啓発された株主利益ベースでもう決着がついたという前提で、何が株主利益にかなうかを判断するのが、取締役会なのか株主なのかという問題を中心にお話しします。

まず、株主といってもいろいろいます。例えば、皆さんが株を持っていれば個人株主ということになります。他方、一般的に、今、日本をはじめとしてコーポレートガバナンスの担い手として期待されているのは機関投資家です。そこで、まず最初に、機関投資家というのはどういうものかを簡単にお話しします。

機関投資家とは、他人のお金をたくさん預かって運用するプロの組織のことです。機関投資家は、（１人２役みたいな機関投資家もいますが、）大きく分けるとアセット・オーナーとアセット・マネジャーに分かれます。アセット・オーナーは本当にお金を持っている人で、アセット・マネジャーはまさにファンド・マネジャーです。本当にお金を持っているアセット・オーナーからお金を預かって株などを売ったり買ったりするなど、運用してリターンを上げます。

では、アセット・オーナーとはどういう人たちかというと、代表的なのは例えば年金基金です。皆さんが企業に勤めると入る企業年金、あるいは公的年金のGPIFもあります。これらは、最終的には年金受給者である皆さんのお金ですけれども、法的にはアセット・オーナーが持っていて、皆さんのために長期にわたってリターンを上げられるように、アセット・マネジャーを選んで運用しています。

ですから、実はアセット・オーナーもアセット・マネジャーも、究極のお金の持ち主ではなく、皆さんのような年金加入者、国民一般のお金を預かって運用しているのです。その人たちは、最終投資家である皆さんの長期的利益にかなうように運用しないといけないはずで、その責任をスチュワードシップ責任と呼び、スチュワードシップ・コードというものが作られています。

スチュワードシップ責任とは、要するにフィデューシャリー・デューティ、取締役が株主に対して負っている受託者責任と同じようなものです。では、なぜ受託者責任と言わないでスチュワードシップ責任と言うかというと、最終投資家から企業の実際の株を買うに至るまでにいろいろな人たちが介在していて、これをインベストメントチェーンというのですが、最終投資家と途中段階にいる人たちとは、必ずしも直接の契約関係や信認関係にはありません。例えば、皆さんが最終投資家であるからといって、運用が下手だったと直接運用者を訴えることはできません。そういう意味では、精神としては受託者責任に似ているのですが、直接の契約とか信認関係がないので、ちょっと言葉を変えてスチュワードシップ責任と言っています。

ということで、機関投資家は最終投資家の利益になるように、企業価値が長期的に向上するように、エンゲージメントをしたり、議決権行使をすべきですが、現実にはなかなかそういった使命が果たせていないという問題意識があります。

### (ii)　「所有と経営の分離」と株式の機関化

皆さん、「所有と経営の分離」という言葉を聞いたことがあると思います。皆さんが今まで自営業をやっていて、これを株式会社化すると、最初の株主は皆さんと家族だけ、という感じですね。自分が株主で、自分で商店を経営している。このときには所有と経営は全く同じで、当然皆さんは自分が儲かるように一生懸命働く。やがて、会社が大きくなってきて上場する。そうすると、株主が広く分散して、いろいろな人が持つようになり、売ったり買ったりして、どんどん株主が変わっていく。１人ひとりの株主は持分は小さいので、経営への影響力はありません。結局、経営者が自分の好きなようにやる。取締役候補も自分で選んで、株主総会でも通ってしまうから、実質的には経営者が取締役のボスになって、あとは好きなようにやる。このように、所有と経営の分離によってエージェンシー問題が発生してきます。

アメリカを見ていただくと（**〔図表1-11〕**）、1950年代ぐらいのアメリカは、ほとんど個人が株式を持っていました。それが、次第に年金や投資信託などが増えていきます。この担い手は、例えば投資信託であれば、フィデリティやブラックロックといった非常に大きな運用会社です。つまり、こうした大手の機関投資家による株式の保有比率が上昇してきました。このように機関投資家の持つ比率が高まっていったことを「株式の機関化」と呼びます。

なお、アメリカの場合、投資信託への投資で一番大きいのは、確定拠出型の年金運用（401k）です。投資信託もETF（上場投資信託）も年金性の資金が多いので、国民、一般大衆が最終受益者となる運用が非常に多くなっています。

### (iii)　米国における機関投資家アクティビズムとその限界

以上のように、以前は株主が分散していたのに対し、株式の機関化が進んできましたが、株主の経営への影響力はあまり強くなりませんでした。

1980年代半ばまでは、Wall Street Ruleといって、機関投資家は経営が気に入らなければ、経営者に文句を言う手間をかけずにさっさと売却して、もっといいと思う会社の株を買っていました。このころ企業の経営に文句を言う株主というのは、アブ（gadfly）と言われる株主提案を乱発する個人株主が中心で、日本の総会屋ではありませんが、非常にイメージが悪く、当然そのような議案が通るはずもありませんでした。

それが、1980年代から機関投資家が目覚めてきて、特に1990年代に入って、カリフォルニア州の職員年金基金であるカルパース（CalPERS）をはじめとする公的年金が企業にいろいろ言うようになった。これを機関投資家アクティビズムといいます。アクティビズムとは積極的にやるということ、株を持っていて経営に黙っているのではなくて、経営にも積極的に物を言いましょうということです。

当初の機関投資家アクティビズムは公的年金主導でした。公的年金も分散

〔図表１-11〕米国の株式の保有構造の推移

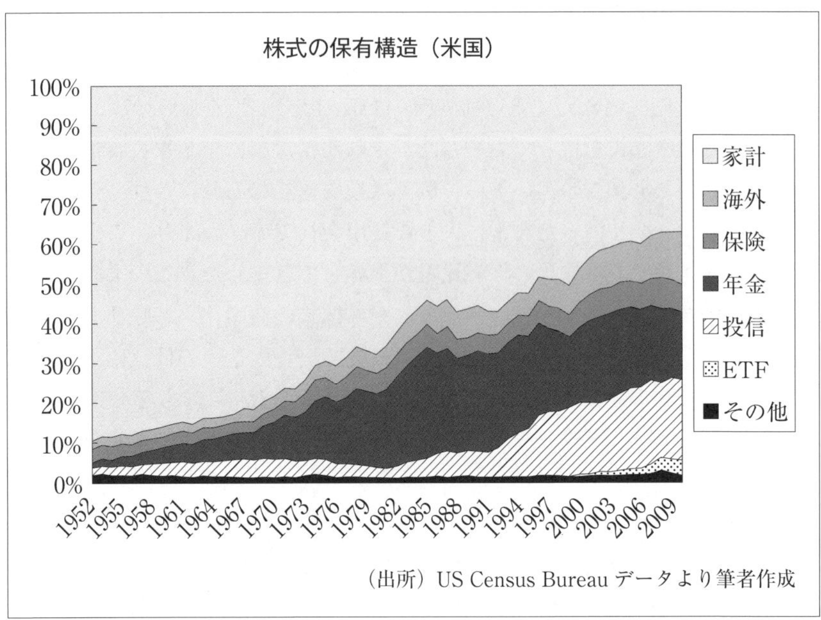

（出所）US Census Bureau データより筆者作成

投資しているので、１つひとつの会社の株は、金額は大きいにしても、全体の比率からすると大したことはありません。そこに多大なお金をかけて徹底的にリサーチをして、場合によっては委任状争奪戦を行うお金までかけて価値が上がっても、自分の取り分はほんのわずかにしかならないので、そのようなことはわりに合いません。そこで、何をやったかというと、お金をかけなくてもわかることを主にやったのです。具体的には、独立取締役、社外取締役の数が多いか少ないかとか、少ないからもっと増やせとか、そういうことを言いました。つまり、主にガバナンス体制に関する、あまりコストをかけなくてもわかることが中心でした。

そこで、機関投資家アクティビズムの結果、株価が上がったかというと、もうおわかりと思いますが、確かにガバナンス体制の改革には一定の成果がありましたが、企業の価値というのは、実際に経営者が経営の行動を変えることによってしか上がらないので、外から見てぱっとわかるようなガバナンス体制云々だけをやっても、株価や業績が上がるわけがありません。ですから、このころの実証研究では、機関投資家アクティビズムは、株価や業績への影響はごくわずかだという結論が支配的でした。

かつては株主が分散しているから経営にプレッシャーをかけられなかった。それが大手の機関投資家のところに株が集まってきたので、プレッシャーをかけられるようになるのではないかと思われましたが、なかなか経営者支配が打破されなかった。なぜかというと、コスト負担の問題があるからです。経済学的に言うと、フリーライダー問題です。本当に経営方針にまで踏み込んでじっくり会社を研究して、場合によっては対案を出して云々とするには、大変コストがかかります。

１つは、そこまで企業価値や経営方針を深く理解するコスト。普通のアクティブ運用——株の価値を見て売ったり買ったり——しているような人たちでも、実はそこまで深く深く個別の会社を見ているわけではありません。したがって、これをやらないといけないとなると、普通の運用のために必要なものよりも、はるかにリソースをかけて企業を調査しないといけなくなります。

さらに、実際に企業に文句を言っても全然言うことを聞いてくれない、だから、委任状争奪戦をやろうかとなると、弁護士を雇う、委任状勧誘会社を雇う、社内チーム云々ということで、何億円とか、もっとかかってしまう。それだけお金をかけても、自分の持ち分比率が、例えば１％だったとすると、自分がお金をかけたおかげで企業価値が100上がったとしても、そのうちの１しか自分の利益にならない。さらに悪いのは、自分のライバルの運用会社も１％持っていたとすると、そちらはコストを全然かけていないのに、自分と同じ１だけ儲かることになるのです。運用会社同士は、どちらのリターンが高いかと競争していますから、フリーライドされたほうは、コストをかけた分だけ負けてしまう。やっていられないですよね。やっていられないから、やらなかった。皆さんだったら、この状況をどうやって解決しますか。以上はアメリカの話です。

### (iv)　英国における機関投資家エンゲージメントの機能低下と政府の対策

今度はイギリスはどうだったかを見てみましょう。株主の力は、イギリスとアメリカでは全然違いました。イギリスでは、伝統的にはアメリカよりも機関投資家の影響力が強かったのです。特に1990年代初頭が絶頂期です。**〔図表１-12〕**を見ていただくと、1991年には、真ん中のあたりにある年金と保険の２つだけでイギリスの上場会社の株の半分ぐらいを持っていました。しかも、彼らはロンドンのシティの狭いところにみんな固まっていて、それぞれ年金基金協会や保険協会で普段から交流していました。要するに、クラブみたいなものがあって、非常に同質的でクローズドなサークルでした。

そのころのイギリスの会社は、例えば次のCEOを誰にするかなどは、水面下で大手の機関投資家、大株主に事前に相談したりしていました。こうした株主が経営者に不満を持つとどうするかというと、その企業の経営者をクラブでアフタヌーンティーに誘うわけです。そこでお茶をして、天気の話とクリケットの話をして、帰り際に、もうあなたのことは支持できませんとささやきます。それで経営者は悟って、突如、健康上の問題とか一身上の都合で辞任します。これがイギリス流の古きよき時代のガバナンスです。

そのような昨日の世界は、崩壊してしまいました。2014年を見てください。保険、年金は見る影もなく、圧倒的に外国人が株を持っています。具体的には、ヘッジファンドや、ソブリン・ウエルス・ファンドなどです。なぜこのようになったのか、それはイギリスの機関投資家も、グローバル分散投資をするようになってきたからです。株式だけではなく、ほかの資産も買う上に、株式もイギリス株だけではなくて世界中の株式を買う。世界の株式市場の規模の中で、イギリスの規模はアメリカに比べると非常に小さいので、分散投資していくとアメリカの株のほうが多くなってしまい、イギリス株はあまり買わない。逆に、アメリカの機関投資家も、世界中で分散投資をして、一部をイギリスに振り向けただけでも、資金量が大きいのでたくさん持ってしまうということです。そうなると、イギリスの機関投資家は、これまでのようにアフタヌーンティーで云々とか、それだけの影響力は持てなくなります。さらに、ヘッジファンドや、ソブリン・ウエルス・ファンドなどは気心の知れない連中なので、水面下で協調行動を取るのも非常に難しくなります。

〔図表1-12〕英国の株式の保有構造の推移

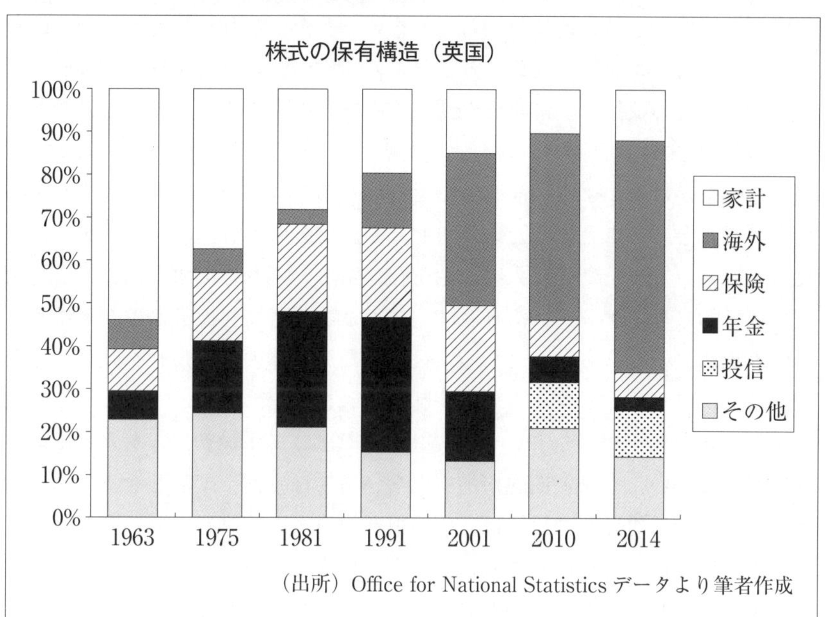

（出所）Office for National Statistics データより筆者作成

それで、イギリスの政府はどのように対応したか。ここでイギリス版のスチュワードシップ・コードが出てきます。制定された2010年というタイミングは、サブプライム・ローン問題が顕在化した後です。サブプライム・ローン問題では、イギリスの銀行が証券化商品などに手を出して大損して、結局、税金で救済されました。

スチュワードシップ・コードが出るまでの株主は、例えば企業の経営をモニターするか、議決権をどのように行使するか、について全く自由で、責任も問われませんでした。議決権を行使するときに、例えばコインを投げて、表だったら賛成、裏だったら反対とやっても、法律的には全くとがめられることはなかったのです。変な議決権行使をして企業が失敗したら自分が損をする、自分に降りかかってくる。だから、自己責任で好き勝手をやってよいということだったのです。しかも、残余利益請求権者なので、最後の尻は全部自分で拭いますということでした。

ところが、国民の税金による救済で、紙くずになるはずだった株式も価値が戻って、株主も結果的に救われてしまいました。これは株主のためではなく、金融システムを守るために救済したのですが、結果的に株主が救われた。今までは最後の負担を全部自分が持つから好き勝手をやらせていたけれども、最後の負担を持たないのだったら、株主もきちんと会社をモニターして、国民に迷惑をかけないようにすべきだとなったのです。議論の発端は、銀行の株主の責務ということだったのですが、それが拡張されて、株主、特に機関投資家は、もとをただせば人のお金を預かっているわけですから、投資先企業に積極的にエンゲージメントして、二度と納税者に迷惑をかけないようにという流れの中で、もともとあった投資家業界団体の自主規範を強化する形で、スチュワードシップ・コードが制定されました。

イギリスのスチュワードシップ・コードでは、まず最初にきちんとモニタリングしなさい、それで問題があったら、当初は水面下で話し合うけれど、会社が建設的に対応しなければ、他の機関投資家と協調したり、意見を公表したり、株主提案を提出したり、取締役変更提案、委任状争奪戦を含めて、圧力をエスカレートしなさいという趣旨のことが書かれています。

さらに、それに関連して、英国政府からの要請でエコノミストのジョン・ケイが座長になってまとめたケイ・レビューでは、機関投資家のエンゲージメントをもっと強化しないといけないと書かれています。イギリスの経営者が短期主義的な経営（ショートターミズム）に陥っているのは、機関投資家がきちんと監督していないからで、それは機関投資家自身が短期利益ばかり追いかけるようになっているからだと。

ただ、そうすると、先ほどのアメリカと同じように、フリーライダーもいるし、お金をかけても自分の見返りは少ないという、コスト負担問題が障害になります。これに対して、ケイ・レビューはある意味、非現実的な解決策を提唱しています。機関投資家は分散投資をやめて集中投資をしなさい、そして投資先企業に問題があったらどんどん関与していって、委任状争奪戦でも何でもやってしまえと。これに対して機関投資家は、運用スタイルというのはいろいろなものがあるわけで、エンゲージメントできるように運用スタイルを変えるというのは本末転倒でしょうと、みんな思っています。でも、わざわざ文句を言うこともないので黙っていますけれども。

もう１つは、投資家フォーラムというのをつくって、イギリス株に投資している人たちを集めて、投資先企業と対話しようという話をやろうとしています。今、イギリスの投資家はイギリス株をあまり持っていませんが、イギリスの企業をよく知っている。それに対して、株をいっぱい持っているのは海外勢。だから、海外勢に対して、一緒に協調して、考えるほうは我々イギリスの投資家がやるから、議決権を任せてくださいという、他人のふんどしで相撲をとろうという話にも見えます。もちろん、ヘッジファンドやソブリン・ウエルス・ファンドがそんな話に簡単に乗るインセンティブはないので、投資家フォーラムは、発足はしましたが、まだ目立った成果はそんなに出ていないようです。

## ⑵　アクティビスト・ヘッジファンドの台頭

### (i)　米国におけるアクティビスト・ヘッジファンドの影響力増大

ということで、アメリカもイギリスも手詰まりになってしまったわけですが、その突破口は意外なところから現れました。それがアクティビスト・ヘッジファンドです。アクティビストというのは、日本では物言う株主などと言われて、何となく総会屋のようにイメージが悪かったのですが、それがどのような役割を果たしているのでしょうか。

アメリカではアクティビスト・ヘッジファンドにお金がどんどん流れ込んでいて、アクティビストが大きな会社の経営方針にまで影響を与えるようになっています（**〔図表１-13〕**）。特に2013年が分水嶺で、この年に、アップルやマイクロソフト、プロクター&ギャンブル、ヒューレット・パッカード、ティムケンなどで、アクティビストによって株主還元が大きく増えたり、CEOが辞任したり、アクティビストから取締役を受け入れたりしました。ヒューレット・パッカードに至ってはアクティビストが取締役会の会長に就任し、ティムケンでは会社を真っ二つに分割するという勧告的議案が通って、本当に分割してしまいました。

2013年の一時的な現象かとも思われましたが、2014年以降もさらに活発になって、例えばイーベイでは、カール・アイカーンの活動もあり、結局、会

〔図表1-13〕米国におけるアクティビスト・ヘッジファンドの影響力増大

■2013年は、米国でアクティビスト・ヘッジファンドが企業統治の主役に躍り出た年

—アップル：株主還元強化
—マイクロソフト：取締役受入表明
—プロクター＆ギャンブル：CEO辞任
—H-P：アクティビストが会長就任
—ティムケン：会社の2分割（鉄鋼部門分離）
—オフィス・デポ：株主側取締役3名選任
—HMA：取締役全員の交代

アクティビストの運用資産（単位：10億ドル）

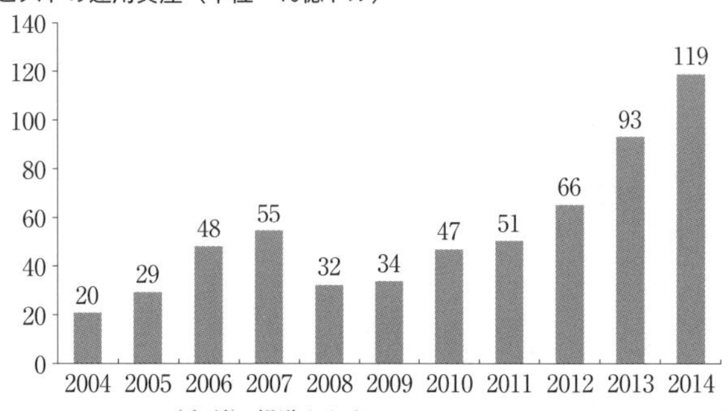


（出所）報道された Hedge Fund Research データにより筆者作成

■2014年以降も活発に活動

—サザビーズ：株主側取締役3名選任
—アラガン：事業会社と組んだ敵対的買収提案
—イーベイ：会社分割（ペイパルの分離）を発表
—ダーデン・レストランツ：取締役全員の交代
—ボブ・エヴァンズ・ファーム：株主側取締役4名選任
—ダウ・ケミカル、ペプシコ等：取締役受入れ
—デュポン：委任状争奪戦
—ヤフー：取締役4人受入れ、本業売却開始

公開アクティビスト活動の成功率（部分的成功を含む）

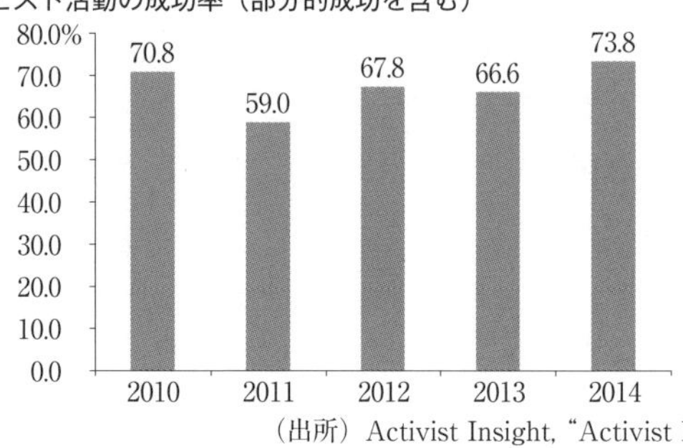


（出所）Activist Insight, "Activist Investing"（2015）

社を2つに分割することにしました。ダーデン・レストランツ――レッドロブスターとかを持っていた外食チェーンの大手でしたが――、ここでは取締

役が全員アクティビスト側に交代しました。ダウ・ケミカルやペプシコまでアクティビストから取締役を受け入れています。デュポンは委任状争奪戦が起きて、辛うじて勝ちましたが、結局、その後、CEOは辞任に追い込まれて、ダウ・ケミカルと合併した上で会社を3分割するという、すごいことになっています。最近ですと、アクティビストのエリオットが、サムスンにガバナンス改革と株式保有関係の単純化を求めて活発に活動をしています。

このようなアクティビストによる企業に対する働きかけの成功率は、完全に要求が呑まれた場合と部分的に要求が呑まれた場合と合わせると、7割ぐらいになっています。しかも、残りの3割でも、何もやらないで無傷で逃げ切ったケースはほとんどなく、アクティビストに言われる前に会社が自発的にやるとか、アクティビストの言うことは拒むけれども、会社は会社で何かをやっているなど、事実上、何かが起こる確率は100％に近いと考えてもいいと思います。

先ほど、機関投資家アクティビズムは株価にも業績にもほとんど効果はなかったとお話ししました。機関投資家アクティビズムは、基本的には形式的な問題に焦点を当てていました。お金をかけなくてもわかるような、独立取締役が何人いますかとか、そういう話です。それに対して、ヘッジファンド・アクティビズムでは実体的問題、経営方針そのもの、例えば、この事業から撤退すべき、あるいはこの事業は買収してもっと大きくすべきといったことまで、アクティビストが踏み込んで要求しています（〔図表1-14〕）。ただ、実際には、企業内部の情報と突き合わせないと、外からの情報だけでは最終判断はできないことが多い。また、例えば、あの会社を買収すべきという株主総会決議には何の法的拘束力もないので、実際にアクティビストがやっているのは、例えば会社を分割すべきといったアジェンダを掲げて、自分のほうの取締役候補を立てて、取締役会に送り込む、その上で、経営変革を実現させようという形が圧倒的に多くなっています。

したがって、アクティビストの議案の中で、配当を増やせという議案が一番多いとお思いかもしれませんが、実はそれほど多くなくて、圧倒的に多いのは取締役選任議案です（〔図表1-15〕）。アクティビストは単に株主還元、配当を増やしてほしいと思っているわけではなく、儲かるのであれば逆に配

〔図表１-14〕機関投資家アクティビズムとヘッジファンド・アクティビズムの違い

■機関投資家アクティビズム：「形式的問題」
—1990年代からカリフォルニア州職員退職年金基金（CalPERS）等の機関投資家が主導
—（形式的な）ガバナンス体制の変革に主眼
・1990年代：取締役会の独立性強化、買収防衛策（ポイズンピル等）の撤廃等
・近年：取締役の期差選任制撤廃、取締役会会長職とCEOの分離、経営陣の報酬（Say on Pay）等
■ヘッジファンド・アクティビズム：「実体的問題」
—2000年代半ばから存在感を増す
—企業経営の中身そのものにまで踏み込んで、株主価値向上のための経営方針の変更を求める
・経営方針の転換
—事業売却、スピンオフ、会社売却
—資本構成、株主還元方針
—事業構造の変革　等
・（実体的）ガバナンス変革
—通常、経営方針の転換とセット
—CEOの交代
—株主側取締役の選任
—実態的独立性に乏しい取締役交代
—スキルセットを備えない取締役交代

（出所）筆者作成

当なんかしないで再投資してくれと思っています。

例えば、サード・ポイントのダニエル・ローブは日本でも結構有名で、ソニーとかセブン＆アイに投資していますが、ソフトバンクの株も買っています。今はもう売っていると思いますが、保有期間中には何も要求していないようです。孫さんはすばらしいバリューコンパウンダーだ、この人にお金を預けておくと複利でどんどん増やしてくれる、だから、還元なんかあまりやらずに、どんどん事業に投資して欲しいと言っていました。要するに、儲けられないのだったら返して欲しい、もっと儲けられる人に預けるから。儲け

〔図表１-15〕アクティビストの要求事項（2015年）

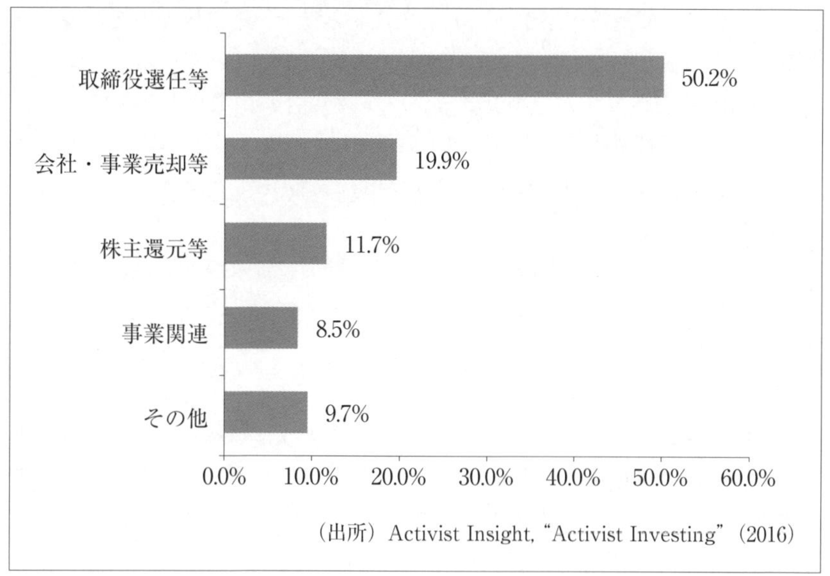


（出所）Activist Insight, "Activist Investing"（2016）

られるのだったら、返さないでどんどん投資して欲しい、というのが一流のアクティビストのスタンスです。

### (ii)　なぜアクティビスト・ヘッジファンドの影響力が増しているのか

最近の一流アクティビストは、時価総額の大きい会社を対象としますので、持株比率自体は５％程度やもっと少ないことが多いのですが、それでも経営方針に大きな影響を与えています。例えば、バリューアクトというアクティビスト・ヘッジファンドは、もともと世間的には有名ではなかったのですが、2013年にマイクロソフトが突如取締役を１人受け入れると表明して、しかも、その前後にCEOが辞任したので有名になりました。このファンドは特に表に出ないで水面下でやるスタイルなので、何が起こったのかよくわかりませんが、バリューアクトは、マイクロソフトの株を0.8％しか持っていませんでした。なぜ、0.8％しか持っていない、世間の人が名前も知らないようなアクティビスト・ヘッジファンドから取締役まで受け入れたかというと、おそらく表に出たら、機関投資家の支持が集まって、分が悪いと思ったからでしょう。要は、機関投資家がアクティビストを資金、議決権の両面から支援するようになったので、アクティビストの影響力が強まっているのです。

資金面での支援ですが、バリューアクトの場合、創業は2000年ですが、2013年には運用資産残高が１兆円以上になっていて、機関投資家からどんどんお金が集まっています。マイクロソフト株式も0.8%とはいえ、金額的には2,000億円の投資です。

さらに、アクティビストの主張に対して、機関投資家が議決権の面でも支援しています。例えば委任状争奪戦で、アクティビストのほうに票を入れることも最近では珍しくありません。ですから、アクティビストは自分１人で頑張る必要はないのです。

なぜ機関投資家がアクティビストを支援するようになったか、いくつか理由があって、１つ目は、一流のアクティビスト・ヘッジファンドが非常に洗練化されてきたということがあります。レベルが高いし、いいことを言うじゃないかとなってきた。２つ目は、それまでアクティビストは短期的でけしからんと思っていたのが、それは必ずしも正しくないということが実証的に明らかになってきました。３つ目は、機関投資家はもっとエンゲージメントしないといけないという流れがあっても、コスト問題があるから自分ではやりにくい、という状況にうまくはまった。こうしたことによって、アクティビスト・ヘッジファンドが非常に影響力を持つようになってきました。

まず、１つ目の洗練度の向上についてです。一流のアクティビスト・ヘッジファンドには、一流の投資銀行などから優秀な人材が流れてきています。ですから、分析もそうですし、プレゼンテーションペーパーもレベルの高いものが作られています。委任状争奪戦などになると、ホワイト・ペーパーといって、すごいものだと100ページとか200ページの、非常に詳細な、多くの場合、会社のものよりもレベルの高い分析が出てきます[11]。

しかも、アクティビストは非常にしっかりデューディリジェンスをやりますから、ターゲットの会社の取締役自身よりも会社の中のことをよく知って

---

⑾　Martin Lipton (2015), "Dealing with Activist Hedge Funds" (June 2, 2015).

いるということも往々にして起こります[12]。なぜ外からわかるのかと思われるかもしれませんが、同業種の元経営者とか、その会社の元幹部とか、あるいはその企業の問題になっている部門の元トップだった人とか、そういう人たちをどんどん参謀に引き入れていて、実によく知っているのです。

次に２つ目ですが、それまでアクティビストは短期利益主義者と思われていましたが、今では一流どころのアクティビスト・ヘッジファンドはみな長期的価値志向です。それは、よい人になったからではなくて、長期的価値志向のほうが得だからです。なぜなら、今、彼らにお金を入れているのは、公的・私的な年金基金や大きい財団、大学の基金です。例えばハーバード大学の基金など、超長期で運用している人たちの資金が投資家層の８割を占めています（**〔図表１-16〕**）。アクティビスト・ヘッジファンドとしては、資金の出し手はこうした長期投資家で、その人たちの議決権の面での支援も欲しい。そのため、一時的に株価を上げて売り抜けて儲けても、長期投資家たちはヘッジファンドとは別口でその会社の株式をたくさん持っていたりするので、売り抜けて株価が下がったら、何ていうことをしてくれたんだ、となります。そして、もうあなたのところからお金を引き揚げる、議決権の行使も協力しないとなると、アクティビスト・ヘッジファンドとしては困ってしまいます。だから、長期投資家の利益にかなうように、つまり長期的にも利益を上げるようにやったほうが自分の得になるのです。そのため、一流アクティビスト・ヘッジファンドの中には、一番値段が上がったところで売り抜けないように注意しているところもあるくらいです。

それから、アクティビスト・ヘッジファンドは集中投資するので、例えば一度に10社しか投資できないのですが、集まる資金量が非常に大きくなってきたので、昔は100億円のファンドで１社に10億円投資していたのが、今では１兆円のファンドで１社に1,000億円投資するようになっています。これだけの金額をぱっと投資できる会社は時価総額１兆円以上などの大企業しかなくなります。そういう会社はアナリストも、機関投資家も入念にカバーしているので、仮に短期的には利益になるけれども、実は企業の将来を損なう

⑿　Steve Wolosky（2015）,“Lessons Learned from Darden,”UCLA Private Fund Report.

**〔図表1-16〕アクティビスト・ヘッジファンドの主な投資家**

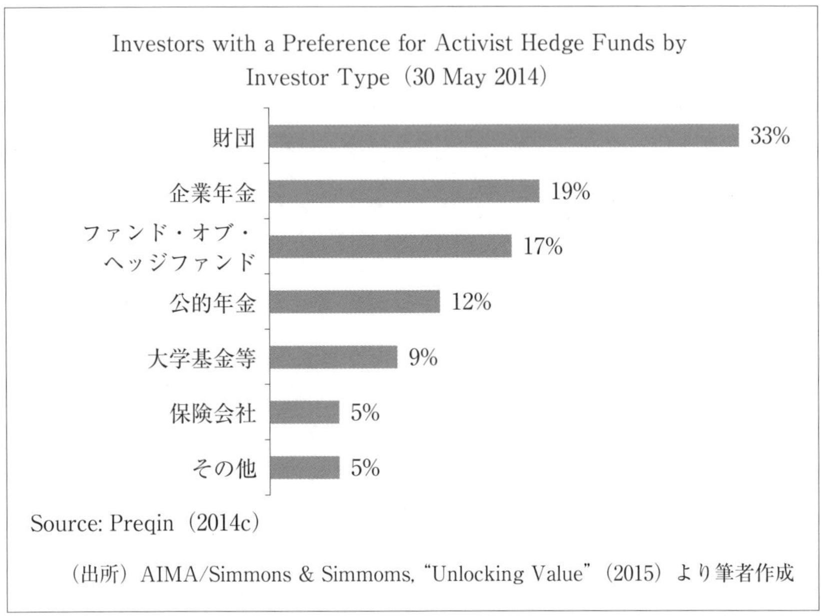


（出所）AIMA/Simmons & Simmoms, “Unlocking Value”（2015）より筆者作成

ようなことを、アクティビストが気づいて実施しようとしても、誰にも気がつかれないなどということはあり得ません。そうであれば最初から長期的価値が上がることを提案したほうが得だという構図になっています。

さらに、アクティビストに対する認識について、近年、学術論文が多数出ており、かつては短期的などと言われていたのですが、今では、むしろアクティビストの関与は、機関投資家アクティビズムと違って効果がある、しかも、それは株価にも業績にもプラスの効果があるという実証研究が続々と出てきています（**〔図表1-17〕**）。

最後に3つ目の、エンゲージメントのためのコスト負担問題はどうなったのか、フリーライダー問題はどうなったのかということですが、これも解決してしまっています。

まず、もともとアクティビストは、少数の企業を詳しく調べて集中投資する投資スタイルです。バリューアクトの創業者ジェフリー・アッベンも、も

〔図表1-17〕学術論文におけるアクティビストに対する認識

■影響力の大きい2013年ベブチャク、ブラヴらの共著論文（Bebchuk, Brav & Jiang（2013），"The Long-Term Effects of Hedge Fund Activism"）以降も、全般的にはアクティビストは（中長期的にも）価値創造的であるとの結論が支配的

—Krishnan, Partnoy & Thomas（2015），"Top Hedge Funds and Shareholder Activism"

・介入頻度の高いアクティビストよりも、介入頻度は低くても1回あたりの投資額の大きい一流大型ファンドのほうがリターンが高く、かつ介入後の業績改善効果も高い。

—Brav, Jiang, Ma & Tian（2014），"Shareholder Power and Corporate Innovation: Evidence from Hedge Fund Activism"

・アクティビストの介入後、R&D支出額は減少するが、特許の質・量で計測したイノベーション・アウトプットは高まる。これはイノベーション効率の向上を意味する。しかも、売却された特許についてもより活用度が高まる。人的資源についても、企業にとどまった者も転職した者も生産性の向上が見られる。

—Brav, Jiang & Kim（2015），"The Real Effects of Hedge Fund Activism: Productivity, Asset Allocation, and Labor Outcomes"

・アクティビスト介入後、工場レベルでの生産性向上が見られる。また、売却された工場でも生産性の向上が見られる。

—Aslan & Kumar（2014），"The Product Market Effects of Hedge Fund Activism"

・アクティビスト介入が製品市場での競争に与える影響を分析し、介入後3年で、市場シェアもマージンも改善していると報告。

（出所）筆者作成

ともとは大手のフィデリティのバリュー投資のファンド・マネジャーでしたが、フィデリティではバリュー投資といっても100銘柄とかやる、そうしたら自分が理想とするような、企業を深く調べて投資するバリュー投資ができないということで、やめて自分のファンドを立ち上げました。フィデリティで100銘柄やっていたとすると、バリューアクトでは10銘柄。投資対象を100銘柄から10銘柄に絞れば、10倍詳しくリサーチできますよね。ですから、ま

ず企業のことを詳しく調べるというのは、そもそも投資スタイルの中に入ってしまっているのです。

次に、アクティビストの活動経費ですが、ファンドの規模が大きくなって、大企業に対して１社、1,000億円や2,000億円を投資しますよね。委任状争奪戦をやるコストは、大きい会社に対してやっても小さい会社に対してやってもそれほど変わらないので、規模が大きくなればなるほど、規模に対するコストの比率が下がり、典型的にスケールメリットが享受できます。その上、自分は1,000億円投資しているのに対して、ほかの機関投資家は運用スタイルが違っていて分散投資をしているので、せいぜい10億円ぐらいです。そうすると自分はほかの人の100倍儲かることになるので、フリーライド問題も全然気にする必要がありません。

さらに、あのアクティビストはまともだし、機関投資家も支持しているので手強いよ、と評判が立つと、１～２社に表立ったキャンペーンで実績を上げただけで、ほかの会社は全部水面下の交渉で片づけようとするので、ほとんど委任状争奪戦などは行わなくて済むようになります。最近、超大どころのアクティビスト・ヘッジファンドは、もうあまり表立って戦わなくなり、華々しい委任状争奪戦などは例外的になっています。

ということで、コスト問題は思わぬ形で解決されました。それでも、ほかの機関投資家はフリーライドできますが、逆にいえば、フリーライドしてアクティビストに賛成票を入れようとするので、むしろアクティビストの力を増幅する方向に働いています。

ケイ・レビューが上からのお仕着せでやろうとして、うまくいっていないコスト負担問題を、アクティビスト・ヘッジファンドがマーケットメカニズムによって解決してしまったのです。しかも、皮肉なことに、アクティビスト・ヘッジファンドのビヘイビアは、投資スタイルとしてはケイ・レビューが理想の投資家像と言っているのと同じ集中投資であり、エンゲージメントのやり方はイギリスのスチュワードシップ・コードに書いてあるエスカレーション戦略のやり方そのままです。

### ⅲ　機関投資家のエンゲージメント活動との融合

もう1つ、今度は機関投資家から見ると、それまで機関投資家は議決権をたくさん持っていて潜在的には力を持っていたのに、コスト負担問題がネックになってあまり大したことができていなかったのが、アクティビストが台頭したことによって影響力が大変強くなりました。

どういうことかというと、アクティビストは株式をそれほどは持っていないので、自分の票だけでは勝つことはできません。そのため、機関投資家の賛同が得られるように、アクティビストは一生懸命調べて、かくかくしかじか、こういうふうにやりましょうとホワイト・ペーパーを公表して、意見を問うわけです。そうすると、会社のほうも、投資銀行などを雇って、いや、うちの経営方針のほうが正しいというペーパーを作って公表します。機関投資家は、双方を見比べて、どちらがもっともらしいかを考えて、どちらに味方するかを決めればいいわけです。結局、どちらが勝つかは機関投資家が決めます。ですから、機関投資家のパワーが非常に強くなりました。

もっとおもしろいのは、アメリカの場合ですが、パッシブ運用――個別企業の中身なんか全然見ないで、S&P500のようなインデックスに連動した運用――をしている機関投資家の力が大変強くなりました。それまでは、例えばIRなどの際、あそこはパッシブだからというと、大株主でも説明には行きませんでした。企業の中身を見て売ったり買ったりしているところにばかり行っていたのです。ところが、アクティビストが委任状争奪戦などをやった際に、パッシブ運用の機関投資家の票がどちらに行くかで勝敗が決することが多くなりました。したがって、普段からパッシブ運用を行う、例えばブラックロックやバンガードなどに経営方針を説明しておかないと、アクティビストに先回りされて話をすり込まれた後で、最後に「こんにちは、初めまして」と行くのではまずいということで、普段から説明するようになりました。そうすると、ブラックロックやバンガードも目覚めてしまって、いや、我々は投資スタイルがパッシブなだけで、議決権行使までパッシブだと言った覚えはないよ、などと言い出して、ガバナンスに大変熱心になってきたのです。今、ブラックロックのフィンクCEOや、バンガードのマクナブCEOは、ガバナンスの論客として非常に有名です。

ということで、もともと所有と経営の分離ということで経営者支配になっていたのが、その後、株式の機関化が進んで、潜在的には機関投資家の力が強くなったのに、それが糾合できなかった。それが、アクティビスト・ヘッジファンドが触媒になることで、機関投資家の力が大変強くなった。さきほどのパッシブ運用の機関投資家の例で言うと、デュポンが辛うじて委任状争奪戦で勝ったのは、ブラックロックやバンガードなどのパッシブ投資家のおかげです。（主要なアクティブ投資家はみなアクティビストに賛同していました。）しかも、アクティビストが来るのではないかという恐怖から、企業はアクティビストが来る前に、アクティビストに要求されそうなことを先回りして自分でやってしまうというケースが非常に増えてきました。これは敵対的買収がかつて増えたときと同じで、いわゆる外部経済性があるという状況になっています。

このような歴史的経緯をまとめたものが**〔図表１-18〕**です。アメリカでは、「アクティビストが提案して機関投資家が決定する」というこのようなモデルが一時的なものなのか、今後定着していくのか、2013年の段階ではまだ五分五分との見立てでしたが、今では完全に定着してガバナンス・システムの中に組み込まれたというのが主流的な見方です。そしてそれが今、海外に広がっていきつつあるという状況です。

以上は、現実の状況として、アメリカで株主の力が強くなってきているという話です。それでは、「べき論」としては、株主の力が強まることはどう評価されているのでしょうか。

### (3)　手段軸：株主重視か取締役会重視か

ここで、最初に触れた手段軸のお話に戻りましょう。株主利益は長期的な株主価値であるというところまではほぼコンセンサスができたのですが、1990年代までのアメリカは、何が株主価値にかなうかを判断するのは株主ではなくて取締役会であるという考え方が主流でした。それが、最近では、まずは取締役会が判断するけれども、最終的には株主が判断すべきだとなりつつあります。

もともとアメリカでは、会社法上取締役会の力が強く、法律上の株主の権

〔図表1-18〕「所有と経営の分離」の歴史的変遷

バーリ＝ミーンズ会社 → 株式の機関化 → 機関投資家アクティビズム → ヘッジファンドアクティビズム

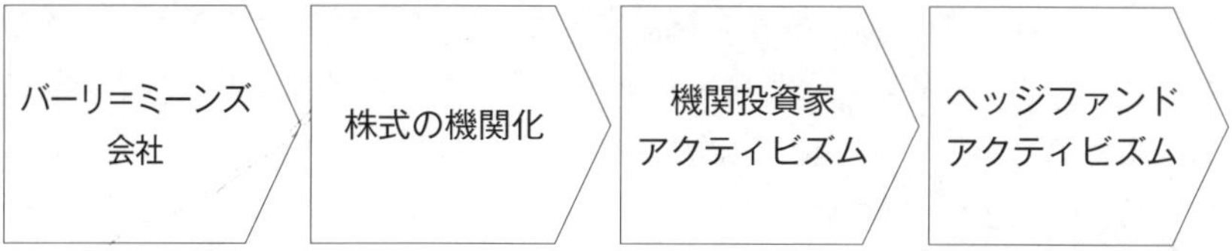

「所有と経営の分離」

機関投資家
エンゲージメント
との融合？

「所有と経営の分離」の歴史的変遷（イメージ）

| | | バーリ＝ミーンズ会社 | 株式の機関化 | 機関投資家アクティビズム | ヘッジファンド・アクティビズム |
|---|---|---|---|---|---|
| 年代 | | 20世紀初頭前後～ | 1970年代から加速 | 1990年代から活発化 | 2000年代～ |
| 背景 | | 米経済の勃興<br>反トラスト | ERISA（1974年）、<br>確定給付年金 | 年金資産の巨大化<br>売却困難 | ヘッジファンドの興隆<br>機関投資家の支持 |
| 議決権 | | | | | |
| | 保有構造 | 分散 | 集約化 | 集約化 | 集約化 |
| | 行使構造 | 休眠<br>（経営者に賛同／不行使） | 休眠<br>（経営者に賛同／不行使） | 休眠／やや活発化<br>（公的年金主導） | 活発化<br>（ヘッジファンド主導） |
| アジェンダ | | — | — | ガバナンス形式 | 経営方針／<br>経営者の資質 |
| 経営不満企業に対する機関投資家の行動様式 | | Wall Street Rule | Wall Street Rule | Wall Street Rule<br>エンゲージメント<br>開始 | エンゲージメント<br>本格化？<br>Wall Street Rule |
| パワーバランス | | 経営者優位 | 経営者優位 | 経営者優位の揺らぎ | 株主優位へ？ |

（出所）諸種資料より筆者作成

利は、日本やイギリスのほうがアメリカよりもはるかに強いのです。例えばアメリカでは、取締役会に欠員ができた際に、次の株主総会までの間、取締役会だけで後任を勝手に決めることができます。

アメリカの会社法の基本的な発想は、経営方針の決定は取締役会の権限であるということです。ただし、取締役は、その権限を株主の利益のために使わないといけない受託者責任を負っている。さらに、取締役を選ぶのは株主総会です。したがって、株主の権限は、（合併等の大きな組織変更の承認などを除くと、）基本的には取締役を選ぶことと、取締役が受託者責任に違反したときに訴訟で咎めることに限られます。それ以外の経営介入は、基本的に法は認めていないので、株主総会で決議するのは自由ですが、法的拘束力のない勧告的決議になります。実際アメリカでは、株主総会で通った勧告的決議を取締役会が無視し続けるという例が時折見られます。

他方で、アメリカの法学会では、株主の最終的な決定権を重視するという考え方が、主流になっています。エージェンシーコストがあるから、最終的にはやはり株主の判断権を重視すべきだという考え方です。ただ、学会では少数派ですが、実務界では、経営者を中心に、取締役会が優位であるべきだと考える人たちがたくさんいます。それは、経営専門化の利益――多数の分散した株主が株式を保有する上場会社では、株主価値を最大化するためにも、情報に乏しくモニタリングのインセンティブも乏しい株主よりも、非公表の情報も含めて圧倒的情報優位にあり、経営スキルにすぐれた専門経営者に意思決定権限を集中したほうがすぐれている――を重視し、株主の経営関与をできるだけ排除しようとする立場です。

この議論は一見もっともらしく聞こえるかもしれませんが、よく考えると、取締役を選ぶのは株主です。つまり、株主は有権者です。したがって、国家で言うと、株主が有権者で、取締役は例えば代議士です。「物言う株主」と言う表現がありますが「物言う有権者」という言葉は聞きませんよね。有権者が選挙で投票する以外に物を言うのが「けしからん」ことでなければ、株主が株主総会で投票する以外に物を言うのが「けしからん」というのは不思議な話です。ただ、長らく主流の株主が物を言わない状況が続いていた上に、物言う株主には変な人が混じっていたので、「物言う株主」に対する警戒感がすり込まれたのです。

それに、そもそも、外部の投資家よりも経営者のほうが常に経営のことがわかっているというのは必ずしも実態と合致していません。私自身は30年来、審査やM&Aなど様々な形で企業と一緒に仕事をしてきましたが、企業内部の人でも必ずしも企業の実態がよくわかっているとはかぎらないのに驚きました。それに、大局観という意味では、かえって外から見たほうがわかることもあります。また、一流のアクティビスト・ヘッジファンドは、その企業の中や業界の中をよく知っている人を顧問や自分のほうの取締役会候補にしますから、かえって同業者のことも含めるとアクティビストのほうが知っているということも珍しくありません。

例えば、オフィスデポというオフィス用品の大手に対して、スターボード・バリューという比較的新しめのアクティビスト・ヘッジファンドが委任状争奪戦を行って勝利を収めた事例です。オフィスデポは、同業のステープルスと比べて業績が低迷していましたが、取締役会にどういう人たちがいたかというと、退役海軍少将などでした。それに対して、スターボード・バリューの提案した取締役候補は、ステープルスの元副会長などがそろっていました。このときのホワイト・ペーパーは100ページ以上に及んで、例えばネット戦略がおかしいとか、業界を熟知した人でないと書けない提案がたくさん入っていました。最終的には、株主総会へ行ったら会社側が負けるというのがほぼ見えたので、和解が成立して、株主推薦の取締役が３人入りました。

## 4　企業統治のパラダイムシフト？

### ⑴　ショートターミズム論争

#### (i)　ショートターミズムの議論のパターン

株主が経営に対して物を言うと、すぐショートターミズムだという議論が反射的に出てきます。そこで、ショートターミズムの議論を簡単に振り返ってみたいと思います。

ショートターミズムの定義は、中長期の利益を犠牲にして短期的利益を追求することです。世の中にこれがよいというまともな人は誰もいません。株主価値擁護派もステークホルダー擁護派も、みんなこの点で異論はありません。問題は、ショートターミズムといってもいろいろなパターンがあって、どのパターンなのかが明示されないまま、ごちゃごちゃの議論になっていることです。

**〔図表１-19〕**を見てください。第１に、経営者のショートターミズムが企業の長期的利益を損なうというパターンがあります。日本の経営者は、昔は株価をあまり気にしていない人もいましたし、まして株主の圧力を感じることは少なかったと思います。それでも、日本企業の経営が短期的であったとすると、これは株主の圧力とは関係なく、単に経営者のビヘイビアとして短期的になっていたことになります。伊藤レポートではこれを「日本型の短期主義経営」と言っています。

第２に、機関投資家のショートターミズムが最終投資家の長期的利益を損なうというパターンがあります。運用業者が、四半期や１年ごとの運用成績が悪いとアセット・オーナーから契約を解除されるかもしれないので、長期的利益を犠牲にしてでも短期のリターンを追求する。すると、結局、長い目で見ると最終投資家の利益が阻害される。これが機関投資家のショートターミズムです。これも株主が経営者に物を言うのがショートターミズムという議論とは関係ありません。

株主けしからんという議論の根拠になっているのは、経路で言うと、機関投資家のショートターミズムが経営者にプレッシャーを与えた結果、経営者は、心ならずもショートターミズムを余儀なくされ、企業の長期的利益が阻害され、結果的に株を持っている最終投資家も損をするという、ぐるっと回る迂回ルートのパターンです。このように、どのパターンのショートターミズムの議論なのかをまず考えないといけません。

同じショートターミズムの議論でも、面白いのはイギリスとアメリカで方向性が真逆を向いている点です。イギリスのケイ・レビューなどの議論のもともとの問題意識は、イギリス企業の経営者が短期的経営になっているのに、それを是正すべき株主がきちんとモニタリングしていないのは問題だ、というものです。なぜ株主がきちんとモニタリングしていないかというと、株主である機関投資家自身が短期主義に陥っているからで、だから、機関投資家は、みずからの短期主義を是正して、企業にもっと積極的に関与して、モニターして、経営者のショートターミズムをやめさせないといけない。これがケイ・レビューの議論です。ところが、アメリカのショートターミズムの議論は、株主がわんわんうるさく言うから経営者が短期的経営を嫌々ながらや

**〔図表1-19〕ショートターミズム論争のパターン**

1．経営者のショートターミズムが企業の（さらには最終投資家の）長期的利益を損なっている
―ケイ・レビューの問題意識（その1）、日本型短期的経営
2．機関投資家のショートターミズムが最終投資家の長期的利益を損なっている
―ケイ・レビューの問題意識（その2）→経営者のショートターミズム抑制に失敗
3．機関投資家のショートターミズムが経営者のショートターミズムを余儀なくし、企業の（さらには最終投資家の）長期的利益を損なっている
―アクティビスト・ヘッジファンド批判

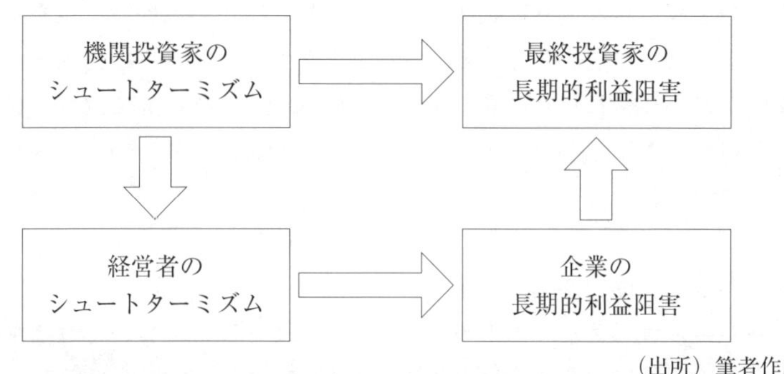


（出所）筆者作成

（参考）日本型短期的経営：伊藤レポート（2014/8）
―欧米諸国に比べ、日本の経営者は、短期的な資本市場の変動に惑わされず長期的視野で経営を行っているとの主張がしばしばなされてきた。その証左として、継続的なR&Dや設備投資の大きさ、長期的な雇用慣行や人材育成等が挙げられる。しかし、資本効率という経営規律や長期的な企業価値向上という指針がなく、経営者が比較的短期サイクルで交替する企業において、持続的な成長につながる長期的視点に立った革新的な経営判断が行われてきたといえるかは検証の必要があろう。持続的な低収益性は、実は欧米企業とは異なる日本型の短期主義経営によってもたらされているとの仮説も成り立つ。

らざるを得なくなっている。だから、株主を黙らせてよという話です。

ですから、同じショートターミズムの議論ですが、イギリスは株主にもっ

と経営に介入しなさいと言っているのに対して、アメリカは株主に経営に介入させないようにしようという話で、真逆を向いています。不思議なことに、こうしたものが一緒くたに議論されています。

典型的なアメリカ流のショートターミズム批判論は次のような形です(13)。ショートターミズムとは、企業が短期的には利益を生むが長期的には価値を破壊する行動をとることを意味し、例えば、短期的な会計利益を増加させるために長期的に利益を生む研究開発を削減することなどを指す。短期的投資視野を持つアクティビスト投資家は、長期的価値創造の犠牲のもとに短期的に株価をつり上げるような施策を求め、しばしば会社に圧力をかけてそのような行動を取らせることに成功する。さらに、株主の取締役に対する影響力が増大すると、短期的な実績を示さないとアクティビストの介入を招くのではないかという恐れから、経営陣に長期的価値を犠牲にして過剰に短期の業績を重視するような圧力がかかる。こういった議論です。いかにももっともらしいですよね。

### (ii)　ベブチャク教授による反論

ハーバードロースクールのルシアン・ベブチャク先生は、これは全くナンセンスだという論文を書きました(14)。この先生は、法律学だけでなく、経済学でも博士号を持っています。しかも、この人は、単に学者であるだけではなくて、2000年代から組織的な株主権限の拡大運動を主導しています。その一番大きな成果は、買収防衛策としての取締役の期差選任制の廃止運動です。取締役の期差選任制とは、取締役の任期を３年にし、毎年３分の１ずつ改選することにより、１度委任状争奪戦で負けてもあと１年頑張れるという仕組みです。ベブチャクらの精力的な運動により、アメリカの大企業のほとんどで期差選任制は廃止に追い込まれました。期差選任制の廃止運動は、敵対的買収の阻害要因をなくすためにやったのですが、結果的にアクティビス

(13)　Lucian Bebchuk（2013），“The Myth that Insulating Boards Serves Long-Term Value,” Columbia Law Journal, Vol. 113:1637.（ベブチャクによる典型的なショートターミズム批判論の要約）

(14)　前掲注(13)、Bebchuk（2013）。

ト・ヘッジファンドにとって強い援軍になりました。アクティビスト・ヘッジファンドにとっては、委任状争奪戦が一番大きな勝負なのですが、期差選任制がなくなったので、一度の株主総会で勝負がつくようになりました。アクティビスト・ヘッジファンドは投資家なので、あと1年絶対持っていないといけないというのはつらかったのですが、これが1回で勝負がつくようになったのです。

このベブチャクが、先ほど紹介した典型的なショートターミズム批判論には、理論的にも実証的にも何も根拠がないと論じています（**〔図表1-20〕**）。

ベブチャクはまず、長期的に価値を破壊する行為が短期的に利益を生むためには、市場株価がDCF価値を反映していないことが必要だと論じます。もし市場が効率的で、株価が長期収益の割引現在価値を反映していれば、来期の利益だけが上がって、その先の利益が下がる場合は、DCF価値が下がるので、株価は直ちに下がるはずです。

次にベブチャクは、企業行動には、短期的にポジティブな結果を生むかネガティブな結果を生むかと、長期的にポジティブな結果を生むかネガティブな結果を生むかで、4つの類型があると言っています。ポジティブがP、ネガティブがNとすると、短期も長期もポジティブのPPは問題ないですね。短期も長期もネガティブのNNはどう見てもだめですよね。問題は、短期ポジティブ・長期ネガティブのPN行動、あるいは短期ネガティブ・長期ポジティブのNP行動をどう見るかです。結局、ショートターミズムの批判者が焦点を当てているのは、この4つの象限の中のPN行動の話だけです。実際にはPP行動もあるのに、それは無視して、あたかも短期にPだったら全て長期はNであるかのように議論しているのはおかしいでしょうという指摘です。

さらにベブチャクは、アクティビストの投資期間が短くても、アクティビストが意図的にPN行動を求めるのは得策ではないと論じます。なぜならば、まず市場が完全に効率的であれば、長期的にネガティブなことをやれば直ちに株価は下がるので、保有期間が短くても長期的にネガティブなことをやると、その短い保有期間の間にすぐ株価は下がってしまい、損してしまいます。ですから、保有期間が長いか短いかと、長期の価値を見ながら売買しているかということの間には、論理的な関係はないのです。OECDも、投資家の視

〔図表1-20〕ベブチャク教授によるショートターミズム批判への反論

■ベブチャク教授（ハーバードロースクール）による反論（Bebchuk（2013））
—典型的なショートターミズム批判論には理論的・実証的根拠がない

〈ベブチャクの議論〉

➢長期的に価値を破壊する行為が短期的に利益を生むためには、市場株価が内在価値（DCF価値）を反映していないことが必要
- なぜなら、市場株価がDCF価値を反映していれば、長期的に価値破壊的な行為は、直ちに現在の株価を引き下げるから

➢企業行動の4類型（下図）
- ショートターミズム批判者が焦点を当てるのは、PN行動（短期的にはプラスだが長期的にはマイナスな行動）のみ
- 特にPP行動（短期的にも長期的にもプラス）の無視は問題

➢たとえアクティビストの投資期間が短期的でも、アクティビストが意図的にPN行動を求めるのは得策ではない
- 他の投資家がPN行動に欺かれて高値で株式を買ってくれる必要
- 市場が完全に効率的でなくても、短期的な株価が長期的価値と常に反対方向に動くとは限らない（むしろ正の相関関係）

| | | 長期 | |
|---|---|---|---|
| | | P | N |
| 短期 | P | PP | PN |
| | N | NP | NN |

P：positive,　N：negative

—カギは機関投資家の洗練度（市場の効率性）
- PN行動とPP行動を見分けられれば、アクティビストはPP行動（さらにはNP行動）を行うのが合理的に

（出所）Bebchuk（2013）より筆者作成

野が長期的かどうかと投資家の投資期間の長短は無関係だと言っています[(15)]。

しかも、短期的にポジティブだけど、長期的にはネガティブ、つまり本当

はネガティブな行動によって儲けるためには、ほかの株主がだまされないといけません。本当はネガティブだけど、短期にはよいので、だまされて株価が上がってしまうということを当てにしないといけないわけです。実際にはアクティビストは最低でも数か月間は持つのが普通ですし、大きい会社であれば株式アナリストも、ほかの機関投資家も見ています。その人たちが集団的にだまされるだろうというのを当て込んで投資行動をとることの勝率がどのくらいあるかという話です。

いや、そんなことを言っても市場は完全には効率的ではないという再反論もありえますが、PN行動は、短期的な株価が長期的な価値と常に反対方向に動くというのを暗黙の前提にしています。しかし、完全には効率的でなくても、どちらかというと正の相関関係、つまり、短期的にポジティブな行動は長期的にもポジティブな確率のほうが高いのではないでしょうか。

ということで、いろいろな議論がありましたが、カギは機関投資家の洗練度であり、市場の効率性です。もし市場が賢ければ、短期的に利益をつり上げて儲けようとする行動をとっても必ず損をするので、そんな行動をとる人はいなくなります。市場が愚かだったらショートターミズムを誘発する。市場が賢かったらショートターミズムは儲からないということです。しかも、先ほどお話ししたように、一流どころのアクティビスト・ヘッジファンドは長期性の資金が８割ですから、そもそもショートターミズム的な行動は自滅的と言えます。

ベブチャクは、もう１つ、2013年に有名な論文を、ビジネススクールの先生と共同で書いています[16]。論敵のリプトン弁護士はポイズンピルの発明者で、反アクティビスト陣営の総帥ですが、この人がベブチャクに挑戦したのが発端です。アクティビストは短期的には株をつり上げて儲かったかもしれないが、アクティビストがいなくなったら株価はどうなったか、業績はどう

(15)　OECD Steering Group on Corporate Governance (2007), "The Implications of Alternative Investment Vehicles for Corporate Governance: A Synthesis of Research about Private Equity Firms and "Activist Hedge Funds"".

(16)　1994-2007年アクティビスト活動約2000件の実証分析の結論。Lucian Bebchuk, Alon Brav and Wei Jiang (2013), "The Long-Term Effects of Hedge Fund Activism," Columbia Business School Research Paper No.13-66 (July 9, 2013).

なったか、そういう長期的なものをちゃんと調べて出してみろという批判です。その心は、どうせ長期的には悪いだろうと思ったようですが、ベブチャクはその挑戦を受けて、非常に詳細な論文を出してきて、リプトンにとってはやぶへびになってしまいました。実はこの論文がアクティビスト・ヘッジファンドに対する市場関係者のセンチメントを変えた大きな転換点になったのです。

結論としては、統計的には、アクティビスト・ヘッジファンドによる干渉後、むしろ長期的に業績は改善している。それから、当初アクティビストが介入して株価が上がるのですが、長期的にその上がった分がまたもとに戻ってしまったという統計的な証拠は全くない。さらに、アクティビストが売った後で長期的に株価が下落することも見出せないということです。同じような実証論文が続々と出ています。

アクティビストとショートターミズムに関する象徴的な事例は、先ほどのバリューアクトのアッベンが関与したアドビ社のケースです（**〔図表１-21〕**）。皆さん、アドビをご存じですよね。PDFでいつもお世話になっていますよね。アドビが一番儲かっているのは、例えばフォトショップなどのソフトです。もともとアドビは、これらのソフトをライセンス――要するに売り切り――していました。何万円で売り、売った後は、いつまでもその人が使えます。

しかし、アドビにとって、このビジネスモデルには２つの問題がありました。１つは、最初にポーンと売り上げが入ってくるのですが、その後は買いかえのときまで、その消費者からお金が入ってきません。もう１つは、買いかえのときにまた大きな出費になるので、消費者も二の足を踏んでしまい、もう買うのはやめようかな、となってしまいます。

そこで、バリューアクトはアドビの株を買って、売り切りのライセンスモデルからサブスクリプションモデル――サービスを提供して月々払いにするモデル――に変えるべきだと主張しました。そうすると、売り上げも利益もキャッシュフローも安定して、ずっと入る。しかも、買いかえのときも、今までの料金と同じ料金を払い続けるだけなので、いつの間にか買いかえてしまっています。

しかし、アドビの経営者は大変抵抗したようです。それは移行期の問題が

〔図表１-21〕アドビ社のケース

■アドビ社のケース
—バリューアクトによる経営方針変更要求
・ライセンス→サブスクリプション主体
—当期利益は大幅減少したが株価急上昇

Adobe Systems　（百万ドル、＄／株）

| | 2010 | 2011 | 2012 | 2013 | 2014 |
|---|---|---|---|---|---|
| 売上高 | 3,800 | 4,216 | 4,404 | 4,055 | 4,147 |
| 製品 | 3,159 | 3,416 | 3,343 | 2,470 | 1,628 |
| サブスクリプション | 387 | 459 | 673 | 1,138 | 2,077 |
| サービス | 254 | 341 | 388 | 447 | 442 |
| 当期純利益 | 775 | 833 | 833 | 290 | 269 |
| EPS | 1.47 | 1.65 | 1.66 | 0.56 | 0.53 |

（注）11月決算

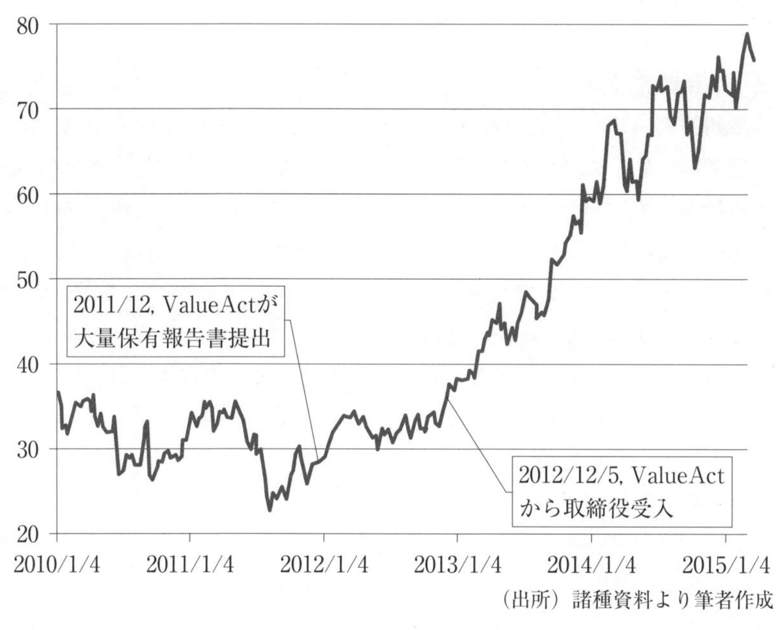


（出所）諸種資料より筆者作成

大きかったからです。今まで売り切りで、３年使うとすると、３年分の売上げ・利益を先食いしてきたのです。その先食いをやめてしまうと、移行期には売り上げも利益もぐんぐん下がっていきます。アメリカの企業が、投資家が最も重視していると錯覚している、１株当たりの当期純利益、EPSも下がってしまうのです。結局、アドビは折れて、サブスクリプションモデルに転換しました。

その結果、何が起こったか。当期純利益７億7,500万ドルが２億ドル台まで下がってしまい、EPSは、１株１ドル147セントが50セントぐらいまで、３分の１にまで（予想通り）下がってしまいました。普通はEPSにPERを掛けて株価は決まると思っているので、EPSが３分の１になったら株価は３分の１になってしまうというのを経営陣は恐れたのですが、実際の株価はどうなったか。その期間に倍以上になっています。要するに、機関投資家はちゃんと実態を見ているということです。市場が洗練されていれば、本質的にいいことをやったら、会計上の数字がどうなろうが価値が上がるので、それはいいよねというので株価は上がるということです。

### (iii)　中長期的経営

中長期的経営について、もう一言だけ、ジャック・ウェルチが言っている言葉がおもしろいのでご紹介します（**〔図表１-22〕**)。「わが社の戦略は株主価値の最大化だ、というのは世界で最もばかげた考えだ」とサブプライムショックの後に言ったのです。もともとウェルチというのは株主価値の権化とみんなが思っていたので、ああ、サブプライムショックとか金融危機が起こって、資本主義にいろいろ問題があることがわかったので、あのジャック・ウェルチですら悔い改めて、改心したという感じで捉えられたのですが、彼自身は、自分の考えは前から全く変わっていないと明快に言っています。

ウェルチの真意は、株主価値は、戦略の結果、上がるものであって、「我が社の戦略は株主価値を上げること」というのは、どうすればよいかということを何も導かないから戦略になっていない、戦略として重要なのは、従業員や顧客や製品だということです。これは、先ほど紹介したジェンセンの論文と同じ考え方です。

**〔図表1-22〕中長期的経営**

**■ジャック・ウェルチ（GE元CEO）**

—「わが社の戦略は株主価値（の最大化）だ」というのは馬鹿げた考えだ。株主価値というのは結果としてもたらされるものであって、戦略ではない。戦略の構成要素として重要なのは、従業員、顧客、製品である。

—経営陣の仕事は、**長期的な事業の健全な発展のために投資しつつ、短期的なコミットメントを達成する**ことである。それが「経営」だ。優れた経営者は、今日の食い扶持を稼ぎつつ明日を夢見るやり方を知っている。どんな馬鹿でもひたすらコストを削って短期の数字を出すことはできる。また、寝転がって夢を見ながら、「私はいま長期的経営をやっているから、何年か経ったら会いに来てくれ」と言うことも誰にでもできる。どちらのやり方でも持続的な株主価値を創造することはできない。**短期も長期も両方やらなければ駄目だ**。

（出所）FT（2009/3/12）；BusinessWeek（2009/3/16）インタビュー（筆者訳）

**■A.G.ラフリー（P&G・CEO）**

—ドラッカーは「CEOは現在の活動からの収益と不確実な将来のための投資のバランスをとらねばならない。それは‘事実’に基づく決定というよりも、判断である」と言った。私はドラッカーの言葉を拡張して、「将来のための投資をする権利を得るために、現在の利益を上げなければならない」（“we must work on the present to earn the right to invest in the future”）と言いたい。……それはサイエンスというよりもアートである。

（出所）A.G. Lafley, “What Only the CEO Can Do,” Harvard Business Review (May 2009)（筆者訳）

さらにウェルチは、経営陣の仕事は、長期的な事業の健全な発展のために投資しながら、短期的な業績を達成することだ、と強調します。すぐれた経営者は、きょうの食いぶちを稼ぎながら明日を夢見るやり方を知っている。どんなバカでも、ひたすらコストを削って短期の数字を出すことはできるし、寝転がって夢を見ながら、「私は今、長期的経営をやっているのだから、3年たったら会いに来てくれ」と言うことも誰にでもできる。短期も長期も両方やらなければ、持続的な株主価値は創造できない、と言っています(17)。

(17)　以上、FT（2009/3/12），BusinessWeek（2009/3/16）インタビューより。

プロクター＆ギャンブルの名経営者と言われたA.G.ラフリーも、ドラッカーの言葉を自分なりに言いかえて、将来のための投資をする権利を得るために、現在の利益を上げないといけない、と言っています（**〔図表1-22〕**）[18]。

## (2)　エージェンシーキャピタリズムの時代

### (i)　株主と取締役会の関係をどう捉えるか

さて、ここまで、**2**では、主に取締役会の話、**3**では、主に株主の話をしてきました。では、取締役と株主の関係をどう捉えるか、それをここで考えてみましょう。昔の経営側の視点は、「会社側対株主側」という考え方でした。取締役会は会社側ですから、経営者と一緒になって株主に対峙している存在です。特に、以前の日本企業のように取締役が従業員出身の社内取締役ばかりだとこうなります。このモデルでは、会社は取締役を株主に会わせたがりません。アメリカの企業もつい最近まで、会社の経営方針などを株主と話すのはCEOだけで、取締役会メンバーは話さないというのがスタンダードでした。余計なことを脇でやられたら困るということです。

これに対して、最近勢力が増してきているのが「株主の代理人」モデルです。株主は会社の中までのぞき込むことはできないし、スキルもないので、株主は能力のある代理人として、取締役を選んで会社に送り込み、会社の中の情報もみんな見た上で経営者をモニタリングするということです。そうすると、株主が自分の代理人と話をするのは当たり前でしょうということで、独立取締役と株主がエンゲージメントすべきだとなります。

例えば、機関投資家であるバンガードのマクナブCEOは、今の会社のシステムを代表制民主主義のフレームワークで捉えています[19]。そうすると、どういう「代議士」を選んで送り込むかというのが重要なことで、誰が取締役となって、どのように行動して、どのようなスキルを有しているか、あるいは代議士全体でどういうスキルセットを有しているか、こういうものは長期的価値創造の観点から極めて重要となります。ですから、取締役会のダイバーシティとか構成が重要な問題となるのです。

---

(18)　A.G. Lafley (2009), "What Only the CEO Can Do," Harvard Business Review (May 2009).

この考え方はアメリカで最近急速に広がっていて、機関投資家のみならず、SECのホワイト委員長も、取締役会は株主エンゲージメントの中心的プレイヤーであるべきだと指摘しています⒇。

**2**でお話ししたモニタリング・モデルにおける取締役は、この両方の視点を包含しています。戦略を遂行する上では経営陣と一体になって、ある意味よきアドバイザーとして一緒に行動する。一方、経営陣の方向が長期的な株主の利益にかなっているかをモニタリングするという意味では、株主の代理人的な視点に立っていて、１人２役を兼ねている。これがモニタリング・モデルにおける取締役の機能です。

こうした中、アメリカの取締役会がさらに大きく変わってきています。**2**でお話ししたのは、独立取締役中心で経営者をモニタリングするモニタリング・モデルになってきたという2000年代の真ん中ぐらいまでの変化でしたが、今、もう一段脱皮しつつあります。取締役の役割について根本的な認識の変化が起きて、CEOとの関係の力学が変化してきているのです。

社外取締役の間で、本来は自分たちこそアクティビストのように考えるべきだという認識が広まってきて、もともと経営者だった人たちまでが、そのように考えを改めています。例えば、テキサコの元CEOで、今、アボットなどの社外取締役を務めている人は、「取締役のリーダーこそがアクティビストの役を務めなければならない」、あるいはローム＆ハースの元CEOで、自動車部品メーカーのデルファイの取締役は、「取締役会はアクティビストのように考え、内からではなく外からの視線で会社を見て、アクティビスト

⒆　「独立取締役による経営監視と適切な取締役会の構成は、良いガバナンスのための最重要の要素である。企業統治はいわば『代表制民主主義』のようなものである。われわれは株主の利益を守るために、一群の人々（取締役）に、CEOを選任・解任し、戦略やリスク管理、報酬等に影響を与える権限を与える。われわれ株主は会社の内部にいないため、われわれの代表者（取締役）が株主の目となり耳となる。誰が取締役となり、どのように行動し、どのようなスキルを有しているかは、長期的価値創造の観点から極めて重要である」William McNabb III, “Getting to Know You: The Case for Significant Shareholder Engagement”（June 24, 2015）（筆者訳）.

⒇　Mary Jo White, “Remarks at the 10th Annual Transatlantic Corporate Governance Dialogue”（December 3, 2013）.

が問いかけるような質問をすべき」と言っています[21]。つまり、まともなアクティビストが、まともな論点を外から持ち込むということ自体、そもそも取締役会がちゃんと仕事をしていなかったということで、恥であるという認識に変わってきているのです。

現在、アメリカ発で形成されてきている新しいコーポレートガバナンスの秩序は、2ステップ・モデルと言ってもよいかもしれません。例えば株主が何か言ってきた際に――最初は多分水面下で来ます――その話を判断するのは経営者ではなくて取締役会であるべきだと。その取締役会は、経営者と一蓮托生ではなく、アクティビストが外から新しい視点を入れたら、中立な裁定者の立場で、今までの経営者がやっていたこと――それは今まで自分たちが認めていたことでもあるのですが――と新しいパースペクティブをもう1回ゼロベースで比べてみて、どちらがよいか、あるいは折衷していいところを取り入れるべきかということを、まずファーストステップでやるべきだと。ここで話がついたらステップワンでゲームオーバーです。

しかし、取締役会が経営陣のほうに軍配を上げて、アクティビストはそれに対して不満を持った場合は、アクティビストは株主のところに上訴します。そして、最後は株主が行司役になって、どちらの考えのほうがよいかを決めるのです。

ファーストステップは取締役会が行司役、セカンドステップは株主が行司役です。このファーストステップがコーポレートガバナンス・コードの世界、セカンドステップがスチュワードシップ・コードの世界です（**〔図表1-23〕**）。ですから、近年の日本の改革というのは、実に本質的なところを突いてきているのです。

### (ii)　エージェンシー・キャピタリズム時代の幕開け

いよいよ最後になりましたが、今の資本市場の構造は昔の単純なモデル――ばらけた個人投資家がいて、直接株を買って云々というモデル――ではなく、実際に株主になっているのは、最終的にお金を出している人ではな

(21)　Ram Charan, Michael Useem and Dennis Carey (2015), "Your Board Should Think Like Activists," Harvard Business Review (February 9, 2015).

〔図表1-23〕新企業統治秩序の形成へ？

■第1ステップ（コーポレートガバナンス・コードの領域）
―真に独立した取締役会が、経営陣とアクティビストの提案を比較して、株主共同の利益（DCF価値）の観点から、どちらの提案を取るか（両方の視点を取り込んだ発展案を含む）を決定する

■第2ステップ（スチュワードシップ・コードの領域）
―取締役会が経営陣の案を採用した場合、アクティビストは自案を株主に対して提案
―機関投資家を中心とする株主は、最終投資家の利益（DCF価値）の観点から、取締役会／経営陣とアクティビストのどちらの提案を取るかを決定
―ただし、会社内外での情報格差の問題があるので、アクティビストの提案をもっともと思う場合には、通常はアクティビスト側の取締役候補者を会社に送り込んで検証（→事業戦略の決定は常に取締役会による）

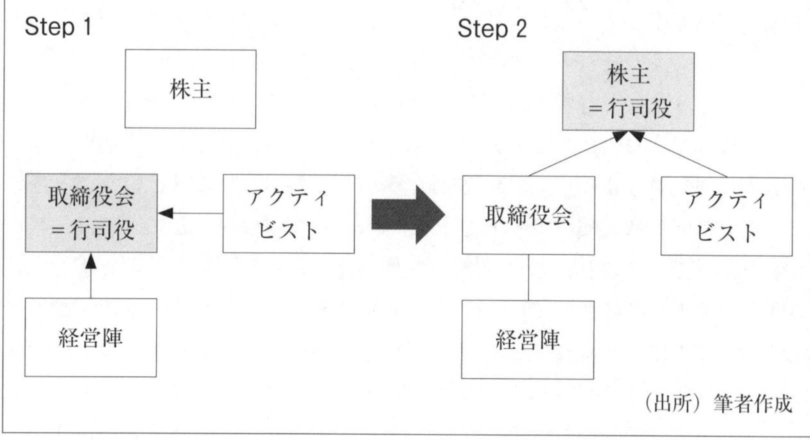


（出所）筆者作成

い、ある意味、最終投資家のエージェントの人たち――スチュワードシップ責任を負っているエージェントの人たち――が主流です。そうすると、取締役会・経営陣が株主のエージェントであるというのが、もともとのエージェンシーコストの議論の考え方ですが、プリンシパルだと思っていた株主自身が、さらに最終投資家のエージェントだったという話になります。ですから、実際の今の資本市場の構造の下では、最終投資家は二重のエージェンシーコ

ストにさらされています[22]。株主のエージェントである取締役会・経営陣が株主の長期的な利益にかなわない行動をとるリスク、それから最終投資家のエージェントである機関投資家が、短期的な欲に目がくらんで長期的なパフォーマンスにかなわない行動をとるリスク、その両方のリスクです。これを一気通貫で見て、エージェントである取締役会も、エージェントである機関投資家も、両方とも何が最終投資家の長期的利益にかなうかという共通の判断基準——これは株主共同の利益ですね——を念頭に置いて、話し合いましょう、考えていきましょうと。そうすると、実は取締役会の目的も機関投資家の目的も同じなので、建設的な対話ができる余地が出てくるはずです。

コーポレートガバナンスの目的をエージェンシーコストの削減と捉えますと、エージェンシーコストの削減とはDCF価値、すなわち長期にわたる利益の現在価値を最大化することに対する障害を取り除くことですから、結局、コーポレートガバナンスの目的は、コーポレートファイナンスの理想どおりに経営するように経営者を動機づけることとなります。

実際にそうやって経営者が価値を創造するときに、コーポレートファイナンスが持ってくるのは目盛りだけです。株価や業績指標を通して長期的な株主価値の創造がうまくいっているかどうかをモニターしようということです。しかし、目盛りは戦略ではありません。本当の戦略は何かというのは、経営戦略の世界です。これに基づいて、本当に価値のあることを考えて実行するのは経営陣の役割です。ですから、本当に価値を生み出している価値創造の現場は、まさに経営陣が経営方針を遂行している部分、これが経営戦略です。ということで、コーポレートファイナンスとコーポレートガバナンスとコーポレートストラテジーは、三位一体であり、ばらばらに考えてはいけないのです。

なぜ本章がこのように長い話になってしまったのかというと、それは企業が大きくなってしまったからです。もともと小企業で、自営業でやっているときには、こんな問題は何もなかった。現場で価値創造している経営陣と最

---

(22) Ronald Gilson and Jeffrey Gordon (2013), “The Agency Costs of Agency Capitalism: Activist Investors and the Revaluation of Governance Rights,” Columbia Law Review, Vol. 113 : 863参照。

**〔図表１-24〕エージェンシー・キャピタリズム時代の構図**

**■株式が年金受給者等の最終投資家ではなく、その「代理人（エージェント）である機関投資家によって主に保有される現象**

(Gilson & Gordon (2013), "The Agency Costs of Agency Capitalism")

―最終投資家は二重のエージェンシー・コストにさらされる→SSコードとCGコードの重要性

・取締役会も機関投資家も、最終投資家を念頭に置いた**「株主共同の利益」**を基準に判断

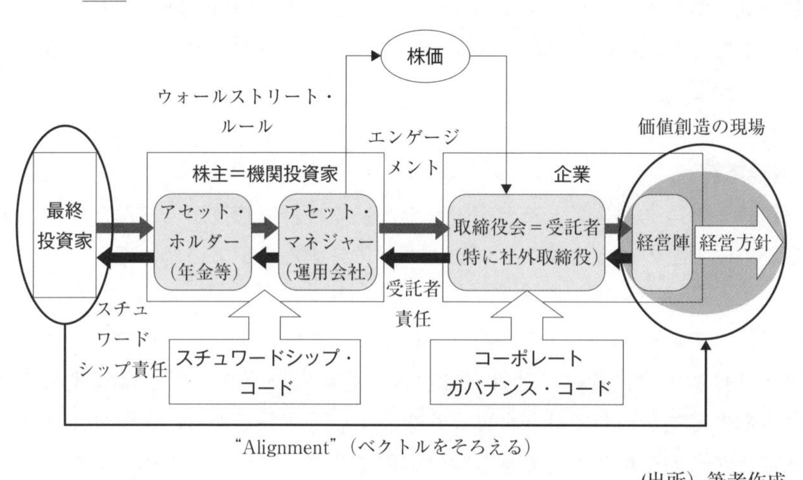


(出所）筆者作成

終投資家が同じ人だからです。ところが、企業が大きくなって、**〔図表１-24〕**のようにこんなに間の人たちが入らざるを得なくなった。

ですから、コーポレートガバナンスやスチュワードシップ責任などの本当の目的は、これだけ企業が大きくなって複雑になったけれども、当初の自営業者が自分でやっていたときのオーナーシップ感覚を取り戻そうということなのです。大企業になって、途中の人たちがみんな大企業病とか部分最適みたいになってしまったのを、もう１回自営業とか中小企業みたいなオーナーシップの皮膚感覚を取り戻すようにしましょうと。ただ、大きくなってしまったため、取り戻すようにしましょうという精神論だけではうまくいかな

いので、そこで株主価値とかコーポレートガバナンスとか、そういうコンセプトや仕掛けが必要になったのです。

一人で事業をやっていたら、経営者と最終投資家が一体なので、ベクトルはそろっています。それと同じで、コーポレートガバナンス・コードとかスチュワードシップ・コードの目的は、経営陣の現場での価値創造のところと最終投資家の利害関係のベクトルをそろえるということです。すごくまともで健全な発想ですよね。そういう流れの中で、スチュワードシップ・コードとかコーポレートガバナンス・コードができてきているということを認識していただくと、今回のお話が全部つながって、体系的な理解が得られるのではないかと思います。

**〔質疑応答〕**

**（質問）**　モニタリング・モデルの下で、独立社外取締役がきちんとワークするために、どのようにインセンティブを付与するのがよいとお考えでしょうか。

**（回答）**　インセンティブの議論は、日本ではまだあまりなされていませんが、アメリカの場合、昔は、社外取締役は名誉職ということで、報酬は大変安かったのですが、今では非常に高くなっています。しかも、大変コミットすることが求められ、兼務できる数は制限されていますし、責任も重くなっていますので、十分に勉強してからやらないと自分が訴えられることにもなりかねません。さらに、取締役の報酬のかなりの部分は株式で渡されています。以上のように、社外取締役のインセンティブを株主の利益と合致するようにするというのがアメリカの主流のやり方になっています。

**（質問）**　ヘッジファンド・アクティビズムについてアメリカでの話としてご紹介がありましたが、今後、イギリスや日本にも入ってくるにあたり、ハードルになることは何でしょうか。

**（回答）**　アクティビスト・ヘッジファンドの利益の源泉（バリューギャップ）は、１つは株式が割安に評価されていること、もう１つは経営を改善すればもっとバリューアップできる余地があることの２つです。普通のバリュー投資家は割安であることしか利益の源泉にならない。プライベート・

エクイティ・ファンドは買収するときにプレミアムを払わないといけないので、割安の部分が吹っ飛んでしまって、経営改善によってバリューアップする部分しか利益の源泉にならない。これらに対して、アクティビスト・ヘッジファンドは両方から利益がとれます。以上は万国共通で、アメリカだけではありません。

ところが、そのバリューギャップを解き放つ方法は、その国の法制度などの様々な環境によって異なります。アクティビスト・ヘッジファンドは、まずアメリカの市場に即したやり方を探り当てました。探り当ててみると、実はアメリカにバリューギャップのある企業が山のようにあったわけです。そういうときに、わざわざほかの手法を開発しないといけない海外に行く気がするかというと、答えはノーですね。

ところが、みんながその手法をやり始めた。しかも、会社のほうも気がついて、アクティビストが来る前に、自発的に事業売却やリストラクチャリングをやり始めて、バリューギャップがどんどん縮小してしまっています。アメリカでの収益機会が減少する中で、イギリスやヨーロッパ、日本などを見ると、まだそういうものが来ていない。では、そろそろそっちに行くかというのが今の段階でしょう。

最終的には、どこの国に行っても、法制度やメンタリティなどは違っても、勝敗を左右する機関投資家は世界共通で、大手のフィデリティやブラックロックは世界のどこの企業にも投資しているので、かなり外堀が埋まってきている感じです。良識的なヘッジファンド・アクティビズムは非常に合理性のある行動なので、これは世界中に広がる可能性は十分にあると思います。ただ、日本はまだ小手調べぐらいの段階ですね。

# 第２章　OECDコーポレートガバナンス原則の変遷

金融庁　野崎　彰

## 1　OECDコーポレートガバナンス原則の策定に至る背景

金融庁の野崎と申します。2011年から2015年までの間、経済協力開発機構（OECD）の金融企業局企業行動課というコーポレートガバナンスの担当部署で勤務をする機会を得ました。着任当時の状況としては、金融危機を踏まえたコーポレートガバナンスの課題に関する議論を終え、次なるステップとして、各国のコーポレートガバナンスの実情を再点検し、OECDコーポレートガバナンス原則を見直そうという機運が高まっていたところでした。足掛け４年間、原則の見直しの準備作業から実際の改訂に至るまでほぼすべてのプロセスに従事させていただいたので、本日は、この経験を踏まえながら、2015年にOECD原則の改訂により新たに策定されたG20／OECDコーポレートガバナンス原則がどういう過程で誕生したのかをお伝えしたいと思います。

本日はまず、OECDはどういうことをやっているのか、コーポレートガバナンスの議論が世界的にどのように盛り上がっていったのか、1999年に策定されたOECDコーポレートガバナンス原則の意義や位置付け、2004年のOECD原則の改訂の経緯についてお話した後、2015年の改訂、即ちG20／OECDコーポレートガバナンス原則の策定についてお話ししたいと思います。

1999年のOECD原則策定の直後、米国のエンロン、ワールドコム、欧州のスエズ、ビベンディなどの不正会計事案が相次ぎ、OECD閣僚理事会において原則の早期見直しが決議され、2004年に改訂版が策定されました。そこからまた３年後に金融危機が起き、金融危機とコーポレートガバナンスという観点から見直しの議論が行われました。結果として、金融危機後に指摘された問題に対処するための端緒は2004年のOECD原則に既に盛り込まれているということで、金融危機を直接の契機とした原則の改訂は行われなかったのですけれども、一方で、**3**(2)で詳しく見ていくように、コーポレートガバナンスを取り巻く環境が直近10年間で構造的な変化を遂げており、これに適切に対応していく必要があるのではないかという議論をしまして、約11年ぶりにOECD原則を改訂することになりました。本日は、このような大きな流れに沿ってお話ししたいと思います。

### (1)　OECDについて

経済協力開発機構（OECD）は、第２次世界大戦後、1960年にヨーロッパ諸国を中心にできた国際機関で、パリに本部があります。加盟国の財政金融上の安定維持、経済発展の途上にある加盟国および非加盟国の経済の健全な拡大、世界の貿易の多角的かつ無差別的な拡大などに貢献することが条約で定められています。

OECDの最初の加盟国は、ヨーロッパの17カ国と、アメリカ、カナダ、トルコの20カ国でスタートしました。その後、最初の追加加盟国として登場したのが日本で、1964年４月28日に加盟しました。

1964年というのは東京オリンピックが開催された年です。池田勇人首相を中心に東京オリンピック招致に向けて国を挙げて頑張っていく姿を描いた幸田真音さんの小説『この日のために』の中でも、OECDの加盟は日本が先進国の仲間入りをする１つの重要なステップであるということで、首相みずから各国を歴訪して根回しをするエピソードが出てきます。OECDの加盟のためには加盟国の承認・審査が要りまして、経済的にしっかりした国であるなどの要件を満たさないと加盟できないので、当時の池田首相みずから根回しをして、ようやく1964年に加盟が認められたという話です。

OECDの本部はパリにありまして、昔、ロスチャイルド家から買い取ったお城で、OECDの事務総長や事務次長などの幹部が執務しています。我々のようなスタッフのオフィスはその横にあるビルの中で、総勢3,000人ぐらいで仕事をしています。

OECDでは、化学・バイオセイフティーなどの理科系の分野から、公共ガバナンス、ファイナンス、そして本日お話しするコーポレートガバナンスなど、幅広い分野を取り扱っています。最近の話題としては、グローバル企業の租税回避行動に対して、国際的にどのように取り組むべきかについてOECDのリーダーシップの下で議論が進められています。

これらの項目ごとにOECD内に委員会が立ち上がって、加盟34カ国の代表者が集まって議論しています。コーポレートガバナンス委員会では、議長をイタリア証券取引委員会のマルチェロ・ビアンキ氏が、副議長を金融庁の神田眞人参事官[(1)]が務めています。また、租税委員会の議長は、財務省の浅川雅嗣財務官が務められていて、日本人がコーポレートガバナンスや租税の世界で国際的な議論をリードしています。

## ⑵　コーポレートガバナンスの沿革[(2)]

### (i)　経営陣と投資家の利益相反

本題のOECD原則に入る前にコーポレートガバナンスの沿革を簡単に振り返りますと、まず16世紀から17世紀に東インド会社やハドソンベイ会社などが設立され、会社形態が確立しました。その後、アダム・スミスは1776年の『諸国民の富』において、株主の無責任が取締役の無責任と相乗したとき、株式会社は深刻な問題を生み出すことを、既に構造的な問題として指摘していました。

20世紀に入って、会社形態を論じるに当たって３つの試金石となる論文が出ています。

まず、1932年にBerle&Means[(3)]は、所有と経営が分離された形態のもとでは、株主が企業経営に無関心となることを指摘しました。Schwarzは、関心を持つインセンティブがない状況を合理的な無関心と呼びましたが[(4)]、特に米英のように株主が細かく散らばっているような分散保有構造のもとでは、

⑴　2016年11月17日に同委員会議長に就任。神田眞人「コーポレートガバナンス：OECD原則と日本コード」（ファイナンス、2016年１月）参照。

⑵　主な参考文献：Brian R. Cheffins (2013), "The History of Corporate Governance", *The Oxford Handbook of Corporate Governance*, Oxford University Press, Chapter 3.

⑶　Berle and Means (1932), *The Modern Corporation and Private Property,* Transaction Publishers.

所有者、すなわち株主が経営陣の日々の業務をチェックできず、経営陣が自己の利益追求のために業務運営を行ってしまうのではないか。株主による有効な監視・チェック機能が働かない構造的な問題が提起されました。

その後、1976年にJensen&Mecklingの論文(5)が出ました。経営者が株主の意向にそぐわない意思決定を行うことに伴うコストをエージェンシーコストと呼びますが、このようなコストの存在はアダム・スミスの時代から既に認識されていたはずだとしたうえで、上場会社は、多くの人々やお金を複雑な契約の束で結びつける、すばらしい（awesome）社会的な発明だと評価しています。会社形態にはエージェンシーコストの問題が存在するとしても、これだけ会社形態が歴史的に発展してきたことは、株主や債権者などのステークホルダーもおおむね満足しているはずであると言っています。エージェンシーコストの問題は構造的には残るものの、制定法、慣習法を含めた法制度や契約上の工夫により、ある程度は対処可能であると。歴史的に見ても、人知を結集してエージェンシーコストの最小化に取り組んできたことから、法や契約のあり方も洗練されてきているのではないか、とりわけ上場会社、公開会社形態は、洗練された競争優位にあるモデルであるという議論が展開されております。

1980年のFamaの論文(6)は、所有と経営を分離する会社形態は経済主体として効率的な形態であることを示した上で、会社同士の競争を通じて、より効率的な業務監視の枠組み・デバイスを発展させてきた、という議論を展開しています。すなわち、競争・市場原理の考え方を導入し、株主・経営者双方がそれぞれの良いデバイスをつくるために自己規律を働かせていく、というメカニズムです。

以上、コーポレートガバナンスの議論の基礎となる考え方について、簡単

(4) Schwarz（1983), "Shareholder Democracy: A Reality or a Chimera?", *California Management Review*, 25 : 53-67.

(5) M. C. Jensen and William H. Meckling（1976), "Theory of the Firm: Managerial Behavior, Agency Costs and Ownership Structure", *Journal of Financial Economics*, Vol. 3, No. 4, 305-360.

(6) E. F. Fama（1980), "Agency Problems and the Theory of the Firm," *Journal of Political Economy*, Vol. 88, No. 2 : 288-307.

にご紹介させていただきました。

### (ii)　「コーポレートガバナンス」という用語の登場

コーポレートガバナンスという用語は、もともとは米国において、政府と企業のガバナンスのアナロジーから生まれた概念とされています。Corporate suffrage（会社についての参政権）という形で、１株主１議決権という民主主義的な枠組みの議論から始まって、一方で、お金を出して多くの株式を持っている者には、それに比例して議決権を与えるというCorporate plutocrats（会社についての金権政治）という形で、支配株主の存在も現実として容認しつつ、歴史的に紆余曲折を経て発展してきました(7)。

一番最初に「コーポレートガバナンス」という用語がオフィシャルに使われたのは、米国証券取引委員会（SEC）の規則改正に係る1976年の官報とされています。1970年に倒産した鉄道会社ペン・セントラルの会計不正問題において、取締役が適切な監視機能を果たさなかったことが社会問題となり、企業経営のアカウンタビリティを高めるという気運が1970年代の米国で高まっていたことを背景に、SECはNYSE（ニューヨーク証券取引所）に対し、独立取締役で構成される監査委員会の設置を全上場企業に義務づけるように規則改正を要請しました。

米国では既に1976年にコーポレートガバナンスという枠組みのもとでこうした議論が行われていたということですが、独立取締役の設置までは進んだものの、どのようなプロセスで独立取締役を選ぶべきかなど、踏み込んだ議論は行われませんでした。その後、共和党のレーガン政権になってからは逆に企業の力が強くなり、規制の揺り戻しが起きたようです。

コーポレートガバナンスの規律を高めるという議論は、企業会計不正を防ぐという観点からだけでなく、1980年代以降、機関投資家サイドの視点に立った議論が、活発になっています。背景には、機関投資家による米国上場株式の保有割合が、1965年は16％だったのが1987年は47％と高まり、かなり

(7)　詳細は、C. A. Dunlavy（1998），"Corporate Governance in Late 19th-Century Europe and the U. S. ――The Case of Shareholder Voting Rights", *Comparative Corporate Governance: The State of Art and Emerging Research*, Oxford University Press.

のプレゼンスを占めるようになってきたことがあります。

1980年代には敵対的買収が活発になり、The Deal Decadeと呼ばれる時代を迎えました。企業による買収防衛策の導入の是非を巡って司法判断が問われた際、アメリカの裁判所は、外部の取締役が独立の判断でポイズンピルや買収防衛策を入れる判断をしたかを１つのメルクマールとしたと言われています。こうした観点からも社外取締役、外部取締役の重要性についての認識が高まっていきました。

また、1990年代に入ってから機関投資家の動きがさらに活発化し、カルパースなどの年金基金は業績の悪い企業の経営陣に退陣を求めるようになるとともに、役員報酬に対するエンゲージメントも強化され、業績連動型の役員報酬の導入が進みました。こうした機関投資家の動きを背景にSECは、機関投資家が対象企業と個別の対話を行う際、SECから事前了解を得るために書類を提出する、という手続的にやや煩雑なルールを簡素化する規則改正を行い、機関投資家が企業に対するエンゲージメントをよりしやすいような環境整備を進めていきました。

### (iii)　コーポレートガバナンスの議論の世界的な広がり

1970年代から活発な議論が先行していたアメリカとは異なり、ヨーロッパ、日本でコーポレートガバナンスの議論が実質的に始まったのは1990年代に入ってからと言われています。当時、投資家と企業の長期的な関係に主眼を置いた、米国とは別の視点からのコーポレートガバナンスの議論が、ドイツや日本において進んでいました。イギリスではアメリカの系譜を汲んで、株主が分散している保有構造のもとでコーポレートガバナンスの議論が展開され、キャドバリー報告書やグリーンベリー報告書、両報告書を統括するような形で出されたハンペル報告書を通じて、1990年代にかけて議論が深化していきました。

こうした中、1990年代後半にアジア通貨危機が起き、アジア型の伝統的なファミリーオーナーシップの企業経営に行き詰まりが見えてきたところ、アジアにおいてもコーポレートガバナンスが１つの重大な論点になっていきました。

このようなヨーロッパの動き、アメリカの動き、日本・アジアの動きが融合するような形で、1999年、OECDのコーポレートガバナンス原則が登場しました。

### ⑶　キャドバリー報告書

先ほど触れたキャドバリー報告書の冒頭に、コーポレートガバナンスの意義、すなわち、なぜコーポレートガバナンスが必要なのかが次のように書かれています。

> 一国の経済は、企業の駆動力と効率性に依存する。このため、企業の取締役がいかに有効に責任を果たすことができるかが、その国の競争的優位を決定づける。元来、取締役会は自由に企業を運営すべきであるが、それは株主、関係者にとって有効なアカウンタビリティの枠組みのもと、透明性を確保した上で行うべきである。その中での自由度が認められている。これが良質なコーポレートガバナンスの仕組みの本質である。

コーポレートガバナンスを国の経済成長と結びつけて議論している点が特徴的です。

また、コーポレートガバナンスの定義については、次のように書かれています。

> コーポレートガバナンスは、企業を指揮し、統制するシステムである。取締役会は企業のガバナンスに責任を負う。ガバナンスにおける株主の役割は、取締役及び監査人を指名するとともに、適切なガバナンス構造が構築されていることについて自ら満足が得られるようにすることである。

33カ国のコーポレートガバナンスを比較分析した論文[8]を見ても、キャドバリー報告書の定義が世界各国で広く使われていることがわかります。

---

⑻　K, Hopt（2011），“Comparative Corporate Governance: The State of the Art and International Regulation”, *ECGI Law Working Paper*, No. 170.

### ⑷　1999年OECDコーポレートガバナンス原則

#### (i)　OECDにおける議論

OECDでは、1990年代の後半からコーポレートガバナンスの議論が本格的に始まりました。原則の策定プロセスは、1996年のOECD閣僚理事会において、コーポレートガバナンスの研究に着手すべきとの要請があり、これを受けて、経営諮問グループが設置されたことで実質的にスタートしました。座長はミルシュタイン氏、先ほど触れたキャドバリー氏やオムロン会長の立石氏もメンバーとして参加されました（**〔図表２－１〕**）。

立石氏が当時の状況を振り返った論考[9]では、「当時は米国経済が高成長を続ける一方、欧州は高失業率に悩み、日本はバブル崩壊後の後遺症に苦しんでいる時期であったが、既に当時の参加メンバーの間では、各国の成長率の差は、コーポレートガバナンスの違いから来ているのではないかという見方、つまり競争力の差という着眼点があった」と述べられています。先ほどキャドバリー報告書でも触れましたが、競争力の差が、コーポレート・ガバナンスの違いから生まれるのではないかという共通認識が国際的には既にできていたということです。

このような議論を経て整理されたOECDのコーポレートガバナンスの枠組みの考え方が原則の前文に次のとおり書かれています。

> 良質なコーポレートガバナンスの枠組みは、企業がその資本を効率的に活用することを保証するものである。良質なコーポレートガバナンスは、企業がみずから運営する幅広い顧客層・共同体の利益を考慮するとともに、取締役が企業および株主に対してアカウンタビリティ責任を負うことを確保することを手助けする。これは翻ってみると、企業が社会全体の利益のために業務を行うことを保証することを手助けするということである。それから、内外の投資家の信頼を維持するとともに、より忍耐強い、長期の資本を引きつけるものである。

⑼　立石信雄「これからの日本におけるコーポレートガバナンス」、GLOCOM『智場』No.69 2001年10月１日発行（http://www.glocom.ac.jp/chijo_lib/chijo69_2001_10.pdf）。

**〔図表2－1〕1999年OECD原則策定の経緯**

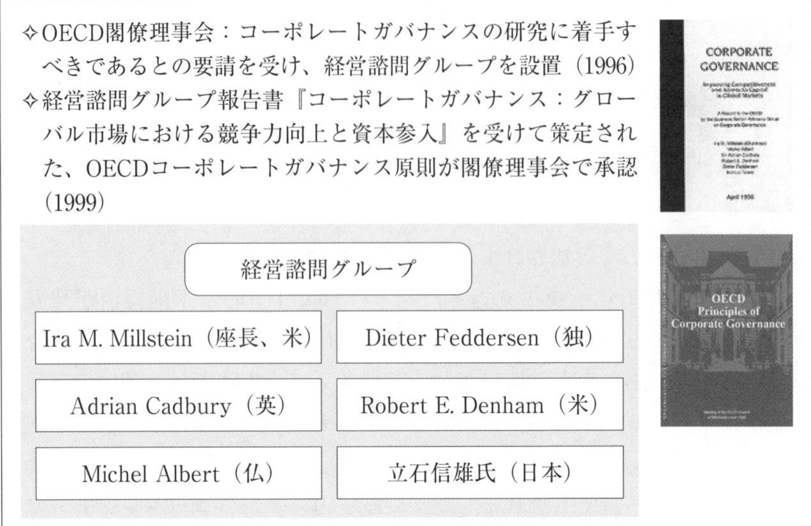

✧OECD閣僚理事会：コーポレートガバナンスの研究に着手すべきであるとの要請を受け、経営諮問グループを設置（1996）
✧経営諮問グループ報告書『コーポレートガバナンス：グローバル市場における競争力向上と資本参入』を受けて策定された、OECDコーポレートガバナンス原則が閣僚理事会で承認（1999）
経営諮問グループ
Ira M. Millstein（座長、米）
Dieter Feddersen（独）
Adrian Cadbury（英）
Robert E. Denham（米）
Michel Albert（仏）
立石信雄氏（日本）
CORPORATE GOVERNANCE
April 1998
OECD Principles of Corporate Governance


短期的な売買を繰り返すような株主ではなくて、長期的に企業の成長にコミットしてくれるような人たちの信頼をかち取って、そういった人たちから資本を得ることによって企業は安定的な成長ができる。それが国全体の経済の発展につながっていくという論理構成になっています。

### (ii)　コーポレートガバナンスの射程

原則策定当時のOECDの考え方を示すものとして、OECDの担当局長が機関誌*OECD Observer*に寄稿したQ&A形式の記事の原文を少し長いですがご紹介したいと思います（**〔図表2－2〕**）。

まず、コーポレートガバナンスと聞くと、キャドバリー報告書のようなコードを想起して企業に対する規律と考えがちだが――日本では企業統治と訳されていますが――、そうした理解でよいのか、という問いです。これに対して、担当局長は明確にノーと言ったうえで、ガバナンスは、単なる取締役会のプロセス・手続にとどまるものではなく、企業の経営陣、取締役会、株主、従業員、その他企業を取り巻く周辺のコミュニティ、といったステー

**〔図表2－2〕OECD原則におけるコーポレートガバナンスの射程(1)**

> Most of us, when we hear corporate governance, tend to think of codes, like the well-known Cadbury Code, that have emerged over the past few years. (...) Isn't corporate governance something that should be handled by the corporation, as the name implies?
> No. Governance is more than just board processes and procedures. It involves the full set of relationships between a company's management, its board, its shareholders and its other stakeholders, such as its employees and the community in which it is located. The quality of governance is directly linked to the policy framework. Governments play a central role in shaping the legal, institutional and regulatory framework within which governance systems are developed. If the framework conditions are not in order, the governance regime is unlikely to be either.
> William Witherell（2000）, Director, DAF, *OECD Observer*, No 221/222

クホルダーの間のあらゆる関係性を包含するものであると言っています。

その上で、ガバナンスの品質は政策の枠組みに直接リンクするということで、ここで政府が登場します。ガバナンスの仕組みを構築していくための、法的、組織的、規制上の枠組みを形成していく上で、政府は中心的な役割を担う必要がある。このような枠組みが秩序ある状況になければ、ガバナンスの形態も秩序あるものとならないということで、政府がしっかりとしたフレームワークを構築しないで、企業と株主に「お互い相互牽制して下さい」と言ってもうまく機能しないという考えを述べています。

もう１つは、なぜ企業統治に対する規律を示すだけでは足りないのか、という問です（**〔図表2－3〕**）。これについて担当局長は、impatient capital（辛抱強くない資本）を引き付けておくためには、ガバナンスの射程を広げる必要があるということを議論しています。背景として、特に2000年代、情報通信革命とグローバル経済の統合が進む中、投資家は１つの会社に投資したらそのまま保有し続けるわけではなく、自ら情報を獲得して、将来性が見込めないと判断すれば素早く売却して別の投資先を探すようになり、「辛抱強くない資本」のプレゼンスが高まってきました。資本が常に投資の機会を探し

〔図表２－３〕OECD原則におけるコーポレートガバナンスの射程(2)

> One of the implications of the communications revolution and the increasingly integrated global economy is that, unfortunately, capital is rarely "patient". In their constant search for investment opportunities, investors will not hesitate to take their money around the globe. If companies are to attract and retain long-term capital from a large pool of investors, they need credible and recognisable corporate governance arrangements. Companies and governments have to respond.

〔図表２－４〕投資部門別株式保有比率の推移（日本）

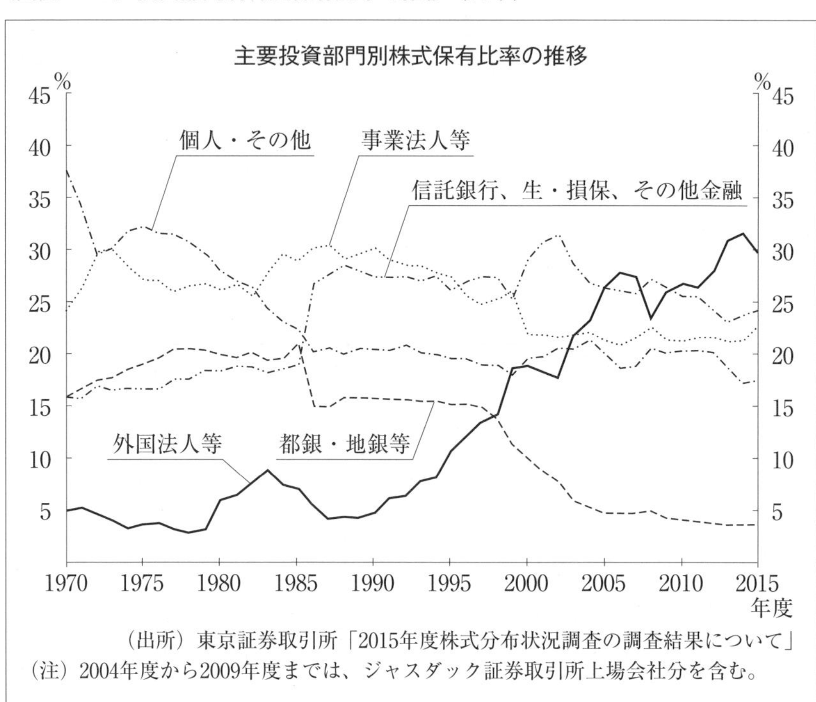


（出所）東京証券取引所「2015年度株式分布状況調査の調査結果について」
（注）2004年度から2009年度までは、ジャスダック証券取引所上場会社分を含む。

ていて、投資家は躊躇なく国境を越えてお金を動かしていく。企業は、長期の資金を引きつけて留め置きたいのであれば、信頼と認識に足るようなコーポレートガバナンスの取り決めが必要である、企業と政府はその期待に応え

〔図表２－５〕投資主体別株式売買比率の推移（日本）

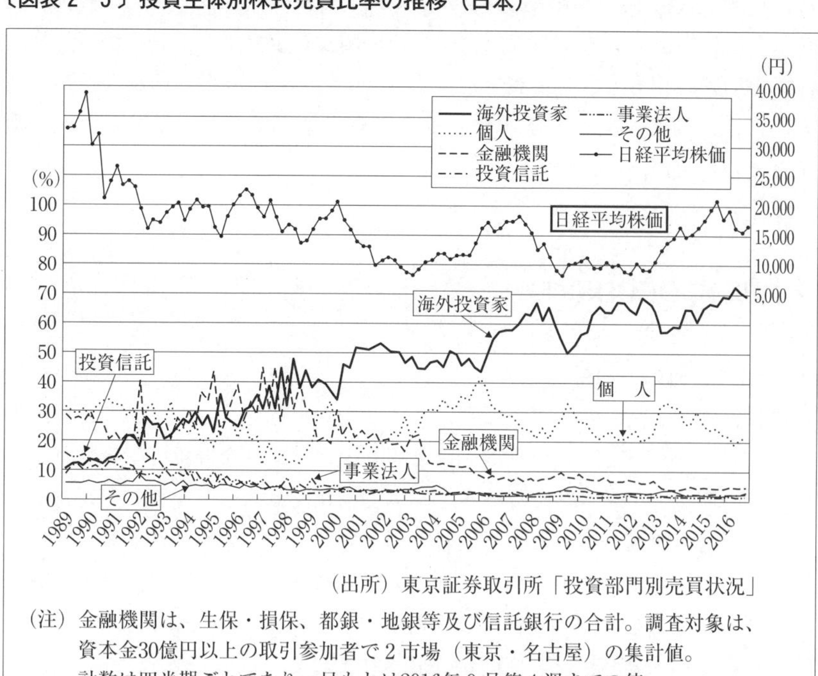


（出所）東京証券取引所「投資部門別売買状況」

（注）金融機関は、生保・損保、都銀・地銀等及び信託銀行の合計。調査対象は、資本金30億円以上の取引参加者で２市場（東京・名古屋）の集計値。計数は四半期ごとであり、足もとは2016年９月第４週までの値。

なければいけないと言っています。つまり、経済がグローバル化して世界がフラット化する中で、企業が株主資本をきちんとつなぎとめていくためには、コーポレートガバナンスの取り決めの下でアカウンタビリティを高めていくことが重要であるという議論です。

このように、外国人投資家を含めた投資家にとって、信頼と認識に足るような環境づくりが必要というのがコーポレートガバナンスの議論の推進力となっていたわけです。日本についても、**〔図表２－４〕**を見ていただくと、1990年代後半に外国人投資家の保有比率がストックベースで10％を超えて以降、急激に上昇して、今では３割程度になっています。これに対し、都銀・地銀などの保有比率は2000年前後より減少の一途を辿っています。

フローベースについては、**〔図表２－５〕**の投資主体別株式売買動向を見ると、1990年代後半は外国人投資家のプレゼンスが３割程度であったのが、現在は７割に達しています。米国、欧州の機関投資家のプレゼンスが高まり、株式市場の様相も大きく変貌を遂げる中、先ほどのOECDの局長が指摘したように、外国人投資家を意識せざるを得なくなる状況が、日本も含めて始まっていたということです。

## 2　2004年OECD原則

### (1)　OECD原則の沿革

次に、OECD原則の歴史を振り返ってみたいと思います。1999年のOECDコーポレートガバナンス原則は先ほど申し上げたような経緯で策定されました。その直後、エンロンやワールドコム、欧州ではスエズやヴィヴェンディといった有名企業が次々と企業会計不正で倒産するという事件が起きたため、1999年のコーポレートガバナンス原則の公表後すぐに、OECD閣僚理事会から原則の見直しを前倒しで行うよう指示がなされました。その結果、2004年にコーポレートガバナンス原則が改訂されました。

OECD原則の位置づけですが、OECDの加盟国がこれを守っていくのは当然のことながら、金融安定理事会（FSB）といった金融システムの安定にかかわるような国際機関からも、「健全な金融システムのための主要な基準」の１つに指定され、その重要性が確認されています。OECD加盟国は日米欧をはじめとする先進国が中心ですが、それ以外でFSBに加盟している、インド、インドネシア、サウジアラビア、シンガポールといった国々にとっても、OECD原則は影響力を持つということになります。

その後、2007年から2008年にかけて起きたグローバルな金融危機を経て、企業の資金調達手法や支配構造の変化、アルゴリズム高速取引の増大などの株式市場の構造変化といった様々な要因を背景に、コーポレートガバナンスの議論でも何らかのパラダイムシフトが起きているのではないかという発想から、2015年、約10年ぶりにOECD原則が改訂されました。

## ⑵ 2004年OECD原則

### (i) 前　　文

ここからは、2004年から2015年までの間、世界のコーポレートガバナンスの規範としての主要な役割を果たすとともに、現在でもその大部分が継承されている、2004年のOECD原則の中身を原文に触れながら細かく見ていこうと思います。まず前文では、経済効率性を改善して成長を促進する、ということに主眼が置かれており、具体的には、**〔図表２－６〕**のように書かれています。

まず、「OECD及びその加盟国政府は、基本的な政策目的を達成する上で、マクロ経済政策と構造政策との間に相乗効果があるという認識を強めている」とあります。マクロ経済とミクロの構造政策のシナジーが重要であるということです。次に、「コーポレートガバナンスは、経済効率性を改善し、成長を促進し、投資家の信頼を高める上での１つの重要な要素である」というメインのメッセージが述べられています。そして、「コーポレートガバナンスは、会社経営者、取締役、株主、ステークホルダー間の一連の関係にかかわるものである」ということで、キャドバリー報告書よりも対象範囲を広く捉えています。それから、「コーポレートガバナンスは、会社の目標を設定し、その目標を達成するための手段や会社業績を監視するための手段を決定する仕組みを提供するもの」と述べたうえで、「１つの会社内やその国の経済全体を通じて有効なコーポレートガバナンス体制が存在するということは、市場経済が適切に機能するのに必要な程度に信頼を高めることの助けとなる」ということで、改めて経済成長との紐づけが明確になされています。

### (ii) 構　　成

次に、2004年のOECD原則の構成ですが、重要な分野ごとに６つの章で構成されています（**〔図表２－７〕**）。OECD原則は、取締役会についてのみ記載されているわけではなくて、株主の権利、ステークホルダーの役割、ディスクロージャーなど、幅広い分野を取り扱っています。日本の法律で言うと、会社法の機関設計のところだけではなくて、金融商品取引法に出てくる企業情報の開示とか公開買い付け（TOB）規制、不公正な取引防止としてインサ

**〔図表２－６〕2004年OECD原則：前文（抜粋）**

Increasingly, the OECD and its member governments have recognised the synergy between macroeconomic and structural policies in achieving fundamental policy goals. Corporate governance is one key element in improving economic efficiency and growth as well as enhancing investor confidence. Good corporate governance should provide proper incentives for the board and management to pursue objectives that are in the interests of the company and its shareholders and should facilitate effective monitoring. The presence of an effective corporate governance system, within an individual company and across an economy as a whole, helps to provide a degree of confidence that is necessary for the proper functioning of a market economy. As a result, the cost of capital is lower and firms are encouraged to use resources more efficiently, thereby underpinning growth.

**〔図表２－７〕2004年OECD原則：構成**

Ⅰ．Ensuring the Basis for an Effective Corporate Governance Framework
（有効なコーポーレートガバナンスの枠組みの基礎の確保）

Ⅱ．The Rights of Shareholders and Key Ownership Functions
（株主の権利及び主要な持分機能）

Ⅲ．The Equitable Treatment of Shareholders
（株主の平等な取扱い）

Ⅳ．The Role of Stakeholders in Corporate Governance
（コーポレートガバナンスにおけるステークホルダーの役割）

Ⅴ．Disclosure and Transparency（開示及び透明性）

Ⅵ．The Responsibilities of the Board（取締役会の責任）

イダーの禁止など、あらゆるテーマを取り扱っています。

各章の具体的内容に入る前に、2014年、OECDで私の上司であったマッツ・イサクソン課長が、金融庁の「コーポレートガバナンス・コードの策定に関する有識者会議」でプレゼンした内容を紹介したいと思います[10]。

まず、OECD原則の目的とは一体どういうものなのか、誰がどういう形で原則を使うものなのかという点ですが、原則の第１の対象者は、言うまでもなく政府および規制当局であると述べています。各国の政府および規制当局は、年数回、パリのOECD本部で開催されるコーポレート・ガバナンス委員会において、OECD原則とその適用のあり方について議論をしています。このように、当局者同士がお互い情報交換をして認識を高めていくことを通じて、自国の規制の枠組みを改善していくというツールを提供していく、というのがOECD原則の基本的役割ということです。そのうえで、OECD原則は、当局者以外の関係者、例えば証券取引所や市場関係者、公認会計士や弁護士などのプロフェッショナル、さらには個々の投資家や市場に参加している様々な機関にとって、ガイダンスを提供する機能も担っていると説明されています。

OECD原則は、企業の人がこれを見て一義的に何かをするということを主眼に置いたものではなく、政府・規制当局が原則に基づき国内法制を整備して、いろいろな関係者にOECD原則の実現を求めていくというものであるということです。

そのうえでイサクソン課長が強調されていたのは、この原則全体を貫く基本理念が、成果志向型、outcome-orientedなものであるということです。すなわち、持続的な成長とか価値の創造といった望ましい目標を設定して、そういった目標を達成するためにとり得るアプローチを考えていく。そのための助けとなるものがOECD原則である。当然、日本とアメリカとイギリスを比べても、経済的、法的、そして歴史的な背景、状況が全く違う中で、OECDが同じようなアプローチを各国に求めるということではない。One-size fits all approachはとらず、各国の政府・規制当局が、自国の状況に応じてOECD原則を咀嚼して、国内法制化していくことが重要ということが強調されています。逆に言うと、言いわけが通用しないということで、例え

⑽　金融庁、コーポレートガバナンス・コードの策定に関する有識者会議（第２回）議事録（平成26年９月４日）参照。

ば、日本の事情に照らすとこの目的は達成できない、ということは認められず、そこは何とか工夫しなさいというのがOECD原則を貫く基本的な精神である、ということでした。

**〔図表２－８〕**は、コーポレートガバナンスの全体像を示したものです。OECD原則の前文に記載されているように、コーポレートガバナンスが、会社経営陣、取締役会、株主、ステークホルダーの間の関係にかかわるものであり、そこに規制当局の役割も認識されるという形で、コーポレートガバナンスにかかわる登場人物を絵にしたものです。最終受益者である投資家の最善の利益、ベストインタレストを図るためには、資産運用に携わる機関投資家が、企業と効率的な対話をすることを通じて、企業経営の効率化を図り、ステークホルダーの利益も踏まえた、企業価値の創出を目指していく。そういった取り組みをバックアップするために規制当局がいるというフレームワークです。

### (iii)　第１章

具体的に2004年のOECD原則の中身を見ていきます。まず第１章は、コーポレートガバナンスに様々な形で影響を与える法律を含むルールや、規制の枠組みの品質について言及しています。実際にコーポレートガバナンスに影響を与える法律、規制の領域には、日本で言うと会社法、金融商品取引法、労働法、破産法制、東証の上場規則、市場関係者間で締結する取引契約とか取引約款、東証の上場規則に根拠を有するコーポレートガバナンス原則、金融庁がコンプライ・オア・エクスプレインのフレームワークのもとで策定したスチュワードシップ・コードなど、様々なものがあります。こういった非常に多くの法律や規制、ソフトローが複雑に絡まり合う中で、コーポレートガバナンスの枠組みができ上がっています。

OECD原則の第１章の主要なメッセージの１つは、こういった枠組みが、整合性、一貫性を持ったものであるべきということです。ルールや規制の各階層・セグメント間で矛盾があってはいけないということです。企業や投資家は、当然のことながら整合性、一貫性のある枠組みを求めているので、そういった交通整理を規制当局がリーダーシップをとってやるべきだという

**〔図表２－８〕コーポレートガバナンスの全体像**

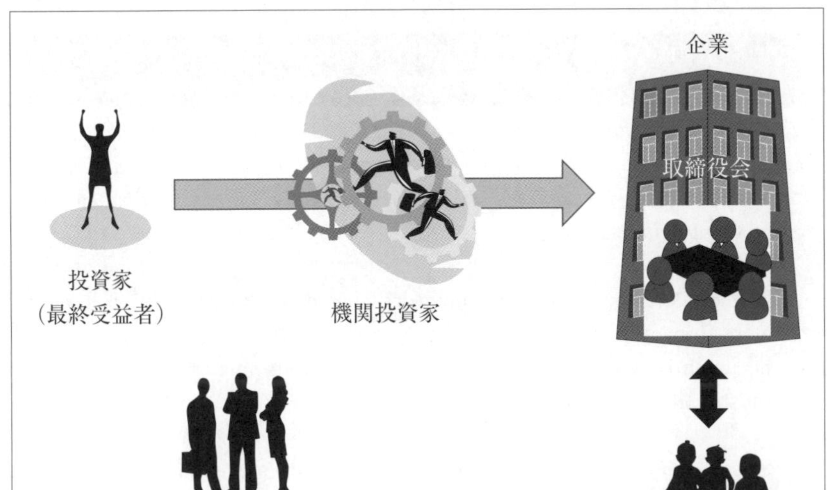


メッセージです。

この点については、今回の2015年の改訂のときにも議論になったのですが、国内法制的には整合性がとれていても、例えば日本とアメリカ、日本と中国など、複数の資本市場にクロスボーダー上場する企業にとっては、複数のルールを同時に守らなければいけないという事態が発生するので、各国間の規制のギャップを治癒すべく相互間の協調をとるメカニズムが必要であるという議論がなされ、それを踏まえた改訂がなされています（**４**(ii)参照）。

具体的に文章を見ていくと（**〔図表２－９－１〕**）、まずコーポレートガバナンスの枠組みは、透明で効率的な市場を促進し、法の原則と整合的で、異なる監督・規制・執行当局間の責任分担を明確にするものでなければならない、と書かれています。

その上で、原則第１章Ａでは、コーポレートガバナンスの枠組みは、経済パフォーマンス全体への影響、市場の廉潔性、市場参加者へのインセンティ

〔図表２－９－１〕2004年OECD原則：第１章（抜粋）

**Ensuring the Basis for an Effective Corporate Governance Framework**
**（有効なコーポーレート・ガバナンスの枠組みの基礎の確保）**

*The corporate governance framework should promote transparent and efficient markets, be consistent with the rule of law and clearly articulate the division of responsibilities among different supervisory, regulatory and enforcement authorities.*

A. The corporate governance framework should be developed with a view to its impact on overall economic performance, market integrity and the incentives it creates for market participants and the promotion of transparent and efficient markets.

D. Supervisory, regulatory and enforcement authorities should have the authority, integrity and resources to fulfil their duties in a professional and objective manner. Moreover, their rulings should be timely, transparent and fully explained.

ブ、透明で効率的な市場の育成という観点を持って策定されるべきであるという基本方針が示されています。

そして原則第１章Ｄでは、監督・規制・執行当局は、その責務をプロに徹して、客観的に果たし得るだけの権限、廉潔性、人員・予算を有するべきである。さらに、その監督・規制・執行については、適時、透明かつ十分な説明がなされるべきであると書かれています。

コーポレートガバナンスの規範の執行に携わる規制当局の予算・人員の独立性については、ある意味、当たり前と思われるかもしれませんが、OECD在職時に41カ国の規制当局の状況を調査した結果によると、日本の規制当局である金融庁のように、国家予算・税金で賄われているケースは３割にも満たず、欧州の国々の多くや香港、シンガポールなどを含め約５割の規制当局では、規制対象者から徴収する手数料や罰金などを財源としていることが分かりました(11)。また、コーポレートガバナンス・コードの策定や執行において重要な役割を担う取引所については、90年代以降、株式会社化や上場が世界的に進んでおり、自らも収益を追求しなければならない立場にあります。基本的には、上場企業や取引参加者からの手数料で収益を上げているため、あまりに厳しくすると上場企業が規制の緩い国に退出してしまう、といった規制のアービトラージが生じかねない。このため、コーポレートガバナンスのエンフォースメントに携わる人たちが、どういった利益相反構造、インセンティブ・メカニズムの下で動いているのかを分析するのも大事です。

また、アメリカでは、リボルビングドアと言われるように規制当局をやめたら直ぐに規制対象である民間企業に転職するというのが珍しくないようですが、そうした環境のもとで、どこまで公正かつ中立なエンフォースメントができるのかという議論もあります。

第１章は、コーポレートガバナンスの枠組みの基礎の確保ということですが、そこでよく議論になるのは、コンプライ・オア・エクスプレインとか、プリンシプルベース・アプローチをとるべきかという点です。誰かがコストをかけてチェックしない限り、市場規律のもとでのチェック・アンド・バランスは働かない。機関投資家も少ないコストで効率的にチェックしていきたいというインセンティブが働くことを背景に、最近では議決権行使助言会社がプレゼンスを高めています。企業の年次報告などをチェックして、機関投資家に議決権行使の賛否をアドバイスするというものですが、議決権行使助言会社が一体どういう基準、メソドロジーを用いてアドバイスをしているのかという問題があります。議決権行使助言会社も低コストで手数料収入を上げるためには、機械的・画一的なメソドロジーを採用するインセンティブが働きやすいとの指摘もあり、そうなると、“One-size fits all approach”が蔓延し、企業側も議決権行使助言会社のメルクマールに適うような機械的な対応に終始し、情報開示でもboilerplate statementという画一的な対応に陥ってしまう懸念があります。コーポレートガバナンスの枠組みでは、絵に描いた餅にならないよう、誰かが積極的にコストをかけて対話・エンゲージメントをしていくことが重要なのですが、そのコストを払うインセンティブが誰

⑾　OECD（2015）, *OECD Corporate Governance Factbook*, OECD Publishing.

にあるのか、というところは冷静に考えなければいけない問題です。

そうした問題意識のもとに、規制当局の役割の重要性も高まってきており、最近では、機関投資家がどういった規律のもとに行動すべきかという規範をスチュワードシップ・コードという形で規制当局が取りまとめる動きが英国や日本において出てきています。直近の動きとしては、財務報告評議会（FRC）という英国の当局が、こうしたコードの適用状況についても評定を行うという動きも出てきています[12]。

### ⅳ　第２章

第２章は「株主の権利及び主要な持分機能」に関するもので、株主が何をすべきかに関する一般的な規律を書いています。第３章の株主の平等の取り扱いとあわせて、会社法制や証券法制において定められている株主の主要な規範が定められています。

主なものを原文とともに見ていくと（**〔図表２－９－２〕**）、まず原則第２章Ｃ３では、取締役の指名と選任に株主が関与するという話と、役員の報酬体系について株主が関与するということが論じられています。特に役員報酬については、どういった報酬体系が経営陣の長期的なインセンティブづけになるか、エージェンシーコストの低減につながるか、といった観点から経済学的な分析が進んでいます。また、トマ・ピケティの『21世紀の資本論』でも議論されているように、富の大部分が富裕層に偏在する中、米国のように一般従業員の数百倍の報酬を役員に支払うことが、どういうロジックで正当化されるのか、という問題意識もあります。

原則第２章Ｅの企業支配権に係るマーケットについては、買収防衛措置が会社経営者および取締役会の説明責任を回避させるように使われてはならない、現経営陣の保身のために使われることがあってはいけないとあり、この原則の注釈には、株主や会社に対する取締役会のフィデューシャリー・デューティが極めて高く維持されなければならないと書かれています。

原則第２章Ｆは、機関投資家の役割・責務に関するものですが、フィ

---

⑿　Financial Reporting Council（2017）, Developments in Corporate Governance and Stewardship 2016.

〔図表２－９－２〕2004年OECD原則：第２章（抜粋）

**The Rights of Shareholders and Key Ownership Functions**
**（株主の権利及び主要な持分機能）**

*The corporate governance framework should protect and facilitate the exercise of shareholders' rights.*

C.3. Effective shareholder participation in key corporate governance decisions, such as the nomination and election of board members, should be facilitated. Shareholders should be able to make their views known on the remuneration policy for board members and key executives. The equity component of compensation schemes for board members and employees should be subject to shareholder approval.

E. Markets for corporate control should be allowed to function in an efficient and transparent manner.
  2. Anti-take-over devices should not be used to shield management and the board from accountability.

F. The exercise of ownership rights by all shareholders, including institutional investors, should be facilitated.
  1. Institutional investors acting in a fiduciary capacity should disclose their overall corporate governance and voting policies with respect to their investments, including the procedures that they have in place for deciding on the use of their voting rights.
  2. Institutional investors acting in a fiduciary capacity should disclose how they manage material conflicts of interest that may affect the exercise of key ownership rights regarding their investments.

G. Shareholders, including institutional shareholders, should be allowed to consult with each other on issues concerning their basic shareholder rights as defined in the Principles, subject to exceptions to prevent abuse.

デューシャリー・キャパシティの中で活動する機関投資家には、透明性確保や利益相反回避が求められることが論じられています。この原則は2004年改訂時に導入されたものですが、当時から、企業会計不正の問題に加え、機関投資家の多くがパッシブな運用で投資先企業のガバナンスに無関心だったことを背景として、もっとアクティブにエンゲージメントすべきという議論が既にグローバルになされていたということがわかります。

第２章の主要テーマの１つである役員報酬ガバナンスについては、2016年にノーベル経済学賞を受賞したオリバー・ハートとベント・ホルムストロームなどによる契約理論の研究が参考になります。例えば、業績連動の役員報酬として、ストックオプションなど株価に連動して報酬額が変わるものがありますが、これについては、たまたま運よく株価が上がった、といった取締役のコントロールを超えた要素に大きく左右されます。このように、どれだけ運の要素を排除しようとしても、あらゆる業績評価は不正確かつノイズを含むものなので、結局のところ、リスクシェアとインセンティブ付与はトレードオフの関係にあるといった議論です⒀。また、役員の努力水準の観測誤差を減らすのに有用な指標を導入し、業績評価のための情報の有用性を高めていくことは、企業の経営効率の改善につながる、といった原理が提唱されています⒁。また、この原理からの洞察に基づき、株式市場における流動性が、役員報酬とインセンティブ付与の関係を最適化するうえでどのような役割を果たすか、ということも議論されています。すなわち、株式市場の流動性が高いほど、企業に関する情報が株価により反映されるようになり、企業の情報を集めた投資家が報われるようになれば、企業の業績に関する情報をより積極的に収集するインセンティブが高まり、結果として株価の情報価値がより高まる、という議論です⒂。

このほかにも、株主が企業経営の意思決定プロセスにどこまで関与するの

⒀　Grossman, S., and O. Hart（1983）, An Analysis of the Principal-Agent Problem, *Econometrica*, 51, 7-45.

⒁　Holmström（1979）, Moral Hazard and Observability, *Bell Journal of Economics*, 10, 74-91.

Holmström and Milgrom（1987）, Aggregation and Linearity in the Provision of Intertemporal Incentives, *Econometrica*, 55, 303-328.

⒂　Holmström & Tirole（1993）, Market Liquidity and Performance Monitoring, *Journal of Political Economy*, 101, 678-709.

が効率的なのか、という命題があります。そもそも、株主に議決権が与えられる根拠は、株主が残余権者であり、限界損益、すなわち会社の価値の限界的な増減が自らに帰属することから、企業価値を最大化するインセンティブを有していることにあると説明されていますが、では実際にどこまで株主が関与すべきなのでしょうか。例えば、取締役の選解任についても、日本では年次の株主総会の決議事項とされていますが、米国デラウェア州では取締役会の構成員を３グループに分けて、それぞれ３年サイクルで選解任の決議対象とするなど、株主の関与のあり方は各国様々です。

あと、**〔図表２－８〕**で見た最終受益者と企業との間をつなぐインベストメントチェーンの関連ですが、2004年の原則改訂時ではフィデューシャリー・キャパシティのもとで活動する機関投資家に限定した議論でしたが、インベストメントチェーン全体を見渡す中で、機関投資家がどのような役割を果たしていくべきなのか、実効的なエンゲージメントが行われるためにどのようなインセンティブづけが必要なのか、後で詳しく見ていきたいと思いますが、第２章ではこういった今日的課題についても問題提起がなされるのかなと思います。

### ⑸　第３章

第３章は株主の平等な取り扱いに関するものです（**〔図表２－９－３〕**）。先ほど触れた第２章と重なり合う部分も多いことから、2015年の改訂時にはこれら２つの章を統合して再整理しました。

実際の株式には普通株のみならず優先株、議決権制限付株式等様々な形態ありますが、OECD原則では１株１議決権を推奨しているわけではなくて、１株１議決権からの合理的な乖離を認めています。世界43カ国の状況をレビューしてみたところ[16]、イスラエルとシンガポールでは、１株１議決権が堅持されていてそこからの乖離は認められていないのですが、他の国では一定の制約のもとに１株１議決権からの乖離が認められており、例えば、配当の受領に関して優先する権利を与えることを前提に１株１議決権からの乖離

---

⒃　OECD（2015）, *OECD Corporate Governance Factbook*, OECD Publishing.

〔図表2-9-3〕2004年OECD原則：第3章（抜粋）

**The Equitable Treatment of Shareholders**
**（株主の平等な取扱い）**

*The corporate governance framework should ensure the equitable treatment of all shareholders, including minority and foreign shareholders. All shareholders should have the opportunity to obtain effective redress for violation of their rights.*

A.2. Minority shareholders should be protected from abusive actions by, or in the interest of, controlling shareholders acting either directly or indirectly, and should have effective means of redress.

A.5. Processes and procedures for general shareholder meetings should allow for equitable treatment of all shareholders. Company procedures should not make it unduly difficult or expensive to cast votes.

B. Insider trading and abusive self-dealing should be prohibited.

を認めたり、発行済み株式総数の半分までであれば議決権制限付株式の発行を認めるなど、様々なアプローチがあります。

フランスでは、2年以上株式を保有する株主の議決権を2倍にするという興味深い制度があります。以前からあった制度ですが、最近注目を浴びていて、もともとはオプトイン方式だったのが、2015年のフロランジュ法によって、原則ビルトインされていて外すためには決議を要するオプトアウト方式に変わりました。

近年もアリババやグーグルなどが議決権制限付株式を発行するなど、議論の尽きないテーマですが、OECDでは、2007年に1株1議決権のあり方について、突っ込んだ議論がなされ、先ほど申し上げたような形で決着を見ています[(17)]。

原則第3章Bでは、インサイダー取引や濫用的な自己取引が禁止されています。**2**(2)(ii)で触れたとおりこのような不公正取引についてもコーポレートガバナンスの世界で規律されています。市場の公正性確保といった証券規制がなぜコーポレートガバナンスの射程になっているのか、私もOECDに着任した当初はいまいちピンと来なかったのですが、イサクソン課長や同僚との議論を通じて学んだことは、資本市場の透明性・公正性・効率性という全体のフレームワークができていないと株主が安心して企業に投資できる環境が整わず、最終的にコーポレート・ガバナンスの目指す目的は達成できないということで、証券市場の公正性を歪めるインサイダー取引などを禁止することも、コーポレート・ガバナンスの射程に入るというのが少なくともOECD加盟国内での共通理解であるということでした。

第３章に関する論点としては、先ほどお話しした１株１議決権からの乖離のほか、cash-flow rightとcontrol rightの分離の問題があります。株主には残余財産の分配や配当としてお金をもらう権利（cash-flow right）とともに、議決権を行使する権利（control right）があります。残余財産分配請求権を有する人が企業価値を最大化するインセンティブを有するということを前提に考えると、２つの権利は本来一体であるべきなのですが、最近、エンプティ・ボーティングと呼ばれる、cash-flow rightとcontrol rightを分離する動きが出ています。このような価格下落リスクを負わない状況で議決権行使を行うことを許容すると、もともとの株式のあり方の根底を覆すような議論となり得るので、最近アカデミズムでも話題になっています(18)。このテーマは、残念ながら2015年の原則改訂の際には特に論点としては取り上げられませんでした。

それから、原則第３章Ａ２では、少数株主は支配株主の濫用的な行為から守られるべきであるということが書かれています。これも広い意味でのエージェンシー問題になります。エージェンシー問題というと、分散保有構造のもとでの株主と企業経営陣との間の利益相反、すなわち経営陣が株主の言うことを聞かないという問題が想起されますが、実はこのような垂直的な関係

(17) OECD (2007), OECD Steering Group on Corporate Governance, Lack of Proportionality between Ownership and Control, Overview and Issues for Discussion.

(18) 加藤貴仁「株主間の議決権配分――一株一議決権の機能と限界――」法学協会雑誌123巻（2006年）、124巻（2007年）。

だけでなく、少数株主と支配株主の間での利害対立も別の意味でのエージェンシー問題——これは水平的という意味で、ホリゾンタルなエージェンシー問題と呼ばれますが——も生じます。支配株主がみずからの権限を行使して会社に不当な損害を与え、少数株主の利益を害することにどう対応していくかという問題です。分散保有構造のもとで支配株主を想定していない米国式コーポレート・ガバナンスの枠組みではあまり論じられていなかったテーマかもしれません。

支配株主や経営陣の濫用的な行為の典型例である関連当事者間取引（related party transaction）について、どのような対応を図るべきかという問題があります。例えば、支配株主や社長が会社から金を借りることをどう考えるのか。米国を含む少なくとも10カ国では禁止されている[19]一方で、日本のように有価証券報告書の記載事項として情報開示を通じた自己規律を求めている国もあります。ただ、情報開示だけでは限界もあり、例えば社長が個人的な使途のために会社から多額の借入れを行い、実際に法定開示もなされていたにもかかわらず、アナリストや投資家によるチェック機能が働かなかったという事例が話題になったこともあり、関連当事者間取引を類型的に禁止すべきではないか、といった議論もあり得るところです。

一方で、関連当事者間取引を全て禁止すると、日本のように企業グループのもとで人間関係や資本関係が複雑に絡み合っている構造では、企業経営・経済活動が成り立たないということにもなるので、なかなか難しいという事情があります。海外に目を向けると、イギリスでは関連当事者間取引は反復継続的なルーティンのものなどを除き全て少数株主による承認決議を事前に経なければいけないとなっていますし、欧州でも、ベルギーでは、原則３名の独立取締役で構成される委員会の承認を得たうえで、外部監査人のフェアネス・オピニオンを踏まえて取締役会が決定する、といった一連の手続が会社法に定められている、といったように国ごとの歴史的経緯などを踏まえ、いろいろな対応がなされています[20]。

---

(19)　OECD (2015), *OECD Corporate Governance Factbook*, OECD Publishing.

(20)　OECD (2012), *Related Party Transactions and Minority Shareholder Rights*, OECD Publishing.

原則第３章Ａ５では株主総会への参加プロセスについて定めています。これに関して、2012年に公表されたOECDのレポート(21)では、挙手による採決方法は効果的な株主参加の妨げになる、議決権行使結果の正確な集計もできない、として批判的な評価がなされています。実際、商事法務の『株主総会白書』における採決方法の集計を見ると、日本の上場企業の99％は挙手または拍手ということで、これはほかの国々にとっては信じられない事態のようで、きちんと票を数えて、どれぐらいの割合で賛成・反対があったのかを正確に集計すべきではないかという問題意識が示されました。

面白い取組みとして、最近トルコでは、e-GEMと呼ばれるインターネット株主総会が導入されていて、株主総会で取締役が説明するのをライブビデオで中継したり、株主からの意見や質問を600文字以内のテキストで電子的に送付させて、それに対して取締役が回答して、最後にインターネットを通じて採決するという、株主が参加しやすいようなメカニズムが導入されています(22)。すべての実質株主が中央登録機関に登録されているから成り立つものかもしれませんが、旧来型の株主総会のあり方を根底から覆すメカニズムとも言えます。

### (vi)　第４章

第４章はステークホルダーの役割です。コーポレートガバナンスは、従業員など会社を取り巻く全ての利害関係者、ステークホルダーの利益を考えて議論すべき課題であるということで、1999年の原則策定当初から１章分を割いて論じられてきました（**〔図表２－９－４〕**）。

具体的には、コーポレートガバナンスの枠組みは、ステークホルダーの権利を認識するべきであり、会社とステークホルダーの積極的な協力関係を促進し、豊かさを生み出し、雇用を創出し、財務的に健全な会社の持続可能性を高めるべき、との精神のもとで原則が定められています。

ステークホルダー論の典型ともされる企業経営の意思決定に従業員が参加

---

(21)　OECD (2012), *Board Member Nomination and Election*, OECD Publishing.

(22)　OECD (2013), *Supervision and Enforcement in Corporate Governance*, OECD Publishing, p. 88.

**〔図表2－9－4〕2004年OECD原則：第4章（抜粋）**

| The Role of Stakeholders in Corporate Governance（コーポレートガバナンスにおけるステークホルダーの役割） |
|---|
| *The corporate governance framework should recognise the rights of stakeholders established by law or through mutual agreements and encourage active co-operation between corporations and stakeholders in creating wealth, jobs, and the sustainability of financially sound enterprises.* |
| E. Stakeholders, including individual employees and their representative bodies, should be able to freely communicate their concerns about illegal or unethical practices to the board and their rights should not be compromised for doing this. |
| F. The corporate governance framework should be complemented by an effective, efficient insolvency framework and by effective enforcement of creditor rights. |

するというドイツ型の共同決定制度については、短期的ではなく長期的な視野で仕事をする従業員の声が経営に届く、というメリットが指摘される一方、従業員代表は保守的で経営革新を避ける傾向にあるとか、意思決定に時間がかかり過ぎるというデメリットも指摘されています。OECD時代の個人的な印象としては、ドイツ型のモデルを積極的に真似ようという風潮はヨーロッパでは余り感じられず、長い歴史のある重装備な制度なのですが、使い勝手は必ずしも良くないのかなと思った次第です。

また、ステークホルダー論を企業はどこまで重視すべきかについては、歴史的にもいろいろな議論があって、シカゴ学派の代表格とされるミルトン・フリードマンは、企業経営者は株主のために利潤最大化することが義務で、社会貢献は義務ではないという株主至上主義のような立場でしたが[23]、2014年にノーベル経済学賞を受賞したフランスのジャン・ティロールは、そうい

---

(23) Milton Friedman, "The Social Responsibility of Business is to Increase its Profits", *The New York Times Magazine*, September 13, 1970.

う狭い視野ではなくて、従業員、地域共同体といった株主以外のステークホルダーが企業経営の質に利害を有している以上、企業はステークホルダーの関心を内部化する必要があると言っています[24]。最近は後者が議論の主流になっているようで、日本でも広田真一先生が『株主主権を超えて』という本を出版され、様々なステークホルダーの利害を取り込んでいこうということが言われています。

### ⑺　第５章

第５章の情報開示と透明性確保も、コーポレートガバナンスの重要な要素の１つになっています（**〔図表２－９－５〕**）。

原則第５章Ａは、日本では金融商品取引法における有価証券報告書や東証の適時開示などのルールでカバーされている分野ですが、企業の財務情報や報酬といった基本的な会社情報は適切な開示がなされるべきであるとされています。

また、原則第５章Ｃでは、財務情報については、独立性と高い能力・資質を有した監査人による監査を経る必要があるとされており、日本では、監査人の独立性や品質確保は公認会計士法において規律されています。

原則第５章Ｆでは、アナリスト、証券会社などのブローカー、格付会社など投資判断に影響を及ぼし得るような情報やアドバイスを提供する人たちが、重大な利益相反からフリーであるべきということを書いています。例えば、本来は投資家に客観的な情報を提供すべき立場にある格付会社が、格付対象である発行体企業から多額の手数料を受領している構造があるとすると、発行体企業にとって都合のよい格付をするインセンティブが働くように、利益相反構造を内包している可能性があるので、こうした利益相反構造に適切に対処した上で情報が使われるべきであるという問題提起もしています。

特に米国では情報開示と透明性確保の重要性が古くから浸透しており、アメリカのブランディース最高裁判事が約100年前に「日光が最良の殺虫剤である」と言っています[25]。公に晒すというパブリシティは、社会や産業の病

---

⒇ Jean Tirole（2006）, *The Theory of Corporate Finance*, Princeton University Press.
(25) Louis D. Brandeis（1914）, “Other People’s Money and How the Bankers Use It”,

〔図表2－9－5〕2004年OECD原則：第5章（抜粋）

**Disclosure and Transparency（開示及び透明性）**

*The corporate governance framework should ensure that timely and accurate disclosure is made on all material matters regarding the corporation, including the financial situation, performance, ownership, and governance of the company.*

A.4. Disclosure should include, but not be limited to, material information on: Remuneration policy for members of the board and key executives, and information about board members, including their qualifications, the selection process, other company directorships and whether they are regarded as independent by the board.

B. Information should be prepared and disclosed in accordance with high quality standards of accounting and financial and non-financial disclosure.

C. An annual audit should be conducted by an independent, competent and qualified auditor in order to provide an external and objective assurance to the board and shareholders that the financial statements fairly represent the financial position and performance of the company in all material respects.

D. External auditors should be accountable to the shareholders and owe a duty to the company to exercise due professional care in the conduct of the audit.

F. The corporate governance framework should be complemented by an effective approach that addresses and promotes the provision of analysis or advice by analysts, brokers, rating agencies and others, that is relevant to decisions by investors, free from material conflicts of interest that might compromise the integrity of their analysis or advice.

---

Frederick A. Stokes Company: New York.

弊を治癒するものとして正当な形で推奨されるということで、透明性を高めるというのが自己規律を高める上で最も重要なものであるという発想です。特に、アメリカでは、個々の行動はそんなに縛らないけれども、情報開示をきちんとさせて、虚偽開示には非常に厳しく臨むという精神が既に100年前から貫かれているということです。

役員報酬開示や、先ほど申し上げた格付会社の利益相反のあり方もありますが、これらに加えて、ヨーロッパを中心に2～3年前に議論されていたのが、議決権行使助言会社や報酬コンサルタントが抱える利益相反問題です。例えば報酬コンサルタントは、役員報酬が適切かどうかについて、役員報酬をもらう張本人から委託を受けて、第三者的な意見を出すことから、利益相反構造があるのではないかという議論がなされています。

### (viii)　第6章

最後の第6章は、取締役の責任についてです（**〔図表2-9-6〕**）。原則第6章Aでは、取締役は、会社と株主の最善の利益のために行動すべきということが書かれており、以下、取締役が果たすべき主な機能が列記されています。

日本でよく議論になる独立取締役については、原則第6章E1に記載があります。この原則は1999年に最初にOECD原則が策定されたときから全く変わっていない部分で、「取締役会は、会社の業務について客観的な独立の判断を下すことができるべき」とした上で、「取締役会は、利益相反の可能性がある場合には、独立の判断を下せる十分な数の非執行の取締役会メンバーの任命を検討すべき」としています。持って回った言い方ですが、何人以上の社外取締役や独立取締役を義務付けるべきということは言わずに、取締役会において独立の判断が確保されるようにメンバー選びをしなさいという表現にとどめています。この部分は1999年の原則策定時に相当な議論が交わされ、十分練ったうえで書かれたものということで、それから15年以上経過した今でも、この部分に手を加えようという議論にはなっておらず、グローバルで揺るぎのない規範となっています。

では、取締役会が客観的かつ独立の判断を下すことを可能とするためには、どのようなメカニズムが望ましいのか。これは各国で対応がばらばらで

〔図表2－9－6〕2004年OECD原則：第6章（抜粋）

**The Responsibilities of the Board（取締役会の責任）**

*The corporate governance framework should ensure the strategic guidance of the company, the effective monitoring of management by the board, and the board's accountability to the company and the shareholders.*

A. Board members should act on a fully informed basis, in good faith, with due diligence and care, and in the best interest of the company and the shareholders.

D.1. The board should fulfil certain key functions, including: Reviewing and guiding corporate strategy, major plans of action, risk policy, annual budgets and business plans; setting performance objectives; monitoring implementation and corporate performance; and overseeing major capital expenditures, acquisitions and divestitures.

E. The board should be able to exercise objective independent judgement on corporate affairs.

1. Boards should consider assigning a sufficient number of non-executive board members capable of exercising independent judgement to tasks where there is a potential for conflict of interest. Examples of such key responsibilities are ensuring the integrity of financial and non-financial reporting, the review of related party transactions, nomination of board members and key executives, and board remuneration.
2. When committees of the board are established, their mandate, composition and working procedures should be well defined and disclosed by the board.

す。OECDの加盟国全てについてレビューしたことがあるのですが、英米のように会社機関が一層制とされている国の中でも、過半数の独立取締役を義務づけている国（インド・イギリス）もあれば3分の1以上の国（香港・インドネシア）もあります。アメリカも監査委員会については過半数の社外取締役が義務づけられていますが、支配株主がいる場合は、その義務づけが免除ということになっています。フランスは基本的に二層制ですが、支配株主がいる場合は、社外取締役の割合が通常の過半数から３分の１に軽減されています。支配株主がいる場合は、過半数の社外取締役の選任が免除・軽減されたり、一層制の下でもCEOが取締役会議長を兼務している場合とそうでない場合とで求められる社外取締役の数が異なるなど、必ずしも一律的な対応になっていないというのは興味深い点です(26)。

## 3　金融危機の対応、その後の動き

### (1)　金融危機とコーポレートガバナンス

ここからは、2008年の金融危機以降、2015年の原則改訂に至るまでの議論の経緯をご紹介したいと思います。金融危機直後、OECDはアクションプランを策定し、それに基づき金融機関のコーポレートガバナンスのあり方を中心に議論が重ねられ、報告書が順次公表されました(27)。

報告書では、以下で見るように、金融危機の要因として、短期的な業績に連動した役員報酬体系が歪んだインセンティブ構造を生み出し、金融機関による過度のリスクテイクを助長したことや、リスク管理体制が部門ごとに分断されており、経営陣が全社的なリスク管理を怠ってきたこと、などが指摘されています。

これらの成果は、OECDが策定に参加したバーゼル銀行監督委員会の『コーポレートガバナンスを強化するための諸原則』（2010年）などにも反映されており、現在でも、金融監督当局のマニュアルの１つとして参照されています。

---

(26)　OECD（2015）, *OECD Corporate Governance Factbook*, OECD Publishing, 2015.

(27)　2008年、OECDはアクション・プランを策定し、以下の報告書を順次公表。

- OECD（2009）, *Corporate Governance Lessons from the Financial Crisis*.
- OECD（2009）, *Corporate Governance and the Financial Crisis: Key Findings and Main Message*.
- OECD（2010）, *Conclusions and emerging good practices to enhance implementation of the Principles*.

### (i)　役員報酬ガバナンス

報酬に関する交渉や決定がアームズ・レングス、すなわち誰に対しても平等に同じ手の長さの距離をとった客観的な形で行われるものではないことから、役員報酬ガバナンスはしばしば有効に機能しないという議論があります。加えて、役員は、報酬の水準と条件について過大な影響力を有しており、それを監視する立場にある株主が客観的に判断できなくなってしまっているといった指摘もあり、その背景として、先ほど触れた報酬コンサルタントが、株主のチェックが働かないよう、過度に複雑・曖昧な報酬スキームを構築して、条件と結果の関係を偽装（カモフラージュ）する懸念があることが指摘されています。このように金融機関では、株主のチェックが働かないようなスキームのもとで役員報酬をどんどんつり上げていたのではないかと問題提起しています。

### (ii)　リスク管理

リスク管理についても、従前より問題意識を持って論じられてきましたが、結局のところ肝心な時に機能しなかったのではという指摘があります。金融危機後、リスク管理の議論が盛り上がっていた頃、Financial Times誌に風刺画が掲載されていたのですが、そこでは、金融機関の旧経営陣が破産裁判所の入り口で、「多分前にも聞いたと思うけど、リスク管理って何だったっけ」と話しています。金融危機以前からリスク管理の重要性が広く言われていたにもかかわらず、OECD原則のいうところの「成果志向型」のアプローチがとられておらず、マニュアルに基づく形式対応に終始し、取締役会レベルで、リスク管理の認識がきちんと浸透していなかったというメッセージです。

OECDはこうした検証を行うとともに、**2**の冒頭で申し上げた金融システムの安定を担う金融安定理事会（FSB）などとも連携して、グローバル金融機関のガバナンスのあり方などに関する政策分析や基準設定にも参画してきました。直近では、後で触れるOECDのピア・レビューでリスク・ガバナンスを担当したこともあり、FSBからの要請を受けて、リスク・ガバナンスのレビュー[28]や実効性あるリスク・アペタイトの枠組みに関する原則[29]の策定に携わりました。また、役員報酬のあり方についても、FSBでは原則の策定を含め、重点的に議論してきました。

### ⑵　OECD原則の改訂に向けて

#### (i)　OECD原則改訂に向けた３つの取組み

OECD原則の改訂に向けた３つの取組みについて、簡単にご説明します。先ほど触れましたが、2008年以降、金融危機を契機にコーポレートガバナンスの課題について検証を行いました。その結果、これらの課題に対処するための端緒は既に原則でカバーされているので、直ちに原則を改訂する必要はないという結論を得ました。

これを受けた方針として、原則に沿って主要なテーマ別に各国の制度・運用状況を検証するピア・レビューが１つ目の柱です。コーポレートガバナンスと価値創造・経済成長の関係を今日的な視点から見直すバリュー・クリエーション・プロジェクトが２つ目の柱。３つ目の柱は、グローバルでの実態把握を精緻に行い、どういう広がりを見せているのかを捉えるというプロジェクトで、具体的には先ほどから何度か参照しているコーポレートガバナンス・ファクトブックの策定です。

まず、ピア・レビューについては、原則の主要トピックをカバーするようテーマ設定をし、半年から１年のサイクルで我々OECD職員が分担して３から５カ国程度を訪問し、実際に当局や市場関係者などからインタビューして実態把握を行い、原則改訂に向けた問題提起と併せてテーマごとにレポートを公表しました。具体的には、①取締役会の実務、②良質なコーポレートガバナンス促進のための機関投資家の役割、③関連当事者間取引と少数株主の権利、④取締役の指名・選任、⑤コーポレートガバナンスにおける監督・エンフォースメント、⑥リスク管理とコーポレートガバナンスについて、2011年から2014年にかけて順次レポートを公表していきました。

バリュー・クリエーション・プロジェクトについては、最初の３本のレ

---

(28)　Financial Stability Board（2011）, *Thematic Review on Risk Governance.*

(29)　Financial Stability Board（2013）, *Principles for an Effective Risk Appetite Framework.*

ポート[30]では、企業金融や資本市場のあり方を理論・実務の両面から今日的な視座に基づいて議論しています。例えば、アルゴリズムを用いた高速取引の増大が株式市場の価格発見機能に及ぼす影響や、2012年に公表された英国のケイ・レビューでも指摘された、パッシブなインデックス運用の増加によるエンゲージメントの低下といった議論も展開されています。

４本目のレポート[31]は、機関投資家のインセンティブを取り上げています。機関投資家といってもインセンティブ構造は様々で、企業経営にエンゲージメントしてもコストがかかるだけリターンに結び付かないという理由で、基本的にやりませんという人から、ウォーレン・バフェットのようにエンゲージメントがビジネスモデルの中心になっているような人までいます。そういった中で、機関投資家に一律なルールをかけても意味がないという議論をしています。

５本目のレポート[32]は、社債権者の役割に関するもので、社債約款におけるコベナンツの特性を検証したうえで、社債権者もコーポレートガバナンスに一定の役割を果たせるのではないかという議論を展開しています。

**〔図表２-10〕**がコーポレートガバナンス・ファクトブックです。OECD加盟国34カ国にＧ20の主要加盟国を加えた43カ国について、取締役会の基本構造、独立性の要件、関連当事者間取引規制、株主の権利などに関わる会社法の主要論点に関する各国の取り組みをまとめています。また、機関投資家の責任と役割、公開買付け規制などの証券分野もカバーしています。このような各国制度を全て網羅したうえで、原則の改訂の議論のバックボーンを提供するという役割を果たしています。

---

(30)　OECD (2012), *Corporate Governance, Value Creation and Growth: The Bridge between Finance and Enterprise*, OECD Publishing ; Weild, Kim and Newport (2013), "Making Stock Markets Work to Support Economic Growth", *OECD Corporate Governance Working Papers, No.10*, OECD Publishing ; Isaksson and Çelik (2013), "Who Cares? Corporate Governance in Today's Equity Markets", *OECD Corporate Governance Working Papers, No.8*, OECD Publishing.

(31)　Çelik and Isaksson (2013), "Institutional Investors as Owners: Who are they and what do they do?", *OECD Corporate Governance Working Papers, No.11*, OECD Publishing.

(32)　Çelik, Demirtas and Isaksson (2015), "Corporate Bonds, Bondholders and Corporate Governance", *OECD Corporate Governance Working Papers, No.16*, OECD Publishing.

**〔図表２-10〕OECDコーポレートガバナンス・ファクトブック**

43カ国のコーポレートガバナンスに関する制度についてのレビュー

➢上場企業の支配構造

➢コーポレートガバナンスの枠組み
（規制の枠組み、クロスボーダーでの規制適用、主な規制当局等）

➢株主の権利・主要な持分機能
（株主総会実務、関連当事者間取引、公開買付規制、機関投資家の役割と責任）

➢取締役会
（取締役会の基本構造・独立性、委員会、取締役の指名・選任、役員報酬）

### (ii)　コーポレートガバナンスを取り巻く環境の変化

次に、OECD原則の改訂に際して認識しておくべき環境変化をいくつか紹介します。

１つ目として、エージェンシー問題への対応です。先ほど触れましたように、英米の分散保有構造を前提とした、少数株主と経営陣との間の従来型の垂直的エージェンシー問題のみならず、少数株主と支配株主との間の水平的エージェンシー問題についても考える必要があるのではないかという議論です。

また、分散保有構造とされている米国についても、ブロックホルダーの範囲をどう設定するか次第で見方が変わるという分析もあります(33)。

その背景には、上場企業の支配構造の変化があります（**〔図表２-11〕**）。先ほど触れたファクトブックに掲載した図表で最近のIMFの国際金融安定性報告書(34)でも引用されていたものですが、原則を最初に策定した2000年頃、支配株主が存在する企業の割合は時価総額ベースで22％だったのが、2010年頃には44％になっており、支配株主の存在を前提とした課題もコーポレートガバナンスの問題として考えなければいけないというのが１つ目の変化です。

---

(33)　C. G. Holderness (2010), "Blockholders Are More Common in the United States Than You Might Think", *Journal of Applied Corporate Finance*, Vol. 22, no. 4.

(34)　IMF Global Financial Stability Report (2016/10).

**〔図表２-11〕上場企業の支配構造の変化**

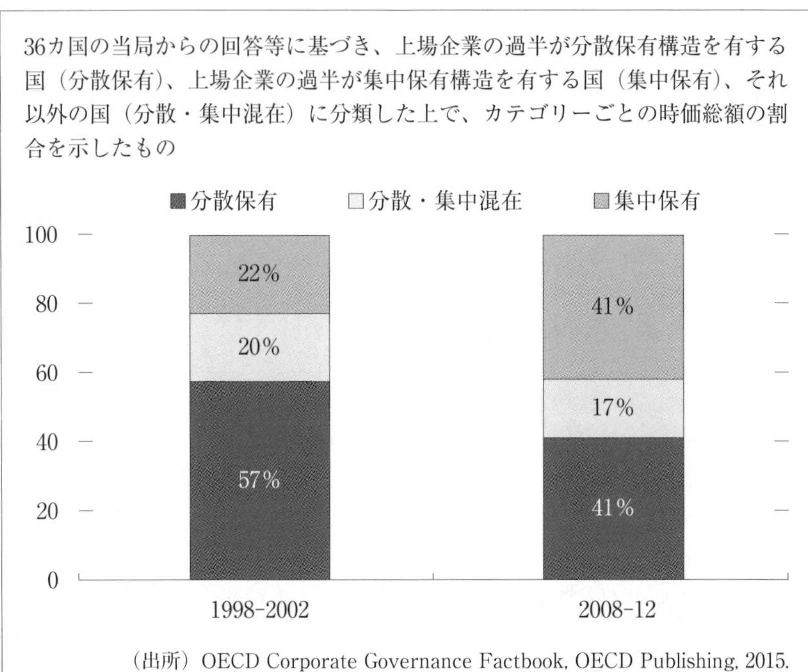


（出所）OECD Corporate Governance Factbook, OECD Publishing, 2015.

２つ目の変化は、2000年以降顕著に見られる、上場投資信託（ETF）などを通じたインデックス運用の増加です。この構造的な変化をどのように見るのかという議論があります。**〔図表２-12〕**は、2016年９月の金融審議会市場ワーキング・グループでもご議論いただいた論点ですが、インデックス運用が市場取引全体に対して過度な割合を占めることになった場合には、個々の銘柄について、その企業の中長期的な価値に基づく株価形成がなされず、ひいては、個々の企業の将来性に基づく株価を総合したものであるはずのインデックスの意義が薄れ、インデックス運用自体の合理性も失われかねないという議論があります。米国の市場関係者からは、「尻尾が犬を振り回している」と言われています(35)。

３つ目の変化は、HFT（High Frequency Trading）と呼ばれるアルゴリズムを用いた高速取引の影響力の増大です（**〔図表２-13〕**）。日本では、高速取引を行う投資家が利用するコロケーション・エリアからの取引の割合が、2010年には注文・約定ともに１割程度でしたが、今では注文の７割、約定の４割を占めています。欧米でも、約定の４割から５割がHFTと言われています。こうした取引をする投資家は、企業の将来性ではなく、マーケットの注文板の状況や為替の動向などをアルゴリズムで分析して注文を出していると言われています。こうした高速取引の増大が、価格形成や他の投資家の投資判断にどのような影響を及ぼし得るのかについて、OECDのバリュー・クリエーション・プロジェクトにおいても問題提起を行いました。

OECDのレポート(36)の内容は、2016年５月の金融審議会市場ワーキンググループ資料でも紹介されていますが（**〔図表２-14〕**）、HFTの戦略の多くは超短期的であり、それがアルゴリズムによる高速・高頻度の取引と相まって短期的にファンダメンタルズから乖離した株価の動きをもたらし、価格発見プロセスを阻害している可能性があるのではないかと指摘しています。コロンビア大学のスティグリッツ教授も、企業価値を分析して投資判断を行う者――つまりコストをかけて企業分析を行い、その結果を価格に織り込むという情報生産活動を行う投資家――が、みずからの分析の成果をHFTに盗み取られてしまうことを懸念して取引所から逃げてしまうと、市場の価格発見機能の低下につながるのではないか、企業価値を分析することなく取引パターンから情報を抽出できるようなアルゴリズムを開発すれば、高い収益を上げることはできるだろうが、それは他者の収益を犠牲にして得られるものであり、社会全体の効用にとってマイナスであるという見方を示されています(37)。

４つ目の変化は、最終受益者と投資先企業をつなぐインベストメント

---

(35) Wall Street Journal, "ETFs Seen Moving Market as 'Tail Wags the Dog'", October 3, 2012.

(36) Isaksson and Çelik (2013), "Who Cares? Corporate Governance in Today's Equity Markets", *OECD Corporate Governance Working Papers, No.8*, OECD Publishing.

(37) Joseph E. Stiglitz, "Tapping the Brakes: Are Less Active Markets Safer and Better for the Economy?", Presented at the Federal Reserve Bank of Atlanta 2014 Financial Markets Conference.

〔図表２-12〕インデックス運用に関する論点

□インデックス運用は、運用コストが低いことが特徴だが、これは一般に投資対象の企業価値分析やその分析に基づいた投資判断が行われず、銘柄入替えも頻繁には行われないことが背景であり、その売買は個々の企業の中長期的な価値に直接基づくものではないといった面がある。

□このようなインデックス運用の増加は、企業の中長期的な価値に基づく株価形成を阻害し、市場にゆがみをもたらしうるのではないかとの指摘があるが、どのように考えるか。

□インデックス運用が市場取引全体に対して過度な割合を占めた場合、個々の銘柄について、その企業の中長期的な価値に基づく株価が形成されず、ひいては、インデックス運用自体の合理性も失われかねない、との点についてどのように考えるか。

（出所）金融審議会市場ワーキング・グループ事務局説明資料（2016年９月21日）

〔図表２-13〕東証の全取引に占めるコロケーションエリアからの取引の割合

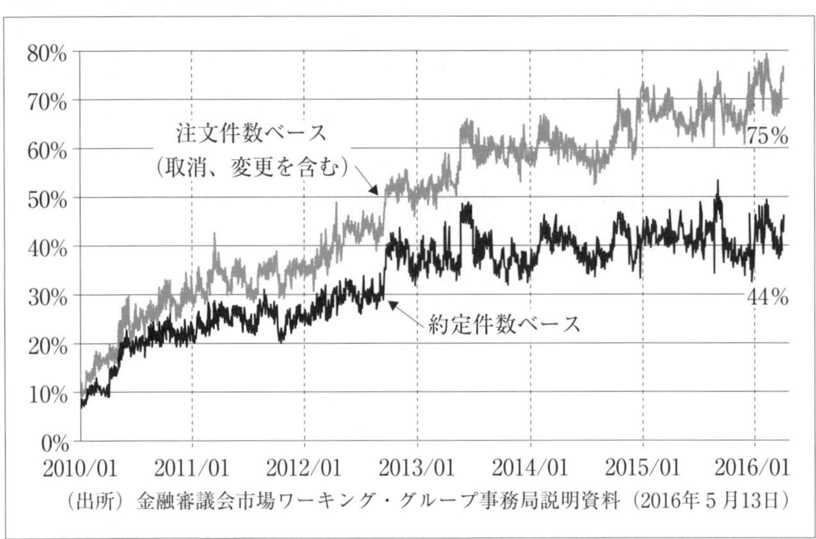


（出所）金融審議会市場ワーキング・グループ事務局説明資料（2016年５月13日）

〔図表２-14〕高速取引に関する論点

□アルゴリズムを用いた高速な取引のシェアが過半を占める株式市場では、中長期的な企業の収益性に着眼した価格形成が阻害されるということがないか。

- 個々の投資家は、開示された企業情報や株価といった関連情報と自らが保有する独自の情報とを比較することにより投資判断を行う。
- 個々の投資家が有する様々な期待と市場での価格情報が比較されることを通じて、市場価格は新たな均衡に至り、このような価格発見プロセスは株式資本の最適分配における中心的な役割を担うものと考えられる。
- しかしながら、HFTの戦略の多くは超短期的であり、それがアルゴリズムによる高速・高頻度な取引とあいまって短期的にファンダメンタルズから乖離した株価の動きをもたらし、価格発見プロセスを阻害している可能性。〈OECD〉
- 企業価値を分析して投資判断を行う者が、自らの分析の成果をHFTに盗み取られてしまうことを懸念して、取引所から逃げてしまうと、市場の価格発見機能の低下につながるのではないか。企業価値を分析することなく取引パターンから情報を抽出できるようなアルゴリズムを開発すれば、高い収益を上げることはできるだろうが、それは他者の収益を犠牲にして得られるものである。

〈スティグリッツ・米コロンビア大教授〉

（出所）金融審議会市場ワーキング・グループ事務局説明資料（2016年５月13日）

チェーンが長く複雑化しているという話です。インベストメントチェーンの中で、最終受益者の資金を預かって運用などを行う機関投資家にも様々な類型があり、年金基金、保険会社、投資信託、ヘッジファンド、ソブリン・ウエルス・ファンド、プライベート・エクイティ・ファンドなど、様々な主体が様々なインセンティブを持ちながら動いており、機関投資家に期待される役割や機能といっても一概には言えません。この点については、OECD[38]やIMF[39]でもレポートが出されており、このような機関投資家のインセンティ

(38) Çelik and Isaksson (2015), "Institutional Investors as Owners: Who are they and what do they do?", *OECD Corporate Governance Working Papers, No.11*, OECD Publishing.

(39) Papaioannous, Park, Pihlman, and Han van der Hoorn (2013), "Procyclical Behavior

ブ構造を念頭に置いた上で、エンゲージメントのあり方を考えるべきだという議論が展開されています。

このように様々なインセンティブをもった多くの主体が複雑に絡み合っているインベストメントチェーンの中で、誰がどのようなコストを払っているのかという全体像は必ずしも明らかではないという問題も指摘されています。特に金融危機以降、企業の業績、投資リターンがともに低迷する中、インベストメントチェーンの中にいるコンサルタントや仲介業者などだけが右肩上がりで収益を伸ばしていたとの指摘もあり、なぜそうした状況になったのかという疑問も呈されています。インベストメントチェーンのどこにどれだけのコストがかかっているのか、複雑で誰もわからないという状況が発生しており、アメリカの大手年金基金カルパースのように、コスト構造が合理的に把握できない運用会社やヘッジファンドへの委託を減らし、自主運用を増やすという動きも出ています。

## 4　2015年G20／OECD原則

OECDでは、以上のような環境変化について、ピア・レビューやバリュー・クリエーション・プロジェクトのもとで分析を進め、順次レポートを公表しながら、原則改訂に向けた論点整理を進めてきました。これらを踏まえ、原則の改訂作業が進められ、2015年11月、OECD加盟国のみならず、中国、ロシア、インド等を含むG20加盟国からの賛同も得て、トルコのアンタルヤ・サミットでG20／OECD原則として承認されました。

改訂の主なポイントですが、章立てがもともと第2章と第3章の2つの章に分かれていた株主の権利に関する事項を第2章に統合し、近年の環境変化に対応すべく、新たに機関投資家、株式市場その他の仲介者に関する事項を第3章として整理しています。以下では、主な改訂箇所について見ていきたいと思います。

---

of Institutional Investors During the Recent Financial Crisis: Causes, Impacts, and Challenges", *IMF Working Paper 13/193*.

### (i)　原則第１章Ｄ：株式市場の役割

第１章の「有効なコーポレートガバナンスの枠組みの基礎の確保」では、株式市場の規制は実効的なコーポレートガバナンスを支えるためのものであるべき、という原則が新設されています（**〔図表２-15-１〕**）。

その背景として、OECD加盟国ほか主要40カ国のうち、取引所がコーポレートガバナンス・コードの設定主体となっている国が日本を含めて13カ国あり、取引所がコーポレートガバナンスの質に大きな影響を及ぼすようになってきていることが挙げられます。一方で、取引所の株式会社化が進んでおり、世界の主要な42の取引所のうち、東証を含めて26の取引所が自市場に上場しています[(40)]。このように、取引所は民間企業として、ある程度短期的な収益も考えながら業務運営しなければいけない立場もあるということを認識したうえで、コーポレートガバナンスの品質確保の役割とどのように両立を果たしていくべきなのか。ここの原則では具体的な方策は示していませんが、注釈では、取引所のビジネスモデルが、求められる役割・機能を適切に遂行していくためのインセンティブや能力にどのような影響を及ぼすかについて、分析が求められている、という形で問題提起がなされています。

### (ii)　原則第３章Ｆ：外国上場・重複上場における基準等の適用

１つの企業が複数の国の取引所に上場する、いわゆる重複上場に関する論点です。2004年の原則第１章Ｄでは、各国のコーポレートガバナンス慣行に影響を与える法律や規制は執行可能なものでなければならない、とあくまで国単位での要請となっていました。他方、単一の企業が複数の国の取引所に上場する重複上場の場合には、複数の国のコーポレートガバナンスの規制が重複してかかってしまう可能性があるので、それを調整しなければいけないという議論がありました。ファクトブックの策定時に調査した結果、全世界の上場企業のうち約1,800社が２カ国以上の取引所に上場していて、最大では８カ国の取引所に上場している企業もありました。こうした企業が、複数の国の会社法、証券取引法、コーポレートガバナンスの規範を守るのにどの

---

(40)　OECD（2015）, *OECD Corporate Governance Factbook*, OECD Publishing.

**〔図表２-15-１〕原則第１章Ｄ：株式市場の役割**

I.D. Stock market regulation should support effective corporate governance.（株式市場の規制は、実効的なコーポレートガバナンスを支えるものであるべきである。）

**【注釈】**

- 株式市場は、上場する会社における実効的なコーポレートガバナンスを促進するような要件を確立・実施することを通じて、コーポレートガバナンスの強化に有意義な役割を果たすことができる。
- 株式市場は、投資家が必要に応じて会社の証券を売買できるようにすることで、投資家が特定の会社のガバナンスに対する関心あるいは無関心を表明することを可能とする機能を提供している。
- 会社の上場基準を確立するとともに、そこで行われる売買を律する株式市場のルール・規制の質は、コーポレートガバナンスの枠組みの重要な要素である。
- 伝統的に「証券取引所」と呼ばれていたものは、今日では様々な形態をとっている。ほとんどの大規模な証券取引所は、いまでは、利益最大化を目指す、株式が公開された株式会社となっており、他の利益最大化を目指す証券取引所や取引施設と競争しながら経営されている。
- 政策立案者や規制当局は、株式市場の特定の構造にとらわれることなく、コーポレートガバナンスに関するルールの基準設定、監督及び執行といった観点から、証券取引所及び取引施設の適切な役割を評価するべきである。
- その際、証券取引所の特定のビジネスモデルが、これらの機能を遂行するインセンティブや能力にどのような影響を及ぼすかについて分析することが求められる。

ような対応が必要かについて、問題提起を行うべく、原則第３章Ｆを新設しています（**〔図表２-15-２〕**）。また、これとあわせて、先ほどの原則第１章Ｂについても、重複上場の可能性を念頭に「各国の」という文言は削除しています。

### (iii)　原則第２章Ｃ４：セイ・オン・ペイ

株主の権利を定める第２章の主要な改訂ポイントの１つ目として、役員報

**〔図表２-15-２〕原則第３章Ｆ：外国上場・重複上場における基準等の適用**

Ⅲ.F. For companies who are listed in a jurisdiction other than their jurisdiction of incorporation, the applicable corporate governance laws and regulations should be clearly disclosed. In the case of cross listings, the criteria and procedure for recognising the listing requirements of the primary listing should be transparent and documented.
（設立国以外の国・地域で上場している会社は、適用されるコーポレートガバナンスに関する法律や規則について、明確に開示するべきである。重複上場の場合には、主市場の上場要件を認識する基準及び手続が、透明であり、文書化されているべきである。）

酬の決定に関する株主の関与、すなわちセイ・オン・ペイについても改訂がなされています（**〔図表２-15-３〕**）。2004年原則第２章Ｃ３の注釈では、役員報酬は会社と役員との間の契約であり、これについて株主総会による承認はなじまない、との前提を置いたうえで、勧告的投票（advisory vote）といった形で株主の意見を示す方法の確保は必要との考え方が示されていました。役員報酬については、金融危機後、FSBも含めガバナンス上の重要課題の１つとして認識され、より厳格に株主の関与を求める必要性が米国を含め広く認識されるようになり、今般の改訂では、役員報酬について拘束的決議が明示的に含まれる形で、株主が株主総会における議決権行使等を通じて意見表明を行うことの重要性が示されています。

### ⒤ 原則第２章Ｆ：関連当事者間取引

株主の権利に関する２つ目の主な改訂事項は、関連当事者間取引です（**〔図表２-15-４〕**）。第３回ピア・レビューのテーマとして重点的に検証を行った結果[41]を踏まえ、関連当事者間取引については、利益相反の適切な管理を保証し、会社およびその株主の利益を保護するやり方で、承認・実行されるべ

⑷1 OECD (2012), *Related Party Transactions and Minority Shareholder Rights*, OECD Publishing.

〔図表２-15-３〕原則第２章Ｃ４：セイ・オン・ペイ

Ⅱ.C.4. Effective shareholder participation in key corporate governance decisions, such as the nomination and election of board members, should be facilitated. Shareholders should be able to make their views known, including through votes at shareholder meetings, on the remuneration of board members and/or key executives, as applicable.

（取締役の指名や選出のようなコーポレートガバナンスに係る主要な意思決定に株主が有効に参加することが促進されるべきである。株主は、取締役あるいは幹部経営陣の報酬について制度上可能な場合には、株主総会における議決権行使等を通じて自身の見解を周知することができるべきである。）

〔図表２-15-４〕原則第２章Ｆ：関連当事者間取引

Ⅱ.F. Related-party transactions should be approved and conducted in a manner that ensures proper management of conflict of interest and protects the interest of the company and its shareholders.

（関連当事者間取引は、利益相反の適切な管理を保証し、会社及びその株主の利益を保護するやり方で、承認・実行されるべきである。）

1. Conflicts of interest inherent in related-party transactions should be addressed.

（関連当事者間取引に固有の利益相反は対処されるべきである。）

【注釈】

ひとたび関連当事者間取引が確認されると、その負の可能性を最小化するやり方で、それらを承認する手続が定められる。ほとんどの国・地域では、しばしば独立性を有する取締役に顕著な役割を付与した形での取締役会による承認や、当該取引が会社にとって利益となることを取締役会が正当化することを義務付けることに、大きな重点が置かれている。また、株主にも、利害関係を有する株主は除き、一定の取引の承認について意見を述べる機会を与えられることがある。

きとされました。具体的な方法については各国に委ねられており、一定の関連当事者間取引の禁止、情報開示、承認やその前提となるレビューに際しての第三者の関与、独立取締役で構成される取締役会による承認、支配株主などの利害関係を有する株主を排除した形での株主の承認というように、利益相反の管理にはいろいろなオプションはありますが、これらをうまく組み合わせて適切に対処されるべきということが書かれています。

### ⑸　原則第３章前文：機関投資家、株式市場その他の仲介者

第３章の新設は今回の改訂の目玉となるもので、その前文も新たに書き下ろされています。具体的には、コーポレートガバナンスの枠組みは、インベストメントチェーン全体を通じて、各参加者に健全なインセンティブがもたらすものであるべきということが述べてられています（**〔図表２-15-５〕**）。

インベストメントチェーンが長く複雑になる中で、最終受益者と会社との間に数多くの仲介業者が存在するため、このような業者のインセンティブ構造を分析したうえで、コーポレートガバナンス上の機能や役割を考える必要があります。機関投資家や運用会社の中では、ビジネスモデルに積極的な企業とのエンゲージメントが含まれない人たちや、エンゲージメントにコストや資源を投入する動機づけを持たない人たちもいます。ルールで強制されればやるけれども、そこにコストをかける経済合理性が見出せないようなビジネスモデルを持っている機関投資家もいるので、みんなが最大限のコストをかけてエンゲージメントをやるべきだと言っても、形式主義的な（box-ticking）対応を招き、実効性を欠いてしまうとの指摘がなされています。

他方で、機関投資家によるエンゲージメントを規律したり動機づけをする１つのアプローチとして、スチュワードシップ・コードを採用し、機関投資家に任意での署名を促すという方法が先進的な取組みとして言及されています。これは日本と英国の動きを意識して書かれたものです。

### ⑹　原則第３章Ｄ：議決権行使助言会社等の利益相反

インベストメントチェーン全体に関わる論点としては、利益相反の話があります。原則第３章Ｄでは、先ほど触れた議決権行使助言会社や報酬アナリ

**〔図表２-15-５〕原則第３章前文：機関投資家、株式市場その他の仲介者（抜粋）**

*The corporate governance framework should provide sound incentives throughout the investment chain and provide for stock markets to function in a way that contributes to good corporate governance.*
（コーポレートガバナンスの枠組みは、投資の連鎖全体を通じて健全なインセンティブをもたらし、良いコーポレートガバナンスに貢献するような形で株式市場が機能することを支援するものであるべきである。）

(......) In reality, the investment chain is often long and complex, with numerous intermediaries that stand between the ultimate beneficiary and the company. The presence of intermediaries acting as independent decision makers influences the incentives and the ability to engage in corporate governance.
（現実には、投資の連鎖（investment chain）は、長く複雑になり、最終受益者と会社との間には数多くの仲介業者が存在することがしばしばである。独立した意思決定主体として行動する仲介業者が存在することは、コーポレートガバナンスに携わるインセンティブや能力に影響を及ぼす。）

(......) The ability and interest of institutional investors and asset managers to engage in corporate governance varies widely. (......) If shareholder engagement is not part of the institution's business model and investment strategy, mandatory requirements to engage, for example through voting, may be ineffective and lead to a box-ticking approach.
（機関投資家及び資産運用者のコーポレートガバナンスに関与する能力及び利益は多様である。（……）株主エンゲージメントが機関投資家のビジネスモデルや投資戦略の一部ではない場合には、例えば議決権行使といったエンゲージメントを義務付けることは実効性を欠き、形式主義的な対応（box-ticking approach）を招くおそれがある。）

(......) Voting at shareholder meetings is, however, only one channel for shareholder engagement. Direct contact and dialogue with the board and management, represent other forms of shareholder engagement that are frequently used. In recent years, some countries have begun to consider adoption of codes on shareholder engagement ("stewardship codes") that institutional investors are invited to sign up to on a voluntary basis.

（しかしながら、株主総会における議決権行使は、株主エンゲージメントの１つの手段にすぎない。取締役会及び経営陣との直接の接触及び対話は、議決権行使以外の株主エンゲージメントとしてよく用いられる形態である。近年、いくつかの国は、機関投資家に任意での署名を促す、株主エンゲージメントに関するコード（「スチュワードシップ・コード」）の採用を検討し始めている。）

〔図表２-15-６〕原則第３章Ｄ：議決権行使助言会社等の利益相反

Ⅲ.D. The corporate governance framework should require that proxy advisors, analysts, brokers, rating agencies and others that provide analysis or advice relevant to decisions by investors, disclose and minimise conflicts of interest that might compromise the integrity of their analysis or advice.

（コーポレートガバナンスの枠組みは、投資家の意思決定に関連する分析や助言を提供する議決権行使助言会社、アナリスト、仲介業者、格付会社等に対して、その分析や助言の完全性を損ない得る利益相反を開示・最小化することを求めるべきである。）

【注釈】

- 機関投資家に対して議決権行使に関する推奨を提供したり、議決権行使の過程で役立つサービスを販売したりする議決権行使助言会社は、直接的なコーポレート・ガバナンスの観点からは、最も関連性が強いものである。場合によっては、議決権行使助言会社は、会社に対してコーポレートガバナンスに関連したコンサルティングを提供することもある。
- （中略）アナリスト、仲介業者や格付会社も同様の役割を果たし、同様の潜在的な利益相反に直面する。

ストなどが潜在的な利益相反の問題を抱えていることを前提に、それへの対応の必要性が記されています（〔図表２-15-６〕）。

### ⅶ　原則第３章Ｃ：仲介サービスの手数料構造の明確化

利益相反の関係で問題になるのが、手数料の話です。インベストメントチェーンが長く複雑になり、誰がどのようにして儲けているのかよくわから

〔図表２-15-７〕原則第３章Ｃ：仲介サービスの手数料構造の明確化

> Ⅲ.C. Institutional investors acting in a fiduciary capacity should disclose how they manage material conflicts of interest that may affect the exercise of key ownership rights regarding their investments.
> （受託者としての機能を果たす機関投資家は、その投資に関して生じる主要な持分権の行使に影響を及ぼしかねない、重要な利益相反をいかに管理しているかを開示するべきである。）

【注釈】
- 仲介的所有者が議決権や主要な持分機能を行使するインセンティブは、一定の状況下では、直接の所有者のインセンティブとは異なる可能性がある。こうした相異は、商業的に健全なものである場合もあるが、受託者機関がその他の金融機関、特に包括的な（integrated）金融グループ、の子会社や関連会社であったりする場合に特に深刻な問題になる利益相反から生じる場合もある。こうした利益相反が、例えば投資対象会社の基金を管理・運営するといった取極めがある場合等、重要なビジネス関係から生じる場合には、それは特定され開示されるべきである。
- 資産運用その他の仲介的サービスの手数料構造は、分かりやすいもの（transparent）とするべきである。

ない状況になっていることが指摘されています。このような問題意識を背景に、原則第３章Ｃの注釈では、資産運用その他の仲介的サービスの手数料構造は、透明性を持ったわかりやすいものとすべき、との記載を加えています（〔図表２-15-７〕）。

#### ⅷ　原則第３章Ｇ：株式市場の価格発見機能

原則第３章Ｇは、バリュークリエーション・プロジェクトの成果の集大成とも言うべきもので、株式市場は、実効的なコーポレートガバナンスの促進に資する手段となる、公正かつ効率的な価格発見機能を提供すべきというメッセージを出しています（〔図表２-15-８〕）。高速取引やインデックス運用が広まる中で、株式市場における価格発見機能をどのように考えるべきか、特に公正かつ効率的な価格形成を含む市場情報の質や、こうした市場情報へ

**〔図表２-15-８〕原則第３章Ｇ：株式市場の価格発見機能**

> Ⅲ.G. Stock markets should provide fair and efficient price discovery as a means to help promote effective corporate governance.
> (株式市場は、実効的なコーポレートガバナンスの促進に資する手段となる、公正かつ効率的な価格発見を提供するべきである。)

**【注釈】**

- 実効的なコーポレートガバナンスというためには、株主が、市場関連情報と会社の将来見通しや業績に関する会社情報とを比較することにより、会社への投資を監視し、評価することができるべきである。
- 株主が有利であると信じる場合には、会社の行動に影響を与えるために自らの意見を活用すること、株式を売却すること（若しくは追加的な株式を購入すること）、又はポートフォリオにおける当該会社の株式を再評価することの、いずれも行うことができる。
- したがって、株主の投資に関する公正かつ効率的な価格形成を含む市場情報の質と当該情報へのアクセスは、株主が権利行使を行う上で重要である。

のアクセスは、株主が権利行使を行ううえで重要であり、コーポレートガバナンスの観点からも重要な課題であるという問題意識が示されています。

### ⒤ 原則第６章Ｃ：取締役会による租税回避の抑制監視

最近話題になっている国際的な租税回避行動に対して、取締役会の監視を求める観点から、原則第６章Ｃの注釈が改訂されています。租税回避の問題に取り組むOECD租税委員会からの要請も受けて、コーポレートガバナンス原則においても、経営陣が積極的に租税回避を追求しないよう、明らかな法令違反行為はもちろんのこと、策を弄して租税回避に躍起になるような行動は、会社全体としての利益につながらないので、取締役会がきちんと監視すべきであるというメッセージが盛り込まれています（**〔図表２-15-９〕**）。

### ⒳ 原則第６章Ｄ７：リスク管理

リスク管理については、ピア・レビューのテーマとして取り上げられ、ま

〔図表２-15-９〕原則第６章Ｃ：取締役会による租税回避の抑制監視

> Ⅵ.C. The board should apply high ethical standards. It should take into account the interests of stakeholders.
> (取締役会は、高い倫理基準を適用するべきである。取締役会は、ステークホルダーの利益を考慮に入れるべきである。)

【注釈】

各国・地域では、経営陣がとり得る財務及び税務計画上の戦略について、取締役会が監視することがますます求められつつあり、これにより、例えば積極的な租税回避の追求等、会社及び株主の長期的な利益につながらず、法的あるいは評判上のリスクを生じさせ得る慣行を抑えている。

〔図表２-15-10〕原則第６章Ｄ７：リスク管理

> Ⅵ.D. The board should fulfil certain key functions, including：
> 7. Ensuring the integrity of the corporation's accounting and financial reporting systems, including the independent audit, and that appropriate systems of control are in place, in particular, systems for risk management, financial and operational control, and compliance with the law and relevant standards.
> (取締役会は、以下を含む、一定の重要な機能を果たすべき：独立の監査を含め、会社の会計・財務報告体制の完全性を確保するとともに、適切な管理体制、特に、リスク管理、財務・経営管理、法律や関連する基準の遵守のための体制が整っていることを確保すること)

【注釈】

金融機関に限らず、大きな又は複雑な（財務面又は非財務面の）リスクを抱えている会社は、リスク管理に関して、取締役会に対する直接の報告を含めた同様の報告体制を導入することを検討するべきである。

たその報告書を受けて策定されたFSBのリスク・ガバナンスに関するレビュー報告書でも、リスク管理部門から取締役会に対する直接的な報告制度の導入の重要性が認識されていました。これを受けて、原則第６章Ｄ７の注釈では、リスク管理に関する取締役会に対する直接の報告体制の導入が盛り込まれています（**〔図表２-15-10〕**）。金融危機の反省を踏まえて、取締役会が、リスク管理をプロに任せっぱなし、リスク管理部門に丸投げはだめということで、取締役会に対する直接のレポーティング体制を設けて、取締役会自身が適切に情報を収集して監視していくことが大切だとされ、取締役はもはやリスク管理は専門的で難しいのでわかりませんとは言えなくなっているということです。

## 5　最後に

本日は、主に上場企業を対象としたOECDのコーポレートガバナンス原則を中心に、2015年の改訂部分にも少し触れる形でお話しましたが、私が所属していたコーポレートガバナンス担当部署では、原則の改訂作業だけでなく、バリュークリエーションやファクトブックなど、原則を側面から支える様々なプロジェクトが複層的に進められており、これらの多くは今でも継続されています。

このほか、特に中国などを意識して議論されているのが、国営企業のガバナンスです。これについても、ガバナンスに関するガイドラインが2005年に策定されており、本日ご説明した原則改訂と同時並行で改訂作業が進められ、2015年に公表されています。また、国営企業と民間企業のlevel playing fieldが確保されるような環境整備も課題であり、競争中立性についてもコーポレートガバナンスの一環として議論されています。

また、企業不正防止の観点からガバナンスを捉えなおす、トラスト・アンド・ビジネスというプロジェクトも立ち上がり、2015年に報告書が取りまとめられています。

以上簡単ですが、OECDでは、様々な観点から拡がりを持ってコーポレートガバナンスの議論が今も進められているということをご紹介して、終わりたいと思います。

**〔質疑応答〕**

**（質問）** OECD原則の性格について、One-size fits allではなく、加盟各国の政府が、自国に合わせてルール化していくというお話の後に、国内事情を言いわけとして使うことは許されないともおっしゃっていたのですが、それは、OECD原則の名宛人は政府当局で、コンプライ・オア・エクスプレインのような形で、政府当局がアカウンタビリティを負うということなのでしょうか。

**（回答）** まさにおっしゃるとおりで、OECD原則の直接の名宛人は政府当局で、それぞれの原則にどのように対応していくかということについては、政府当局がアカウンタビリティを負います。

その上で、OECD原則の書きぶりを見ると、かなり規範的に書かれている部分から、ベストプラクティスとして、いくつかの国ではこういうよい取り組みがなされているといった記述まで――スチュワードシップ・コードに関する記述などはそうですが――、グラデーションのある書き方になっています。

規範的な部分は、OECDの加盟国34カ国の閣僚が合意した文書なので、遵守することが大前提となっています。一方、各国の個別の事情、例えば労働法に抵触するなど、趣旨としては合意できるものの、技術的にそのまま遵守することが困難な場合もあり、そうしたものについては、OECDのコーポレートガバナンス委員会において合理的な説明がなされ、加盟国間で納得が得られれば、規範的な表現ではなくより実現可能な表現に改められるといったプロセスが踏まれることになります。ある意味、コンプライ・オア・エクスプレインのアプローチをOECDのコーポレートガバナンス委員会が当局に対して求めていると言えるのかなと思います。

# 第2編

# コーポレートガバナンスと企業の持続的成長

# 第１章　企業の「稼ぐ力」向上につながる実践的コーポレートガバナンス

経営共創基盤　冨山　和彦

## 1　なぜコーポレートガバナンスが大事か

皆さん、こんばんは。僕は、どちらかというとインターアクティブに、ソクラテス・メソッドで講義を進めます。前置きの話をしておくと、「コーポレートガバナンス」という言葉は、日本語にするとよくわからない言葉です。ガバナンスというのは何だろうかと。例えば、「どこそこの組織はガバナンスがないんじゃないか」など、割とふわっとした意味合いで使われていて、あえて訳すとすれば「統治」という言葉を当てます。「治める」という意味ですね。

そうやって言葉を当ててみても、何のことを議論しているのか、実はよくわかりません。どういうときに「ガバナンスが効いていない」とか「働いていない」という形容詞を使うかというと、誰がどこで物を決めているのかわからないとか、とんでもない意思決定をしてしまうとか、結局、誰が責任者なのかわからないまま、誰も責任をとらないとか、要は組織というものがちゃんと機能していないような状況を総称して「ガバナンスが効いていない」といいます。

別に会社に特有の問題ではなくて、もともとガバナンスというのは政治の言葉から来ているので、無政府状態で政府が機能していないときも「ガバナンスがおかしい」ということになります。あるいは大学でもやはり「ガバナンス」の問題があるんですね。コーポレートガバナンスということは、すなわち株式会社のガバナンスの問題だと思ってください。とりわけ制度的な議論として割とシビアにガバナンスの議論がされるのは上場企業の場合です。

では、皆さんに聞きますが、「ガバナンス」って何のためにあるのでしょう。なぜ大事なのでしょう。例えば、国の場合は政治ですよね。全国民にかかわる問題なので、それがちゃんと機能しないと国が瓦解して無政府になってしまい、いろいろな人が死んでしまったり、とんでもないことが起きてしまったりするわけです。企業というのは、しょせん私企業、「私」のものですよね。だから、一応会社法というルールはあるけれども、みんなが勝手に会社をつくって、守っていればいいのではないかと。みなさん私的自治という言葉を習っていますよね。私的自治に任せておいて、つぶれるのなら勝手につぶれればいいじゃないかと。

そこになぜ政策的に、例えば金融庁などが関わって、ガバナンスをちゃんとしろと言ったり、日本再興戦略――今の安倍政権の政策――の中核の１つになったりしているように、政府が介入までして、このガバナンスの問題に取り組まなければいけないのでしょうか。これでは、ある意味で公法の世界に入ってきてしまうわけです。例えば、コーポレートガバナンス・コードは、公法でも私法でもなく、「ソフトロー」という、ちょうど中間領域的なものなのですが、金融庁と東証が一緒につくっているので、ちょっと公法っぽい、あるいは業法っぽいにおいがするわけです。なぜなのでしょう。

**（学生）**　企業は社会に対する影響が大きいと思います。

企業が「不祥事などを起こす」と、具体的にどんな影響があるでしょうか？最近いろんな事件がありましたよね。例えば、会社がつぶれてしまうと、会社は概念的に言うと株主が所有者に近いような性格を持っているのですが、とりあえず株式は紙切れになってしまいますよね。それで済むかな。

**（学生）**　従業員も困ります。

従業員は多分仕事を失いますね。それから、取引先やお客さんもいますよね。例えば、我々の会社は地方公共機関のバス会社をやっているのですけれども、バス会社がつぶれて動かなくなってしまうと、地方の場合、一番困るのはお年寄りなんです。高齢者は今80歳ぐらいでみんな免許を返上します。やはり危ないからでしょう。だから、バスに乗って病院に行っているのですが、バスが動かなくなると、病院に行けなくなってしまいます。そうすると、社会的に結構甚大な影響を及ぼしますよね。

それから、株主は、自分の持っている会社がおかしくなって株式が紙切れになったら、まあしようがないとなるかもしれませんが、上場しているということは、どういう人が株を持っているのですか。

**(学生)**　その会社の経営者自身に限らず、広くいろいろな投資家が持っていると思います。

誰でも持ててしまうのですよね。

要は一般の人が持てるわけです。ジュニアNISAだと未成年でも持っているし、高齢者が持っている場合もありますね。あと、生命保険とか年金基金などの機関投資家がありますよね。今、一番大きな株主はこういう機関投資家です。この人たちの投資の元手は自分のお金ではないですよね。彼ら自身は誰からお金を預かっているの？

**(学生)**　年金や生命保険の加入者から。

そう。だから、企業は非常にいろいろな人たちに対して責任を負っているわけですね。きちんと会社を経営して、株の価値を毀損しないということの責任の範囲は非常に広いのです。特に、上場企業は誰でも株を買えるわけだから、その上場企業がまじめによい経営をして、きちんと企業価値を高めていくかどうかというのは、実は１億2,000万人、全ての人の老後の生活に大きな関係を持ってしまいます。ひょっとしたら皆さんの生活にも間接的に関係を持つわけです。だから、実はものすごく多くの人の人生や生活や豊かさにかかわるのです。

これを、ちょっと格好つけた言葉で、インベストメントチェーン——投資の連鎖という言葉を使います。皆さんが年金保険料を払う、払ったお金は、公的年金だったらGPIFというところ、あるいは年金基金に預けられます。年金基金は、またそのお金を投資運用会社に預けます。投資運用会社は、どこかの会社の株を買って運用するわけですね。だから、投資の連鎖がつながっていって、それが日本の家計金融資産の積み上がりを決めていくわけです。

今のところ、日本は、世界的には、それが預金に偏り過ぎていると言われている。銀行預金って今金利はどのくらいでしょう。多分0.0何％で、ほとんど増えないわけです。世界的に言うと、少なくともアメリカは、日本よりはるかに個人の金融資産の中の株式の比率が昔から多くて、さらにアメリカのほうが個人金融資産の金額が伸びているのです（**〔図表３－１〕**）。それは、賃金から個人金融資産が積み上がるというよりは、それ自体が運用利回りで伸びています。そういう意味でも、会社が価値を高めるということは非常に大事なのです。なぜコーポレートガバナンスが大事かという根本は、まさに会社が実はものすごくいろいろな人に関わってしまっているということにあります。

私は今パナソニックという会社の役員をやっていますが、この規模の会社になると、世界で何十万人という人を雇っているわけです。その後ろに家族もいます。その地域、地域に取引先やお客さんがいます。いろいろな部材とかを仕入れていますから、部材に関わる人たちの生活もあるし、あるいはそういった会社に投資している人もたくさんいるわけです。株主も何万人といます。そういった非常に多くの人たちに対して責任を担っているわけで、それだけ責任は重いのだから、きちんと経営していきましょうというのがガバナンスの根本ですし、だからこそ、稼ぐ力という脈略でガバナンスが大事になってくるわけです。

最近、ガバナンスというのは一気に改革が進んできました。憲法で言うと、統治機構の部分がありますね、どういうふうに国を統治していくのか。憲法の構造は、基本的には人権条項と統治機構があります。それと同じで、会社でも統治機構に相当する部分をもっときちんと見ていかなければいけないのではないかと。従来は、どちらかというと私的自治という考え方が日本では強くて、それは会社にやらせておけばよいではないか、国が介入する話でもないでしょうという感じだったのですが、ここへ来て、やはり統治機構のようなものをきちんと整備していくべきではないかという感じに今なってきているわけです。

## ２　コーポレートガバナンス改革の経緯

**〔図表３－２〕**が安倍政権発足以降の流れです。これはスチュワードシッ

〔図表３－１〕日米のGDP・家計金融資産の推移

| | | 1989年 | 2014年 | 増減 |
|---|---|---|---|---|
| アメリカ | GDP（10億ドル） | 5,658 | 17,419 | 308％ |
| | 一人当たりGDP（ドル） | 22,879 | 54,597 | 239％ |
| | 一人当たりGDP順位 | ７位 | 10位 | ▲３位 |
| | 家計金融資産総額（十億ドル） | 15,405 | 68,471 | 444％ |
| | 一人当たり家計金融資産額（ドル） | 62,295 | 214,610 | 345％ |
| 日本 | GDP（10億円） | 416,246 | 487,882 | 117％ |
| | 一人当たりGDP（円） | 3,383,222 | 3,839,759 | 113％ |
| | 一人当たりGDP順位 | ４位 | 27位 | ▲23位 |
| | 家計金融資産総額（10億円） | 982,319 | 1,700,112 | 173％ |
| | 一人当たり家計金融資産（円） | 7,984,252 | 13,380,279 | 168％ |

出所：IMF "World Economic Outlook Database"、日本銀行「資金循環統計」、Board of Governors of the Federal Reserve System, "Financial Accounts of the United States" より作成

プ・コードとコーポレートガバナンス・コードが２本柱になっています。

ちなみに、日本国憲法の基本的な統治機構の構造は何ですか。

**（学生）**　三権分立。

三権分立と、それから行政権の仕組みは？大統領制ですか？

**（学生）**　議院内閣制。

そうですね、総選挙で議員を選んで、その多数派が内閣総理大臣を指名するという構図ですよね。その内閣総理大臣が組閣をするわけです。今のアナロジーで言うと、総選挙に相当するものは、会社で言うと何ですか。１年に１回やる総選挙。

**（学生）**　株主総会。

大体１年に１回株主総会をやって、そこで誰を選ぶのですか。

**（学生）**　取締役。

総選挙で衆議院議員を選ぶのと同じように、会社の場合には、AKBの総

〔図表３－２〕コーポレートガバナンス改革の経緯

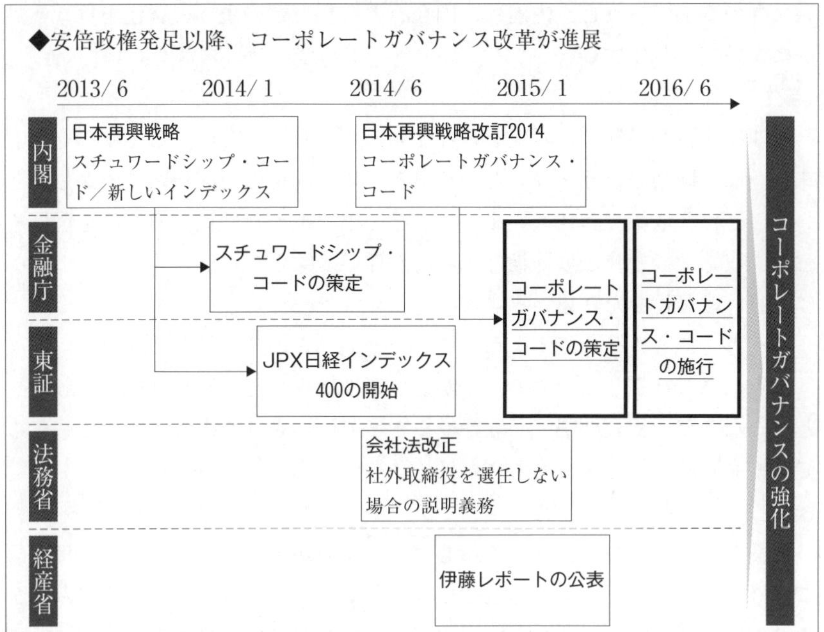


選挙と同じピッチで、１年に１回総選挙をやって、取締役が選ばれます。そういう意味で言うと、取締役会が国会と一緒ですよね。では、国会で総理大臣を選ぶのと同じメカニズムは、取締役会では具体的にはどういうことになるわけですか。取締役会で誰を選ぶわけですか。

(学生)　代表取締役。

そうそう。ちなみに、代表取締役と言うから誤解を招くのですが、代表取締役は取締役会の代表ですか。違いますよね。法人においては、代表ってどういう意味？

(学生)　会社の代表。

代表権、要は会社を代表して法律行為ができる人です。ということは、国会と総理大臣との関係と同じですよね。日本において、国会の議長と総理大臣は同じ人がやっていますか。普通、別ですよね。ところが、なぜだか取締役会の議長は、普通、社長がやるわけです。よく考えたら変じゃない？あるいは今の議論で言うと、内閣は、国会との関係でどのように責任を負うと憲法に書いてありますか。

（学生）　連帯責任。

内閣は連帯して国会に責任を負っているわけです。ということは、その意味合いは、国会のほうが偉いということです。国権の最高機関ですから。ということは、取締役が10人いました。その中で１人だけ代表取締役を選びました。取締役会と代表取締役とどちらが偉いですか？

（学生）　取締役会だと思います。

どう考えても、そうですよね。でも、普通、日本の会社というのは、従来は代表である社長さんがいて、ほかの取締役は専務だったり副社長だったりというなかで、社長の部下が取締役をやっているような構図になってしまっています。そうすると、どちらが偉くなってしまう？

（学生）　社長。

社長が偉くなってしまう、これも変ではないかということ。でも、日本は、これは変ではないと、ずっと言ってきたのです。この変ではない仕組みだから日本はうまくいってきたというのが、従来、経済界の偉い人たちが言ってきたことです。

代表を選ぶというのは、国会議員が例えば10人選ばれたなかで、１人私たちに監視される人を選ぶということだから、実は代表取締役は、取締役会を代表しているどころか、一番偉くない人なんです。それは三権分立の国でも同じです。一応与党の総裁が内閣総理大臣をやるから、何となくすごく偉そうですが、当然のことながら、与党の中で、この人はやっぱりだめだということになって、みんなが不信任票を投じれば、総理大臣は地位を失うわけです。そういう性格で、それが権力の分立関係です。基本的にこれが日本の会社法が想定しているガバナンスの構造です。

となると、話が戻りますが、まず企業は、所有している株式の数で投票するわけですから、資本民主主義ですよね。国は選挙権者の頭数民主主義です。資本民主主義をきちんと機能させるときに何が大事ですか。民主主義なのですから、投票する人がまじめにやってくれないと、要するに、会社の中長期的な発展というものを考えて投票権を行使してくれないと、何だかなという展開になってくるわけです。ということは、まず根幹は民度ということになります。

スチュワードシップ・コードというのは、選挙権を行使する側、つまり株主総会で議決権を行使する側の投資家、特に今、機関投資家の比率が大きいので、機関投資家がきちんとしなさいよというコードです。コードというのは、やわらかい約束事。要するに、みんなで、こういうことをこういうルールでやろうねと。別に破ったからといって罰則があるわけではありませんが、ある種の紳士協定みたいなものをつくったわけです。これで主要な機関投資家はみんなサインをしたわけです。

次に行ったのが、大きな流れで言うとコーポレートガバナンス・コードで、今度はスチュワードシップ・コードとは反対側の会社の側、先ほどの議院内閣制でいえば政府の側、実際にお金と権力を持って事業活動を行う側が、会社法に書いてあること以上にどういうガバナンスをやっていきますかと、上場企業についてきちんと決めていこうということをこの数年やってきました。

## 3　コーポレートガバナンス改革の背景・目的と論点

### ⑴　日本企業の課題

そもそも、先ほど企業が大きな責任を負っていると話しましたが、責任をきちんと果たしていれば他人に言われることではないですよね。くどいようですが、本来、株式会社は私的自治ですから。日本は社会主義ではないから、市場経済でやっているのに、何で金融庁などに、色々と言われなければいけないのかということになります。私もそれに加担をしていたわけですが、実はいろいろな背景があります。

政策ですから、やはりエビデンスというか、実態がなければだめなのです。もし日本の企業が長期的に順調にパフォーマンスを発揮している、売り上げも伸ばし、利益も伸ばし、雇用も伸ばし、かつ株価も上がっているのであれば、こんな議論は出てきません。だけど、どうもそうなっていないのではないかということです。

皆さんは若いので、日本の企業がバブル経済の時代にブイブイ言わせているときのことは多分知らないですよね。大体みんな停滞している頃かと。例えば、アップルのジョブズがソニーに憧れていたって知らないですよね。彼にとってソニーというのは永遠のアイドルだったんです。そういう時代があったのですが、そうではなくなってしまった。その背景があって、やはり変えていかなければいけないということになりました。

そのファクトを紹介しますが（**〔図表３－３〕**）、1995年、いわゆるバブル経済が崩壊した直後――皆さんが生まれたころか、まだ小さかったころですよね――、フォーチュン500という売上高の世界のトップ500の中で、日本の会社は何と148社もありました。３分の１弱は日本の企業だったわけです。別に売上高が大きければいいというものではないですが、売上高というのは一応１つの指標です。これがずっと減って、今、54社、３分の１に減りました。世界の中でどんどん売上高のシェアを落としてきたわけです。

その一方で、増えたのは明らかに新興国です。中国その他の新興国が増えてきているのですが、同じように英仏独といったヨーロッパの主要国、それからアメリカが減らしたかというと、そこまでは減っていない。アメリカ、ヨーロッパは意外と減っていなくて、日本がひとり負けなのです。これが厳然たるファクト。約20年にわたって、持続的に日本の会社は売り上げシェアを落としてきたのです。だから、あまりうまくいっているとはさすがに言えません。

あと、産業的に言うと、起きている現象が**〔図表３－４〕**です。日本の企業は、現場の技術力は今でも高い。だから、リチウムイオン電池もそうだし、DVDやブルーレイの技術とか、DRAMとか、カーナビとか、あるいは液晶というのは、全部日本のメーカーさんが新しい技術をつくり出して、世界に市場をつくってきました。圧倒的に技術力、特に現場の開発者の技術力がすごかった。

ところが、マーケットが大きくなると、日本のメーカーのトータルシェアが世界でどんどん下がっていく。こういうことが起きています。例えば、液晶もそうです。液晶でテレビをつくるというのは、昔は全くあり得ない感

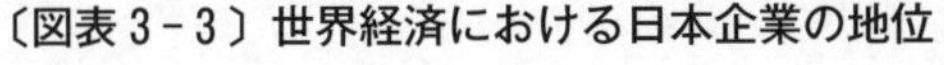
〔図表３－３〕世界経済における日本企業の地位

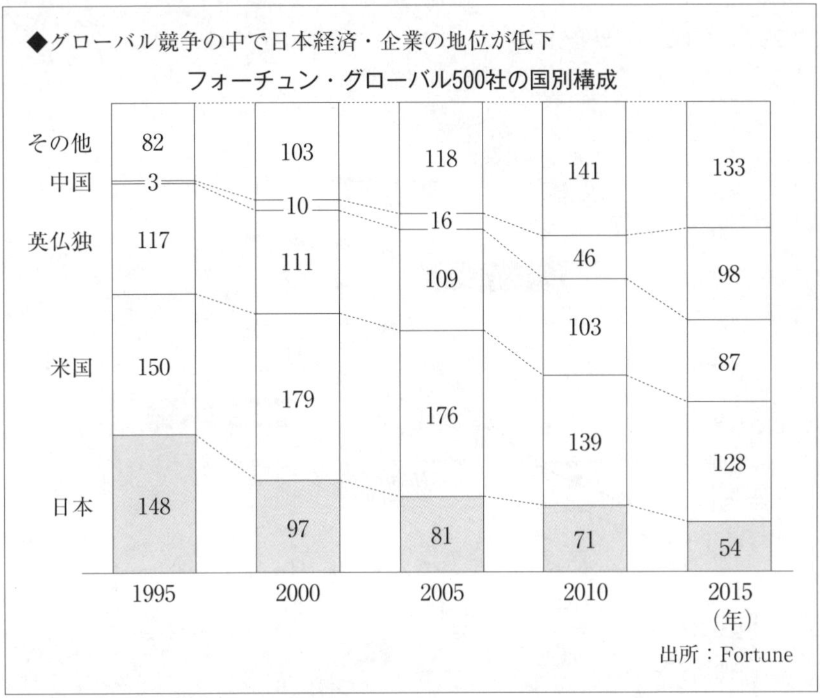

◆グローバル競争の中で日本経済・企業の地位が低下

フォーチュン・グローバル500社の国別構成

| | 1995 | 2000 | 2005 | 2010 | 2015 |
|---|---|---|---|---|---|
| その他 | 82 | 103 | 118 | 141 | 133 |
| 中国 | 3 | 10 | 16 | 46 | 98 |
| 英仏独 | 117 | 111 | 109 | 103 | 87 |
| 米国 | 150 | 179 | 176 | 139 | 128 |
| 日本 | 148 | 97 | 81 | 71 | 54 |

（年）

出所：Fortune

じだったのを、まさにシャープが実現していって、液晶テレビが当たり前になっていくのですが、液晶市場の拡大とともに今のような展開になってしまっているわけです。

### (i)　日本型ガバナンス

この背景ですが、これは、どちらかというと法学よりは経済学の議論になりますが、こういうデジタル系の商品は差別化が難しいのです。メーカー名を隠されてパネルを見ても、これは何製とわからないでしょう。部材のレベルでは差別化がすごく難しい。スマホも、差をつけているのはハードではなくて、登載されているアプリなど、むしろソフトウェア系で差がついているわけで、ハードレベルではすごく差がつきにくいのです。パソコンなども

〔図表３－４〕日系企業の課題（経済産業省の資料より）

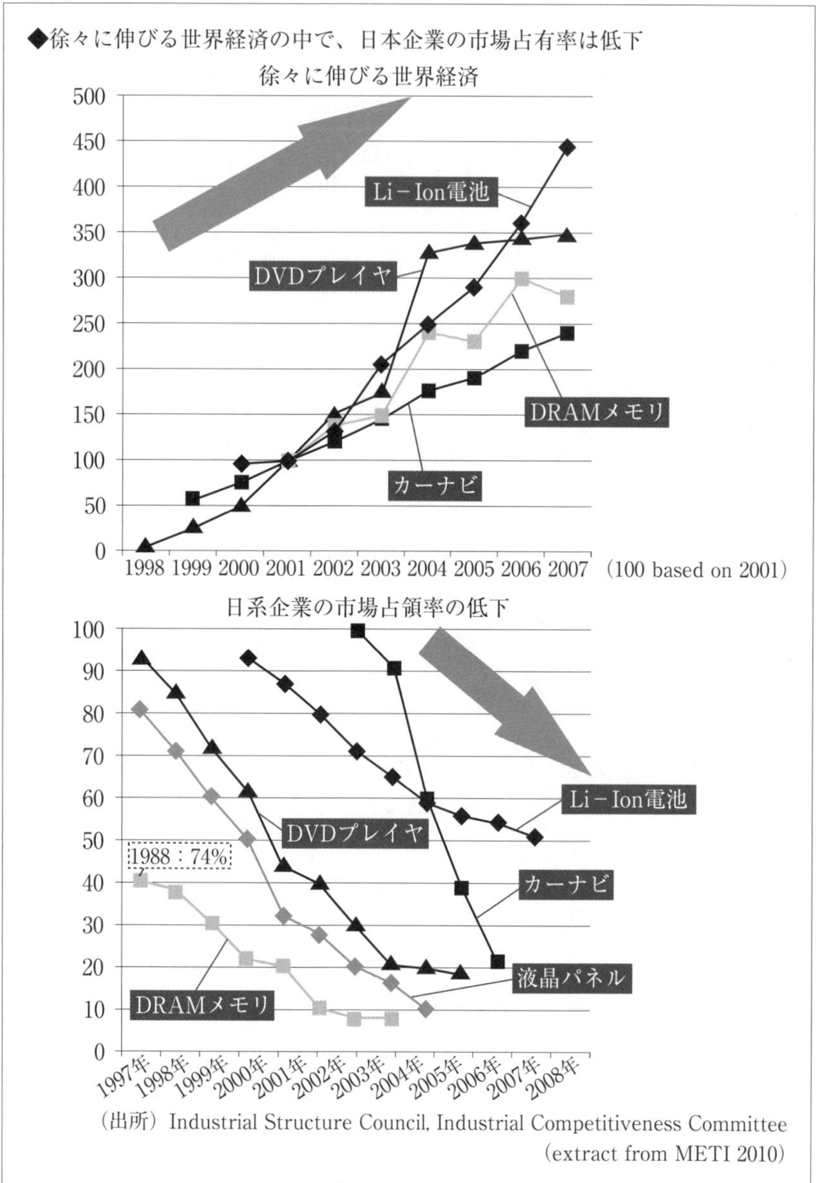

（出所）Industrial Structure Council, Industrial Competitiveness Committee (extract from METI 2010)

同じで、開けてみたら同じような部品で構成されているわけで、デジタル系の商材は、マーケットが大きくなっていくと、あっという間に、「コモディティ」というのですが、差別化が難しい商品になっていきます。

お客さんが認めてくれる価値の部分で差別化できないとすると、会社はどうやって戦うのか。もし会社をやっていたら、プレミアムの部分で戦えないときにはどうやって戦いますか。コスト削減で安売り、普通そうなってしまうでしょう。差別化で選んでもらえないわけだから、とにかくコスト勝負になって、お客さんからしてみるとどれだって同じなのですから、だったら安いほうを買いますよね。

では、こういう巨大な量産型の産業の場合、コストを下げようと思ったら何が大事になってきますか。

（学生）　人件費。

そうですね、結局、みんな人件費の安いところに工場を持っていきますよね。

では、ちょっと質問を変えると、なぜフェラーリは4,000～5,000万円するのに、ホンダのフィットは百何十万円でつくれてしまうのか。フェラーリって一品生産なんです。１個１個つくっている。あまり台数をつくらない。他方で、フィットのような量産車は何百万台と作る、要は規模の効果が効いているのです。なので、結局、これは量をたくさんつくることによってコストを下げてという戦い方なのです。

そうすると、会社のデシジョンとして、つい最近まで日本の主要な電機メーカー全部が液晶をつくっていました。パナソニックも、日立製作所も、ソニーも、シャープも、三菱電機も、みんなつくっていました。パイオニアという会社までプラズマディスプレイというのをつくっていました。みんなつくっているわけです。国内でものすごい過当競争をやっているわけですね。これでコストが下がる？　下がらないでしょう。だって、みんなそんなに数が売れないのですから。

７社も８社もで過当競争をやっていてはコストが下がりません。コストが下がらないときに、どうすれば量を増やせるか。要は、100万枚ずつ７社でつくっていたのを、１社で700万枚にするためにはどうすればいいでしょう？６社にやめてもらうか、合併するしかないわけです。合併するかどうかって誰が決めるわけですか。あるいはM＆Aで事業売却をするとして、誰が決めるの？

**（学生）**　社長。

社長が決めて、それを取締役会が承認しますよね。それを日本の企業はやらなかったのです。見事に理屈どおり負け戦になってしまったわけです。なぜやらなかったのでしょう。最後は、シャープは鴻海精密工業に買収されましたが、皆さんとこうやって議論してもほぼ至る明々白々な結論に、なぜ当時のパナソニックの社長や東芝の社長やシャープの社長は至らなかったのでしょう。

こういう意思決定は、敗色濃厚になってからやるよりは早いほうがよいですよね。先日、パナソニックが5,000億円の特別損失を計上しました。パナソニックは、プラズマテレビと液晶テレビを両方ともやっていて、でも、もう引き当ててあるから別に損益には影響がないのですが、私はそのときの取締役会の決議に参加していました。5,000億円ってすごいですよ。見たことないでしょう。それだけのお金を投入して、今、全くテレビをつくっていないのです。本当に死屍累々のようなことになってしまったのです。当然、取締役なので、「なぜこんなことになってしまったのでしょう」と私は社長や会長に聞きますよね。結論は、「いや、よくわからない。いつの間にかこうなってしまっていたのです。」という感じ。現場の人たちは、一生懸命開発して、事業を始めると、やはり続けたいと言いますよね。だって、自分の人生をかけて技術を開発してきて、パイロットプラントから立ち上げて、やっとすばらしいテレビが映るということをやってきているわけです。だから、現場の人たちは戦いを継続したいでしょう。

あと、日本の会社というのは割とみんな終身雇用型で、会社に対する愛社精神が旺盛です。特に、パナソニックのような会社は割と家族主義経営ですから。そうすると、ずっとその会社にいたいという思いと、この事業をやりたいという思いが重なると、パナソニックとしてずっと液晶やプラズマをやるということになってしまいます。情念として、そういう力が働くわけです。その情念に流されて物を決めていると、何となく流されていってしまう。一生懸命やっている人に「おまえ、もうやめろよ」と言いにくい。だって、やっている人は本当に長い時間、一生懸命やっているわけですから、そこに棹差すのは情において忍びがたいわけですよ。

日本人だけでなくてもそれは起きますが、日本の社会において特に起こりやすいのは、私たちは空気を読むし、仲間同士の調和ということを大事にするし、気を遣うでしょう。そういうチームワークとか、団結心とか、相手を思いやる気持ちというのは、物事が決まっていて、1つのゴールに向かっていくときは強い。みんなでこの山に登ろうというときは、登り方も一致していれば、非常に力を合わせてやっていくわけです。

ところが、みんなで一生懸命やってきたことをやめるという意思決定は、そういう集団だとしにくくないですか？自分たちの仲間に不幸になる人が出るわけです。その不幸を強いるほうも強いられるほうもつらいわけですね。だから、どちらかというと、そのまま行っちゃおうかなという感じになってしまう。多分70年前の戦争も、海軍と陸軍で競い合ってやっているうちに、にっちもさっちもいかなくなり、気がついたらアメリカと総力戦をやらなければいけなくなってしまったという感じなのですよね。今回のケースも、いろいろ聞いてみたらそれに近かったです。だから、気がついたらプラズマも液晶もやらなければいけなくなっていたのですよという感じで、両方ともあるから、どちらもやりました、どちらもやられてしまうのですが、そういう展開です。そうすると、ここで問われるのは、どうしたら、こういうときに合理的で正しい意思決定ができるかなのですね。

大学を卒業してパナソニックに入って、30年、40年同じ釜の飯を食って、先輩・後輩、上司・部下と、親子兄弟に近い関係になるわけでしょう。それも上下関係で構成されている取締役会で、こういう意思決定はどう考えてもしにくい。そうすると、「日本型ガバナンス」はやはり欠陥があるわけです。そこで、あえてKYに「これはやめたほうがよいのではないですか」と、あっけらかんと言える人がいないと、状況がなかなか変えられないのです。みんな心の中では、「やばい」と思っているわけですね。だけど、ここで誰が王様は裸と言うのかと。昭和18～19年ごろの感じってそうでしょう。下手なことを言うと非国民と言われ、みんな内心は、もうこの戦争はやばいのではないかなと思っているのに、言えないわけですよね。これが何十年も事業活動をした人たちが集まっていても起きるのです。

#### (ii)　労働生産性

今度は生産性の議論です。これは経済政策なので、生産性はすごく大事な要素で、特に労働生産性はほぼ賃金と比例するので、これが低い国は相対的に賃金が安いのです。日本の労働生産性は、残念ながら高いとは言えません。みんな一生懸命働いているのですが、生産性が低いから、長時間働いている割に給料が安くなる。昔は、日本は割と高かったのです。でも、この20年間ぐらい上がっていない。むしろいろいろ批判のあるアメリカのほうが生産性は上がっている、そういう現実があります。

労働生産性という概念の定義は、ある労働投入時間で生み出した付加価値を、その労働投入時間で割ったものです。労働投入時間で割らずに労働分配率を掛ければ、要するに賃金です。例えば、私が１時間働いて5,000円の付加価値を生み出しました。50％の労働分配だったら半分は僕がもらうわけだから、時給は2,500円になるわけです。だから、もし労働分配率が比較的一定でフェアであれば、生産性が上がれば賃金は上がっていくわけです。結果的にこれもあまり高くないということが起きています。

それから、雇用。経済界の人がよく言う議論は、日本の会社はシェアも落としてきたし、儲からなくなってきた、だけど、雇用を大事にしてきた、労働者、従業員を守るために、ほかの部分を犠牲にしてきたと言うのです。典型的大企業と言われる資本金10億円以上の企業の雇用者が全労働者に占める比率は、高くなっているのかといったら、実はだらだらと下がってきています（〔**図表３－５**〕）。ということは、減った分はどこに行ったわけですか。大企業が雇えなくなったということは、どこで働いているの？

**（学生）**　中小企業。

そう、中小企業で働いているのです。これは正規・非正規が分かれていないから、それを分けるともっと顕著だと思いますけれども、非正規に行ったか、中小企業に行った。

そうすると、雇用を大事にしてきたという経済界の人の言いわけもおかし

**〔図表３－５〕大企業における就業者数の推移**

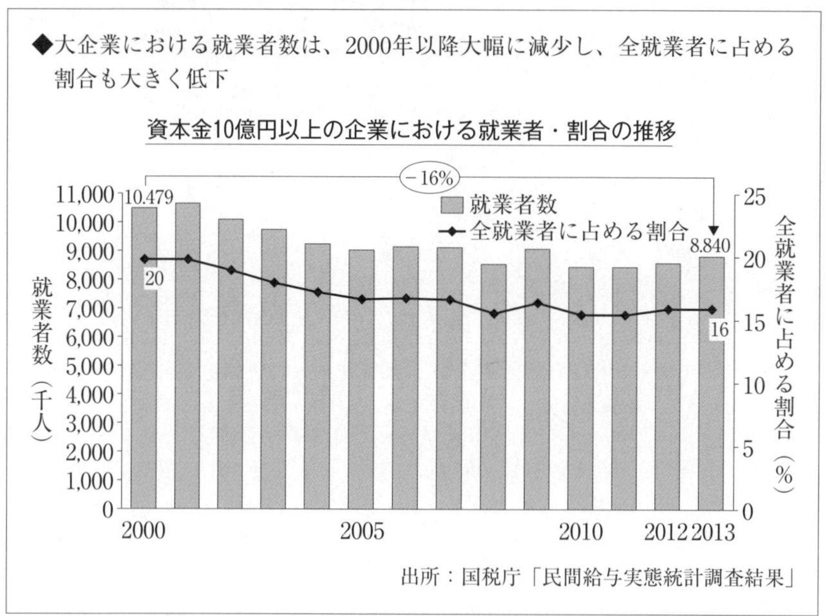


出所：国税庁「民間給与実態統計調査結果」

いですよね。マクロ的には言いわけになっていません。ひょっとすると自分の会社の雇用は守ったかもしれないけれども、日本の会社というのは、景気が悪くなると採用をとめてしまいます。皆さんは比較的就職が厳しくない時代と言えますが、皆さんの10年ぐらい先輩の時は悲惨でした。いわゆる就職氷河期で、きちんとした就職ができなくて、結構よい大学を出ていても、ずっとコンビニのバイトで30代半ばになってしまった人がたくさんいる。そういうことを起こしてきているので、どうも雇用を守ったとも言えないのではないかと。

### (iii)　ＲＯＥ

ちょっと難しくなりますが、**〔図表３－６〕**のROAという資産収益性の数字でも、アメリカ、ドイツ、日本を比較すると、日本は負けています。

また、こういった収益性を同じく示すものに、ROEという概念がありま

**〔図表３－６〕日米独のROA比較**

◆日本企業は、アメリカ、ドイツと比較して、資本効率が悪い結果、利益率も低水準

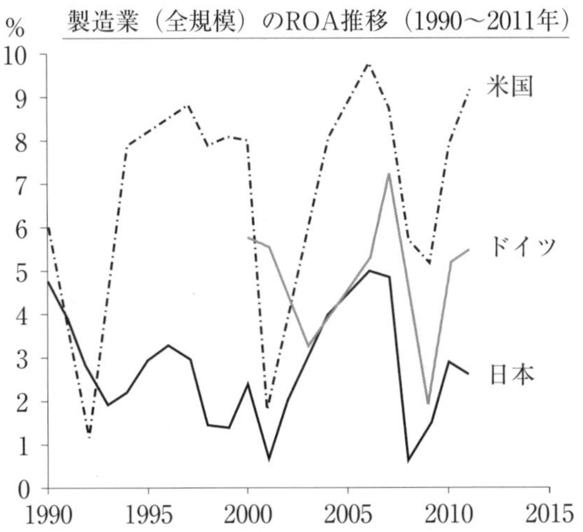


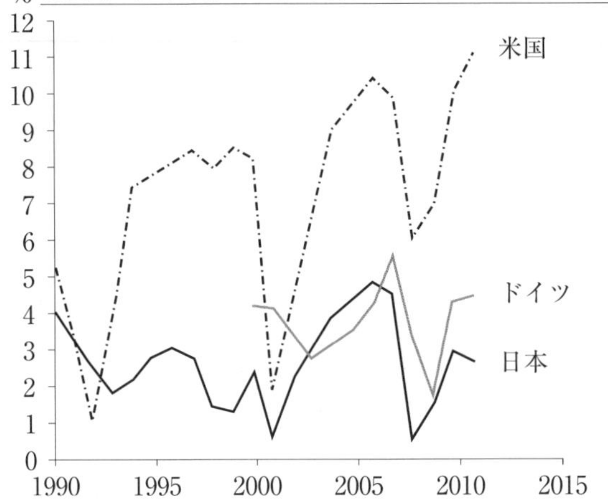


注１）ROA=税引き前当期純利益／総資産、売上高利益率＝税引き前当期純利益／売上高

出所：Annual Report on the Japanese Economy and Public Finance 2013

す（**〔図表３－７〕**）。ROEの話に入る前に、会社の経済活動というものについて少し話したいと思います。

会社というのは、資金を資本で集めるか、お金を借りて集めてきて、それを使っているわけです。こうして資金を集めた結果としての経済活動をどう表現するか、会社の経営の状態やその良し悪しをうまく表現するのは難しいことです。

例えば、トヨタ自動車という会社があります。トヨタ自動車をどうやって表現しますか？トヨタという会社は経済活動をやるための法人格ですよね。例えば、人間を表現するときに、○○さんはこんな人ですというのは、ディスクリプティブな「明るい、にこやかな人です」という表現もあるかもしれませんが、人間ドックに行ったらそういう表記にはならないですよね。多分身長、体重、いろいろな数値があります。おそらく両方大事ですが、記述的表記は、自分で表記するのと周りの友達が表記するのでは変わる、やや主観的になります。だから、誰でも共通の決定的な表記方法というのは、どうしても数量的なデジタルな表記になるのです。

経済活動をやっている場合に、その経済活動がどういう状況かということをデジタルに表現するのが簿記会計です。ちなみに、この中で簿記会計をやったことがある人はどのぐらいいますか？これも、もしチャンスがあったらどこかできちんと勉強しておいてください。これは、すごくよくできた仕組みで、私は人類有数の発明だと思います。複式簿記というやり方をするのですが、これは、ちょっと勉強すると、ちょっと頭のよい人は、何でこんなによくできているんだろうというぐらい感動します。

要は１個１個の取引を記述していく。物を買う、人を雇う、お金を借りる、全部記述していくわけですが、ダブルエントリーといって、１つの現象を左と右に書くのです。左と右に書くことによって、結果的にそれを仕訳して持っていくと、そこから損益計算書と貸借対照表が出てきます。この2つは何を表現しているかというと、損益計算書というのは、ある期間の間の収支、どれだけ儲かったか、儲からなかったかということを表現し、貸借対照表というのは、今ここで切ったときに、どのようにお金を調達して、それがどう使われているのかという、スタティックな今の状態をあらわしています。

**〔図表３－７〕日米欧の資本生産性分解**

◆デュポン式のROE分析によって日米欧を比較すると、日本企業の低ROEの原因は低い利益率

ROE ＝ 売上高純利益率 × 総資産回転率 × 財務レバレッジ

当期純利益／株主資本 ＝ 当期純利益／売上高 × 売上高／総資産 × 総資産／株主資本

| 地域 | 業種 | ROE | 売上高純利益率 | 総資産回転率 | 財務レバレッジ |
|---|---|---|---|---|---|
| 日本 | 製造業 | 6.8% | 3.5% | 0.91 | 1.91 |
| | 非製造業 | 6.7% | 3.2% | 0.86 | 2.28 |
| | 合計 | 6.8% | 3.3% | 0.92 | 2.02 |
| 米国 | 製造業 | 18.1% | 8.4% | 0.77 | 2.24 |
| | 非製造業 | 14.5% | 8.0% | 0.61 | 2.33 |
| | 合計 | 16.0% | 8.3% | 0.87 | 2.29 |
| 欧州 | 製造業 | 15.3% | 6.8% | 0.79 | 2.44 |
| | 非製造業 | 15.6% | 7.8% | 0.66 | 2.74 |
| | 合計 | 15.4% | 7.2% | 0.86 | 2.58 |

注１）2004～2013年暦年ベース、金融・不動産除く
注２）対象＝TOPIX500、S&P500、Bloomberg European 500 Index

出所：Bloomberg、みさき投資株式会社分析

だから、例えば、１年ごとに僕が人間ドックを受けたとすると、体重が１年間で５キロ増えたというのは損益計算書になるわけです。貸借対照表には今の時点における僕の体重が書かれるわけです。今の僕が70キロで、去年が65キロだとすると、バランスシートによると僕は70キロの人間なのです。70キロになったかという結果が貸借対照表には書いてあるわけで、お金の調達の部分、だから、借金でこうなったのか、利益の積み上げげを含む資本が増えたからそうなったのかということが書いてあります。その間の５キロ増えた経緯というのは損益計算書に書かれているわけです。これだけの運動をして、これだけカロリーを使ったけれども、これだけ食べてしまったから、こうなったという経緯が１年間の物語になっている。だから、すごくよくできています。

株式会社というのはお金で活動しているので、事業を営むためのお金は借金か資本という形で、資本は２通りで、株主から出資をしてもらうか、その出資を元手に上げた利益を配当しなかったらいわゆる内部留保という形で積み上がっていきます。これが資本の部です。だから、株主資本の部分と借金と、この２つの構成になります。

ROEというのは、当期の儲けのうち資本の取り分がどれだけありましたかという数字です。だから、歴史的に過去、株主からいくら預かったか、あるいは株主から預かったお金からどれだけ利益を生み出したかということが、簿記的には株主資本の部に書かれているわけです。

ある会社で、これが仮に100億円だったとしましょう。最初に50億円誰かに出資してもらって会社を始めて、創立10年間で毎年５億円ずつ内部留保を積み上げたら100億円になっていました、そういうふうに書かれているわけです。そうすると、その100億円に対して、今年はどれだけの利益を上げたのかというのがROEです。もちろん、借金している場合には、借金をしている人にきちんと金利を払わなければいけないから、金利を払った後の残りが株主に回る。税金も払わなければいけないので、金利を払って税金を払ったリターン＝当期純利益が分子に来るわけです。

分母が株主資本で、当期純利益÷株主資本がROEになるわけですが、わかりやすく３つの要素に分解して考えてみましょう。まず当期純利益／売上高。return on sales、売上高純利益率、よく利益率何％とかという、あの数字です。

それに掛けるのが総資産回転率、売上高を、使っている総資産で割ったもの。

さらに掛ける財務レバレッジ。要は、借金で賄った部分と株主資本で賄った部分のうち、株主資本に限定させなければいけないので、総資産÷株主資本を掛けます。このレバレッジが、経営上どういう意味合いを持っているかというと、どういう資本政策をとるかです。新しい投資をするときに、借金で投資をするのか、自分の稼ぎの範囲で手堅くやるのかの違いです。だから、家を買うときに、ずっと給料をためた貯金でバンと買うのか、お金を借りて買うのかという、その違いですが、これは資本政策の問題ですよね。だから、これは、ある意味ではやり方次第です。ここは日米欧、今、大差ありません。日本とアメリカとヨーロッパの会社がどのくらい借金に依存しているのかという点については大差はありません。

実はこの３つの要素のうち、一番違っているのは最初の売上高純利益率です。２番目の総資産回転率というのは、無駄な在庫を持たないとか、無駄な建物を持たないということによって上げられるわけです。だから、トヨタのかんばんシステムとかで在庫を減らすということは効くのだけれども、これは日本の会社は割とよいのです。やっぱりトヨタは偉大なのですよ。だけど、最初の売上高純利益率がアメリカ、ヨーロッパと比較してすごく違う。

結局、売上高純利益率というのは誰が決めるのか。要するに、ある原価で作ったものを買ってもらうとき、そのうちどれだけ利益になるのかということですよね。例えば130円で売るとして、130円のうち、どれだけ利益がありますかということです。130円で10％利益があるとすると、同じものを110円でしか買ってくれなかったら利益がなくなってしまう。だから、最終的にはお客さんが決めているのです。あるいはよそとの比較。つまり、競争とお客さんの評価で決まるわけです。

これは、まさに商売をやっているときの基本的な問題。よいものをつくっているのか、おいしいものをつくっているのかということになるのです。ということは、これが悪いということは本業がダサいということ。日本の会社は、本業がダサいせいでROEが悪くなってしまったということです。だから、日本の会社がつくっているスマホよりも、残念ながら、お客さんはiPhoneのほうを高く買っているということ。ほとんど同じ性能なのに、日本の車よりもドイツの車のほうを高く買ったりするわけです。つまり、付加価値競争力がないということですね。ということは、やはりこれは経営の問題。経営がダサくないか？という話になります。

株価は**〔図表３－８〕**のような感じです。この30年間、日本の株はほとんど上がっていません。バブルのピークのときは３万円を超えたけど、今では安いです。ドイツもアメリカも、みんな当時よりははるかに高い株価になっています。だから、当然年金資産なども向こうのほうが大きくなっています。

よく円が高くて輸出産業がやっていけなくなって空洞化したと言いますが、

**〔図表3－8〕市場株価推移**

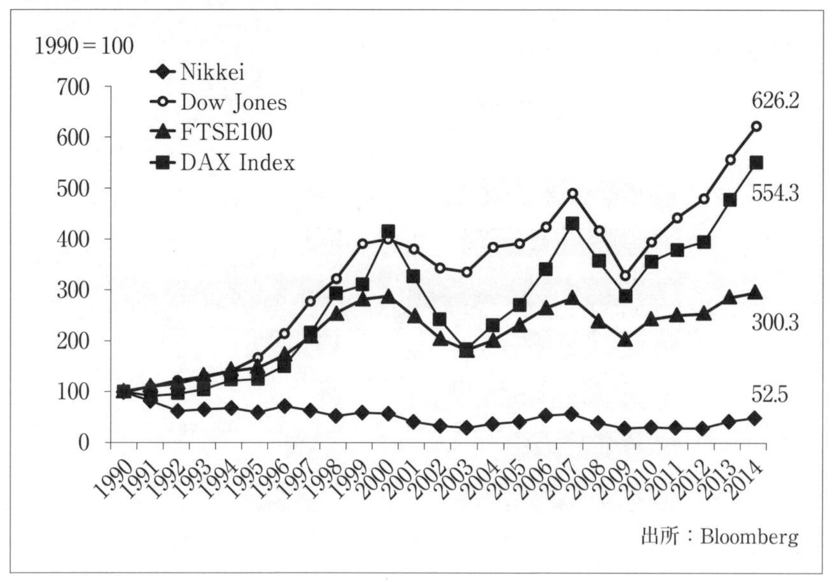


これは別に日本だけではなくて、先進国はみんな空洞化しています。ドイツも、アメリカも空洞化していて、日本だけの話ではないのです。ですから、残念ながら、これもあまり言いわけにはなりません。やっぱりガバナンスが問題なのではないかということです。

### ⅳ　経営者

ガバナンスは、先ほど内閣総理大臣の例えで言いましたが、組織の権力構造の話をしているわけです。物事を決めるのは、最終的には一番偉い人です。社長が決めて、それを取締役が承認するわけですが、それをきちんと機能させようと思うときに、偉い人にまともな人を選ぶということはすごく大事な問題ですよね。

そうすると、ガバナンスの性格、どのようにガバナンスが行われているかは、どういう人が社長になっているかに割と正直に出るのです。**〔図表3－9〕**は、あるコンサルティング会社が調査した国際比較です。上場企業にお

〔図表３－９〕経営者に関する国際比較

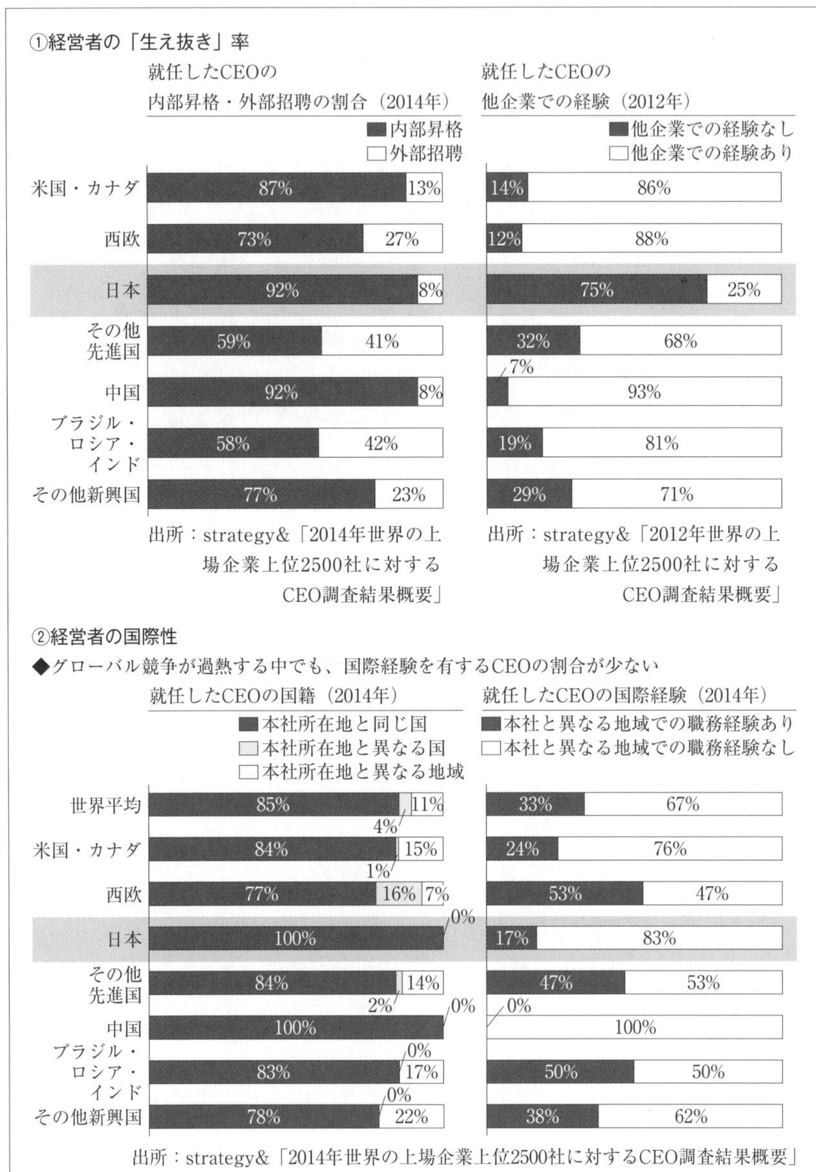

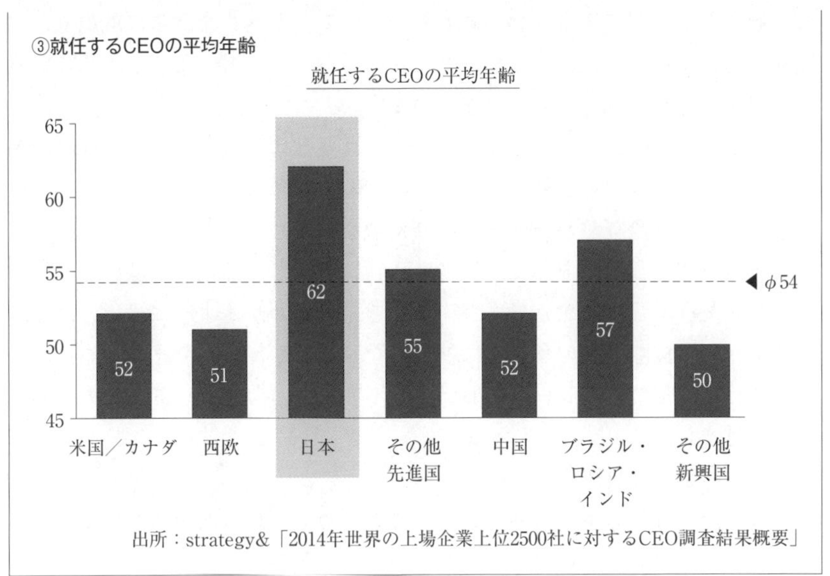


いて、どういう人がトップになったか。

まず、内部昇格か外部から来ているか。最近で言うと、資生堂の今の社長の魚谷さんはコカ・コーラから来た人です。それから、サントリーの社長の新浪さんはローソンから来たわけです。そうやって、いきなり社長が外からポンと来るケースもありますが、やはり圧倒的に内部昇格が多いですね。これは実は日本だけではなくて、意外にも、アメリカ、カナダもほとんど内部昇格です。アメリカというとプロ経営者がいっぱいいて、よそから連れてくるように思えますが、実際アメリカも内部昇格が圧倒的に多い。

ただ、顕著に違うのは、就任したCEOがほかの会社に勤めたことがあるのかどうか。日本は、ほとんど生え抜きです。新卒で１社しか勤めたことがない人です。これが日本のトップ人事の特徴。１回どこかの会社に就職したら、じっと我慢して40年、１つの会社を勤め上げて、要はサラリーマン道を極めて、「半沢直樹」の世界を極めて、そのなれの果てが社長になるわけです。部下もみんなそういう人でしょう、だから、ものすごく同質的な、限られた人生経験しかしていない人の集まりになります。超ホモジニアス。だから、皆さんが、仮に東京大学株式会社があって、このままそこに就職したら、残りの40年ずっとここにいるわけです。ちょっとぞっとしますが、そういうことです。そういう人が社長になるのです。

もう１つ、国際性。さはさりながら、やはりどこの国でも母国出身者が多いのです。アメリカの会社はアメリカ国籍の人が多いです。だけど、問題は日本の場合、国際経験がないほうが社長になれてしまいます。今、国際化、グローバル化と言われています。就職活動に行くと、採用の人は口ではそう言うでしょう。言っておきますが、これを見ればわかるように、ほとんどうそです。何で国際経験の多い人は社長になれないか、わかりますか。海外経験が多いと、何で社長レースにおいては不利になると思う？ドラマの「半沢直樹」見ました？

**（学生）** ちょっと見ました。

あの人たちは権力闘争ばかりしていますよね。あれは派閥間闘争でしょう。海外にいたら自分の強い派閥をつくるのは有利？不利？

**（学生）** 不利。

不利なのです。要するに、国内にいて、きちんと社内の権力基盤を固めて、いろいろな上司に気に入られるような工作をやっておかないと偉くなれない。だから、グローバリゼーションだと真に受けて、ずっと海外にいると、知らない間に浦島太郎になってしまう。ポンと帰ってきても、「おまえ、誰？」みたいになってしまう。あいつは一緒に仕事をしたこともないし、シンパシーも湧かないし、何か知らないけど、すぐ横文字が出てくるし、みたいになって、「あいつ、うざくないか」という話になってしまう。だったら、ずっと国内で苦労してきたＡ君のほうが組織としては座りがよいのではないか、という話になって、現実にそうなってしまいます。

だから、わかりやすく言うと、日本のトップ人事というのは、くそサラリーマン集団の、くそサラリーマンな調和の中で、ふにゃふにゃと選ばれていくので、ドラマのとおりです。皆さん、ああいうドラマは見ておいたほうがよいですよ。会社に入ったら本当にああいう世界なので。

何度も言うようですが、これでうまくいっていればよいのです。何となくみんなのぼんやりとした合意で社長が選ばれていって、何となく社長と部下で取締役会をやっていて、何となく物事を決めていればうまくいくのであれば――実は昔はうまくいっていたのです。右肩上がりで、イケイケどんどんの時代は、撤退などという意思決定はないでしょう。何をやっても伸びていくのですから。テレビをやりたければテレビをやれ、ぱっと伸びる、洗濯機、ぱっと伸びる、車をつくった、ぱっと伸びるわけですよ。右肩上がりの世界においては、そんなにシビアな意思決定はないので、オーケーだったのですが、今はもうワークしていないわけです。

**〔図表3－9〕**の最後がとどめだと思いますが、日本の社長に就任するのが遅い。座りのよい人にするわけだから、年をとった人を社長にするわけですよ。でも、実際社長になると何が起きるかというと、例えば、私が役員をやっているオムロンとかパナソニックの社長は大変です。従業員の4分の3は海外にいて非日本人です。そのまた多くは先進国ではなくて、ブラジルだの東欧だの、場合によっては中東だの、テロは起きるわ、大統領は弾劾されるわ、通貨は下落してしまうわ、すごいことがしょっちゅう起きるわけですね。だから、24時間365日稼働なのです。何か起きたら夜中にたたき起こされて、翌朝一番の飛行機でブラジルへ行けとか、そういう生活をしています。

そうなると、普通、社長は米・欧のような50代前半になりますよね。僕も今、56歳ですが、年齢的にもうそろそろ無理かなと思う時もあります。よれよれになっていたら、これでは勝負にならないですよね。でも、これも結局、ガバナンスの反映なのです。

## ⑵　コーポレートガバナンスコードに示された改革理念

### (i)　公器性が中核

まず、公器性。公開企業はいろいろな人に関わっていて、公の器であるということです。だから、「とりあえず、みんなで飯が食えて、雇用があって、解雇しないで済んだから、それでいいじゃん」では済まない。企業というのは、きちんと成長させていかなければいけません。

### (ii)　ステークホルダー重視型

それから、会社というのは、株主だけが偉いわけではない。いろんなステークホルダーがいるわけです。何で株主が議決権を持っているのか。法律論的には株主が所有者だからというドグマがありますが、機能論的に言うと、企業価値をより伸ばしていく上で、株主に選挙権があるということが最もふさわしいと考えているわけです。経済学的にいえば、最もまじめに一生懸命企業統治にかかわる動機づけを持っているのが株主ということです。日本の社会において、日本国籍の人が選挙権を持っているのは、ずっとここで生きていることになるので、日本の未来に対して、みんなシリアスに考えるだろうからということになるわけでしょう。

では、なぜ債権者でもなければ従業員でもなくて、株主なのでしょう？なぜ株主が一番まじめに真剣に議決権を行使すると考えられるわけですか。なぜだと思う？

(学生)　配当や株式の価値の上昇によって直接利益を得ることができるから。

それはなぜですか。要は会社が儲かったときに、優先・劣後で言うと、どのように配分されていますか？

(学生)　債権者が優先されている。

そうですね。中でも労働債権が優先です。まず労働債権として給料が払われる。担保を持っていれば別ですが、普通の状況であれば、まず労働債権です。次が金融債権となります。それで残った部分が株主に来るのです。労働債権や金融債権は、ある意味で元本保証でしょう。給料を年間500万円で雇うといったら、500万円払わなければならない。もしそれで全部払って、残りがなかったら配当として株主に回る分はゼロになりますよね。赤字になってしまったら、むしろ株主の持分は削られてしまうわけです。一番弱い立場は最劣後の利益配分請求権者です。だから、そうとも限らないこともありますが、一番まじめにやるはずだということです。法律は基本的にドグマの体系なので、会社の所有者は株主なのだから、自己決定権として議決権を持つのは当たり前だという議論の仕方をする場合が多いのですが、私は法律家ではなく経済人なので、実機能として考えたときにはそのようになります。

ただ、これも少し微妙なところがあります。例えば、会社がものすごく悪い状況で、債務超過になってしまうと、実体としては株主価値が消えてしまっているわけです。ちなみに、債務超過になっても会社はつぶれません。

単に資産よりも借金が多いだけの話で、債権者が急に押し寄せてお金を持っていかない限り、資金が回っていれば、会社は生き続けます。けれどもその状況下では、株主はまじめにやる動機づけを失っていますよね。むしろ債権者のほうがどれだけ回収できるか、まじめにやるかもしれません。だから、実は債権者が実質的に最劣後になっている場合があるわけです。これは難しい言葉でデッター・イン・ポゼションと言いますが、実質的に債務超過になってしまうとちょっと怪しい。

それから、上場株は売れますね。従業員は10年、20年その会社で働き、長くステークホルダーである可能性が高いのですが、上場株は売れるので、“来年のことなんか知ったことではない”ということになってしまう可能性があるでしょう。高速回転売買で、0.何秒で売ったり買ったりしている人がいるわけです。そういう人は議決権行使に全然関心がないのです。つまり、機械が勝手に売ったり買ったりしているだけなので、あるとき、パナソニックの株主に0.0何秒いたという世界になるわけです。この人たちからすると、自分が株主だという自意識もないので、株主が最劣後だから議決権を持つというロジックは、実は完全ではありません。したがって、プリンシプルなりコーポレートガバナンス・コードで何のためかということはきちんと定義しておかないと、株主が暴走する危険性があります。

確かに選挙権者は原則として株主ですが、選挙権者と国民は同じでしょうか。

（学生）　子どもは国民でも選挙権が認められていません。

国民主権だから主権者であるわけでしょう。

（学生）　はい。

これから生まれてくる子どもたちも多分潜在的な主権者ですよね。憲法には国会議員って誰の代表と書いてある？

（学生）　国民。

「全国民の代表」と書いてある。だから、今現在、選挙権を持っている私たちは、選挙権を持っていない国民に対して、ある種の忠実義務を負っているのです。彼らの代わりに機関として議決権を行使しているわけですから。これと同じく、株主というのは、専ら自分の利益のためだけに議決権を行使するのではなくて、株主共通の利益のために行使するのが正しいというのが、どちらかというと欧米の会社法の考え方です。ですから、議決権のことは共益権、利益配当請求権のことを自益権といいます。

だから、株主至上主義ではないけれども、かといってサラリーマン至上主義でもありませんよと。公器なのだから、いろいろな利害関係者、ひいては巨大企業になったら社会全体に対して影響を与えます。最初の議論に戻りますが、ステークホルダーがいろいろいるのだから、きちんとやってくださいねということなのです。

それから、先ほど言ったように、特にインベストメントチェーンの一番最後にいる国民、例えば年金基金を考えてください。もう国民年金を払っている？年金をもらうのは何年後？

**（学生）** 42年後。

今積み立てたお金は、彼は42年後にもらえるわけです。ここ１～２年のパフォーマンスは関係ある？　ないですよ。この話は長期に決まっているのです。インベストメントチェーンという世界は、平均40年から預かって、その時点でお金を返す。要は長期持続的な企業価値の向上と株価の上昇が大事です。

### (iii)　コンプライアンスとガバナンス

ガバナンスというのは、コンプライアンス的には決して守りのことだけではありません。不祥事というのは起きるでしょう。この前も東芝の不正会計がありましたよね。僕は、さらに十何年前にカネボウの不正会計をある意味で暴いた本人です。結局、これはどちらも直接は確かに変な決算をしてしまっているのですが、根っこにあるのは収益力が落ちたからなのです。カネボウは、皆さんのイメージは化粧品の会社ですが、もとは繊維の会社で、もともと鐘淵紡績という名前です。昭和20年代、実は日本最大の民間企業でした。今のトヨタだと思ってください。昭和20年ごろというのは、重化学工業は軍需産業になってしまうので、GHQにとめられているから、輸出産業は紡績しかない。ひたすら糸で稼いで復興のための外貨を稼ぎました。だから、当時日本最大の民間企業だったのです。このときは完全に繊維の会社でした。

やがて繊維が成熟していったときにカネボウは多角化をして、化粧品で成功します。だけど、繊維の成熟化がさらに進んだときに、カネボウは、繊維が儲かっていた時代の上がりを化粧品に全部つぎ込んでいますから、繊維のほうではますますだめになるわけです。ここまではしょうがないですよね。問題は、その繊維から撤退しなかったのです。繊維がものすごく赤字になった後も、今度は逆に化粧品の上がりをつぎ込んでしまった。

本来、繊維から撤退したほうがよかったのですが、それができなかった。だって、自分たちが今日ある根幹をつくったわけだし、かつ、誇り高い。トヨタの人たちに、Uberとか発達してきたから、今から10年後に自動車をつくるのをやめようというのに近いわけです。これは実際に決めることを考えたら結構大変でしょう。だから、決め損ねる。そのうちにどんどん業績が悪くなって、にっちもさっちもいかなくなって粉飾をしてしまった。

今回の東芝も少し似ている。いろんな赤字事業があって、それを切れなかったので、数字をごまかしてしまった。結局、根本の問題は、収益力が弱くなっていったことで、数字をごまかしたくなってしまう。隆々としていたら数字をごまかす動機づけはないですよね。もちろん守りも大事ですけれども、攻めが大事。

### ⒤ マネジメントよりもモニタリングが中核

そうなると、当たり前のことながら、きちんと経営していますかということを、経営者に対して監視することが大事なのです。古いモデルだと会社の中で敵はいないので、怖い人はいないわけです。取締役会では自分が議長で、自分が一番偉い、メンバーは全員部下でしょう。だから、年に１回、株主総会のときだけ我慢すれば、残りの364日はやりたい放題なわけです。

みなさんも株主総会に１回行ってみたらいいですよ。あのようなところでモニタリングなんかできませんから。例えば、パナソニックなどは何万人と株主がいて、大阪城ホールを借り切ってやるわけです。万の数字の人が集まって、議論なんてできないでしょう。実際のプロが集まった会議体でモニタリングしていかないと、きちんと経営しているかどうかということのチェックが効かないのです。

したがって、取締役会というのは、マネジメントボードではなくて、やはりモニタリングボードです。もちろん、取締役会の中でも意思決定をしますから、純粋なモニタリングではありません。だから、マネジメントとモニタリングの組み合わせではありますが、どちらがメインですかといったら、やっぱりモニタリングなんです。

#### (v)　プリンシプルベース

一方、冒頭で話したように、本来、株式会社だから私的自治です。だから、国が一挙手一投足まで細かいルールを決めるのはどうなのかということがあったので、ルールベースではなくて、原理原則をみんなで決めて、それにサインをする。別にサインしたからといって何もないですが、やはりサインをすると気持ちとしては、違ったら何を言われるかわからないので、そういう恥の文化に訴えています。

加えて、コンプライ・オア・エクスプレインを採用している。コーポレートガバナンス・コードには、取締役は社外から何人入れるべきだとか、いろんなことが書いてあります。だけど、プリンシプルなので、大事なことは、本日言った目的を達成することですよね。企業は持続的に成長して、とんでもないようなひどい意思決定をしなければよいので、個々の会社の個別事情において、むしろここに書いてあるとおりにやらないほうが自分の会社はよくなる、うちの会社は独特の歴史・沿革があるから、違うやり方をしたほうが企業は持続的に成長するという信念があるならエクスプレインしてよいですよとなっています。コンプライ＝これに合わせるか、エクスプレインしてくださいという形にしています。ただ、日本の会社経営者はだらしなくて、あまりエクスプレインしないですね。みんながコンプライしているときに、自分たちだけ、「いや、うちは社外取締役なんか１人で十分だ」というほど根性のある経営者は、残念ながらいない。

これはイギリスも同じルールで、実はイギリスのやり方を輸入したのです。イギリスは、たしかコンプライが半分ぐらい。イギリス人というのはやはりその辺はすごくて、自分の信念とか価値観を持っているので平気でエクスプレインしています。特に、経営者になる人ほど主張が強烈だから、割とエクスプレインする人が多いらしいのですが、日本はほとんどコンプライしました。つくっているときは、「こんなものは無理だ」、「絶対できない」とかって、みんなで大合唱したのですが、決めたら、あっという間にコンプライしてしまいました。

#### (vi)　マクロ政策論的な意義

ちなみに、先ほども触れた家計金融資産の数字を見てみますと（**〔図表３-１〕**）、1989年、バブルのピークのときは、日本の家計金融資産は割とアメリカに近づいていました。総額で日本が１に対してアメリカは1.5。一人当たりだと、６万2,000ドルと800万円だから、１ドル＝120円ぐらいだと同じぐらいですね。

ところが、15年後、大差をつけられていて、この間にアメリカは家計金融資産が４倍になっているのに、日本は２倍弱しか増えていないのです。

ちょうどバブルのころ、僕はスタンフォード大学に留学していました。あのころはジャパン・アズ・ナンバーワンで、日本がブイブイ言わせているときで、日本のGDPがアメリカを抜くと言われていた時期です。当時は、「アメリカの経営はもう終わりだ」とか、「アメリカのガバナンスは株主なんか大事にしているからショートターミズムでだめになる」と言っていました。そうしたら、全然だめになってしまったのはこちらのほうで、ジャパン・アズ・ナンバーワンというのは、はっきり言って油断させる罠だったのではないかと思うのですが、残念ながら、この20年間、皆さんが生まれて以降は、日本の経営とかガバナンスは緩やかな敗戦を繰り返したのです。ファクトとしては、はっきり言って私たちは負け組です。

でも、これ以上負けるのはつらいので、皆さんがこれから20年、30年、日本で生きていくときには、別に勝ち負けで全てをカウントするわけではありませんが、例えば、今の日本の国家財政の状況とか、あるいは今の社会保障財政を考えると、現実問題として、もう少し稼がないともたないわけです。これから団塊の世代の人がみんな後期高齢者になったら、ものすごくお金が要るわけです。ということは、原資がないと大変なことになってしまうわけですね。皆さんの世代は、それをきちんと負担して、なおかつ、自分自身で豊かな人生を送っていきたいわけだから、そう考えていくと、やはりもう少し稼げるようになっておかないとしんどいのではないかということなのです。

## 4　コーポレートガバナンスの道具立てと目的・機能

### (i)　コーポレートガバナンス・コード前文

コーポレートガバナンス・コードの中身はダウンロードできるので、読んでおいてください。一番大事なのは前文です。

> 本コードにおいて、「コーポレートガバナンス」とは、会社が、株主をはじめ顧客・従業員・地域社会等の立場を踏まえた上で、透明・公正かつ迅速・果断な意思決定を行うための仕組みを意味する。
>
> 本コードは、実効的なコーポレートガバナンスの実現に資する主要な原則を取りまとめたものであり、これらが適切に実践されることは、それぞれの会社において持続的な成長と中長期的な企業価値の向上のための自律的な対応が図られることを通じて、会社、投資家、ひいては経済全体の発展にも寄与することとなるものと考えられる。

ここが全てです。日本国憲法もそうですが、前文に書いてあることが一番大事です。

### (ii)　独立社外取締役

もう少しこれをブレークダウンした、いろいろな原則が書いてありますが、大きいところは、独立社外取締役をすごく重要視しています。日本の会社の弱点は、先ほど話したように、ものすごく同質的で、連続的な集団で営まれているので、不連続な変化に弱い。あるいは多様性がないので、自分たちが経験していないことが起きると、それに対しては対応できないという問題がある。そこで、やはり社外の人が大事ですよねと。今までの社外取締役は‘お客さん’で、適当にやっていればよかったのですが、これからはそれにふさわしい、きちんとした仕事をしてもらいますということが裏側にあります。

その大事な仕事とは、やはり指名と報酬、特に、偉い人の指名と偉い人の報酬です。今まで密室で、社長が鉛筆をなめながら決めていました。大体会長さんは前の社長だから、前の社長と前の前の社長と相談役の３人ぐらいの人に相談をして、「次はＡ君がいいと思っているのですけれども、会長はどう思われますか」「まあいいんじゃないか」みたいな話になり、相談役になると直接はＡ君を知らないから「君たちがいいんだったらいいんじゃないか」と言って、Ａ君でいいということになると内線電話をかけるわけです。「Ａ君、ちょっと来てくれるかね」と。Ａ君がとことこと部屋に来ると、「実は次の社長を君にやってもらおうと思っているんだ」と言われて、大体すぐそこで「はい、やります」とは言わない。「いや、私は分不相応で」などといって一応遠慮をして見せて、「一晩考えさせてください」と大体言います。そして翌日、意を決して「受けます」と。一晩で決めるわけがないだろうみたいな、そういう儀式があります。日経新聞に「私の履歴書」というのがあって、大体社長になったときの経緯はみんな同じ。何でＡ君になったか、よくわからないわけです。単に社長がＡ君のことを好きだったとか、どこかですごく苦労したからちょっと報いてやろうとか、そういう割としようもない理由で社長が決まるのです。

そのため、いまいちな人が社長になってしまうことが少なくないのですが、上場企業なのだから、もう少しきちんと手順を踏んで、かなり幅広い候補の中から何年間もテストをして競わせて、それでみんなが納得する感じで進めていかなければだめだいうことです。社長人事というのは、何であの人が社長なんだというのが結構多いのです。それはまずいでしょうということで、その中に社外の人も絡む。なぜなら、社外の人は客観性を担保できるからです。

最近大騒動になったのは、セブン＆アイグループです。鈴木敏文さんという人はすごい経営者です。僕もつき合いがあるし、すごく尊敬しているのですが、鈴木さんと対決した伊藤邦雄さんというのは僕の簿記会計の先生で、どちらも尊敬している人同士の戦いになってしまったわけですが、でも、やはりあのように公明正大にやることは大事なのです。どちらが勝つにしても、あれでみんな明らかになったわけでしょう。グループに20万人もいるのですよ。20万人の人が働いていて、みなセブン−イレブンを使っているでしょう。これだけ多くの人がかかわっている企業なのですから、誰それの息子だったからとか、はっきりしない理由で後継者を決めてはいけないですよね。あのように正々堂々と議論することが大事でしょうということです。

### ⅲ　政策保有株

もう１つの問題は、政策保有株——株式の持ち合いということです。大きな会社同士がお互いの株を持って、株主総会のときに、お互いに経営陣に賛成しましょうと。まともに議決権行使をしてくれればよいのですが、常に経営陣に賛成するという形でお互い持ち合ってしまうと、これは堕落ですよね。無能な経営者同士の安全保障条約になってしまいますから。

例えば、パナソニックがトヨタ自動車の株を持っているとします。でも、それはパナソニックという会社個人のお金ではありません。もともとは株主や債権者のお金です。パナソニックは単なる法人で、パナソニックという人格が存在しているわけではなく、経営者は人のお金を預かっているわけです。その預かったお金でトヨタの株を持っているわけだから、トヨタの経営者がよければ賛成だけど、この人、さすがにだめだろうというときは反対票を投じなければだめなのです。ところが、そういう理由で持ち合っていると反対票を投じられないでしょう。だから、そういうことはやめましょう、持ってもいいけれども、きちんと議決権行使をしなさいということですね。

### ⅳ　ＲＯＥ

それから、ROEに関してもきちんと見ていきましょうということです。ROEの低い国の株は、株主資本が増えていかないからやはり上がらないですよ。これも当たり前ですが、Ｅ（株主資本）を減らすというのは邪道ですよね。借金を増やしてEを小さくするのは邪道で、やはりＲ（純利益）をきちんと増やしてくださいということです。

### ⑸　これからのチャレンジ

もうみなさんおわかりかと思いますが、これは形式ではなくて実質を追っているのです。形式的に社外取締役が２人いればよいというものではありません。入れる人がまともな人で、その２人がきちんと仕事をしているかということが、これからは問われなければいけない。これからのチャレンジは実質論ということになっていきます。

私も今、パナソニックとオムロンと、ぴあというチケットの会社、この３つの会社の社外取締役をやっていますが、まじめにやったらものすごく大変です。立派な会社の最高意思決定にかかわっているわけですから、月に１回、２時間とか３時間、真剣勝負をやるわけですよ。おまけに今、指名や報酬も委員会でこちらが決めるので、それもやはり大変です。特に社長選びは本当に大変です。会社の命運がかかりますからね。だけど、そういったことを本当にやっていくということが大事で、次は実質の議論の段階になっているということです。

では、いったん私の話は終わりにして、質疑応答に入っていこうと思っています。

**〔質疑応答〕**

**（質問）**　コーポレートガバナンス強化の中で、社外取締役の方々が経営者を選ぶという話がありましたが、経営者を育成するという観点も含めて、どのようなプロセスで選考するのでしょうか。

**（回答）**　すごくよい質問です。例えば、ある日突然、社外取締役のところに３人の会ったこともない候補を連れてこられても、誰がよいかなんてわかりませんよね。ということは、社外と社内の現経営陣との共同作業で次の人を選んでいくわけですが、その際、ご質問にあったプロセス――選抜、育成、テストのようなことを繰り返していくことになります。そうすると、長期的なサクセッションプランを持って、その実践に社外の人もかかわっていかないと実は機能しません。ただ、そこまでちゃんと気がついて行っている会社は、多分東証の上場企業でもオムロンを含めてまだ数社です。

オムロンも、今の山田義仁さんという社長を５年前に選んだときに、初めてそれに近いことをやりました。でも、そのとき掛けた時間は３～４年です。山田さんは49歳で社長になったので、10年ぐらい社長をできる。そうすると、10年後に向けて、今あなたが言ったようなプロセスをどうするかということを、山田さんがなった直後から、私が社長指名委員長なので、彼と私たちで議論して長期的手続を決めています。

オムロンの場合、10年先の話ですから、49歳で社長とすると、その時点でまだ39歳。下手すると課長にもなっていないわけです。ですが、そのぐらいのレベルまで含めてポテンシャルの高そうな人間をグローバルに30人ピックアップしました。当然そのうちの３分の１ぐらいは日本人ではありません。転職組もいます。この５年間ぐらいローリング――きちんとモニタリングして、毎年何人かずつ入れかえ、をしています。ローテーション上、意識的なアサインメント――必ず海外の子会社に１回行かせる、などをやっています。多分しばらくはこの30人で回していって、来年か再来年ぐらいから絞り込んでいきます。恐らくまず10人ぐらいに絞り込むのではないでしょうか。10人にするともっとレゾリューションを細かく見られますから。次の社長選任のときまで僕が社外をやっているかどうかわからないですが、多分そのときの社長指名委員は、10人をきちんと認識をして、ウオッチをできているようになると思います。

どういうところでウオッチするかというと、10人ぐらいに絞られてくる段階では相当ポジションも上になってきているわけです。執行役でも専務執行役とか、カンパニー長とかになるので、しょっちゅう取締役会に説明に来ます。それもかなり重要なテーマで。そこでガチンコ勝負でしょう。面接のための面接ではなくて、リアルなイシューで丁々発止のやりとりをするわけだから、真剣勝負の面接ですよ。実際の意思決定を通じて面接をし、ある種の値踏みをしながら、最終的に決める半年ぐらい前には３人ぐらいに絞り込むと思います。そのようなプロセスで、10年かけて選ぼうと思っています。

ただ、これは多分超エクセレントなケースです。今、日立製作所とか、みんなそういうことをやろうとしています。みんな結論はほぼ同じで、やはり10年仕事という感じになっています。

従来、何でこういう方式をとれなかったかというと、「みんなサラリーマンは社長になりたくて頑張っている」と変なことを言う人が結構多いのです。自分の就職した子どもとかを見ていると全然そういう気配がないので、僕は絶対うそだと思いますが。結局、そうなると、事実上、40歳前後ぐらいから社長候補が絞り込まれてしまうでしょう。そうなると、残りの人がディモチベートするというわけです。

でも、今の若い人からすると、あまりぴんとこなくないですか？　はっきり言って、社長は大変です。先ほど言ったように、ある日突然、「あしたからブラジルへ行け」でしょう。海外赴任はしょっちゅうあるし、それも行く先は大体シビアな場所に行かされるわけでしょう。そういうすごくタフな状況で、ワークライフバランスもどこかへ行ってしまうような感じで、10年、20年戦い続けなければ社長になれないわけです。そういう時代になっているから、昔みたいに上がりポストで、社長になったら権力者で、財界活動などもやって料亭三昧でとか、もうそういう世界ではないのです。今、現実のCEOの世界というのは全然違って、それに耐えられる人を選んでいくということになるので、プロセスをきちんとやっていく。そういうことをやっていかないとガバナンスは実質化しません。

**（質問）**　社外取締役について、形式的要件はあると思いますが、実質的な要件が全くない中、多くの上場企業はどのように社外取締役の質を確保しているのでしょうか。

**（回答）**　結局、この話は鶏と卵なのです。今までそうやっていなかったから、まず経験者があまりいないですよね。僕は、実はものすごくアドバンテージを持っていて、産業再生機構のときに41社の再建をやっているわけです。カネボウとか三井鉱山とかダイエーとかミサワホームとかをやっているわけです。だから、ある意味では株主としても企業統治にかかわっていて、多分その辺りの財界人よりよほど経験豊富なわけです。だから務まるわけですが、おっしゃるとおりで、これは実はすごく難しい仕事です。

というのは、監督と執行が分かれているでしょう。いろいろな問題があったときに、本当にズバッと介入しなければいけない。でも、執行部は素人ではなく、よくわかっている人がやっているわけです。そういう人たちに物申すのは実はすごく難しい。

加えて、自分がどこまで介入すべきで、どこまでやってはいけないか、という問題もあります。あまりに介入してしまうと、監督の域を超えて自分が執行側になってしまいますから。経営しているのはあくまでも社長やCEOですから、自分の領分をわきまえながら、いざというところで勝負に出るという間合いを持たなければいけないので、これもすごく難しいです。

この状況で、そのようなすごい経営者が日本に多くいるのかといえば、いません。だから、今、ちょっと気の利いた人にはオファー殺到です。でも全部それでクリアするのは難しいので、現実的な対応は、１人ぐらい元経営者にお願いしようと。１人ぐらいは例えば学識経験のある人で、かなり経営のわかっている人。もう１人は弁護士さんとか公認会計士さんにお願いしようという形で、何とか今こなしています。

**（質問）**　日本の会社の問題点として、取締役会で活発な議論がなされないと聞きましたが、取締役会を活性化させるポイントは何でしょうか。

**（回答）**　ポイントは、執行側も社外の側も、取締役会を本当に決議する場所と思っているかどうか。裏返して言うと、否決があり得ると思っているかどうか。私自身、時々取締役会の審議を止めます。「ここで決議はないだろう。暴れるぞ」と言って。日本の取締役会は、現実には大体全部コンセンサスです。一人でも強硬に反対すると、そこでは決議しません。この前のセブン＆アイグループのケースはレア中のレアで、巌流島の決闘みたいになってしまったので、雌雄を決さなければいけない。でも、普通の意思決定は全員賛成なので、例えば、冨山取締役が、「いや、この議論はちょっとおかしい。ここでもし決をとったら私は反対に回りますよ」と言ったら、そこで大体取り下げられます。そういうことが年に１回か２回でもあり得べしか、あり得べしでないかというところで全く議論の活力が変わります。

ほとんどのいわゆる行儀のよい会社では、過去10年ぐらい一度も起きていないです。内紛状態にならないと起きないので。今僕が言っているのは通常の状態ですよ。通常のいろんなデシジョンをしていく中で、そういうことがあるのではないかというのがポイントで、それは結局、社外をやっている人の根性の問題、どこまで真剣にやっているかなのです。

こちらも反対のための反対はしないですよ。実際、僕自身は２段階に使い分けていて、執行部で練り上げてきて、苦労して一生懸命やってきた話だから、理由を明示した上で、反対したいが、今年は見逃すというふうに賛成する場合があります。来年来たら絶対反対するのでと言うと、翌年は最初から私の言うとおりの案が上がってきました。でも、それは、こちら側もリスクがあるのです。勝負に出ているわけです。僕の見立てが間違っていて、うまくいって、それ見たことかになる場合もあり得るのですから。だから、どこまでかかわる側が真剣勝負に出るか。

少々きれいごとに聞こえるかもしれませんが、私はオムロンという会社、パナソニックという会社、ぴあという会社に真剣に思い入れを持っている。持っているから社外役員になっています。

社外取締役は情報がないなどと言うのですが、僕に言わせると、あれは言いわけ。情報は言えばとれますし、言えば説明に来ます。社外取締役が本当に真剣にこういう情報を出せと言えば、会社は出してきますよ。そこで抵抗する人は相当度胸がある人ですよ、はっきり言って。僕の経験上、出してきます。あるいは直接社長に電話して、「あれはどうなったのですか」と言えば、社長は説明しますよ。教えてくれと言って、教えないのは変ですよね。逆に、そういう人でないと頼まないです。

もちろん、こういう話は一夜にしては変わらないです。みんな、ここを１つ変えれば全部がらっと変わるみたいなことを期待するのですが、何十年としゃんしゃん型で取締役会をやってきて、30分で終わらせてきた会社が、３時間たっぷり議論して、議論したあげくに時々通らないみたいな物事の決め方には、そんな急にはならないです。従来は、その手前の経営会議か何かで決まっていれば絶対通るという前提で、みんな走っていたわけですが、取締役会で否決されることがあるわけなので、全ての仕事の手順が変わります。出たとこ勝負になるということは、事務方はやはりストレスです。事務方は予定調和のほうが楽ですからね。だから、最初のうちはストレスなのですが、みんな、そんなものだと思ったら、それを前提にやるのです。

逆に言うと、意思決定が早くなる。従来は、予定調和で絶対通るとわかっているから、きちんと時間をかけて全部根回ししていたのが、否決があると思ったら結構生煮えでも出してくる。１回さらして、ボツにされて、それからきちんと決めようとしている。そうすると、結果的にかなり実質的な議論ができるでしょう。組織の側は、きちんとそのように進化してくる。だから、そのように進化してくるところまで粘り強く、社外も努力しなければいけないし、執行部、社長や、取締役会を見ている取締役会室とかがどれだけ真剣に仕事をするかで、５年、10年たって全然変わってくる。

だから、私がガバナンスについてよく言うのは、ガバナンスは一日にしてならずです。今、オムロンという会社はベストプラクティスということになっていますが、オムロンがガバナンス改革を始めたのは20年前です。もともとオムロンは立石家のオーナー企業だった。立石一真という創業者の社憲――会社の憲法の１つが、「企業は社会の公器である」でした。公器たる企業において、立石家がずっと経営するのはおかしいと立石一真自身が言っていて、３代目までは立石家の人でしたが、企業もどんどん大きくなっていって、もう立石家の会社ではなくなっていくし、持株比率も下がってくるから、そうなると公器性というものをきちんと取り組んでいこうということで、ガバナンス改革を20年近く前に始めたのです。

オーナー家で世襲しているうちは、この問題は、ある意味でそんなにややこしくないのです。オーナー家の長男だから跡を継ぐということで、社外も社内もオーケーになる。そうでなくなってくると、きちんとした手順を踏んでやっていかないと、公器性というものに反していく可能性が大だということで、僕も10年前に社外で入りました。そして、十何年かけてここまで来た。

形だけでなくて、実際の運用の中でそう思っているので、こういう社憲は一番強いです。半分慣習法ですから。慣習法的な部分と、こういう実定法的な部分の組み合わせです。皆さんは法律をやっているからわかると思うけれども、法律の源として、意外と慣習法は強いのです。下手に成文法を書くよりも強かったりします。

こういう話を考えるときに大事なのは、慣習法はどこから生まれてくるかというと実務から生まれるということです。実務から生まれてくる問題というのは、会社であれば、必ず経済的背景や実社会的な背景がある。結果的に、それを反映して慣習法ができていき、プラクティスができていきます。

実はこれは本来の立法もそうなのです。法律をつくっていくというのも、本来、全く立法事実がないところに法律は生まれないわけです。実は法解釈においても、有名な法解釈は法創造的でしょう。まさに民法94条２項の表見法理などは、別にそう書いてはいないのですが、そういうふうに解釈する人が出てきたということは、当然社会の実体、実相において、そう解釈したほうがいい場合がたくさん出てきたから、そういう解釈を使っているわけです。

ということは、何を意味しているかというと、よき法律家、あるいはよき法律を書く人は、社会を認識して分析する力があるということ。つまり、いわゆる狭い意味での法解釈学だけしていると、その力は身につきません。社会科学というのは、その１つの方法論です。社会学や経済学というのは、社会的観点や経済学的観点からそれを分析する方法です。政治学というのは、政治的切り口から社会を分析する方法論です。だから、よき法律家になろうと思ったら、社会学、経済学、政治学を、別に学問的に身につけなくてもいいですが、分析的な方法論とか、物事を観察する方法論として、皆さんがそういう力を持っているということはすごく大事です。そういうものを持っている人は、おそらくすごくよき法律家になります。あるいはよき立法者になると思います。

本日は、半分以上は立法事実の話をしています。コーポレートガバナンス・コードをつくったときに、僕らはどういう立法事実に立脚したかという話をしているわけで、それを私自身の個人的体験も踏まえて――100社ぐらい再建をやっていると統計的には結構有意ですから。僕はｎが100ぐらいある。それも踏まえてこういうことを言っているわけです。

皆さん、今後いろいろな人生、いろいろな局面があると思いますが、もし法律というものにかかわっていく人生になっていくとしたら、政策側に行く人もいるだろうと思うし、いわゆる法律家になる人もいると思いますが、普通の法律の枠を超えて、社会を見る目、あるいは社会を分析する切り口というのか、そういう洞察力みたいなものも身につける努力をぜひしてください。そういうものを持っている人に対する社会的ニーズは、経営においても政策においても今劇的に高まっている。これは本当に劇的です。閉じた世界の法律家というのは、今あまり必要とされていません。ひょっとするとAIに置きかえられてしまいます。これは本当に深刻です。法文を読んで、単に要件事実を当てはめてどうのというのは、多分AIはできてしまいます。時間の問題で、できるようになってしまうので。

そうすると、この時代、皆さんが本当に社会にとってよい仕事をしていこうと思ったら、やはりそういうものを超えた、自分自身のフレームワークで世の中を見つめる目をもつことが必要です。これは結局、人間を見つめる目ですから。経済的動物としての人間を見るのが経済学です。政治的動物としての人間を見るのが政治学です。あるいは社会的動物としての人間を見るのが社会学です。そういう視点というのは、ぜひいろんな局面で持ってください――これは多分生涯学習だと思います。僕自身は法学部卒業の司法試験合格組なので、学生時代は全くそういう勉強はしていません。経済学も、あるいは社会学的な物の見方も卒業してから勉強した。だから、生涯そういうことを勉強していくようになるとすばらしいなということを最後の言葉として皆さんに送って、本日の講義を終わりにしようと思います。ご苦労さまでした。

# 第２章　コーポレートガバナンス改革と独立取締役

一橋大学大学院国際企業戦略研究科　藤田　勉

## 1　はじめに

皆さん、こんにちは。ただいまご紹介にあずかりました藤田です。本日は、コーポレートガバナンス改革ということで、グローバル比較を交えてお話しさせていただきたいと思います。

今から私は質問しますので、二者択一で必ずどちらかに手を挙げていただけますか。それを見て講義の内容が若干変化するかもしれないということで、ちょっとお聞きしたいと思います。

お聞きしたいのは、コーポレートガバナンス・コード、そしてスチュワードシップ・コードが日本に導入されたわけですが、これによって日本のコーポレートガバナンスがよくなると考えるかどうか。人によっては中間だという人もいるかもしれませんが、別に試験ではありませんから、どちらかに手を挙げていただきたいと思います。

最初に、日本でコーポレートガバナンス・コードやスチュワードシップ・コードを導入することによって、日本のコーポレートガバナンスはよくなると思う人は手を挙げてください。（挙手多数）ありがとうございます。

２番目、コーポレートガバナンス・コード、スチュワードシップ・コードによっても日本のコーポレートガバナンスは改善しないと思う人、手を挙げてください。１人だけ手が挙がっていますね。私です。私が手を挙げているということです。

つまり、この講義の前に確認したところによると、本日出席している人は、日本のコーポレートガバナンス・コード、そしてスチュワードシップ・コードによって、日本企業のコーポレートガバナンスがよくなると思っているということですね。よくならないと思っている人は多分私だけだという理解で正しいですか。では、講義が終わった後、もう１回同じ質問をします。そのときに、ぜひ勉強の成果を確認してみたいと思います。

それでは最初に、私の経歴をご紹介させていただきたいと思います。私は何者かといいますと、33年間証券会社に勤めておりまして、約20年間、外資系の金融機関に勤めておりました。何の仕事をやっていたかというと、サラリーマン人生の半分ぐらいはファンドマネジャーをずっとやっておりました。その後、10年間、ストラテジストという仕事をやりまして、証券会社の調査部ですが、そこにおりました。その後、2010年から６年、副会長で会社の経営をやっていまして、主に投資、そして調査の仕事をしていました。

ということで、基本的には日本の株式市場の調査・分析を仕事としてやっておりまして、M&Aや会社法、コーポレートガバナンス、ROEといったものが主な研究分野であります。学術上の専門は会社法であって、その中の株式の議決権が中心の研究テーマです。

## 2　コーポレートガバナンスの基礎理論

### ⑴　よいコーポレートガバナンスとは何か

まずコーポレートガバナンスの基礎理論から入っていきたいと思います。

皆さんに質問しますが、よいコーポレートガバナンスとは何か。

――抽象的ですが、法令遵守をきちんと実践して、かつ、経営の効率性を改善することができるような企業行動。

法令を遵守する。悪いことをしないということですね。法令を遵守して、きちんと規則を守りながら、経営の効率性を追求するという答えですね。そうすると、具体例で言うと、よいコーポレートガバナンスの会社とはどういう会社になりますか。日本で一番コーポレートガバナンスがよい会社。

――よく出てくるのは日立。

日立製作所ですね。日立製作所としてのコーポレートガバナンスがよい。

なるほど。ありがとうございます。ほかにいかがでしょうか。

――経営の生産性を向上できるということと、風通しがよい組織をつくっていけるようなところです。

そうすると、具体例でいくと、どんな感じになりますか。日本で一番コーポレートガバナンスがよい会社。

――前に授業で講師の方がおっしゃっていたのですけれども、オムロンという会社はすごくよいなと感じます。

京都のオムロンですね。参考までに、それはどなたがおっしゃっていたんですか。

――冨山和彦さんです。

さすがですね。後で冨山さんの話が出てきます。よい会社だと思いますが、オムロンが日本で一番かどうかということに関しては、やや違う見方のある人もいるかもしれないということですね。ほかにいかがですか。

――基本的には、多種多様なステークホルダーに対して公正な利益を配分できるというのがよいガバナンスだと思います。

そうすると、今、日本でよいコーポレートガバナンスの会社と聞きましたが、世界ではどうですか。私から意見を言わせていただくと、唯一これだけということはないのですが、日本で一番コーポレートガバナンスのよい会社はトヨタ自動車であると定義しています。世界で一番コーポレートガバナンスのよい会社はアップルであると言っております。グーグルかもしれない。今アルファベットですかね。ということで、アップルか、アルファベットか、マイクロソフトかな、こんな感じで私は考えている。日本だと断トツでトヨタ自動車だと言っているわけです。

なぜ私がそう考えるかというのは、何事もやはり基準が大事でありまして、そもそもよいコーポレートガバナンスとは何なのだというのは、きちんとコーポレートガバナンスの理論に基づいて議論しないと話にならないということになりますから、ここからコーポレートガバナンスの理論を皆さんと確認していきたいと思います。

### ⑵　コーポレートガバナンスの理論の起こり

コーポレートガバナンスとは何ぞやというのはいろいろな考え方があります。ですから、これは私の解釈であって、これが唯一無二の正解ということでは必ずしもないので、１つの参考意見だと思って聞いてください。

もともとの始まりは中世の十字軍です。1096年、十字軍が始まりました。これはローマ教皇が、イスラエルのエルサレムがイスラム教徒に脅かされているので、これを奪回しようと始めたわけでありまして、それで率いられたヨーロッパの軍隊がどっとエルサレムを攻めていったという話です。

そのときに、イギリスでは、土地とか、そういったものは、もともと国庫のものであるとされているわけで、騎士が十字軍に出かけていって、もしも死んでしまったら家族が路頭に迷うということになるわけです。それでは困るということで、十字軍に遠征する前に、各貴族たちが土地とか屋敷とか田畑を中立の善意の第三者に預けていった。これが信託の始まりです。善意の第三者とは何かというと、一般的には教会だったわけです。中世では一番悪いことをしなさそうな人が教会だったということで、教会に一定の信託報酬を払った上で土地信託をしていった。これが「ユース」の始まりです。これが信託の概念でありまして、現在のアメリカのコーポレートガバナンスの理論は、もともと信託の理論から発展してきたということになります。

20世紀になりまして、アメリカで経営者支配論が発達しました。これを唱えた学者がバーリー、ミーンズです。かつて日本と同じようにアメリカでも財閥があったわけです。ロックフェラーとかモルガンとかカーネギーとか、そういったような財閥があって、株式を集中して保有していたわけです。しかしながら、1920年代にその株式がだんだん一般大衆化してまいりまして、1930年代になりますと、日本で言うところの財閥解体に近いような動きがありました。法人が株式を持つことに関して二重課税などをして、できるだけその株式を分散させていったということがありました。

その結果、何が起こったかというと、株主が小さく分散していった。小さく分散した株主は、そもそも大きな力を持ち得ない。大株主だったら経営者も言うことを聞くのですけれども、１個１個の株主が小さかったら一々言うことを聞かないということになってきて、株主の経営監視の動機が非常に薄れてきました。その結果、経営者がやりたい放題やってしまう。大きな車を買い、大きな自社のジェット機を買い、もしくは社費を使って遊びに行ってしまうといったようなことがあるので、経営者支配論ということが言われるようになったわけです。

その次に、「契約の束」というのがあります。1972年ですが、アルチャン、デムセツが「契約の束」モデルを提唱いたしました。これは後ほど出てきますから、ぜひ覚えておいてほしいのですけれども、全て会社は契約で成り立っているという考え方です。従業員だろうが取締役だろうが出入りの業者だろうが、全ては契約で成り立っている。１個１個は契約で成り立っていて、それを束ねたものが会社であるというのが「契約の束」という概念です。

その次が、「エージェンシー理論」です。ここから近代的なコーポレートガバナンス理論が誕生しました。ジェンセン、メッケリングが唱えた概念です。

1976年にエージェンシーコストの概念が発表されて、信託理論を汲むエージェンシー理論が、今なおコーポレートガバナンス理論の中核になっています[(1)]。「エージェンシーコスト」というぐらいですから、当然エージェントがいるわけです。株主がプリンシパル、そして取締役がエージェント、プリンシパルがエージェントに業務執行を委任する[(2)]、これがエージェンシーコストの１つの概念でありまして、プリンシパルの思っているとおりにエージェントが動いてくれる。取締役は、自己の利益を追求せず、株主の利益を最大化させる[(3)]、そうすると、エージェンシーコストは下がる。それを指して、よいコーポレートガバナンスだということになってくるわけです。

### ⑶　エージェンシーコストの定義

さて、エージェンシーコストですけれども、時代によって変遷があります

---

⑴　Stephen M. Bainbridge, *Mergers and Acquisitions*, University Textbook Series（2003）, pp 30-36.

⑵　Jensen, Michael and William Meckling, “Theory of the Firm: Managerial Behavior, Agency Costs, and Capital Structure”, Journal of Financial Economics（1976）.

⑶　Frank H. Easterbrook, Daniel R. Fischel, *The Economic Structure of Corporate Law*, Harvard Univ Pr; Reprint,（1996）, p. 92.

（〔図表４－１〕）。コーポレートガバナンス理論の大きな特徴は、社会の変化、経済の変化とともに、この定義が変わってくるということがあります。

### (i) プリンシパルとエージェントの利益相反

先ほど言いましたプリンシパルとエージェントの利益相反についてですが、例えば私が藤田＆カンパニーという会社をつくったとします。私が100％株主で、私しか従業員がいないというときに、基本的に藤田＆カンパニーは、社長である私の大体思うとおりに動く。100％ではありませんけれども、基本的に思うとおり動くということになってきます。そうしますと、エージェンシーコストは事実上ゼロに近いということになるわけです。

ところが、この会社がだんだん大きくなってきて上場したら、多くの株主が発生するわけです。上場企業は必ず取締役会が必要ですから、最低３人取締役が必要だということになってきますし、従業員も増えます。それから、中小企業だったら許されることも大企業になったら許されないといったことが発生します。それによって、だんだん経営と所有が分離をしていく。私がつくった藤田＆カンパニーが、私の思いどおり動かなくなってしまう。これをエージェンシーコストと言うわけです。これが今でもよく言われるコーポレートガバナンスの基本中の基本です。

### (ii) 支配株主と少数株主の利害相反

これからだんだん理論が発達してまいりまして、支配株主と少数株主の利害相反のガバナンスが問われるときがあります。アメリカ、もしくはイギリスのようなアングロサクソンの国ですと、支配株主は一般的に少ない。例えば親子上場みたいなものは、アメリカではほとんどない。しかし、大陸ヨーロッパや日本では、親子上場やオーナー経営といったようなもの、例えばソフトバンクでいけば、孫正義さんが圧倒的な株主で、かつ社長である。日本電産でいくと、永守さんが筆頭株主であって、社長である。こういったことがありまして、支配株主が影響をたくさん与えるということになります。

そうすると、ソフトバンクでいうと、孫さんがよかれと思って投資をする。例えば、この前、イギリスのARMという会社を３兆円以上で買ったわけで

〔図表4－1〕エージェンシーコストの定義

1．プリンシパル（株主）とエージェント（取締役）の利益相反
ジェンセン、メッケリング（1976年）＊1
プリンシパルが唯一の株主で唯一の経営者である場合、その会社を自由に経営できる→エージェンシーコストは事実上ゼロ。
上場会社の場合、多くの株主が存在。経営と所有が分離→エージェンシーコストの発生。
2．支配株主と少数株主の利害相反
パンネッズィ、ブルカルト、シュライファー（2002年）＊2→EUの研究が発達
大陸欧州や日本では、特定株主の影響大（例：親子上場、オーナー経営）。
3．株主・経営者とそれ以外のステークホルダーの利害相反
アーマー、ハンスマン、クラークマン（2009年）＊3
例：工場閉鎖、「株主・経営者」対「従業員・地域社会」

＊1　William H. Meckling and Michael C. Jensen, "Theory of the Firm: Managerial Behavior, Agency Costs and Ownership Structure," Journal of Financial Economics, Vol. 3, No. 4, 1976.
＊2　Fausto Panunzi, Mike Burkart and Andrei Shleifer, "Family Firms", FEEM Working Paper No. 74. 2002.
＊3　Armour, John Armour Henry Hansmann and Reinier H. Kraakman, "Agency Problems, Legal Strategies, and Enforcement", Oxford Legal Studies Research Paper No. 21/2009.

す。そうすると、借金をいっぱいするから危ないということで株価が下がっていきました。そうすると、支配株主と短期の利益が欲しい少数株主の間で利害相反が発生するわけでありまして、これが21世紀に入って注目されるエージェンシーコストです。

### (iii)　株主・経営者とそれ以外のステークホルダーの利害相反

さらに一番新しいものとしては、株主・経営者とそれ以外のステークホルダーの利害相反ということになってきます。例えば、経営が不振だから工場を閉鎖するとコストが減るわけです。コストが減れば、当然のことながら経営者や株主にはプラスになるということです。しかし、従業員や地域社会に

は非常にネガティブな影響が出るということがあります。そうしますと、ここで利害相反が発生するということです。

ですから、これら３つのパターンで利害相反、利益相反が発生するということで、これらを総合的に全部小さくしてあげるということです。これらの３つをバランスするのは大変難しいのですが、私は、全て配慮しながら、きちんとバランスをさせてエージェンシーコストを小さくする、これがよいコーポレートガバナンスなのかなと定義をしています。

### ⑷　会社は誰のものか

次に、会社は誰のものかという議論をしてみたいと思います。会社は誰のものですか。

――株主が出資をしていて、そのお金をもとに事業を行うというのが基本だと思うので、そのお金の出どころである株主が、その会社の持ち主。

どうしてですか。よく会社はお客様のためのものだという人がいますし、いや、会社は従業員のものだという人もいますね。うちの会社は従業員を大事にしていると。それは間違っていますか。それでも会社は株主のもの？

――そうですね。会社は株主のものだと思います。会社はお客様のためのものではあるかもしれないですけれども、誰のものかという意味では株主のものだと思います。

#### (i)　残余財産請求権者としての株主

では、会社は株主のものだと言っている人たちの理論的根拠を聞いてみたいと思います。これが**〔図表４－２〕**にありまして、株主は残余財産請求権者ということです。会社は株主のものという意見が今あったわけですが、1990年代ぐらいまで、これが一般的に正しい議論と言われており、この大きな根拠は、株主だけがリスクを負う、こういったことが前提になっていました。先ほどお話した、会社は「契約の束」であるということです。「契約の束」をもう１回確認しますと、ステークホルダーと会社が個々に契約を締結している。口約束でも契約は契約ですから。会社はそれを束ねたものだというのが、会社は「契約の束」という考え方です。

〔図表４－２〕会社は誰のものか？

株主（残余財産請求権者）

1．「会社は株主のもの」は、「株主のみがリスクを負う」が前提。

2．会社は「契約の束」（ステークホルダーと会社は個々に契約を締結。会社はそれを束ねたもの）。

3．契約が完全に履行される限り、株主のみが残余財産請求権（最終的な利益と清算時の残余財産を無制限に得る権利）を持つ。

株主以外（確定財産請求権者）

1．株主以外の契約者は、リスクを負わない。

2．債券などの資本提供者、従業員の給料、取引先の売掛金など→一定の利益（金利など）が保証されている、清算時に会社の財産を優先的に受け取る権利。

①株主はハイリスク・ハイリターンなので、会社の利益を極大化する動機が大きい、②株主のみ議決権を持つ（会社法）→株主主権論の根拠[*1]。

＊1　宍戸善一著『動機付けの仕組みとしての企業―インセンティブ・システムの法制度論』（有斐閣、2006年）172頁参照、Frank H. Easterbrook, Daniel R. Fischel, "The Economic Structure of Corporate Law", Harvard Univ Pr; Reprint（1996）, Clifford W. Smith and Michael C. Jensen, "Stockholder, Manager, and Creditor Interests: Applications of Agency Theory", Harvard University Press, December 2000.

会社が「契約の束」であれば、契約が完全に履行されれば株主だけが残余財産請求権を持つことになります。会社は通常、１年に１度決算をします。決算をしたときに、最後に残った当期純利益がありますが、そこから配当を払って残ったものが最終的な利益となるわけです。そして、清算時の残余財産、これは破綻したときや、会社をもうやめるのだと言って清算したときに、残った財産――いわゆる自己資本というもの――があれば、これを無制限に得る権利があるということです。ですから、残っていれば利益と資産を無制限に得る権利がある。これが株主であって、会社が破綻したら、利益も残余財産もゼロかもしれないということなので、株主はとてもリスクを負っているということになります。

一方、契約が完全に履行されるのであればリスクはないでしょうということで、株主以外は確定請求権者といった区分けをするわけです。要は債権者とか従業員とか、こういった人たちは確定請求権者だと。会社が破綻したときは、真っ先に従業員の給料とか退職金を払ってあげるとなるわけでして、これらを返していって、最後に残るのが普通株式であるということになるわけです。

したがって、**〔図表4－2〕**にあるように、株主がハイリスク・ハイリターンなので、会社の利益を極大化する動機がとても大きいということです。従業員ももちろん利益を極大化したいと思うのだろうし、お客さんだってそのように思うかもしれないけれども、明らかにリスク・リターンは株主のほうが大きいということです。

また、会社法上、株主だけが議決権を持っているわけで、債権保有者は基本的に議決権はありません。日本の場合、従業員は基本的に経営に参加する権利はありません。なお、後ほどヨーロッパのガバナンスの話をしますが、ドイツを中心とした中央ヨーロッパでは、従業員に経営に参加する権利を与えることがあります。

これらの2つの理由から、株主が会社をコントロールすべきだということで、株主主権論の根拠になってくるわけです。

### (ii)　不完備契約理論

その次に不完備契約理論に触れたいと思います。この理論は、グロスマン、ハート、ムーアが提唱したもので、この前、ハートがノーベル経済学賞を受賞しました。先ほど申し上げたエージェンシーコストの理論、つまり1976年にできたジェンセン、メッケリングの理論より10年以上遅れて、この理論が完成しています。

不完備契約理論は株主だけが残余財産請求権者ではないでしょうという理論です。つまり、完全契約は存在しないという考え方です。建前はもちろん完全契約はできるのですけれども、実際に完全契約を締結することは不可能だと。したがって、この前提が崩れるという話です(4)。

例えば、債権や従業員の給与とか年金など会社には、いろいろな債務がありますけれども、これを完全に履行できるのだったらそうですが、完全には履行できないでしょうという話です。かつて日本航空（JAL）が経営破綻しました。そのときにどうしたかというと、もう既に退職して、JALとは一切関係なくて、年金受給権が確定している退職者の年金を減額したのです。返してくれないと年金をやっていけないと厳しいことを言って、多くの人が合意をして退職年金が減額になったわけです。つまり、従業員をやめたってリスクを負っているということになってくるわけです。

したがって、株主だけが残余財産請求権者であるというのは間違いだという考え方です。従業員とか取引先など、多くのステークホルダーが残余財産請求権者に入っている、契約が不完備だったら、「契約の束」モデルを前提とした株主主権論は成り立たないでしょうという話です。

もちろん、株主だけが議決権を持っていることは確かで、会社法では、株主は、配当を受け取る利益証券としての権利、残余財産を受け取る資産証券としての権利、議決権を与える支配証券として権利、この３つの権利があるということですけれども、会社法にはどこにも会社は株主のものだとは書いていません。

そうすると、会社は株主を中心とする多くのステークホルダーのものだと私は考えています。お客様も大事だし、もちろん従業員も大事だということですけれども、そうはいっても、圧倒的にリスクをとっているのは株主でしょうという考え方でして、全部のステークホルダーが大事だと。会社は誰のものかというと、株主を中心とするステークホルダーのものだというのが正しいのではないかというのが私の解釈です。これはいろいろな理論の解釈があります。そういう意味から、皆さんが本日の議論をヒントにして、いろいろな考え方をぜひ持っていただきたい。次から、会社は誰のものだと聞かれたら、それらを答えるというようにしていってほしいと考えます。

---

(4) Grossman, S. J. and Hart, O. D., "The Costs and Benefits of Ownership: A Theory of Vertical and Lateral Integration". Journal of Political Economy 94 (1986) pp. 691-719. Hart, O. and Moore, J., "Incomplete Contracts and Renegotiation" Econometrica 56 (1988) pp. 755-785. Hart, O. and Moore, J., "Property Rights and the Nature of the Firm", Journal of Political Economy 98 (1990) pp.1119-1158.

### ⑸　よいコーポレートガバナンスとは

さて、これまでの話をベースに、よいコーポレートガバナンスの定義は何かというと、株主を中心とする多くのステークホルダーとプリンシパルとの、いろいろな摩擦を減らしていくということだとなります。多くのステークホルダーをできるだけ最大公約数として満足させるということだと私は解釈しています。もちろん、全員を完全に満足させることは絶対できません。従業員を満足させようとすると株主の取り分が減ってくるわけです。そういったことがありますから、全員を完全に満足させられないのですけれども、最大公約数があるのではないかというのが私のポイントになってくるわけです。

そうすると、どうしたら全てのステークホルダーが満足するのか。私は、利益を増やして、かつ、株式の時価総額が増える、こういった状態にしたら、これが株主を中心とする多くのステークホルダーが一番満足した状況だと解釈しています。

先ほどトヨタとかアップルと言いました。話は簡単で、日本で圧倒的に利益の額が大きくて、圧倒的に株式の時価総額が大きいのはトヨタだからです。株式の時価総額が、本日トヨタは20兆円を超えておりますが、その次がNTTとかNTTドコモでありまして、大体10兆円です。圧倒的に利益も稼いでいるし、時価総額が増えているということになります。

では、なぜ利益が増えているのかというと、それはトヨタの車が売れているからです。なぜ売れているのか。それはお客様を大事にしているからです。お客様を大事にして、お客様の利益を追求して、よい車をつくっているから、トヨタの車は売れるのであって、それにお客様が価値を感じているということになるわけです。

当然、利益の多い会社は従業員も多いし、従業員の給料も相対的には高いということになってくるわけです。もちろん、利益はぶれたりしますし、株式の時価総額は会社の将来を見るわけです。アマゾン・ドット・コムは、今はちょっと黒字になっていますけれども、ついこの間までずっと赤字でした。では、アマゾンはだめかというと、株式の時価総額は今35兆円ぐらいです。さきほど日立製作所がよいコーポレートガバナンスという意見がありましたが、時価総額は大体２兆5,000億円ぐらい、パナソニックも２兆5,000億円ぐらいです。皆さん、フェイスブックを使いますか。フェイスブックは時価総額35兆円ぐらいです。アップル、アルファベットクラスで50兆円から60兆円です。ですから、世界のIT企業は、時価総額も非常に大きくて、利益も大きい。利益と時価総額が大きいということは世の中に非常に評価されているということで、私は、利益と株式の時価総額を上げると必ず世の中の役に立つと考えています。利益が多いということは、通常は払っている税金が多い。雇用も多いし、設備投資も多いということになります。もちろん、皆さんの意見にありましたように、規律を重視する、法律を守る、もしくは環境に優しい、そういったことも全部やっていく必要があるわけです。そういったことを全部満たして、つまり社会と調和し、社会で尊敬されながら、同時に利益を稼ぐ、これを両立している会社が私はよいコーポレートガバナンスの会社だと考えているわけです。すなわち、事業の成功によって世の中に貢献している会社が、私はよいガバナンスの会社だと考えています。

逆に言うと、儲かっていない会社は、いくら品行方正で、たくさん寄附をしていてもだめだと。いくら環境に優しくて、いくら社外取締役が多くいたとしても、そういった会社はよいガバナンスの会社ではないと私は言っております。利益を稼いで、しっかり税金を払って、たくさん雇用を生んで、たくさん設備投資をして、新しい画期的な商品をどんどんつくって初めて世の中に貢献できるわけですから、画期的な新商品をつくれない会社になってきますと、よいコーポレートガバナンスの会社かどうかはクエスチョンマークだということになってくるわけです。

以上が私の話の第１番目ということで、最初にコーポレートガバナンスの理論を皆さんに確認してもらいました。

## 3　コーポレートガバナンスの国際比較

### ⑴　独立取締役の国際比較

次はコーポレートガバナンスの国際比較をしてみたいと思います。今までの講義の中で、コーポレートガバナンスのお話の中で独立取締役の話をしっかりしてくれた人はいますか。
――そうですね。多くの講義で独立取締役の話は出てきました。

やはり独立取締役の数が多ければ多いほど、よいガバナンスになると言っていましたよね。
――そうですね。

深く考えず、何となしにそういう気がしますよね。コーポレートガバナンス・コードやスチュワードシップ・コードがあると、よいコーポレートガバナンスになる、普通に考えるとそんな気がしますね。これを確認するという作業が必要です。多くの場合、ほとんど数字を確認せず、何となしに独立取締役が増えるとよいガバナンスになる、コーポレートガバナンス・コードによってよいコーポレートガバナンスになるような気がする、と感じる。そう思っている人は、別にそれ自体は異常ではないのですが、多くの世の中の常識は間違っている場合が多いということです。

逆に、私は証券会社で33年生きてまいりましたが、生き残ってこられた大きな理由は、必ず常識を疑うということです。みんなが一般的に常識だと言っていることも、間違っているかもしれないと思って、必ず最低１回は疑ってみる。私は基本的に５回疑う。５回なぜを繰り返します。独立取締役を増やしたらよいガバナンスになるのか、なぜか、なぜか、なぜかというのを必ず５回繰り返してきます。

この解き方はいくつかありまして、１つは、グローバルに分析するということです。もう１つは、歴史を分析するということです。３番目、データで分析する。４番目、制度で分析するということです。最後、５番目、これが一番大事だったりするわけですけれども、それが真実かどうか、もう１回理論に返ってみるということですね。私は、こうやって５回全部チェックしています。

### (i)　独立取締役構成比の国際比較

まず、私は外資系証券会社が長かったので、できるだけ海外の事例を見るようにしています。**〔図表４－３〕**の上の表、これは独立取締役の構成比を国際比較しているものです。スイス、アメリカを見ると、取締役の８割から９

〔図表4－3〕独立取締役の国際比較

1．多くの米国企業では、CEOのみが社内取締役（独立取締役構成比84%）。
2．敵対的買収を含むM&Aが活発だった1980年代に独立取締役の構成比が大きく上昇（1980年37%→1990年60%）。
3．経営判断原則。プロセスが適切→損害が生じても取締役は免責。
4．独立取締役決議による買収防衛策（ポイズンピルなど）発動は経営判断原則が適用されやすい。

独立取締役構成比の国際比較（2015年）

| | 平均取締役人数 | 平均独立取締役人数 | 構成比 |
|---|---|---|---|
| スイス | 10.3 | 9.1 | 88% |
| 米国 | 10.8 | 9.1 | 84% |
| フランス | 10.7 | 7.2 | 67% |
| オランダ | 10.3 | 6.3 | 61% |
| 英国 | 16.2 | 9.6 | 60% |
| イタリア | 14.3 | 8.4 | 58% |
| ドイツ | 11.9 | 5.8 | 49% |
| スペイン | 10.9 | 4.2 | 39% |
| 日本 | 10.9 | 2.7 | 25% |

注：独立取締役の人数について、英国は、取締役議長除く、ドイツは、株主代表のみ。日本は2016年時点。

出所：スペンサー・スチュアート、ブルームバーグ

米国の独立取締役構成比の推移

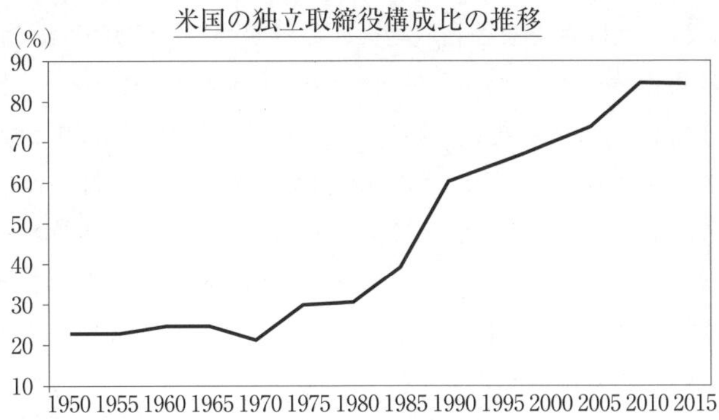


注：2010、2015年はSpencer Stuartデータ。

出所：Jeffrey N. Gordon, "The rise of independent directors in the United States, 1950-2005: Of Shareholder Value and Stock Market Prices", Stanford Law Review Volume 59, Issue 6, April 2007, Spencer Stuart.

割が独立取締役です。日本は一番下ですけれども、その間にいくつか層がありまして、フランス、オランダ、イギリス、イタリアは大体６割です。半分強が独立取締役。ドイツ、スペインは大分下がってきて、日本はぐっと低い、こんな感じです。これを見て、日本はガバナンスが遅れている、独立取締役を増やすとよいガバナンスになると言っている人がいるわけです。

それだけ聞くと、何となしに、ああ、日本は遅れているな、独立取締役が増えたらさぞかしよいガバナンスになるのだろうと大体思います。グローバルスタンダードからすると日本は遅れているという人がいるのですが、世界にはコーポレートガバナンスの標準型はありません。それは、会社法が国によって全く違うからです。ここから何がどう違うかという制度論を皆さんに説明します。

まず、比率が非常に高いスイスです。スイスにはノバルティスという会社がありまして、ヨーロッパで一番大きい薬品会社ですが、取締役が全員独立社外取締役です。つまり、社内取締役は一人もいない。日本では、例えば、監査役会設置会社であれば必ず代表取締役が必要ですから、社内取締役１名が必要ということになりますので、これはできません。

アメリカは、例えばシティグループでいくと、今、社外取締役が12人いまして、全部独立ですが、社内取締役は１人です。つまり、13人中、社内取締役が１人、あとはみんな独立取締役、これが今アメリカでは普通です。マイクロソフトとか、バークシャー・ハサウェイとか、フォードとか、そういったいまだに大株主が残っているところは別ですが、IBMとか、GEとか、AT&Tとか、いわゆるサラリーマン経営者がいるところは、ほとんど例外なしに、大きな会社は全くと言ってよいぐらい１人だけ社内取締役、あとは全部独立取締役になります。後ほどアメリカの会社法を説明しますが、アメリカの取締役会は基本的に株主総会をミニチュアにしたみたいなもので、ミニ株主総会の役割を持っています。

フランス、オランダ、イギリスは全部コーポレートガバナンス・コードが導入されておりまして、後で特にイギリスの例を見てみたいと思います。

ドイツは、平均独立取締役数が5.8と書いてありますが、正確に言うと間違いで、ゼロです。ドイツには社外取締役は一人もいません。制度上、社外取締役という制度はないのです。これは社外監査役を一応独立取締役のところに当てはめているもので、ドイツでは社外取締役はゼロになります。だから、よく独立取締役が多いのがグローバルスタンダードという人がいたりすると思いますが、ドイツに関しては間違っているということになります。

### (ii)　アメリカにおいて独立取締役が増えた背景

では、独立取締役は何のために増えたのか。コーポレートガバナンス・コードが有益だという人に聞くと、コーポレートガバナンスをよくするために独立取締役が増えたと答えが返ってくる人が多いのではないかと思いますが、それは間違っています。**〔図表４－３〕**の下のグラフを見てください。

なぜアメリカで独立取締役が増えたのか。それはCEOを守るためです。社内取締役を守るために独立取締役が1980年代に急増した、これが答えです。1973年、1979年に２回石油ショックが起きました。２回石油ショックが起きて、１バレル＝２ドルだった原油価格が、１バレル＝40ドルまで上がりました。その結果、強烈なインフレが起こったわけですが、石油は、土地を買って掘って精製工場をつくって実際に商品にするまでに軽く５年から10年かかります。1980年に原油価格が大きく上がって――当時はアメリカのテキサス州が世界で一番石油が出たのですが――、ブーン・ピケンズとか、カール・アイカーンといったような敵対的買収が好きな人たちは――例えばブーン・ピケンズは石油会社を経営していたのですけれども――、自分で石油を掘るよりも、石油会社を敵対的に買収したほうが手っ取り早くて儲かるぞということを考えついたわけです。そこで、石油会社を敵対的買収するケースが増えてきました。

この結果、何が起こったか。**〔図表４－３〕**の３番目の経営判断原則が非常に大事になります。例えばカール・アイカーンがある石油会社に対して敵対的買収を提案する際、当然高い値段で経営権を売ってくれと言って、取締役会にこのTOBに賛成するようにと申し入れをします。そのときに、社長が、俺は社長でいたい、でも会社が買収されたら後でクビになってしまうかもしれないと、自己の保身に走る場合があります。株主にとってはよい提案なのだけど、社長が、株主の利益よりも自分の利益を優先して、その買収提案はだめだという場合があるわけです。

アメリカは訴訟が非常に活発です。経営者が株主の利益よりも自分の利益を優先して、買収者の提案を拒否したということで、株主が訴訟を起こして、その社長が丸裸になってしまうということもあり得ます。特に、当時は経営者に対する訴訟の保険が十分ではなかったので、買収を拒否したときのリスクはCEOにとても大きいものでした。

そこで、経営判断原則が出てきます。善意の第三者が判断をして、プロセスが適切だとなれば、結果としてその判断が間違っていて、会社が大損害をした、もしくは株主に大損害が発生したということがあっても、そのときに判断したCEOや取締役は免責されるという考え方です。プロセスが大事、だから、善意の第三者がこの買収提案を拒否してくれたのだったら問題ないけれども、利害のある人が自分の利害を反映してその買収提案を拒否したら、後で訴えられるリスクがある、というわけです。

そこで独立取締役を増やしたらよいということになりました。独立取締役はどうやって選ぶか。基本的にアメリカでは、取締役選任議案は全て取締役会に提示します。ですから、基本的にCEOが、自分を守ってくれるような社外取締役を選ぶことができるということになります。社長が選んだ取締役ですから、判断に迷ったり、どちらでもよいような判断だったら、当然社長に有利なように判断するということになるわけです。そして、独立取締役が判断したポイズンピルなどの買収防衛策が発動して、会社もしくは株主が損をしても、経営判断原則が適用されます。つまり、経営判断原則を適用してもらうためにも、独立取締役は非常に大事で、1980年代に非常に増えたわけです。

その後、2001年ですが、ドッド＝フランク法ができた結果、上場規則において独立取締役を過半数入れるとなりましたが、既に2000年時点で７割が独立取締役でした。過半数を独立取締役にするというルールを後追いで決めていますが、実態は何も関係なかったということです。ですから、アメリカで独立取締役が増えたのは、CEOを守るために、裁判の過程で必要性があったら独立取締役を増やしたということです。ただし、独立取締役の独立性が大事だということになったのは、2000年のエンロン事件です。表面は独立しているのだけれども、中身は腐っていましたという例があったりして、これから独立性がだんだん問われるようになってきました。

### ⑵　独立取締役の効用

#### (i)　独立取締役の監視機能？

さて、独立取締役がいたらよいガバナンスになるという人がいましたが、これはアメリカの実証研究で決着がついておりまして、アメリカの論文を挙げておきました（**〔図表４－４〕**）。ぜひ皆さんもこの論文を読んで確認してください。ほとんどの研究で、独立取締役が有効かもしれないし、有効ではないかもしれないということで、独立取締役を増やすと経営監視機能が非常に効いてよくなるということは、必ずしも確認できていません。これは全く意味がないと言っているのではなく、アメリカでは定説がないということです。

ただ、事実として言えることは**〔図表４－４〕**の１番にあるとおり、1990年以降、独立取締役の構成比が６割を超えた状況になったのですが、独立取締役によっていろいろな不祥事が防げたかというと、エンロン事件やリーマンショックのように、そんなことはないということです。

例えば、**〔図表４－４〕**上のリーマン・ブラザーズの例です。倒産したときに11名取締役がおり、１名のリチャード・ファルドを除いて、みんな独立取締役です。この中で、下から２番目のヘンリー・カウフマンという人は、すばらしい金融の専門家です。1980年代、もともとシティグループにおりましたが、非常に著名なエコノミストで、投資銀行の副会長まで務めた人でした。その他、地銀の人もいたり、金融の専門家等々がきちんといたということです。これらの立派な社外独立取締役の人たちが何をしたかというと、リチャード・ファルドがCEOになって、やめるまでの９年間に報酬を合計620億円払ったわけです。もちろん、この中にストックオプションも入っていたりしますから、全部がキャッシュで払われているわけではありませんが、９年間、何と年平均70億円の報酬を払った。そうすると、何が起きたかというと、リチャード・ファルドはストックオプションや株式がたくさん持っているので、経営はリスクをとるわけです。リチャード・ファルドにとっては、結局、リーマン・ブラザーズは破綻して持っている株式はゼロになったわけ

〔図表４－４〕独立取締役の監視機能？

1．米国：1990年に独立取締役構成比は60％超。世界的不祥事続発：エンロン事件（2000年）、リーマン・ショック（2008年）。

2．実証研究：独立取締役の有効性は確認できず（ステイン、プラザ32研究、ロマーノ16研究を分析）[*1]。独立取締役規制強化では、不祥事は防げない[*2]。

3．独立取締役の限界：リーマン・ブラザーズのCEO報酬は、９年間で約620億円（年平均70億円）。

4．独立取締役２名以上選任（CGコード）では、東芝、旭化成事件は防げない。

リーマン・ブラザーズの取締役会構成（2008年）

| 名　前 | 略　歴 |
|---|---|
| リチャード・S・ファルド・ジュニア | リーマン・ブラーズCEO兼取締役会議長 |
| マイケル・L・アインスリー | 投資家、サザビーズ元CEO |
| ジョン・F・エイカーズ | IBM元取締役会議長 |
| ロジャー・S・バーリンド | 劇場プロデューサー |
| トーマス・H・クルクシャンク | ハリバートン元CEO |
| マーシャ・ジョンソン・エバンス | 海軍准将（退役） |
| クリストファー・ジェンタ卿 | GSK非執行取締役会議長 |
| ジェリー・A・グランドホファー | USバンコープ元CEO |
| ジェリー・A・ヘルナンデス | テレムンドグループ元CEO |
| ヘンリー・カウフマン | ヘンリー・カウフマン社長 |
| ジョン・D・マッコーマー | JDMインベストメント・グループ代表 |

出所：リーマン・ブラザーズ

米国時価総額上位10社の独立取締役構成比

| | 銘　柄 | 取締役数 | 独立取締役数 | 独立取締役構成比 |
|---|---|---|---|---|
| 1 | アップル | 8 | 7 | 88％ |
| 2 | アルファベット | 11 | 8 | 73％ |
| 3 | マイクロソフト | 10 | 8 | 80％ |
| 4 | バークシャー・ハサウェー | 13 | 9 | 69％ |
| 5 | エクソンモービル | 12 | 11 | 92％ |
| 6 | アマゾン・ドット・コム | 10 | 9 | 90％ |
| 7 | フェイスブック | 9 | 7 | 78％ |
| 8 | GE | 17 | 16 | 94％ |
| 9 | ジョンソン・エンド・ジョンソン | 13 | 12 | 92％ |
| 10 | ウェルズ・ファーゴ | 14 | 13 | 93％ |

注：2015年末時点。出所：各社資料

＊1　Guido Stein and Salvador Plaza, "The Role of the Independent Director in CEO Supervision and Turnover", IESE Business School Working Paper No. 133, January, 2011, pp18-20, Roberta Romano, "The Sarbanes-Oxley Act and the Making of Quack Corporate Governance", NYU, Law and Econ Research Paper 04-032, September 25, 2004, p.1533.

＊2　Roberta S.Karmel, "Is the Independent Director Model Broken?", Seattle University Law Review, 2013 Forthcoming; Brooklyn Law School, Legal Studies Paper No. 348., July 29, 2013, p31.

ですが、別に罰金を取られたわけではありません。つまり、高い報酬を得るスキームが、稼ぐときは青天井、なくなったらゼロで終わる――リスクに下限がある、ということなので、どうしても博打に走る経営をしたわけです。だから、リーマン・ブラザーズというのは極めて危ない経営をして、最後は破綻した、こういったことがありました。

そうした意味から、年平均70億円、合計620億円という報酬は誰が決めたのかというと、リチャード・ファルドは全く決めていません。全て独立取締役だけの指名委員会で決められているということです。ですから、独立取締役が有効だという人は、なぜこんなことが起きたのかをきちんと説明する必要があるということになります。

東芝や旭化成や三菱自動車など、いろいろな不祥事が起きているわけですが、それらの会社には必ず独立取締役がいたわけです。ですから、私の言わんとするポイントは、型は関係ない、中身が大事だということで、独立取締役が何人いても関係ない。別にトヨタは独立取締役の数が多いわけでも何でもないのですけれども、私の定義からいくと、経営はすばらしいと思います。

ちなみに、**〔図表４－４〕**の下は、アメリカの時価総額上位10社の独立取締役の構成比をあらわしています。もちろん一般的に高いのですが、先ほど言いましたように、例えばマイクロソフトとかフェイスブックは、オーナー系の会社だったりするので、いろいろな違いがありますが、独立取締役の数が多ければどうのこうのというのは必ずしも言えないのだ、ということを理解してほしいと思います。

### (ii)　独立取締役の効用

では、独立取締役はさっぱり意味がないかというと、そんなことはありません。独立取締役も当然機能するときがあります。どういうときに機能するかというのもアメリカで実証研究があります。これも**〔図表４－５〕**に掲げておきましたので、ぜひ論文を読んでおいてください。

まず、取締役の独立性と企業業績は関係ないのかということですが、唯一関係するところがある。それは、業績の悪い会社のCEOをクビにするのにとても効果があるという研究がありまして、一般的にアメリカでもそういう傾向はあるのかなと言われております。

これはなぜかといいますと、独立取締役をやっている人は大体名士です。お金を持っていて、名声の高い、とても立派な人たちが、悪事を働く会社、コーポレートガバナンスの悪い会社、コンプラに問題がある会社、業績の悪い会社、もしくは経営破綻しそうで、従業員をたくさんクビにするような会社の取締役になっていると、みずからの評判にとても影響します。ですから、みずからの評判を守るためにも、どうしてもだめな経営者にはやめてもらうという動機が働くことになります。これは、私もシティグループにいて経験しましたけれども、やはりその圧力が働くのです。実際業績が不振のときなどは、やはり世論が厳しくなったりする。こういうタイミングで独立取締役がCEOを解任するという例を私も実際目の当たりにしました。

**〔図表４－５〕**の上のグラフはIBMの株価と利益です。IBMは、もともと大型コンピュータで儲けた会社ですが、1991年、1992年と大赤字を出しました。これは当時、インテル、マイクロソフトのパソコンが売れ始めて、汎用コンピュータが売れなくなった。つまり、ビジネスモデルを変更できなかった結果、大赤字になりました。そのときに、独立取締役を中心とした取締役会が、ジョン・エイカーズCEOをクビにしたわけです。その後、ヘッドハンターを使って、当時、食品会社RJRナビスコのCEOだったルイス・ガースナーを選んできました。ガースナーは、ハーバードMBAの出身で、マッキンゼーに入り、その後、アメリカン・エクスプレスの社長になりました。その後、RJRナビスコのCEOになった。そこからIBMに入ってきた。取締役会がエグゼクティブサーチファームを使ってCEOを選んだといった現象がありました。

**〔図表４－５〕**の下のグラフは、ブリティッシュ・ペトロリアム、イギリスの石油会社です。同社は2010年、アメリカのテキサス州メキシコ湾で原油流出事故を起こしました。大量の原油が流れ出て、沿岸の漁業や鳥などに非常に大きな影響を与えました。その結果、当然株価は大きく下がり、大きく赤字になりました。そのときに、アメリカの石油会社のエクソンモービルがBPを買収するぞ、TOBするという報道があったのです。この報道があって、結果的にこれが圧力となって、当時のヘイワードCEOが交代しました。一

〔図表４－５〕独立取締役の効用

1．取締役の独立性と企業業績には有意な関係はないが、業績の悪い会社のCEO解任には効果＊1。独立取締役自らの評判に影響＊2。

2．1993年、IBMの取締役会はCEO解任。食品会社RJRナビスコのCEOであったルイス・ガースナーを選任。

3．2010年、BPによるメキシコ湾原油流出事故発生。株価は急落→エクソンモービルがBP買収を検討。CEO交代。

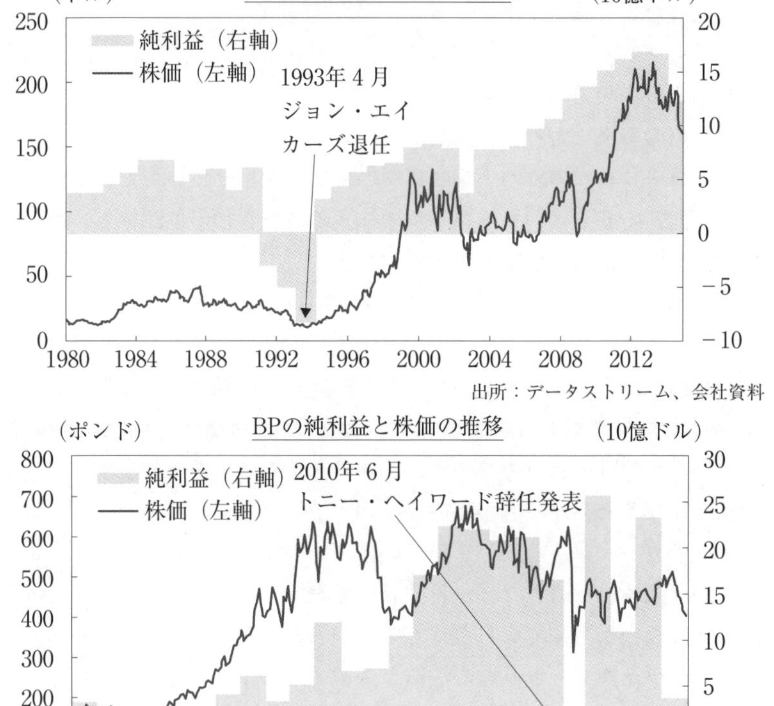


出所：データストリーム、会社資料

出所：データストリーム、会社資料

＊1　Volker Laux, "Board Independence and CEO Turnover", available at SSRN, January 2005, p.16.

＊2　Ronald W. Masulis and Shawn Mobbs, "Independent Director Incentives: Where Do Talented Directors Spend Their Limited Time and Energy? ", Journal of Financial Economics, November 14, 2013.

応形としては辞任したという形になっていますが、取締役会が説得してやめていただいたということで、同じくヘッドハンターを使ってこの後任を選んだということです。

ですから、私は、決して独立取締役は意味がないと言っているわけではないのですが、独立取締役の構成比が高いとよいガバナンスになるかというと、エンロンを見ても、リーマン・ブラザーズを見ても、東芝を見ても、そんなことは必ずしも言えないと。ですけれども、一定の効果があるということは、ここで認めたいと思います。

### ⑶　欧州の多様なガバナンス制度

#### (ⅰ)　欧州の多様なガバナンス制度

次に、ヨーロッパのガバナンスについてお話をさせていただきたいと思います。**〔図表４－６〕**は、ヨーロッパの株式の時価総額上位20社と、取締役、そして独立取締役の構成比を示しております。

時価総額の一番大きい会社は、薬品会社のロシュです。２番はコーヒーのネスレ、３番がノバルティスとなっていまして、ヨーロッパの時価総額の大きい会社の上から３つがスイスです。ヨーロッパの経済大国はドイツですが、ドイツは企業規模が非常に小さくて、13番の化学会社のバイエル、16番のSAP――これはITの会社です――、20番のダイムラーがありますが、スイスの会社と比べると、とても小さいです。

この中でガバナンスの違いを見ていきたいのですが、３つ目のノバルティスですが、取締役は11人で、全員独立取締役です。これは、もともとはドイツ法の監査役会から来ている考え方です。もともとノバルティスがあったところはドイツ語圏で、ドイツの法律とスイスの法律は、もともとは近かったのですが、だんだん分化していきました。

ドイツの会社の取締役会に占める独立取締役の構成比を見ていただくと、今回はNAと入れています。NAは、ない、ゼロという意味です。ドイツは、先ほど言いましたとおり、取締役の中に独立取締役は入れない仕組みになっていて、全部社内取締役です。

ドイツは、二層制と言って、監査役会が取締役会の上にあるのです。日本

〔図表４－６〕欧州：多様なガバナンス制度

1．21世紀に入って、EUが英国の制度を導入。コーポレートガバナンス・コード。
2．英国：取締役会。ドイツ：監査役会（従業員参加、共同決定法）+取締役会。フランス、スイス：選択制だが英国に近い。

欧州時価総額上位20社の取締役会構成

| | 銘　柄 | 国 | セクター | 取締役数 | 独立取締役数 | 構成比 |
|---|---|---|---|---|---|---|
| 1 | ロシュ・ホールディング | スイス | ヘルスケア | 10 | 8 | 80% |
| 2 | ネスレ | スイス | 生活必需品 | 14 | 12 | 86% |
| 3 | ノバルティス | スイス | ヘルスケア | 11 | 11 | 100% |
| 4 | アンハイザー・ブッシュ・インベブ | ベルギー | 生活必需品 | 14 | 4 | 29% |
| 5 | HSBCホールデイングス | 英国 | 金融 | 19 | 15 | 79% |
| 6 | ノボ・ノルディスク | デンマーク | ヘルスケア | 12 | 5 | 42% |
| 7 | ロイヤル・ダッチ／シェル | オランダ | エネルギー | 11 | 9 | 82% |
| 8 | ユニリーバ | 英国 | 生活必需品 | 12 | 11 | 92% |
| 9 | サノフィ | フランス | ヘルスケア | 14 | 11 | 79% |
| 10 | トタル | フランス | エネルギー | 12 | 7 | 58% |
| 11 | メドトロニック | アイルランド | ヘルスケア | 13 | 12 | 92% |
| 12 | Inditex | スペイン | 一般消費財・サービス | 9 | 4 | 44% |
| 13 | バイエル | ドイツ | ヘルスケア | 20 | NA | NA |
| 14 | ブリティッシュ・アメリカン・タバコ | 英国 | 生活必需品 | 13 | 11 | 85% |
| 15 | グラクソ・スミスクライン | 英国 | ヘルスケア | 14 | 11 | 79% |
| 16 | SAP | ドイツ | 情報技術 | 18 | 9 | 50% |
| 17 | SABミラー | 英国 | 生活必需品 | 15 | 7 | 47% |
| 18 | BP | 英国 | エネルギー | 15 | 12 | 80% |
| 19 | ロレアル | フランス | 生活必需品 | 15 | 7 | 47% |
| 20 | ダイムラー | ドイツ | 一般消費財・サービス | 20 | NA | NA |

注：2015年末時点。ドイツは、監査役会人数。

出所：ブルームバーグ

では監査役会と取締役会が横に並べてありますが、ドイツは明確に監査役会が上であって、大企業に関しては共同決定法というものがあります。共同決定法は、例えばバイエルでいけば、20人取締役がいますが、その上に監査役会が20人ぐらいいまして、そのうち半数を従業員が選びます。従業員が選ぶ場合、ほとんどは労働組合の代表者です。つまり、監査役会というのは労働組合の代表者が半分入ってくる。もう１つは株主が選ぶということになっていまして、株主が選んだ監査役が入ってきます。株主の場合は、一般的に大株主が入ってくる場合が多いようです。ドイツは、アングロサクソンと違って大株主、支配株主が結構いますので、大株主、中には大株主の奥さんが入っている例もあったりするわけで、例えば同族経営のフォルクスワーゲンとかダイムラーのように、株主の家族が入っているという例も少なくないということです。つまり、監査役会というのは、監視をするという目的はあるのですけれども、独立するのではなくて全く逆です。利害関係者が監査役に入って、取締役会を監視するという仕組みで、取締役会は基本的に社内だけというのがドイツの方式です。

それと全く違うのはイギリスで、監査役会はありません。基本的に取締役会だけで、過半数が独立取締役という傾向が多いです。フランス、スイスは、イギリスとドイツの中間でありまして、選択制になりますが、一般的にはイギリスに近い形が多いということになります。ですから、ドイツを中心に、北欧などは、共同決定法のような従業員参加型の監査役会制度による二層制、これが大きな特徴です。イギリスには、二層制はなく一層制で、かつ従業員は参加しないということなので、実はイギリスとドイツは、会社法が全く違うということです。

#### (ii)　英国のコーポレートガバナンス・コード

イギリスのコーポレートガバナンス・コードを見てみたいと思います。冒頭、私は、日本はコーポレートガバナンス・コードでコーポレートガバナンスはよくならないと断言しました。当たり前です。なぜなら、世界でコーポレートガバナンス・コードが機能しているところはどこにもないからです。イギリスのコーポレートガバナンス・コードは、その前身は1992年からできていますので、24年の歴史があるのです。では、イギリスはコーポレートガバナンスがよいのですかという話なのです。

コーポレートガバナンスとはどういうことかというと、２つあります。１

つは、利益が大きくて、時価総額が大きくて成長しているということ。これが企業として立派だと。もう1つは、社会と調和する。もちろんコンプライアンスの問題、もしくは経営者の報酬等々、こういったことを含めて、トータルで社会と調和しているか。この2つの条件を満たしていたらよいコーポレートガバナンスだと私は言いました。

さて、**〔図表4－7〕**の下の表を見ていただきたいのですけれども、これがイギリスの時価総額上位10社です。HSBCはどういう会社かわかりますか。もともと香港上海銀行と言っていた銀行です。次のロイヤル・ダッチ・シェル。ロイヤル・ダッチはもともとオランダの会社、シェルはイギリスの会社ですが、19世紀にイギリスがカスピ海の石油利権を手に入れまして、それを開発するときにできたのがシェルです。ブリティッシュ・アメリカン・タバコは、植民地のタバコ栽培からスタートしました。次のSABミラー。ミラーというのはアメリカのビール会社ですが、SABはもともと南アフリカの会社で、これも植民地からスタートしています。BPは、イランの石油を発掘する石油会社で、イギリスの資本でできた上がったものです。

何が言えるかというと、イギリスで大きい会社は植民地の遺産で食っているということです。これらの会社は、19世紀にイギリスが立派だったから、その遺産で食っている会社だと。したがって、フェイスブックだとか、アマゾンだとか、日本で言うところの楽天だとか、そういった会社は基本的にない。イギリスには成長企業がほとんどないのです。

**〔図表4－7〕**の上の表はセクター別の時価総額です。イギリスのセクター別時価総額構成比で、世界と比べて大きいのは生活必需品です。つまり、イギリスは生活必需品という産業がとても盛んだということです。生活必需品とは何かというと、酒とタバコです。これが主流だということです。あと、エネルギー、金融。つまり、上から3つある産業は、全部植民地時代につくった産業であり、新しい産業はない。いわゆるITは世界で14％あるのに、イギリスはほとんどありません。一般消費財・サービスというのは、例えば自動車とか機械ですが、こういったものもほとんどありません。ジャガーという車がありましたが、今はインドのタタモータースに買収されました。ローバーもそうですけれども、有力企業は海外の企業に買われてしまっ

〔図表４－７〕英国の産業・企業の状況

セクター別時価総額構成比

| (%) | 英　国 | 世　界 | 英国－世界 |
|---|---|---|---|
| 生活必需品 | 20.2 | 10.9 | 9.3 |
| エネルギー | 11.5 | 6.2 | 5.3 |
| 金融 | 24.7 | 21.3 | 3.4 |
| 電気通信サービス | 5.9 | 4.8 | 1.0 |
| 公益事業 | 4.2 | 3.4 | 0.8 |
| 素材 | 5.3 | 4.5 | 0.7 |
| ヘルスケア | 9.3 | 11.0 | －1.7 |
| 一般消費財・サービス | 10.9 | 13.3 | －2.5 |
| 資本財・サービス | 6.6 | 10.5 | －3.9 |
| 情報技術 | 1.5 | 14.1 | －12.6 |

注：2015年末時点。出所：MSCI

英国の時価総額上位10社

| | 銘　柄 | セクター | 時価総額（百万ドル） |
|---|---|---|---|
| 1 | HSBCホールディングス | 金融 | 154,598 |
| 2 | ロイヤル・ダッチ／シェル | エネルギー | 143,623 |
| 3 | ブリティッシュ・アメリカン・タバコ | 生活必需品 | 103,614 |
| 4 | グラクソ・スミスクライン | ヘルスケア | 98,484 |
| 5 | SABミラー | 生活必需品 | 97,032 |
| 6 | BP | エネルギー | 95,423 |
| 7 | ボーダフォン・グループ | 電気通信サービス | 86,474 |
| 8 | アストラゼネカ | ヘルスケア | 85,991 |
| 9 | ロイズ・バンキング・グループ | 金融 | 76,868 |
| 10 | ディアジオ | 生活必需品 | 68,831 |

注：2015年末時点。出所：MSCI

た。つまり、イギリスにおきましては、成長産業やハイテク産業が、薬品の一部を除いて、ほとんど育っていないということです。

イギリスのコーポレートガバナンス・コードは罰則なしで、コンプライ・オア・エクスプレイン。要は、形式を表面的に満たせばよいということです。

コーポレートガバナンス・コードの目的は何かというと、企業の長期的な成功をもたらすような効果的、独創的、かつ慎重な経営と言っているわけですが、イギリスにそんな企業はあるかという話です。

もう１つ、ガバナンスの大きな問題点として、コンプライアンスや報酬の問題があります。例えばBPは、去年、石油価格が大きく下がったので赤字だったにもかかわらず、独立取締役が中心となって決めたCEOの報酬が20億円です。先ほどのリーマン・ブラザーズと全く同じですね。ですから、しょせん社長が、監視される人が、自分を監視する人を選んでいる、これが実態です。だから、赤字だって報酬が何十億円ももらえるということです。その他いろんな不祥事等々が起きているという点は、先ほどのBPの原油流出事故その他もろもろあったりしており、イギリスはガバナンス上の問題が非常に大きいと私は思っております。

また、日本よりイギリスのほうが自己資本利益率（ROE）は低い。ドイツを見ても、フランスを見ても、イタリアを見ても、スペインを見ても、EUはほとんどの国でコーポレートガバナンス・コードが入っていますが、世界でコーポレートガバナンス・コードが成功している国が１つでもあったら、ぜひ私に教えてほしい。いつも講演のたびに教えてほしいとお願いしているのですが、誰も教えてくれた人はいません。

#### (iii)　欧州の失敗から学ぶ

私は、ヨーロッパの例から、コーポレートガバナンス・コードやスチュワードシップ・コードではコーポレートガバナンスはよくならないということが既に立証されていると考えています。アメリカのコーポレートガバナンスがよいかどうか、これはいろいろ議論がありますが、少なくともアップルだとか、マイクロソフトだとか、アルファベットのように、私の定義からいくとコーポレートガバナンスがよい会社がたくさんあります。しかし、アメリカにはコーポレートガバナンス・コードもスチュワードシップ・コードもありません。そういったことを考えると、私は、ヨーロッパでコーポレートガバナンス・コードは失敗したと定義をしております。

むしろ、ヨーロッパの企業の不祥事はだんだん大型化しているのです。先ほどBPのメキシコ湾原油流出事故の話をしましたが、何とアメリカの司法省に２兆5,000億円の和解金を払っています。バークレイズの金利取引不正事件でもCEOがやめています。BNPパリバは違法送金事件で１兆円罰金を取られています。フォルクスワーゲンも、まだ全部決まっていませんけれども、これもかなり罰金を取られるだろうと言われております。

この特徴は、ヨーロッパの企業が大きな不祥事を起こしているのですが、ヨーロッパ当局は全く摘発できていない。摘発したのは全部アメリカなのです。フォルクスワーゲンが一番よい例です。フォルクスワーゲンは、ディーゼルエンジンの燃費の計算で不正を働いたけれども、ドイツ当局は全く感知できなかった。これはアメリカ当局が性悪説に立って、こいつは必ず悪いことをしているはずだということで一生懸命チェックして、ようやくこの不正を暴いたということになります。

これは冗談みたいな本当の話ですが、ぜひ実際にホームページでみてほしいのですけれども、フォルクスワーゲンのホームページに何と書いてあるか。フォルクスワーゲンのコーポレートガバナンスはとてもすばらしいと書いてあるのです(5)。なぜフォルクスワーゲンのコーポレートガバナンスがすばらしいか。それは、ドイツのコーポレートガバナンス・コードを遵守しているからと書いてある。これが答えなのです。つまり、型だけを整えたらフォルクスワーゲンみたいになってしまう。だから、私は、コーポレートガバナンス・コードはあまり役に立たないと言っているわけで、役に立った例があったらぜひ教えてくださいとお願いして歩いているということです。

ただし、EUというのは非常に立派で、私が言うまでもなく、コーポレートガバナンス・コードが機能していないというのはよくわかっているのです。そこで、ヨーロッパはグリーンペーパーというのを出しました(6)。この中で

(5)　同社のHPには、"Successful corporate governance in accordance with the recommendations and suggestions of the German Corporate Governance Code." とある。

ヨーロッパのガバナンスの問題点として、「利害相反」を挙げています。

コーポレートガバナンス・コードはなぜ機能しないか。答えは簡単で、コーポレートガバナンス・コードは、株主が会社のガバナンスをよくしてあげるということです。つまり、コーポレートガバナンス・コードというのは、別に法律ではなくて、あくまで上場規則による開示規制になっているわけです。会社はコーポレートガバナンスを開示して、だめな会社の株価は下がる、もしくは株主が直すようにクレームをつけたり、いろいろ要求をしたりするということです。

ここでの大きな問題点は、株主のガバナンスはよいのかという話です。そして、株主のガバナンスに問題があるだろうと言ったのがEUのグリーンペーパーです。株主のガバナンスにどういう問題があるかというと、ハーバード大学の論文[(7)]は次の点を指摘しています。

まず運用会社にとっては、投資対象の企業が客であるということです。例えばトヨタの年金を運用している運用会社がトヨタに対して厳しいことを言うか、こういう問題があります。

それから、運用会社が大手金融機関の系列だということ。例えば日本生命とか、みずほ銀行とか、立派な金融機関があるわけですが、その運用会社が親会社のお客様に対して厳しいことを言うか。親会社の重要顧客に対して、社長はやめろと言うか。それはなかなか難しいのだろうということです。

私はこの論文が非常に好きでありまして、機関投資家のスチュワードシップが機能しない理由を理論的に分析しています。

### (iv)　アメリカ型とヨーロッパ型

こういったものを見ると、私は、アメリカ型のガバナンスのやり方のほうが優位性があると言っています。ヨーロッパ型は限界があると。つまり、性善説に立って、フォルクスワーゲンやバークレイズなどを十分監視しないと、

---

(6)　European Commission, “Green Paper: The EU corporate governance framework”, April 5, 2011, p14.

(7)　Harvard Law School Forum on Corporate Governance & Financial Regulation, “How Conflicts of Interest Thwart Institutional Investor Stewardship”, November 6, 2011.

こういう大きな不正事件が起こるわけです。ですから、やはり厳しい摘発というのが必要です。

アメリカには、コーポレートガバナンス・コードはありません。そのかわり、SECや司法省等々で非常に厳しい摘発を行い、その後も厳罰主義ということになります。こちらのほうが私は正しいと思っておりまして、日本型、ヨーロッパ型のコーポレートガバナンス・コードやスチュワードシップ・コードではなくて、アメリカ型の厳罰、性悪説に立った厳しい摘発、これが日本のコーポレートガバナンスの改善に一番効く、これが私の主張になります。

### ⑷　日本の株主権は世界最強

さて、日本の会社法を、日米の会社法の違いという観点から説明しておきたいと思います。私は、会社法、特に株主権の分析が専門なので、主要国の会社法を全部調べました。私の見るところ、株主総会において、日本の株主権が世界で一番強いと考えております。他方、一番弱いのはどこか。アメリカかなと私は見ております（**〔図表４－８〕**）。

これはベインブリッジが提唱している理論ですが、取締役優位モデル（director primacy model）というのがあります。アメリカは基本的に間接民主主義で、株主権を厳しく制限し、取締役の中で独立取締役を増やし、かつ、株主は訴訟でチェックするという仕組みをとっています。

株主権の制限というのは、例えば、株主提案は――今から申し上げるのは全部原則なので、例外はありますけれども――原則できません。してもよいのですが、会社側はそれを株主総会の議案として認めないという権利があります。それから、取締役を選任する議案は、原則株主は出せません。取締役選任議案は、原則取締役会から出すことになっています。ただし、委任状勧誘をすると別で、株主提案も取締役選任も株主総会招集もできます。また、株主総会招集も、通常は取締役会しかできず、株主は原則できません。ということで、株主権が極めて制限されています。

なぜアメリカの会社法は株主権を制限しているのでしょうか。これはいろいろな考え方があるのですけれども、要は国民投票をすると判断を間違う、

**〔図表４－８〕株主権の国際比較**

| | 株主総会招集権 | 株主提案 | 株主提案の法的拘束力 |
|---|---|---|---|
| 米国 | なし（定款、付属定款で付与可） | 時価2,000ドル相当もしくは議決権の１％以上（１年間保有） | なし |
| 英国 | ５％以上の議決権 | ５％以上の議決権を保有するか、100名以上の株主（平均払込額100ポンド以上） | あり |
| ドイツ | 株式資本の５％以上 | 株式資本の５％もしくは５万ユーロ相当以上 | あり |
| 日本 | 議決権の３％以上（６ヵ月保有） | 議決権の１％以上または300個以上の議決権（６ヵ月保有） | あり |

出所：日本戦略総合研究所

直接民主主義にすると間違う、これと同じ考えです。

日本はそれとは全く逆でありまして、ドイツ法から来ておりますから、今もかなりの部分、直接民主主義です。どんなことを取締役会で決議しようが、最終的には株主総会で決議して、全てをオーバーライドすることが可能です。

ですから、CEOの監視は株主総会でできない、もしくは非常に難しいというのがアメリカの会社法です。これに対し、日本は、監視をするのは基本的に株主総会の役割なのです。株主総会の役割なのだけれども、頻繁には株主総会を開けない――普通は年１回です。だから、取締役に権限を移譲するということになっていて、アメリカ以外では全部この方式です。これをベインブリッジは株主優位モデル（shareholder primacy model）と呼んでおります。ただ、イギリスでの株主総会の権限は、取締役選任だけです。監査役はいませんから、取締役だけを選任する。ドイツでは、株主は取締役を選任できなくて、監査役の半分しか選任できない。弱いですね。従業員の力が結構強い。日本は取締役と監査役の両方を選任でき、かつ、株主総会の権限がとても強い。ですから、私の見るところ、世界の主要会社法の中では、日本の会社法の株主権が一番強いのではないかと考えております。これは株主総会の中でという意味でですね。

### ⑸　日米会社法の比較

さて、独立取締役の議論をしてみたいと思います。モニタリングボード、マネジメントボード、この説明についてはこれまでの講義でお聞きになっているのではないでしょうか。アメリカの取締役会はモニタリングボードです。日本の取締役会は、マネジメントボードなのだけど、モニタリングボードに変えるべきだという人がいるのですが、委員会型の機関設計を採用しない限り、それはできません。それは日米の会社法の違いから、できません。したら違法行為です。

なぜアメリカはできるかということですが、アメリカは、デラウェア州会社法141条ａというのがありまして、基本的にアメリカでは、取締役の権限は基本定款によって自由に設計できます。アメリカの場合、定款には基本定款と附属定款とあって、基本定款では、普通、全部取締役に権限を移譲するようにつくります。会社ができたとき、普通、株主は１人だったり、もしくはごく少数で、株主＝取締役という場合が多かったりするので、取締役に権限を移譲します。もしくは上場する前に基本定款を変えておいて、取締役の権限が圧倒的に強いようにしておきます。ですから、取締役の役割として、例えばあなたは指名委員会をやってください、指名委員会が主たる仕事ですよという形に明確に分離することができることになります。

先ほど言いましたとおり、アメリカでは、株主総会よりも取締役会の権限が見方によっては強い。平時には取締役会の権限が強いので、取締役制度改革が早くから発達したわけです。その結果、現在は多くの会社において、CEOは唯一の社内取締役で、それ以外の独立取締役が監視に徹するということになりました。これが最近のモニタリングボードです。ですから、アメリカは、昔はマネジメントボードだったものがモニタリングボードに変わった。会社法において、変わるのが可能だったということです。

それを日本でやろうとすると何が起こるか。日本の会社法362条を見ていただくと、結構細かいところまで、全ての取締役で組織される取締役会の決議にかける形になります。例えば、ある会社がアメリカで支店をつくり、その支店長を任命しますというと、原則取締役会決議事項になります。主たる人事、主たる支店の設置等々は、業務執行の決定ということで、全部取締役会にかけるのが原則になっています。同時に、モニタリングをするということになります。

これはどこから来ているかというと、ドイツ法です。そこに、アメリカの占領下の1950年の商法改正によって、アメリカ型の取締役会制度が入ってきました。要は、日米の会社法の体系の違いから、厳密に言うと、日本では米国流の企業統治はできない。すべきでもないし、できないということになっております。これがグローバルな比較ということです。

## 4　日本における独立社外取締役のあり方

最後に、コーポレートガバナンス・コードを見ながら、日本における独立社外取締役のあり方ということで、話を進めてまいりたいと思います。

### (1)　日本における独立社外取締役

〔**図表４－９**〕の上の表、これが日本の時価総額上位10社の取締役構成です。私の定義でいくと、社会と調和をしながら、大きく利益を上げる、もしくは時価総額を伸ばすというのがよいコーポレートガバナンスの会社という定義ですから、ここの多くは、ほとんどはよいコーポレートガバナンスの会社ということになるわけです。そうしますと、私の大好きなトヨタ自動車は独立取締役構成が25％だと。同じく利益の大きいNTTドコモは７％だということで、実は利益を稼いでいる多くの会社は、独立社外取締役の構成比が少ない。トヨタとかキヤノンは、ついこの間まで独立社外取締役がゼロでした。だから、私はあまり関係ないと言っているわけです。

では、独立社外取締役がいなかったらトヨタの経営者は乱暴なことをするか。そんなことはないですね。世の中に非常に貢献をしています。コーポレートガバナンス・コードを〔**図表４－９**〕に紹介しておりますけれども、これによって効果があるのか。世界の例を調べた上で、議論をしてほしいと思います。

ただし、私は独立社外取締役を全面否定しているわけではありません。こ

**〔図表４－９〕独立社外取締役**

**【原則４－８．独立社外取締役の有効な活用】**
独立社外取締役を少なくとも**２名以上選任**。３分の１以上の独立社外取締役選任が必要と考える上場会社は、取組み方針を開示。
**補充原則**
４－８①**独立社外者のみを構成員とする会合**（独立社外取締役、独立社外監査役）を定期的に開催。４－８②互選により「**筆頭独立社外取締役**」を決定。

会社法327条の２「取締役は、当該事業年度に関する定時株主総会において、社外取締役を置くことが相当でない理由を説明しなければならない」。事業報告で開示（会社法施行規則）。2015年４月施行。

日本の時価総額上位10社の取締役構成

| | 銘　柄 | 取締役数 | 独立社外取締役数 | 独立社外取締役構成比 |
|---|---|---|---|---|
| 1 | トヨタ自動車 | 12 | 3 | 25% |
| 2 | MUFG | 17 | 6 | 35% |
| 3 | NTTドコモ | 14 | 1 | 7% |
| 4 | NTT | 12 | 2 | 17% |
| 5 | JT | 7 | 2 | 29% |
| 6 | KDDI | 14 | 3 | 21% |
| 7 | 日本郵政 | 19 | 11 | 58% |
| 8 | ゆうちょ銀行 | 12 | 7 | 58% |
| 9 | ソフトバンクG | 9 | 3 | 33% |
| 10 | ホンダ | 13 | 2 | 15% |

注：時価総額は2015年末現在。
出所：Astra Manager、各社資料

兼務社数の多い社外取締役

| 名　前 | 現　職 | 社外取締役兼任社数 |
|---|---|---|
| 伊藤邦雄 | 一橋大学商学研究科特任教授 | 5 |
| 夏野剛 | 慶應義塾大学政策・メディア研究科特別招聘教授 | 5 |
| 秋山智史 | 富国生命取締役会長 | 5 |
| 相京重信 | 元SMBC日興証券会長代表取締役 | 5 |

４社兼務の社外取締役は28名
注：兼務は、国内上場企業対象。2016年８月時点。
出所：各社資料

の間、冨山さんと食事をしたとき、東大へ行って冨山さんのことを褒めますよと言っておきました。**〔図表４-10〕**はオムロンです。オムロンは非常によい会社でありまして、冨山さんと仲がよいから褒めているわけではありません。冨山さんが非常に頑張っていただいたのは、2007年から社長指名諮問委員会委員長をやって、当時49歳だった今の山田社長を抜擢したことです。明らかにそこから株式の時価総額も上がり、利益も増えています。だから、オムロンのガバナンスは、たいへんよくなったということです。そういった意味で独立社外取締役としての冨山さんの役割は非常に大きかったということで、独立社外取締役は全く意味がないと言っているつもりはありません。先ほども、BPとかIBMの例を出しましたように、独立社外取締役は意味がないのではなくて、効果がある場合もあるので、全面否定しているわけではないということです。

### ⑵　独立取締役の役割

最後に、本日の結論、日本における独立社外取締役をどう整理すべきか、を見てみたいと思います。私は、独立社外取締役の数を増やせばよいガバナンスになるという考え方は真っ向から反対です。コーポレートガバナンス・コードについても、イギリスの例を見ていただいたように、イギリスのROEは日本より低いわけですし、日本で言うところの楽天やキーエンスやユニクロみたいな会社は、イギリスに行ったらありません。もちろん、フェイスブックやアマゾンのような立派な会社もありません。したがって、私は、形だけを整えるというのはいいガバナンスにならないことは、世界で証明されていると考えているわけです。

#### (i)　米国では独立取締役がCEOを解任

ただし、**〔図表４-11〕**にありますように、アメリカでは、独立取締役がCEOを解任するというところで非常に力を持っています。ですから、日本が独立社外取締役を活かしていくために、現状では効果がないと言っているのですが、効果があるように変えていったらどうかと考えています。そうした意味で、社長、会長をやめたら相談役で残るのではなくて、独立社外取締

**〔図表4-10〕独立社外取締役の成功例**

1．2007年、**冨山和彦**経営共創基盤CEO（社長指名諮問委員会委員長）が社外取締役に就任。2011年、山田義仁社長（当時49歳）就任。

2．**オムロンは企業価値向上表彰大賞（東証）を受賞**。投下資本利益率（ROIC）：2011年度4.8%→2014年度13.4%。資本コスト（WACC）6%と推計。

3．**ROIC逆ツリー展開**。例：有形固定資産回転日数改善→設備の小型化による固定資産圧縮。

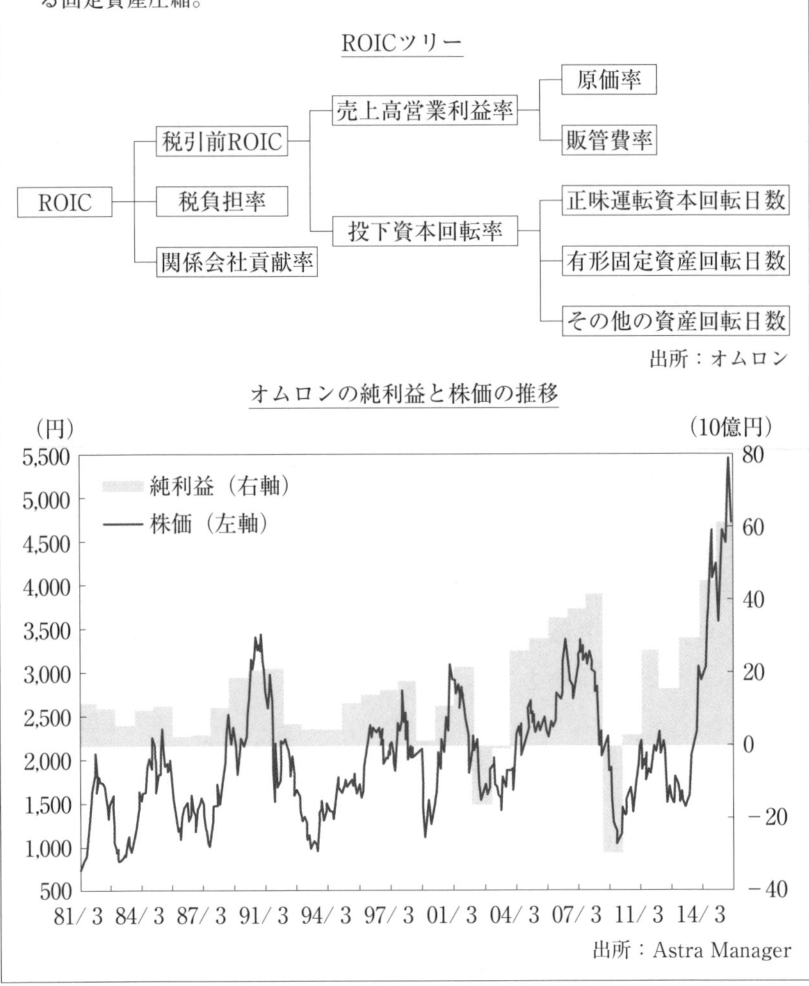

**〔図表４-11〕結論：日本における独立社外取締役の役割**

１．米国では独立取締役がCEOを解任
独立取締役の人材が豊富。退任したCEOは取締役会に残らないことが一般的。経営のプロが多い。
株主による訴訟の監視。株主の圧力。独立取締役だけで構成される指名委員会がサーチファームを使う。
２．日本の独立社外取締役の独立性？
政策保有株式が多い日本では、実態的に、監視される人（CEO）が監視する人（独立社外取締役）の人事権と報酬決定権を握る。
日本の会社法では、経営監視は株主総会の任務。
3．日本における独立社外取締役の役割
監視者ではなく、経営チームの一員。取締役会メンバーとして、外部の立場から、経営執行チームに対して高度なアドバイス（経営戦略、資本政策、コンプライアンスなど）を提供。

役になっていただけませんかと。実績を上げて、功成り名を遂げた人が、ほかの会社に行って独立社外取締役として活躍する。アメリカのような形になってくるというのがいいのではないかなと考えています。

アメリカにおきましては、訴訟が非常に多く、独立取締役には株主に訴えられるリスクがある。また、レピテーションリスクも発生します。ですから、最近多いのは、独立取締役だけで構成される指名委員会だけで選んだら危ない。そこで、独立取締役だけで構成される指名委員会が、いわゆるヘッドハンター、コーン・フェリーとか、エゴンゼンダーとか、スペンサースチュアートといったようなサーチファームを使って、独立取締役を選ぶといったことが普及しています。

日本の多くの場合は、社長の知り合いが入ってくるので、全く知らない人が選ばれることはないのですが、アメリカの場合は、独立取締役だけで構成される指名委員会がサーチファームを使います。かつては、社長の友達を選ぶというのがありました。例えば、シティグループのCEOがAT&Tの社外取締役をやり、AT&TのCEOがシティグループの社外取締役をやっていた時期がありました。お互いに社外取締役を持ち合っていたという時期が十何年前に実際あったのです。今はアメリカでは、そういったものはなくなって、指名委員会は独立取締役だけで構成し、サーチファームを入れる。これによって独立性を高めるという努力をしています。日本でも、ぜひこれを高めてほしいと考えます。

### (ii)　日本の独立社外取締役の独立性？

日本で独立社外取締役が十分に機能しないのは、基本的に２つ理由がありまして、１つは独立社外取締役の人材層が薄いということです。１人で５社も６社も独立社外取締役を務める人がいます（**〔図表４－９〕**下）。アメリカは３社ぐらいまでというのが一般的でありまして、いろんな議決権行使会社がチェックをしています。日本の場合、CEO――大体社長が独立社外取締役の人事権を握っており、監視される人が自分を監視する人を選ぶことになっています。

また、アメリカは大体年収3,500万円が独立取締役の報酬ですが、日本は平均すると1,000万円ぐらいです。月１回行って、責任限定契約を結んで、年収1,000万円、悪くないですね。月１回行って1,000万円、大した責任もないとなってきますと、これはなかなかよい商売だ、ぜひやりたいと。１人で５社も６社もやる人の気持ちもよくわかるわけです。

そうすると、日本の場合は、監視される人が監視する人の人事権と報酬決定権を握って、うるさいことを言う、気に食わないことを言う人はやめてもらえばよいということになってくるので、独立社外取締役がちゃんとチェックすること自体がそもそもできないということになります。ですから、せめて人選においてサーチファームぐらい使ってはどうかというのがポイントですね。

### (iii)　日本における独立社外取締役の役割

日本では、法理論上、経営監視というのは株主総会の任務です。私は、日本の場合、独立社外取締役は何をする仕事なのかというと、監視する人ではなくて、社長の経営アドバイザーが仕事だと考えます。つまり、立派な経営コンサルタントを独立社外取締役に入れるのはよいことだと言っています。

私は、独立社外取締役は十分機能しないことがあると言いつつも、企業の経営者から相談を受けると、ぜひ独立社外取締役を増やしたらよいですよと言っています。仮に10人取締役がいるとすると、できれば最低５人、独立取締役にしてほしいと言っております。例えば、弁護士、公認会計士、会計の専門家です。それから、元検察官などのコンプライアンスのプロと言われる人たち。それから、ITの専門家、こういったような専門家を入れることによってチェックが働きますよということです。

例えば、東芝の事件は会計不正事件です。昔、オリンパスの事件がありました。これも会計不正事件です。社長の部下の財務担当役員が、この財務会計は間違っていますよと社長に言うのは非常に難しい。そのときに、独立社外取締役で、本当に中立で能力の高い人が、社長のために、あなたはこのままやっていくと東芝やオリンパスみたいになるよと忠告をしてあげる。変えたらよいよと専門家が独立社外取締役の立場で言うほうが、部下が社長に物を言うより言うことを聞く確率が高まってくるのではないか。

したがって、私は、監視者ではなくて、経営チームのメンバーとして独立社外取締役を増やすということがあったらよいのではないかということで、そういった意味で、私は独立社外取締役肯定論者です。今の独立社外取締役だと機能しないことがあると言っているだけで、やり方を変える、私が提案したような形で独立社外取締役を増やす。コーポレートガバナンス・コードがそういったものになっているのだったら私は大賛成するのですけれども、そうはなっていないので、役に立たないのではないかと心配をしているということです。

### ⅳ　おわりに

最後にまとめとして、本日ずっと講義を通じて、いろいろな理論、海外の事例、数字、海外の論文、いろいろなものを紹介しました。必ず自分で検証してほしいということです。

さて、ここで最後にもう１回質問しますね。コーポレートガバナンス・コード、そしてスチュワードシップ・コードを日本に入れることによって、日本のコーポレートガバナンスはよくなるかどうか。

まず、よくなると思う人。せっかくの機会なので、ちょっと意見を教えてください。

――よくなるという定義にもよりますが、エクセレントになるかという議論であれば、ならないかもしれませんが、今ある現状よりベターになるかという議論であれば、ベターになるということは間違いないと思います。特に日本の土壌を考えると、社長の権力が強く、独断的なことをやっていて悪くなっていくという傾向が少なからずある中で、独立社外取締役が増えれば、一定程度の歯止めになるというのが１つですし、報酬のところにも手が入っていくというのであれば、ベターになるということは間違いないと思います。

では、講義は以上としたいと思います。ぜひ、コーポレートガバナンス・コード、スチュワードシップ・コード、独立社外取締役等々、グローバルな分析、いろいろなデータ、法理論の分析を深めて、研究していってほしいと思います。

**〔質疑応答〕**

**（質問）**　アメリカのガバナンスの特徴の１つとして、厳罰主義を挙げておられました。狭義のコーポレートガバナンス、いわゆる法令遵守の点では、厳罰主義が効くのはよくわかるのですが、藤田さんの定義の「利益を上げる、株主価値を最大化させる」という意味でのコーポレートガバナンスには、効いてこないのではないのかなと感じましたが、いかがでしょうか。

**（回答）**　例えば**〔図表４－５〕**のBPの株価のとおりで、いろいろな事故を起こしたりすると、このようになってしまう。最近も、ドイチェバンクの株がすごく下がりましたが、実際に何兆円単位の罰金を取られると当然利益が減ってくる上に、会社のレピュテーションリスクも非常に大きいわけです。だから、厳罰主義はコーポレートガバナンスにとても影響するというのが答えです。

**（質問）**　コーポレート・ガバナンスの目的が、利益と株主価値の最大化ということで、例に出されたグーグルやアマゾンがコーポレート・ガバナンスのよい会社ということになると、エリック・シュミットなり、スティーブ・ジョブスなり、ジェフ・ベゾスがいるからよいということになり、コーポレート・ガバナンスの良し悪しは結局、経営者の能力ということにならないでしょうか。

**(回答)**　経営者の能力が全てだというのは、おっしゃるとおりです。だから、仕組みはあまり関係ない。基本は経営者が高い理念、志を持って、世の中のために尽くす。要するに、全く新しいことを考えて、新しいサービスをつくりながら世の中に貢献していく。これが私の言うところのよいコーポレートガバナンスだということになります。独立社外取締役が多いとか少ないはあまり関係ない。これが私の定義です。

もちろん、仕組みを何とかしてというのを全く否定するつもりはないのですよ。お話ししたように、一定の度合いで効くというのは確かなので。

要するに、経営者の能力を高める、高いレベルの経営者を育て上げる。これが本流中の本流で、独立取締役の数がどうしたとか、コーポレートガバナンス・コードがどうしたとかというのは、矮小化ではないかと思います。私の定義は、あくまで利益を稼いで、世の中に貢献し、いっぱい税金を払って、いっぱい雇用を生むというのが、よいガバナンスですが、それをやるためには独立社外取締役は関係ない。型はそれほど重要ではなく、高い志を持って、きちんとディシプリンを持って世の中に貢献する経営者がいたら、初めてそのときによいガバナンスになると私は思っています。

**(質問)**　日本の株主権は世界最強というお話がありましたが、あまり一般的に言われていることではないと感じました。法律上は確かに株主優位モデルなのかもしれませんが、株の相互持ち合いなどにより、実質的には株主権は最強とは言えないのではないかと思うのですが、いかがでしょう。

**(回答)**　本日は法律の話をしましたが、実質は、全くおっしゃるとおりです。株主権が強いゆえに、株式の持ち合いが生まれています。

株式の持ち合いはいつから始まったかというと、1953年の陽和不動産買い占め事件というものからです。陽和不動産とは今の三菱地所です。戦前は、財閥が持つという形の持株会社はありましたが、持ち合いというのはありませんでした。それが1950年代に入って、1955年の三井不動産事件など、反社会的勢力が株の買い占めをして、グリーンメールといいますが、安いところで買って、高いところで売り抜けるということをしました。三菱地所も、財閥解体により陽和不動産という名前になっていたのを、藤綱久二郎という人が株を買い占めて、それを三菱グループに高値で売って儲けたという話です。同じことが三井不動産でも起こり、株主権がとても強いがゆえに、野放しにしたらえらいことになってしまう、敵対的買収が簡単にできてしまうということで、株の持ち合いが進みました。

アメリカではポイズンビルというのは非常に強力なのですが、日本では、会社法からいって、ポイズンピル型の買収防衛策は基本的にほとんど機能しないということです。アメリカの会社法は非常に自由に設計できまして、日本だと１株単位しか発行できませんが、アメリカだと0.1株も0.01株も0.001株も発行できます。0.001株に１議決権をつけることも可能です。ですから、基本定款で決めると、おおむね何でもあり、それをコントロールしているのは基本的に取締役だということで、取締役の権限が強いということです。日本は、株主の権限があまりにも強過ぎるので、それを防ぐために経営者がいろいろ考えて、株式の持ち合いとかいったようなことをやってきたということですね。

# 第３章　機関投資家から見たコーポレートガバナンスの現状と課題

ニッセイアセットマネジメント　井口　譲二

## 1　はじめに

本日はこのような機会をいただきありがとうございます。（なお、この講演会での発言は私の属する企業・団体とは関係なく、すべて個人の見解となりますのでよろしくお願いいたします。）

私は、ニッセイアセットマネジメントという資産運用会社（以下、運用会社）で働いていますが、運用会社は個人投資家やアセットオーナーと言われる年金基金等からお預かりした資金を上場企業の株式や国債・社債などに投資しています。

この運用会社の中で、私は日本株式の運用に携わっています。主な職務は２つあります。１つは企業調査の統括と投資先企業の経営者との対話（エンゲージメント）です。上場企業の株式に投資を行う際、将来の企業業績の予測やビジネスモデルなどを調査する必要があります。運用会社でこの役割を担っているものを証券アナリスト（以下、アナリスト）といいますが、このアナリストが行う企業調査の統括とその調査結果などに基づき、経営者の方と今後の経営の中長期的な方向性やコーポレートガバナンスについて対話を行っています。

２つ目は、投資先企業への議決権行使です。投資先企業の議決権行使を実施する際の判断基準の設定と個別の企業の議決権の行使の最終判断を行っています。

また、対外的にはICGNというグローバルのコーポレートガバナンス団体の理事を務めています。ICGN（International Corporate Governance Network）

はグローバルの機関投資家を主体とする組織で、効率的な市場と持続的な経済の促進に向け、実効的なコーポレートガバナンスの構築と投資家のスチュワードシップの醸成を目的としています。1995年に設立され、会員の運用資産合計金額は26兆米ドル、主要なグローバルの年金基金、大手運用会社が加盟しています。この団体での活動を通じて、グローバルのガバナンスの知見に触れる機会もありますので、このようなことも踏まえ、本日は、お話をさせていただければと思っております。

本題に入る前に、最近の投資家の現状を理解していただくため、投資家の周りで、最近、起こっている事象をいくつかお話ししたいと思います。

### (i) レギュレーターと投資家の関係

最近、日本でも投資家とレギュレーターの方との接点が増えているのではないかと思います。実際、私自身も、市場関係のルール設定に関し議論する政府の委員会に呼んでいただく機会が増えています。なぜこのようなことになっているかというと２つほど理由があると考えています。

１つ目が、金融マーケットが巨大化していることです。レギュレーターの方は、この巨大な金融マーケットを制御することが重要な課題となっているわけですが、適切にルールを設定するために、私のような常に現場でマーケットに接している投資家を集めて意見をお聞きになっているということかと思います。海外でも、最後にルールを決められるのは、もちろん、レギュレーターの方ですが、その前に、ICGNのような投資家団体や投資家の意見も聴取しながらルール設定が行われていると認識しています

２つ目が、金融マーケットを活用し、経済や社会の活性化につなげようというお考えがあるのではないかと思います。レギュレーターの方の究極的な役割は経済社会のためのルールの設定ですが、その中で、金融マーケットの活用や投資家との協業も考える、ということかと思います。日本企業の競争力底上げを目指した2014年の「日本版スチュワードシップ・コード[(1)]」の導入や伊藤邦雄先生が議長をされ、レポートの名前となった「伊藤レポート[(2)]」

(1) 金融庁（2014）
(2) 経済産業省（2014）

などが典型的な例と思います。

また、グローバルでも、例えば、1992年に策定された英国の最初のコーポレートガバナンス・コードと言われる「キャドバリー報告書[(3)]」でもコーポレートガバナンス向上に向けて投資家のエンゲージメントを重視することが盛り込まれています。

ということで、投資家は市場を見ているだけでなく、色々な勉強をしなければならないので、日々、忙しくなっていると思います（笑）。

### (ii)　グローバルなマーケットの潮流

次に、日本やグローバルの株式市場の最近の潮流についてお話しします。グローバルの市場、特に、欧米の市場では2008年に大きな事象がありました。リーマンショックという金融危機です。リーマンショック後、短期的な視点での経営、長期的な顧客の利益を考えないサブプライムローンといった商品販売、また、投資家がこのような企業経営の短期志向化を促進した、ということに対して大きな反省がありました。

このような中、資料の**〔図表5－1〕**に「『経営と株式運用』における長期志向化運動（long termism）」と書きましたが、長期志向を経営や投資家の行動に定着させることが欧米の株式市場の大きな潮流となっています。また、政策当局の方の課題にもなっているものと考えています。

背景は異なりますが、日本の株式市場でも、アベノミクスの中で、国の政策としてコーポレートガバナンス・コードやスチュワードシップ・コードという2つのコードが導入され、長期志向化運動という潮流が起きています。また、日本だけではなく、アジア諸国でもコードが次々と導入されるなど、長期志向化の潮流はグローバルにも広がっています。

### (iii)　本日の講義の流れ

本日、お話しさせていただくのは、「機関投資家にとってのコーポレートガバナンス」、「グローバルのコーポレートガバナンスの変化の方向性」、「高

(3)　正式名称は「コーポレートガバナンスの財務的側面に関する委員会報告書」。キャドバリー卿が主導したため、キャドバリー報告書ともいわれる。

**〔図表５－１〕グローバルのマーケットの潮流**

➢グローバル：リーマンショック（2008年）
➢日本：アベノミクス　　　日本に続き、アジア諸国でも政策対応

➢『経営と株式運用』における長期志向化運動（long termism）

➢『スチュワードシップ・コード』導入（EU法制化の動き、日本は導入）
➢『コーポレートガバナンス・コード』（多くの国で導入）

➢長期・対話、そして、ESGを重視する株式運用手法が重要に

（出所）筆者作成

まる監査の重要性、投資家にとって重要な監査情報とは」の３点です。

１つ目の「機関投資家にとってのコーポレートガバナンス」では、なぜ投資家にとってコーポレートガバナンスが、最近、一段と重要となっているのかについてお話しさせていただきます。

２つ目が「グローバルのコーポレートガバナンスの方向性」です。冒頭お話ししたICGNの理事としての活動の関係で各国・地域のガバナンスに触れる機会がありますので、そのことについて共有化させていただければと思っています。各国・地域のガバナンスは多様性を残しつつ、その目的・機能に関しては収斂する方向にあるのではないか、と考えています。

３つ目の「高まる監査の重要性、投資家にとって重要な監査情報とは」では、投資家にとっての監査の重要性に触れます。日本の投資家の中でこのことについて言及する投資家は、まだ、少ないとは思いますが、グローバルの投資家の中では常に議論の対象となっています。

## 2　機関投資家にとってのコーポレートガバナンス

### ⑴　スチュワードシップ・コードとは

最初に、「機関投資家にとってのコーポレートガバナンス」です。日本の場合、2014年に導入されたスチュワードシップ・コードが重要な役割を果たしていますので、スチュワードシップ・コードからお話をはじめさせていただきます。

（2017年の改訂前のスチュワードシップ・コードに対し）約210の機関投資家が署名しています。機関投資家には、我々のような国内の運用会社、国内の年金基金、海外の運用会社・年金基金も含まれます。つまり、日本の上場企業に投資している多くの投資家が署名している状況と認識しています。

#### (i)　中長期指向に変化する投資行動

署名を行うとスチュワードシップ責任が投資家に生じます。スチュワードシップ責任とは「投資先企業やその事業環境等に関する深い理解に基づく建設的な『目的を持った対話』などを通じて、当該企業の企業価値の向上や持続的成長を促すことにより、『顧客・受益者』の中長期的な投資リターンの拡大を図る」[4]ということです。

従来から、投資家にはもう１つの責任、受託者責任：フィデューシャリー・デューティがあります。これは、顧客から預かった資産を注意深く、そして忠実に運用するというものですが、（私は法律家ではありませんが）この受託者責任はスチュワードシップ責任とは同一ではない、と考えています。

受託者責任の中では、極端なことをいえば、株価だけを見て、経営者と対話もせず、今日、買って、翌日には売るという短期的な投資スタイルも許容されるわけです。これに対して、スチュワードシップ責任に基づいた投資というのは「中長期的な投資リターンの拡大を図る」ですので、中長期志向の運用であり、今、申し上げた短期的なスタイルの投資は許容されないことに

⑷　スチュワードシップ・コードに関する有識者検討会（2014）

なると考えています。受託者責任とスチュワードシップ責任の関係についての私の解釈は、まず、基本的な責任として受託者責任がありまして、その中にスチュワードシップ責任があるのではないか、と考えています。そして、現在、日本企業に投資している多くの投資家がこのスチュワードシップ・コードに署名しましたので、日本の株式市場における投資スタイルが大きく中長期志向に変化しているものと理解しています。

実際にスチュワードシップ・コード導入後の投資家の姿勢の変化を示しているのが**〔図表５-２〕**です。日本IR協議会[5]の上場企業に対するアンケート結果ですが「スチュワードシップ・コード導入後、投資家との対話は変化しましたか？」という問いに対し、983社のうち37％の企業が「変化した」と回答されています。次に、「どのように変化しましたか？」という問いに対する回答が棒グラフとなります。一番多い回答が、54.2％で、（非財務情報、コーポレートガバナンスに関する議論をするなど）エンゲージメントを意識した質問が増えている、となっています。そして、その下ですが、31.4％の企業が中長期の持続的な成長に関する質問が増えてきた、と回答しています。このように、スチュワードシップ・コード導入後、投資家の行動は確かに変化しているのです。

### ⅱ　スチュワードの意味するもの

スチュワードシップ・コードの意味をもう少し掘り下げたいので、“スチュワード”（steward）という言葉についてお話しします。スチュワードを辞書で調べると執事と訳されます。英国で初めてのコーポレートガバナンス・コードである「キャドバリー報告書」策定の責任者であったキャドバリー卿は“スチュワード”という言葉の使用にあたって「英国の大きな家にはすべてを効率的かつ適切に守り育てるスチュワードがいます。（中略）スチュワードシップとは会社を守り、育てること、をいおうとしたのです[6]」としています。このスチュワードの役割は２つあります。１つはキャドバ

⑸　日本IR協議会（2016）

⑹　日本コーポレートガバナンスフォーラム編（2001）にキャドバリー卿のインタビュー記事がある。

〔図表５－２〕スチュワードシップ・コード導入後の企業と投資家の対話

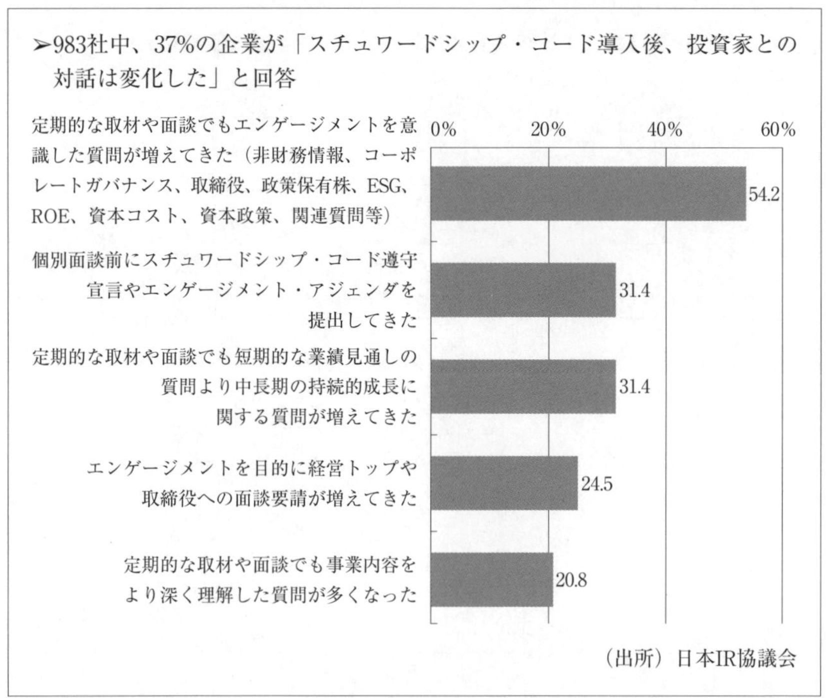


リー卿のお話にあるように「管理する財産・資産を守るとととともに、「(長期的に）育てる」ことです。２つ目は、（執事が仕える当主に対し行っていたように）財産・資産の状況について正確に「報告」することです。

このことを投資の文脈でお話ししたいと思います。**〔図表５－３〕**では、インベストメントチェーン（投資連鎖）といわれる受益者から投資先企業までの資金の流れを示しています。最初に（左の方から)、（最終）受益者となる会社員や公務員の方などが年金基金に将来の年金給付の原資等として資金を預けます。次に、年金基金が自分のスタイル・ニーズにあった運用会社を選択し、運用会社に資金を預けます。そして、最後に運用会社は企業調査・対話に基づき、中長期的に良好な投資リターンが予想される企業に資金を投資（預ける）するというものです。

〔図表５－３〕スチュワードシップ・コードとは

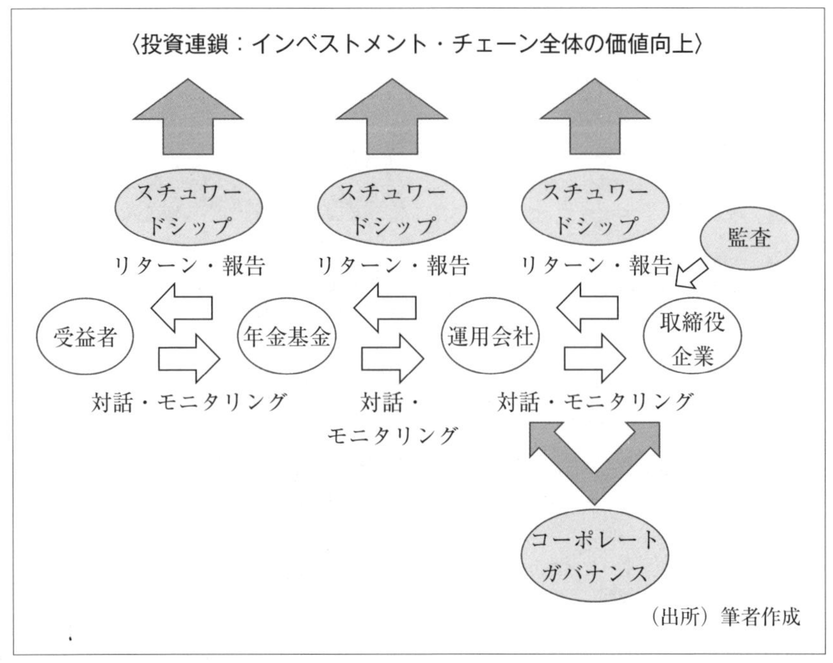

（出所）筆者作成

先ほどの“スチュワード”ですが、スチュワードの役割を担う主体はこのインベストメントチェーン上の主要箇所に位置します。もちろん、私が属する運用会社はスチュワードとして企業価値が向上すると予想される企業に投資するとともに、投資先企業に対し対話・モニタリングを行います。そして、その結果を年金基金に報告するという責任があります。年金基金もスチュワードとして、委託先の運用会社に対しスチュワードシップ活動のモニタリングや対話を行い、最終受益者に対し報告するという責任があります。企業の中にも取締役というスチュワードが存在します。投資された資金を企業の長期的な成長に結びつけることができるよう経営陣をモニタリングするとともに、その成果について投資家に報告する責任があります。

スチュワードシップ・コードが導入され、スチュワードの役割が明確になると、このように各スチュワード間において、資金の委託先との対話・モニタリングと資金の委託元への報告が重要となるのです。本日はコーポレートガバナンスが議題ですので、もう一度、インベストメントチェーンの図の右の方を見てください。運用会社（投資家）と企業の間においては、適正な報告がなされる仕組みとして「監査」が重視されるようになります。また、中長期的な観点で、投資先企業に対し「対話・モニタリング」する必要が高まる中で持続的な成長を支える「コーポレートガバナンス」が、今まで以上に重視されることになるのです。この点について次にお話しします。

### ⑵　中長期投資に必要とされる非財務情報とコーポレートガバナンス・コード

#### （i）モニタリングおいて必要とされる非財務情報

**〔図表５－４〕**に、スチュワードシップ・コードに署名、投資家の視点が中長期指向に変わったとき、投資先企業をモニタリングする上で必要となる情報を示しています。この表は、横軸に投資期間、縦軸の長さが投資判断における「情報の有用性」を示しています[(7)]。短期の投資では「財務情報」のみが重要ですが、投資スタイルが長期化するに従い、「非財務情報」の重要度が増すということを示しています。少し極端かもしれませんが、短期の投資、例えば四半期決算の結果が良いかどうかで勝負する投資では四半期決算の決算数値などの財務情報だけが大事となります。しかし、投資スタイル・企業調査が長期化すると、「結果」としての財務情報だけでは不十分で、財務情報ではありませんが投資判断に有用な情報を与える「非財務情報」の重要度が増します。具体的には**〔図表５－４〕**の①～⑤にも書いていますが、企業の経営理念など中期的に目指すべき方向・ビジネスモデル（企業価値創出の仕組み、サプライチェーン分析）、経営戦略、そして、最後に、①～④を支える「コーポレートガバナンス」が重要となるのです。

「コーポレートガバナンス」とは、日本のコーポレートガバナンス・コードにも記述がありますが、「会社が、株主をはじめ顧客・従業員・地域社会等の立場を踏まえた上で、透明・公正かつ迅速・果断な意思決定を行うための仕組み」です。もう少し平易にいえば、「持続的な企業価値創造を行う意

⑺　井口（2015a）

**〔図表５－４〕中長期投資に必要とされる非財務情報**

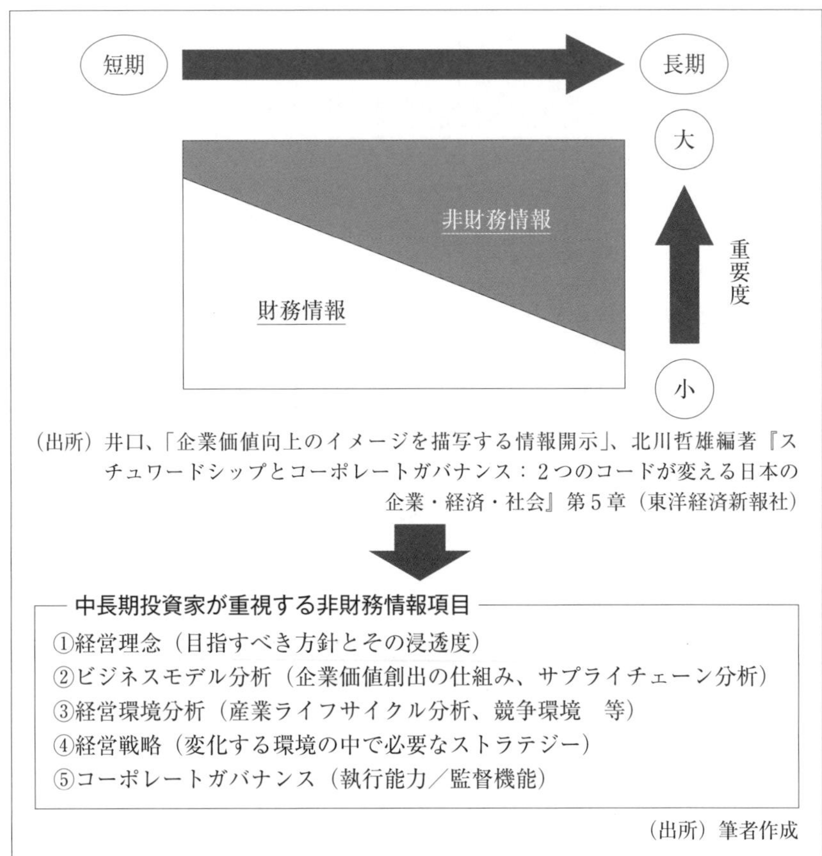


（出所）井口、「企業価値向上のイメージを描写する情報開示」、北川哲雄編著『スチュワードシップとコーポレートガバナンス：２つのコードが変える日本の企業・経済・社会』第５章（東洋経済新報社）

**中長期投資家が重視する非財務情報項目**

①経営理念（目指すべき方針とその浸透度）
②ビジネスモデル分析（企業価値創出の仕組み、サプライチェーン分析）
③経営環境分析（産業ライフサイクル分析、競争環境　等）
④経営戦略（変化する環境の中で必要なストラテジー）
⑤コーポレートガバナンス（執行能力／監督機能）

（出所）筆者作成

思決定を適切に行う仕組み」と考えています。

### (ii)　コーポレートガバナンス・コードによる開示を通じたガバナンスの改善

投資家が中長期指向を強める中、コーポレートガバナンス・コードの役割が重要となります[8]。**〔図表５－５〕**の左側に、〈重要となる非財務情報〉の

(8)　井口（2015b）

〔図表5－5〕中長期投資に必要とされる非財務情報とガバナンス・コード

| 〈重要となる非財務情報〉 | | 〈ガバナンス・コード：原則3－1〉 |
|---|---|---|
| ➢長期的に目指すべき方針：経営理念<br>➢ビジネスモデル分析（企業価値創出の仕組み、サプライチェーン分析）<br>➢経営環境分析（産業ライフサイクル分析、競争環境　等）<br>➢それを踏まえた経営戦略（変化する戦略の中で、必要なストラテジー）<br>➢以上を支える、コーポレートガバナンス（戦略の執行能力） | ⇐ | ➢……実効的なコーポレートガバナンスを実現するとの観点から……<br>➢以下の事項について開示し、主体的な情報発信を行うべきである<br>(i)　会社の目指すところ（経営理念等）や経営戦略、経営計画<br>(ii)　本コードのそれぞれの原則を踏まえた、コーポレートガバナンスに関する基本的な考え方と基本方針<br>……………………………<br>…………………………… |

（出所）井口「ESGの視点から企業価値創造プロセスを示す」武井一浩編著『コーポレートガバナンス・コードの実践』第1章（日経BP社）

中に、先ほどお話しした中長期投資家が重視する非財務情報項目として①から⑤を書いています。実は同じ内容が、ガバナンス・コードにも記載されています。右側を見ていただくと、原則3－1に、「実効的なコーポレートガバナンスを実現するとの観点から、(i)会社の目指すところ（経営理念等）や経営戦略、経営計画、(ii)本コードのそれぞれの原則を踏まえた、コーポレートガバナンスに関する基本的な考え方と基本方針」も開示する[9]、と記載されていることがご覧になれると思います。

私は、数あるコードの項目の中でも、この原則3－1が一番重要と考えています。この原則3－1の趣旨は、経営理念からそれを支えるコーポレート

(9)　コーポレートガバナンス・コードの策定に関する有識者会議（2015）

ガバナンスまでを説明してくださいということ、つまり、中長期の『企業価値創造プロセス』をしっかり開示してくださいということと理解しています。これは中長期志向を強める投資家にとって必要不可欠の情報となります。コーポレートガバナンス・コードは企業と投資家が中長期で対話する手順書といってよいのかもしれません。

スチュワードシップ・コードは、投資家と企業が「建設的な対話」を行う際の投資家サイドの枠組み、一方、コーポレートガバナンス・コードは投資家と企業が「建設的な対話」を行う際の企業サイドの枠組みと考えています。

また、さらに重要なのは、企業は中長期の投資家のニーズにあった的確な情報を開示するためにはコードに沿った形でコーポレートガバナンスの態勢自体も整える必要があるということです（例えば、独立社外取締役の採用や適切な取締役選任の枠組み）。このような中長期投資家への開示という取組みが開示だけにとどまらず、実際のコーポレートガバナンスの改善につながり、企業の持続的な成長へとつながっていくことが重要と考えています。

### ⅲ　コーポレートガバナンスが投資家の企業価値評価の判断に与える影響

では、コーポレートガバナンスとその関連情報が投資判断にどのような影響を与えるのかを見たいと思います。

米国のボストンで開催された投資家向けカンフェレンスでアメリカのバイオ医薬品会社のCEOが自社のコーポレートガバナンスについて講演されていましたが、投資家として大変すばらしいご講演と思い、感銘を受けましたのでご紹介します。

CEOは、まず、「企業のビジネスモデルによって『長期』の定義は異なる。医薬品会社である自分たちの長期はiPhone（アップル社）の長期とは異なる。（アップル社のような）技術を軸とする会社の『長期』は技術変化に伴う経営環境の大きな変化があるので将来は読みづらい。一方、医薬品会社の『長期』（の経営環境）は予測可能。例えば、出生率から医薬会社にとって重要な経営環境である将来の人口構造もわかる。」ということをおっしゃっていました。

そして、「自社の長期を定義した上で、投資家に自社の長期のビジョンをどう見せるかが大事である。ここで、コーポレートガバナンスは大きな役割を果たす。自社の医薬品の認可状況といったトラックレコードを出すことができる。ただ、それはあくまで過去の数値。投資家に将来の長期の姿を見せるにはこの状況が長期的に持続するということを示す必要がある。これを担保するのがコーポレートガバナンスの仕組みである。現在の経営者が交代しても、同じ思い・能力を持った後継者が出るような仕組みを整え、これを開示するということが重要である。」といった内容でした。

日本企業でも、秀逸なコーポレートガバナンスを整えていると考えられる会社は同じようなことをしていますが、これが、投資家の求めるコーポレートガバナンスであると考えます。そして、実は、私自身や私が属する運用会社においても、企業のコーポレートガバナンスを評価する際にはこの医薬品会社のCEOと同じ考え方で行っています。

投資家の「コーポレートガバナンス評価」では、持続的な成長に資する実効的なコーポレートガバナンス体制が築けているかを評価することが重要になります[(10)]。そして、このコーポレートガバナンス体制の実効性の判断にあたっては、経営や企業行動における長期的な株主価値拡大重視の姿勢、経営陣への信頼度（アカウンタビリティの確保）、経営・事業戦略の妥当性、資本効率の維持、といった事項がポイントとなります。

次に、このようなコーポレートガバナンスの評価が、投資家の将来の長期業績予想など投資判断に与える影響を考えます。私の属するニッセイアセットマネジメントのアナリストは５年間の将来業績予想とコーポレートガバナンス評価を行っていますので、この２つのデータを用い説明します。当社の例ではありますが、中長期指向で投資を行っている投資家に一般的に見られる傾向と考えています。

**〔図表５－６〕**は、日本企業約400社に対し行ったアナリストの将来５年間の売上高の予想をコーポレートガバナンスの評価で括り直したものです。黒の太線は、最も ガバナンス評価の高い「レーティング１（Ｇ１）」の企業群に対する売上高のアナリスト予想、点線の「レーティング２（Ｇ２）」は２

---

⑽　井口（2014）

**〔図表５－６〕コーポレートガバナンスが投資家の判断に与える影響**

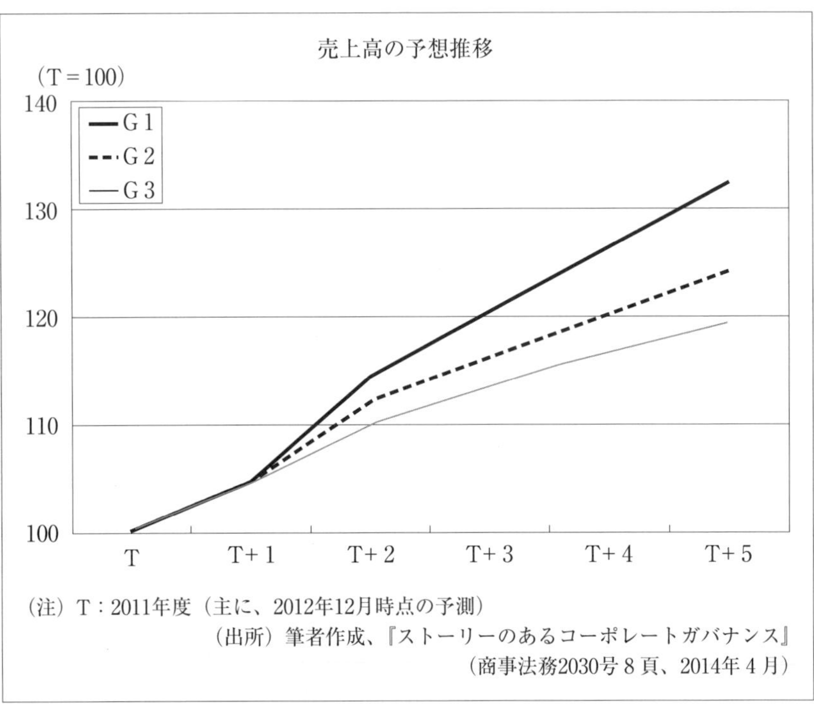


（注）T：2011年度（主に、2012年12月時点の予測）

（出所）筆者作成、『ストーリーのあるコーポレートガバナンス』（商事法務2030号８頁、2014年４月）

番目の企業群に対する予想、実線の細線は３番目に対する予想を表しています。ガバナンス評価の最も高いレーティング１の企業群の「売上高予想」が最も高く予想されていることが確認できます。

これは、不思議なことではありません、アナリストは普段、長期業績予想の作成において、足元の企業業績の分析の他、経営者との対話やコーポレートガバナンスについて調査を行います。そして、先ほどお話ししたコーポレートガバナンスの評価で企業の持続的成長を支えるガバナンス体制があると判断された企業に対しては、持続的成長に対する確信度が高まり、将来において強い業績予想を行うことになるわけです。この企業については、当然のことながら高い企業価値があり、投資リターンがある、と判断されることになります。このようにコーポレートガバナンスとその関連情報は投資家の判断に大きな影響を与えています。

### ⑶　スチュワードシップ・コードのグローバルの状況

今までご説明したように、機関投資家にとってコーポレートガバナンスの重要性が増している理由は、スチュワードシップ・コード導入やグローバル株式市場の潮流（長期志向化運動）により投資スタイルが中長期化しているためです。したがって、スチュワードシップ・コードと市場における長期志向化運動の方向性が今後のコーポレートガバナンスにとっても鍵になると考えています。

現状、コーポレートガバナンス・コードは先進国やアジア諸国を中心に多くの国で導入される一方、スチュワードシップ・コード導入国は十数カ国にとどまると認識しています。ただし、私は、今後、投資家のスチュワードシップ活動の強化と中長期指向の定着が一段と進むものと考えています。

EUではスチュワードシップ活動を法制化する動きがあります（株主の権利EU指令）[11]。昨年（2015年）11月にOECDコーポレートガバナンス原則[12]が11年ぶりに改訂されましたが、その際『機関投資家の役割』という章が新しく入りました。また、米国にもスチュワードシップ・コードはありませんが、半分、笑い話ですが、「スチュワードシップ・コードは投資家の背中を押すためにあるが、米国の投資家は背中を押さなくても突っ走るので、そもそも、コードなんて必要ない」という人もいます。ただ、私の知る限り、中長期志向を定着させるという意味ではスチュワードシップ・コードが必要という有識者は多数います[13]。

日本でも、金融庁が2017年にはスチュワードシップ・コード改定の動きに

---

⑾　株主の権利EU指令（EU shareholders' right directive）：この講義後、2017年に入り、欧州議会・理事会で承認された。２年内を目途に、EU加盟国で内国法化されることとなる。プリンシプルベースで投資家にはエンゲージメントの方針と開示が求められる。

⑿　OECD（2015）

⒀　米国のスチュワードシップ・コード：この講義後、米国の主要機関投資家および運用会社16社は、2017年１月にスチュワードシップおよびコーポレートガバナンスを推進する新たな団体Investor Stewardship Group（ISG）を設立、スチュワードシップとコーポレートガバナンスに関する原則を制定したことを発表した。

入られるという話もありますが、このように投資家のスチュワードシップ活動に対する期待は高まりこそすれ、低下することは考え難い状況にあると考えています。この意味で、投資家にとってコーポレートガバナンスの重要度はますます増すものと予想しています。

## 3　グローバルのコーポレートガバナンスの方向性

次に、グローバルのコーポレートガバナンスの状況、そしてこれが今後どのように変化していくかについて、私の考えをお話ししたいと思います。

神作裕之先生のお話を拝聴していたときに、「コーポレートガバナンス論は会社法（ハードロー）の議論よりかなり広く、効率性も含む。ただ、会社法の議論と乖離しているわけでなく会社法の議論とお互い影響をしあっている」と話されていたのは運用の現場にいる私としても大変共感できるものでした。実際、英国の会社法172条の取締役の受託者責任の中にステークホルダーへの配慮に関する条項が入りました。また、オランダでも同様の趣旨で会社法が改正されたと聞いていますが、こういった事象は、企業の社会的責任への期待が高まる中、企業の効率性維持と持続的な成長にとって社会との共存が不可欠になり、会社法に影響を及ぼしていることではないか、と考えています。

もう１つ、以前、神田秀樹先生のお話を拝聴していたときに、「コーポレートガバナンス論の焦点は国やそのときの状況によって変わる」という趣旨のお話にも感銘を受けました。例えば、英国の最初のコーポレートガバナンス・コードといわれるキャドバリー報告書は、企業の不祥事をきっかけに導入されましたが、日本のコーポレートガバナンス・コードの表題には「会社の持続的な成長と中長期的な企業価値向上のために」と書かれています。日本のコードは、企業の成長を促進するガバナンスを目指しているということです。なぜ、日本のコードでは「成長」が焦点かというと、それは日本企業が長期間にわたり低成長、低収益であったからです。このように、コーポレートガバナンスの議論は、国・地域により、状況が異なるため、その焦点も変わってくるのです。

### ⑴ 2016 OECD ASIAN ROUNDTABLE ON CORPORATE GOVERNANCE

私は、今年（2016年）10月にOECDから韓国ソウルで開催されたアジア・ガバナンス・ラウンドテーブルに呼んでいただきました[14]。グローバルのガバナンスの方向性を考える際に参考となるところもあると思いますので、会合の概要をご紹介いたします。

昨年（2015年）、11年ぶりに改訂されたOECDコーポレートガバナンス原則は、日本のコーポレートガバナンス・コード策定時にも参照されたように、日本のコーポレートガバナンスにも大きな影響力を持つ原則です。また、野崎様の講義（第１編第２章）でもご説明がありましたように、ガバナンス原則は、その時のコーポレートガバナンスの置かれた状況や問題・課題を反映し、適宜、改訂されることとなっています。今回、ラウンドテーブルでの議論等を通じて私が感じたのは、まさに、グローバルの各地域や市場で何が起こっているかを、投資家や有識者の議論を通じ、OECDのほうで把握し、次回の原則改訂時の参考にされようとしているのではないか、ということでした。

私が参加したのは、"Focus Groups on the 5-10 year Outlook for Corporate Governance in Asia"（５-10年先のアジアのコーポレートガバナンスの行方を集中的に議論するグループ）の中の"Environmental impact"ということで、環境問題がガバナンスに及ぼす影響を議論するセッションでした。その他に、ブロックチェーンやAIなど技術の変化がガバナンスに及ぼす影響、サプライチェーンのグローバル化や複雑化がガバナンスに及ぼす影響、を議論する２つのセッションがありました。

私が参加したセッションの環境問題は、日本でも注目が集まっていますが、グローバルでも大きな話題になっています。2015年12月にパリで$CO_2$削減に関する合意がなされたからです。科学的な根拠については議論が残るところかもしれませんが、ある自動車会社の幹部の方もおっしゃっていましたが

⒁ http://www.oecd.org/daf/ca/2016oecd-asiancorporategovernanceroundtable.htm

「大事なことは真偽はともあれ、政策的に決定した」という事実です。そして、その合意内容は$CO_2$を減らすのではなく、限りなくゼロに近づけるとなっており、例えば、自動車会社は現状のガソリンを使用した自動車自体が作れなくなる、という事態に陥るリスクがあるということです。このことは環境問題も企業経営に大きく影響するため、企業経営をモニタリングする取締役会、そしてコーポレートガバナンスにおいても重要な課題になりうることを意味します。

### ⑵　最適な形態を模索しながら収斂するグローバルのコーポレートガバナンス

「コーポレートガバナンス論の焦点は状況により変わる」とご説明しましたが、次に、グローバルではどのようなことに焦点があたり、それが現実のコーポレートガバナンスにどのような影響を及ぼしているのかについてお話ししたいと思います。

#### (i)　グローバルのコーポレートガバナンスの収斂

**〔図表５－７〕**をご覧ください。グローバルのコーポレートガバナンスの形態は大きく３つほどある（二層型・一層型・日本型）と認識しています。一番左の「二層型」は、経営をモニタリングする監査役会（スーパーバイザリーボード）と経営者が属するマネジメントボードが完全に分かれている（取締役会と経営陣を兼務している人はいない）ガバナンス形態です。その右の「一層型」はグローバルモデルやアングロサクソンモデルとも言われますが、取締役会はモニタリング業務を重視、構成も社外取締役中心、経営陣で兼務しているのはCEOやCFOなど少数に限られています。そして、「日本型」（監査役会設置会社）です。取締役会と経営陣の重なりが大きく、モニタリング業務とともに執行的な要素も多く含まれます、また、監査役会が取締役会と並列に並んでいる形態となっています。

最初の二層型は、ドイツのコーポレートガバナンスの形態としてよく言及されますが、オランダなどでも採用されるなど欧州大陸諸国のガバナンスの主要な形態の１つと認識しています。さて、この二層型ですが、監査役会と経営陣が属するマネジメントボードが分かれているので監督と執行の役割が

〔図表5-7〕グローバルのガバナンス形態

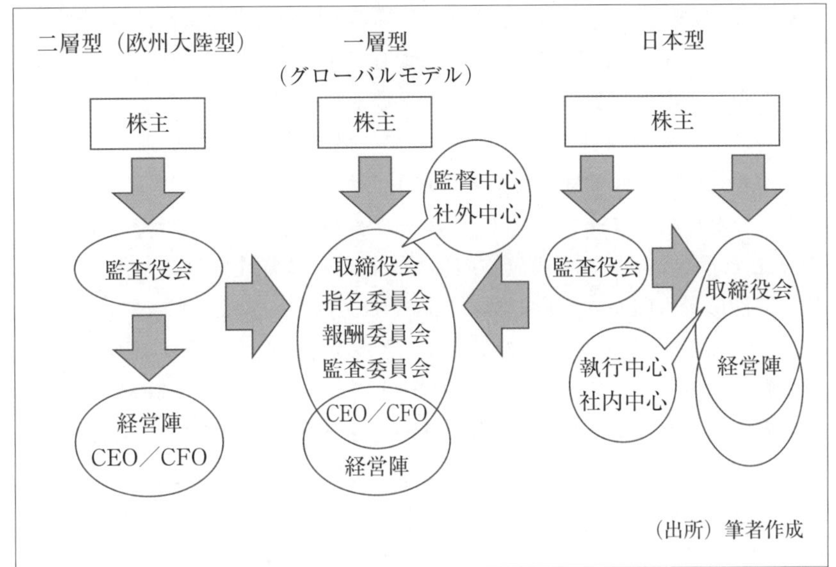


明確なように見えます。しかし、執行を行う経営サイドの状況を把握することにより監査役会も経営を適切にモニタリングできるにもかかわらず、分離されることにより適切なモニタリング業務ができなくなるという大きな欠点を有します。実際、ドイツでは監査役会の年間開催回数が4～5回程度と少ない状況です。また、監査役会の中に従業員代表が入るケースも多く（ドイツでは半分が従業員関係者）、モニタリングの焦点が企業価値向上からブレるリスクを指摘されるなど、機能発揮の点において疑問符がつけられている状況です。

一層型は、グローバルモデルと呼ばれることもあります。欧州大陸諸国の人はこれに反発して（グローバル型ではなく）アングロサクソンモデルと言う方もいますが、米国や英国で採用されているガバナンス形態です。ただ、米国と英国のガバナンスが一緒かというと、全くそんなことはなく、英国の方からすると米国のガバナンスと一緒にされるのは迷惑だと、よく文句を言っています。米国では、CEOと取締役会議長の兼務が多い、あるいは、最近、改善しつつありますが、対話を行う姿勢に乏しい、取締役選任に関する株主提案ができない（Proxy Access）等の課題があり、英国のほうがより開かれたガバナンス形態になっているからです。

日本型は、取締役会のモニタリング業務と執行業務の区分けが明確でないということ、監査役会が取締役会において議決権を持っていない等で、グローバル投資家の間では評判がよくありません。

さて、今後のグローバルのコーポレートガバナンスの方向性ですが、私は、均質化を求めるグローバル資本の影響もあり、多様性を残しつつ、その目的・機能は最も開かれた形である英国型のグローバルモデル（アングロサクソンモデル）に収斂していくのではないか、と予想しています。実際、ドイツの監査役会の年間開催回数は４回程度と言いましたが、一部の企業では増加方向にあることや監査役会と経営陣の意見交換の機会が増えるなど、モニタリング機能が強化されているようです。また、日本では取締役会に独立した社外取締役が導入されるとともに、社内取締役の数が大きく減少するなど、取締役会のモニタリング機能強化が急速に進んでいます。米国でもProxy Accessの定款への設置やCEOと取締役会議長の分離などが行われています。

### (ii)　グローバルのコーポレートガバナンスの多様性

多様性を残しつつ収斂する、と言いましたが、国・地域ごとの状況が異なるため、ガバナンス形態が完全に一緒になることもない、と考えています。典型的な例として北欧のガバナンスを取り上げます。資料の**〔図表５－８〕**にSKFというスウェーデンの鉱山機器製造会社のガバナンス組織の図を掲載しています。皆さん、よく洋服を買われるH&Mという会社をご存じかと思いますが、SKFと同じスウェーデンの会社ですので、アニュアルレポートを見ると、同じようなガバナンスの図が載っています。このガバナンスの組織図、通常見慣れているものとは異なります。指名委員会（Nomination Committee）は取締役会の中にあるものなのですが、取締役会の外に設置されています。このようなガバナンス形態を採用する理由は株式保有構造の特殊性にあります。北欧や欧州大陸諸国では創業者などの大株主が５割以上の株式を保有しているというのが通常の株式保有構造となっており、日本、米

〔図表５－８〕多様性のあるガバナンス形態（北欧型：SKF）

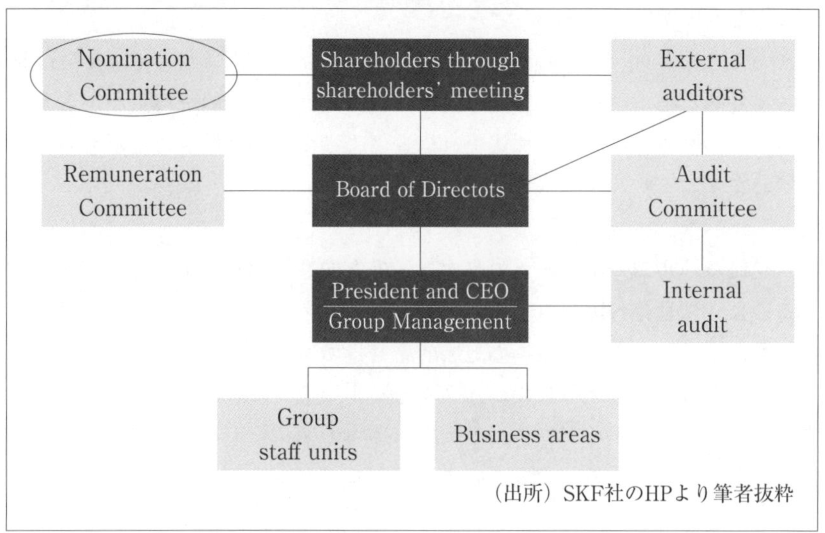


（出所）SKF社のHPより筆者抜粋

国、英国とは全く異なる世界があるのです。

例えば、北欧のような５割を大株主が保有する状況でグローバルガバナンス形態を導入すると、取締役の選任を含めた株主総会の権限を握るのは大株主となり、少数株主の権限は全く守れなくなります。市場としての効率性が失われるのです。この少数株主保護の観点からスウェーデンでは指名委員会を取締役会の外に設置、大株主以外の投資家の代表が入って、取締役を選任する仕組みが導入されたのです。

イタリアも株式保有構造において北欧と同様の課題を抱えています。国や大株主などが多くの株式を保有し、グローバルガバナンス形態を導入しても機能しない状況となっているからです。そこで、slate制といわれますが、あらかじめ取締役選任時に投資家の枠を設け、そこに投資家代表を入れ、少数株主の保護を行う仕組みを作っています。私の知り合いの英国の女性でイタリアの会社の社外取締役になっている方がいましたので、取締役の選任過程を聞きました。彼女は英国の元投資家でしたが、イタリアの投資顧問協会に相当する組織が、slate制を利用して当該企業の社外取締役に誰かを送りたいと考える中で、イタリア語・英語が話せて、かつ、投資家の意見を理解できる彼女が選ばれたということでした。

このようにグローバルのコーポレートガバナンスは、透明性や経営陣に対する実効的なモニタリング機能の確保といった共通の目的を持ちながらも、企業や国の歴史、あるいは株式保有構造によって多様性を持ち得るものと考えています。

### ⑶　グローバルコーポレートガバナンスの方向性をみる視座

このように世界各国のコーポレートガバナンス形態は、イタリアや北欧の例でもお話ししたように様々な地域的な背景のもと構築されてきました。今後は、一定の多様性を残しつつ、グローバルモデルに収斂するものと予想しますが、この収斂するグローバモデル自体への変革を迫る潮流についても無視できないものがあると考えています。グローバルモデルに影響を与えうる潮流は２つあると考えています。１つが今までお話しした投資家の動き、グローバル資本の動きといってよいのかもしれません。２つ目は企業に対する社会的責任の高まりです。先ほども少しお話ししましたが、コーポレートガバナンス上の重要な課題ですので、ここでは後者について、再度、お話ししたく思います。

#### (i)　高まる企業の社会的責任と企業価値に与える影響[15]

**〔図表５－９〕**は、このような企業の状況をアニュアルレポートなどで掲載する「マテリアリティ・マップ」を援用して示しています。横軸を「(株主価値に関わる) 企業自身の重要課題」、縦軸を「社会的重要課題」としています。経営陣と経営をモニタリングするガバナンス組織（取締役会）にとって重要な箇所は右象限の上方部分「企業自身の重要課題（大）かつ社会的重要課題（大)」（Ⅰの部分）とその下に位置する「企業自身の重要課題（大）かつ社会的重要課題（小)」（Ⅱの部分）となります。ただし、企業の社会的存在感の高まりと社会の価値観の変化に伴い、経営陣とガバナンス組織は図

---

⒂　井口（2017）

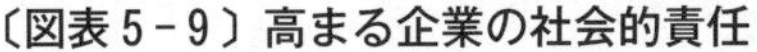
〔図表５－９〕高まる企業の社会的責任

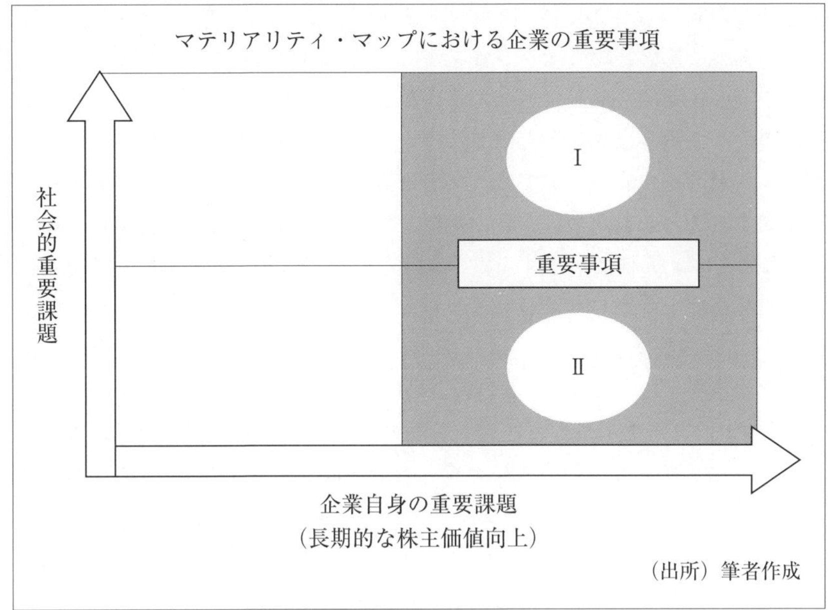


のⅠの部分をより深く、そして詳細に見る必要が生じてきているのではないか、と考えています。

２～３日前、自動車の大手部品会社の方と、企業の社会的責任（CSR：Corporate Social Responsibility）について話をしました。彼らは自動車部品を日本だけでなく海外の自動車会社にも納めていますが、取引をするにあたって、最近は、サプライチェーンにおいて労働者を酷使していないかなど、アンケートで様々な「企業の社会的責任」に関わる質問に答える必要があるとのことでした。また、これがなければ取引をしてもらえないとも言っていました。つまり、今まで、「企業の社会的責任」は社会貢献的な意味合いが強かったものと思いますが、ビジネスに直結してきているのです。有名な話としては、バングラデシュで老朽化した建物が崩壊した際、痛ましいことですが、安い賃金で雇われていた労働者の方が多く亡くなりました。また、彼らの横に、ブランド商品の仕掛品が転がっていたために、そのブランド品に対し、欧州で不買運動が起きたという話を聞きます。

先ほどお話ししたOECDのラウンドテーブルでも、サプライチェーンのガバナンスへの影響というセッションがあったとお話ししましたが、社会的責任は企業の長期的な成長にとって重要な課題となっているのです(16)。

このような動きは先進国だけではなく、アジア諸国でも同じです。シンガポール、台湾やマレーシアでは、上場企業に対しサステナビリティレポートを作成することが義務づけられ、企業として社会的責任を果たしている姿を示すことを求められています。このような政策で、企業の社会的責任を果たす能力を高めようとしているものと考えます。

コーポレートガバナンス・コードの先輩国である英国の取締役会構成に関する報告書があります(17)。この報告書によると、(「驚くべきことに」と言っていますが）コーポレートガバナンス・コードには設置義務がないにもかかわらず、ロンドン証券取引所に上場している時価総額上位350社のうち55社、上位100社のうち30社近い企業がサステナビリティ委員会を設置しているとされています。この現象の背景には、社会からの企業に対する要請が社会貢献の事象にとどまらず、中長期的な企業価値向上に影響すると認識されたことにあるものと私は推察しています。

### (ii)　日本での動き

日本でも同様の動きがあります。例えば、アサヒグループホールディングス（以下、アサヒグループ）は、アニュアルレポートの中にコーポレートガバナンス・コードで求められている「取締役会評価」の開示（**〔図表５-10〕**）を行っています。取締役会評価とは、取締役会の実効性を向上させるために、取締役会の運営等について振り返るとともに、今後の方向性を考える仕組みです。特に注目したいのが、アサヒグループの企業価値を高めるために取締役会としてやるべき提言事項の中に「ESG(18)への取り組み強化について取締役会で一層の議論を図ることなどが提言されました」と書かれていることで

(16)　神作（2009）

(17)　Institute of business ethics（2016）

(18)　ESG：E（環境）、S（社会）、G（ガバナンス）を表す。

〔図表5-10〕ESG課題の向上について取締役会で議論する

➢企業価値向上に向け、自社のESGを向上させようとする動きも

Ⅳ．提言事項

上記の自己評価において各取締役からは、社外取締役に対して当社の事業環境の理解を促進する機会や情報提供をより充実すること、社外取締役のアドバイスをより一層経営に反映するための方策を講じること、各取締役の知識・経験・能力のバランスや多様性の更なる強化を図ること、社内取締役が担当のみならず高い視点からグループ全体の経営に関与すること、ESGへの取り組み強化について取締役会で一層の議論を図ることなどが提言されました。

当社取締役会は、これらの提言について、“企業価値向上経営”の更なる深化の視点で議論を重ね、取締役会の実効性の向上を図ってまいります。

（出所）アサヒグループホールディングスの統合報告書2015より

す。日本の企業でもこのような動きがますます重要になっていくものと考えています。

## 4　高まる監査の重要性、投資家にとって重要な監査情報とは

スチュワードシップ・コードのお話のところで、「報告」の重要性が高まり、その適正性を確保する監査も重要になると申し上げました。この点、今後、日本でも大いに議論されることになると思いますが、投資家として監査情報の重要性を述べさせていただければと思っています。

### (i)　グローバル投資家が日本の監査において必要としていること

各国の監査に関する規制当局の集まりであるIFIAR[19]という団体があります。2017年に東京に拠点が設置されることとなりましたが、私は、2015年4

⒆　監査監督機関国際フォーラム（International Forum of Independent Audit Regulators）

月に、そのIFIARの会合で、監査報告書に関し、投資家としての意見を発言する機会をいただきました。その会合への準備の中で、すでに、英国では監査報告書は紋切型から脱し、監査における重要な情報が盛り込まれ、投資家にとって有力な情報源になっていることを知り、驚いた記憶があります。（日本では監査報告書は通常１頁で紋切型のケースが多い）

その後、海外の投資家と意見交換する中で、監査報告あるいは監査というのが、日本では考えられないほど投資家の注目を浴びていることがよくわかりました。実際、ガバナンスのグローバルの団体であるICGNのコンフェレンスでは、必ず、監査報告書や監査委員会についてのセッションがあり、監査の透明性や質（クオリティー）を如何に向上させるかということについて、投資家、監査委員会に属する取締役、外部監査を担当する監査法人などが議論しています。

**〔図表５-11〕**は、そのICGNが、2015年12月に、金融庁と東京証券取引所が設置している「スチュワードシップ・コード及びコーポレートガバナンス・コードのフォローアップ会議」に提出した意見書からの抜粋です。コーポレートガバナンス向上においてどのような事項を望んでいるかについての意見書ですが、監査の重要性について言及している箇所を抜粋しています。下線のところですが、１点目は内部監査について内部監査部門は経営陣だけではなくて取締役会の社外取締役に報告する仕組みが必要（Dual-reporting）ではないか、と指摘しています。２点目は監査に関する追加情報（additional information from auditor report）、これは監査報告書の長文化のことを意味していますが、この長文化は監査の透明性を高める、としています。長文化により追加の監査情報が提供されると、投資家も監査について経営陣、監査委員会の役員・監査役などと議論できるようになり、透明化がより図られるとの趣旨です。この長文監査報告書は監査に関する情報開示においてグローバルでも大きな流れとなっていますので、最後にこの点についてお話しします。

### (ii)　長文監査報告書の重要性の高まり

企業報告の適正性を確保する「監査情報」の有用性の高まりに伴い、長文監査報告書の採用が各国で広がっています。長文監査報告書では、外部監査

**〔図表５-11〕グローバル投資家が日本の監査において必要としていること**

〈以下の箇所、抜粋〉

Accounting fraud and Audit Committee:
The wide visibility, both within Japan and internationally, of the Toshiba case has raised the concerns that there is still a need for further strengthening of auditor function within both listed companies and the Japanese corporate governance structure. For example, at Toshiba the internal audit function was designed to report only to the management, and this structure is adopted across many Japanese companies. ICGN believes a dual- reporting relationship to both executive management and the board of directors ——as articulated by the Institute of Internal Auditors（IIA）-- is an important mechanism to reduce opportunities of accounting fraud.

In terms of disclosure about activities of external auditors, ICGN believes additional information from auditor report is needed following International Auditing and Assurance Standard Board（IAASB）initiatives. This could lead to improving the quality of external auditors in Japan.

（出所）「スチュワードシップ・コード及びコーポレートガバナンス・コードのフォローアップ会議」へのICGNの意見書から抜粋

人が企業の財務報告の監査の途上で経営陣や監査委員会の委員と議論した主要な監査ポイントであるKAM[20]（key audit matter）など追加的な情報の開示が行われることとなります。例えば、英国企業のロールスロイスのアニュアルレポートの中にある監査報告書は４頁とかなり詳細なものとなっています。ただ、頁数が多いだけでなく、監査の途上でどのような事項が、外部監査人、経営陣、監査委員会との間で話題になったかがわかります。また、取締役報告書（Director's report）の中にある監査委員会からの報告では、外部監査人からの指摘に対してどのように対処しているかということが記載されていま

⒇　米国ではCAM（Critical Audit Matter）

す。

すでに長文監査報告書を導入して３年目となる英国では、レギュレーターであるFRCが、監査報告書の状況についてレビューを行い、報告書[21]を公表しています。報告書の中には、投資家団体が優秀な監査報告書を表彰（2016年は小売のMarks&Spencer社が受賞）する等の企画も紹介されていますが、私が興味深かったのは、英国企業に投資している投資家が長文監査報告書をどのように活用しているかについての示唆を得ることができたことです。

投資家が、監査において必要とする情報は「リスクの認識」と「リスクに対する対応」ですが、英国の監査報告書ではリスクの高い項目として「のれんの減損リスク」「保有資産の減損リスク」「収益認識」「引当金」といった項目が挙げられています。これは、外部監査人の認識ではありますが、海外では外部監査人と投資家は監査の考え方について意見交換をしており、投資家も同じことを共有しているものと考えます。

また、投資家にとっては、監査報告書での指摘事項に対し監査委員会や経営陣がどう対処しているかが大切といいましたが、監査報告書で指摘された事項が、どの程度、監査委員会の報告書で言及されているか（カバー率）を示している箇所があります。業種を問わず、このカバー率がかなり高水準にあり、かつ、改善していることが確認できます。

**〔図表５-12〕**がベストプラクティスの１つとして報告書に掲載されていたものです。監査報告書で、原油価格の想定と価格変動による将来キャッシュフローの見積もりについて外部監査人が指摘しています。この指摘を受けて、監査委員会からの報告書では、経営陣との意見交換の中で、原油価格の想定を再度チェックするとともに、シナリオ分析を行い、現状の想定およびコスト想定が妥当と判断した、とされています。

今後、日本でもこのような長文監査報告書が導入され、企業のリスクの確認や監査のクオリティをよりよく把握できるようになるのでは、と思っております。

---

(21)　FRC（2016）

〔図表５-12〕監査報告書と監査委員会報告書の関係

➢監査報告書

*For the Pressure Control and Pressure Pumping CGUs, given the near-term lower oil price environment, we focussed on the projected cash flows for these businesses under a range of oil price assumptions in the short and long terms, including scenarios generated from external analyst reports and internal EY economic projections."*

➢監査委員会報告書

*For the Pressure Control and Pressure Pumping CGUs, given the near-term lower oil price environment, we focussed on the projected cash flows for these businesses under a range of oil price assumptions in the short and long terms, including scenarios generated from external analyst reports and internal EY economic projections." Specifically in relation to Pressure Control, we have discussed the cash flow forecasts underpinning the impairment test with management to understand the main assumptions around macroeconomic factors, volume/price effect and any strategic initiatives. We agreed that the assumption of the current oil price of around US$50 a barrel, and consequent activity levels, enduring for the next two years with a measured return to more 'normal' levels thereafter is the most appropriate one given what we know today. On that basis we agree with the best estimate impairment charge of £160m of the Pressure Control CGU... With regard to Pressure Pumping, this business is more mature and had significant levels of headroom between net asset value and discounted cash flows going into the current market downturn. Management have included in their reporting to us the stress test scenarios that have been applied and we agreed, following a detailed review, that no impairment charge is required.... [Weir Group PLC Annual Report and Accounts 2014, Report of the Audit Committee]*

（出所）FRC、Extended auditor's reports Jan. 2016

## 5　まとめ

本日は３つのことをお話しさせていただきました。１つ目は、日本ではスチュワードシップ・コード導入、欧米ではリーマンショックへの反省から株式市場の中長期志向化が進んでおり、投資家の中で企業のコーポレートガバナンスや財務報告の適正性を確保する監査の重要性が一段と高まっている、ということです。

２つ目は、グローバルのコーポレートガバナンスの行方ですが、各地域の特性に対処する必要から一定の多様性は残るものの、モニタリング機能を重視するグローバルモデルに収斂すると予想しています。また、企業の社会的存在感の高まりからその社会的責任が大きくなり、今後、社会的責任は、グローバルでみてもコーポレートガバナンスにおいて、重要な課題になる、とお話ししました。

そして、最後に、監査については、グローバルな投資家においては監査のあり方や監査情報について議論するのは当然のことであって、日本でも今後、投資家、企業の経営者、外部監査人の間で重要な対話のアジェンダになる、とお話ししました。

ご清聴ありがとうございました。

**〔質疑応答〕**

**（質問）**　コーポレートガバナンス・コードは多数の国で導入される一方、スチュワードシップ・コードを導入している国は10カ国程度とご紹介いただきました。日本では、両コードは車の両輪として機能していくものだと言われているのですが、世界でこのような差が生じている理由はどのようなことでしょうか。

**（回答）**　英国のコード導入のヒストリーが、その回答になると思います。企業の不正がきっかけとなり、最初のコーポレートガバナンス・コードと言われる「キャドバリー報告書」が1992年に策定されました。そして、その中で、企業のガバナンス改善を強化するため投資家への役割が期待され、それがスチュワードシップ・コードへと発展していったのです。ですから、まず、ガバナンス・コードがあり、次に、それを投資家の力で補強するためにスチュワードシップ・コードが必要とされる考え方があると思います。

講演の中でお話ししましたように、OECDのガバナンス原則に、2015年に初めて機関投資家の章が設けられました。また、EUは今後法制化の方向に向かうということですし、アジア諸国でもスチュワードシップ・コードが導入されています。また、米国でも草の根的に年金基金などが集まり、自主的なスチュワードシップ・コードを策定する動きがあると聞いています。

ということで、現状はご指摘のとおりですが、グローバルでもスチュワードシップ・コードあるいはコードの精神を定着させる動きは強くあり、両コードが両輪であるという見方に日本と海外で差はないと考えています。

**（質問）**　非財務情報では、ガバナンス（G）だけでなく、E（環境）・S（社会）も含んだESGも最近話題となっていますが、運用会社がそれに取り組むインセンティブというのはどんなところにあるのでしょうか。

**（回答）**　ご説明したように、スチュワードシップに署名し、中長期の運用を指向すると、企業の状況の把握において、ガバナンスはもちろん重要となりますが、その他に必然的にESGの要因は注目せざるを得ないということがあります[22]。あと、年金基金は資金を委託している運用会社に対し運用状況の報告を求めますが、この年金基金もスチュワードシップ・コードに署名しているため、運用状況の報告においても中長期の視点を入れるということです。当然、同じ論理で、運用におけるESGの考慮の状況についてもヒアリングするようになるわけですので、報告義務を課されている運用会社はよりESGを意識するインセンティブが生じることとなります。

**（質問）**　（運用会社に資金を委託している）年金基金などは、なぜESG的な取り組みを行うインセンティブがあるのか。

**（回答）**　私は運用会社の人間ですので推測となりますが、まず、今ほどご説明したように年金基金もスチュワードシップ・コードに署名していますので、それへの対応があると思います。また、そもそも論となりますが、これは

---

(22)　井口（2013）

日本だけでなくグローバルの年金基金もそうですが、年金基金の運用する資金は会社員や公務員の方の退職金や退職後の年金給付の原資となりますので、その投資の想定期間は30年など超長期となります。これは中長期の運用を指向する運用会社が通常考えている5年程度の運用期間より相当長いものとなります。

投資の想定期間が30年にもなると、通常の運用では投資リターンに影響を与えないであろう、例えば、「地球環境」というファクターも、30年後に社会を変え、運用リターンにも影響を及ぼすかもしれない、ということで、投資リターンに影響を与えうる重要な事象となるわけです。このような年金基金の投資スタイルをユニバーサル・オーナーともいわれることもありますが、取り扱う運用資金の性格から運用会社より、よりESGを重視する傾向にあるものと考えています。

〔参考文献〕

アサヒビールグループホールディングス株式会社（2015）「統合報告書2015」

井口譲二（2013）「非財務情報（ESGファクター）が企業価値評価に及ぼす影響」『証券アナリストジャーナル』Vol 51，pp36-44

井口譲二（2014）「ストーリーのあるコーポレートガバナンス」『商事法務』No2030

井口譲二（2015a）「企業価値向上のイメージを描写する情報開示」北川哲雄編著『スチュワードシップとコーポレートガバナンス』第５章、東洋経済新報社

井口譲二（2015b）「ESGの視点から企業価値創造プロセスを示す」武井一浩編著『コーポレートガバナンスの実践』第１章、日経BP社

井口譲二（2017）「新しい時代におけるアナリストの役割」『証券アナリストジャーナル』Vol 55，pp51-59

神作裕之（2009）「ソフトローの「社会的責任（CSR）」論への拡張？」『市場取引とソフトロー』有斐閣、pp193-215

経済産業省（2014）「持続的成長への競争力とインセンティブ～企業と投資家の望ましい関係構築」

コーポレートガバナンス・コードの策定に関する有識者会議（2015）「コーポレートガバナンス・コード原案」

スチュワードシップ・コードに関する有識者検討会（2014）「責任ある機関投資家」の諸原則《日本版スチュワードシップ・コード》

日本コーポレートガバナンスフォーラム編（2001）『コーポレート・ガバナンス―英国の企業改革―』商事法務研究会

日本IR協議会（2016）「IR活動の実態調査（2016年度）」

OECD（2015）“OECD Principles of Corporate Governance”

Institute of business ethics（2016），“Culture by committee”

Financial Reporting Council（2016），“Extended Auditor’s reports”

EUROPEAN UNION（2017），“Amending Directive2007/36/EC as regards the encouragement of long-term shareholder engagement”

# 第４章　日本株ストラテジー　コーポレートガバナンス改革の評価

みずほ証券　菊地　正俊

## 1　コーポレートガバナンス・コードでの投資家の関心が高い原則

### ⑴　ストラテジストの仕事

私はストラテジストという仕事をしていまして、主に３つのことをやっています。１つ目は、将来の日経平均が上がるか下がるかという占いみたいなこと、２つ目は、各アナリストが個々のセクターを担当する一方、ストラテジストは業種のアドバイスをするということ、３つ目は、株式市場のテーマや関心事についてレポートを書くということをやっていて、たまたまこの数年間、コーポレートガバナンスが注目されていたので、コーポレートガバナンスを調べています。最近は人工知能も非常に注目されていますので、人工知能について調べたり、また、PFI、民間資金を使ったインフラ整備も注目されているので、調べています。我々はテーマリサーチの一環としてコーポレートガバナンスについて調査しています。

コーポレートガバナンス・コードはイギリスから輸入されたもので、外国人投資家はコーポレートガバナンスに非常に敏感です。東証においては、売買代金の６～７割は外国人投資家が売買していて、個人投資家はみんなネット証券で注文するので、あまり対面型の証券会社には注文を出しません。ですので、大手証券会社の主なお客さんは外国人投資家ということで、年に２回ずつ欧米、アジアに出張しています。そこで日本株についてご説明申し上げて、その見返りとしてコミッションをいただいています。私は調査をしているのですが、実質的にはセールスみたいな仕事をしていて、外国人投資家に日本のことを説明してアピールすることをやらせていただいています。

外国人投資家、特にアメリカの投資家は、会社は株主のものであるといった思いが強いので、ガバナンスに非常に厳しく、外国人投資家と議論するときには、ガバナンスの問題を外せません。

### ⑵　コーポレートガバナンス・コードでの投資家の関心が高い原則

皆さんもガバナンス・コードを読まれていると思いますので、まず〔**図表６－１**〕で、投資家の関心が高い原則ということを書かせていただいています。

#### (i)　原則１－３～原則２－３

原則１－３、資本政策の基本的な方針と書いてあるわけですが、企業に対して、望ましい株主資本比率はどのくらいですかとか、望ましいデットエイクティ比率はいくらですかと聞いても、多くの日本企業は答えられず、明確な解を持っていません。その辺りが外国人投資家が日本のコーポレートガバナンスにイライラする原因にもなっています。

原則１－４は政策保有株ですが、持ち合い株は外国人投資家の関心が大変高いところです。後ほども述べさせていただきますけれども、大手銀行は、金融庁に言われて、５年で３割減らしますとか言っているわけですが、金融庁の権限は事業会社には及ばないですから、事業会社は持ち合いの解消に今も消極的です（〔**図表６－２**〕）。ここで持ち合い株をしている合理的な理由を説明しないといけないのですけれども、ほとんどがきちんと説明していません。事業上の関係を維持するなど曖昧な書き方に終始しています。

原則１－５に関して、買収防衛策減少傾向を投資家は歓迎しています。

原則２－１の経営理念は、会社に応じて特徴があります。コーポレートガバナンス報告書はおもしろくない書き方をしている会社が多いのですが、面白い書き方をしている会社もあるし、それぞれ社是などがありますから、これは直接株価には関係ないですが、会社の特徴や歴史を考える上で、結構読みがいがある書き方をしている会社が多いという印象です。

原則２－３はサステナビリティーということで、いわゆるESGです。これも金融庁や公的年金のGPIFに言われて、ほとんどの運用会社がESG調査を強化していて、責任投資部といった名前の部門をつくっています。

**〔図表６－１〕コーポレートガバナンス・コードでの投資家の関心が高い原則**

原則１－３．資本政策の基本的な方針：基本的方針が明確でない会社が多い
原則１－４．政策保有株式：外国人投資家は削減を強く求めている。持合の合理的な説明をしていない会社が多い
原則１－５．買収防衛策：減少傾向を歓迎
原則２－１．中長期的な企業価値向上の基礎となる経営理念の策定～様々なステークホルダーへの価値創造に配慮した経営：外国人投資家は、労働市場の硬直性を問題視
原則２－３．社会・環境問題をはじめとするサステナビリティーを巡る課題：大手運用会社はESG調査を強化しているが、会社のEやSの情報提供が少ない
原則２－４．女性の活躍促進を含む社内の多様性の確保：女性の数だけを揃えるのがダイバーシティではない
原則３－１．情報開示の充実
（i）経営理念や経営戦略、経営計画：外国人投資家は中計を重視しないが、国内投資家やアナリストは中計を重視
（iii）取締役会が経営陣幹部・取締役の報酬を決定するに当たっての方針と手続：内外投資家の役員報酬制度改革への関心は高い
補充原則３－１②　英語での情報の開示・提供：英語での情報開示はまだ少ない
原則３－２．外部会計監査人：不正会計で、監査法人にも様々なスキャンダル
補充原則４－１③　最高経営責任者等の後継者の計画：ほとんどの会社は、サクセッション・プランができていない
原則４－２．経営陣幹部による適切なリスクテイクを支える環境整備：日本企業はキャッシュを溜め込むばかりとの批判
原則４－８．独立社外取締役の有効な活用：社外取締役に求める独立性の厳格性は、運用会社によって異なる
原則４-11．取締役会の多様性と適正規模を両立：日本企業はボードのダイバーシティに欠ける
原則５－１．株主との建設的な対話に関する方針：会社のIRは改善したとの評価
補充原則５－１①　経営陣幹部または取締役が面談に臨むべき：社外取締役に会いたいという希望

### （ii）原則２－４

原則２－４は、女性の活躍促進を含む会社の多様性の確保です。

〔図表６－２〕株式持合比率

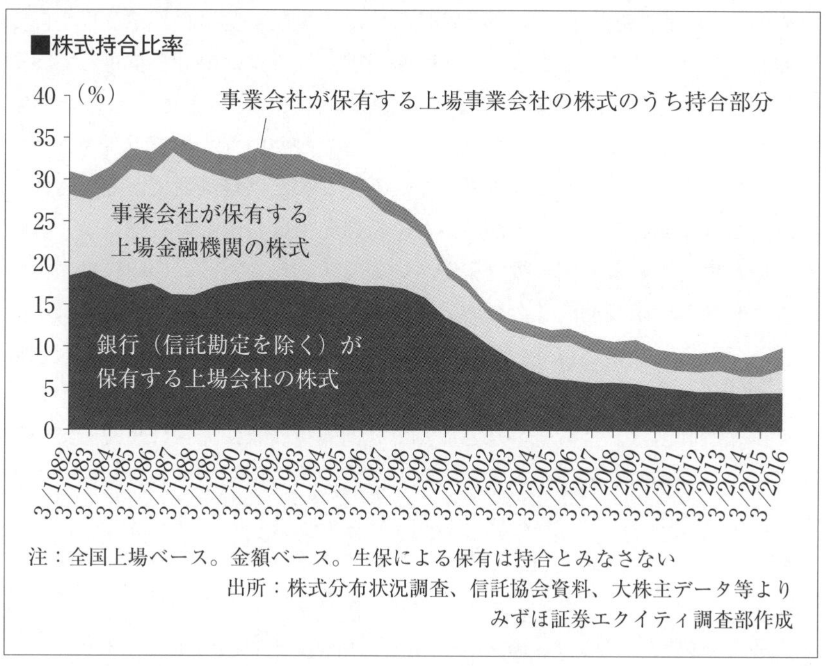

注：全国上場ベース。金額ベース。生保による保有は持合とみなさない
出所：株式分布状況調査、信託協会資料、大株主データ等より
みずほ証券エクイティ調査部作成

日本企業は、女性の管理職の比率だけ上げればよい、女性の役員を入れればよい、というように数だけで済ませてしまう会社がありますが、登用するだけではなくて、女性役員や管理職にきちんと発言の機会を与えて、それを経営に取り込む必要があります。ひいては、ダイバーシティを企業価値の向上に結びつける必要があります。

定量的に分析するというのはなかなか難しいわけで、私の話もほとんどが定性的な評価になっています。海外のアカデミックな調査においては、ダイバーシティと企業のパフォーマンスなど、定量的な結果がいろいろあります。その一部を申し上げると、企業の創成期――できたばかりのころと拡大期では、ダイバーシティが有効である一方、企業が安定期に入ると、ダイバーシティはそれほど有効ではないという調査があります。

### ⅲ　原則３－１～原則３－２

原則３－１は情報開示です。情報開示では、中期経営計画（中計）を書く必要があるということになっていますが、国内投資家は中計を重視しています。国内投資家は、いつ新しい中計が発表されて、それがどういった内容で、どういったコミットメントを持っているのかということを重視するのですが、外国人投資家はあまり重視しません。これだけ経済環境が変わるので、中計などは達成されないことが多いし、特に売上げの中計の目標は全く意味がないと思っている外国人投資家が多いのです。悪く言う人の中には、国内のアナリストは中長期的な会社の分析が十分できていないので、会社に中計を言ってもらわないと自分の予想をつくれないのではないかなどと言う人もいます。

役員報酬制度は、持ち合い株と並んで外国人投資家が非常に重視している項目です。株価や業績連動の役員報酬、また、その報酬制度の仕組みをきちんと開示してほしいというニーズが非常に強いです。

補充原則３－１②は、外国人投資家の比率が高い会社は、英語で情報開示をしてほしいということがコードに書いてあります。大手証券では、日本語と英語のレポートを同時に出すことになっていますが、問題はタイムラグです。外資系証券だと、英語と日本語を同時にとか、１時間以内に出さないといけないという社内ルールを持っている会社がありますが、日系証券会社だと同日に英語も出ればよいといった感じになっています。

原則３－２の外部監査人は、最近様々な不祥事があったわけです。東芝の不正会計は、新日本監査法人もその役目を問われていました。金融庁のほうで会計監査の在り方に関する懇談会というのがあって、それが監査法人のマネジメント、ガバナンスなどを議論しています。また、国際的な監査法人の団体、International Forum of Independent Audit Regulators＝IFIARという組織があって、2017年に東京に常設の事務局をつくって、アニュアルイベントを東京で開く予定と聞いています。

今、運用会社も投資先とのエンゲージメントが問われているし、会社も自らのガバナンスが問われているし、また、監査法人も自らのガバナンスとマネジメントが問われています。監査法人にとっては企業がお客さんです。それで、顧客である事業会社にあまり厳しいことを言えないということで、東芝のような不正会計事件が起きてしまいました。ガバナンスが様々な観点から、今問われる状況にあるということです。

### ⒤ 補充原則４－１③

補充原則４－１③は経営者のサクセッション・プランです。私はストラテジストという立場で、企業を直接分析する立場にはないのですが、アナリストになると、大企業の社長に会って、その社長を分析するというのが一番重要な仕事です。今、上場企業は3,700社ぐらいあって、大手の運用会社、すなわち大きな運用資産を持っている日本株投資家は100もないわけです。例えば、有名なところで、フィデリティとか、キャピタルとか、ブラックロックとか、本当に資金力があって影響力のある投資家は少ないわけです。大手の事業会社も、きちんと経営内容を理解してもらって、株を買ってほしい、株主総会で賛成票を出してほしいと思っているので、普通はIR担当者が機関投資家を訪問することが多いですが、CFOや社長が決算終了後に大手運用会社を訪問し、経営について説明するということをよくされています。

こうした行為はIRと呼び、機関投資家を訪問して経営状況の説明をするわけですが、そうすると、一部のファンドマネジャーは勘違いして、自分は社長より偉いと思ってしまう人がたまにいます。例えば、大手事業会社の社長がわざわざ自分のオフィスに来てくれて、大手事業会社について説明してくれた。そうすると、自分が若くても、資金力があるので、それは会社のお金ですけれども、すごく偉そうな態度をとってしまう人が一部にいるというのが、この業界では問題になっています。

サクセッション・プランですが、日本企業はほとんど前の社長が次の社長を決めるわけです。前の社長は今の会長に決めてもらい、その上へ行くと相談役がいるわけですが、これがガバナンス上の大きな問題になっています。金融庁が2016年２月に公表した「スチュワードシップ・コード及びコーポレートガバナンス・コードのフォローアップ会議」意見書⑵でも、CEO、社長の選任プロセスを明確にするように求めました。アメリカのGEは有名な事例ですけれども、次の後継者を何人か確保して、その人たちを競わせて次の社長にする。そこで敗れた人は別の会社に行って、少し格下かもしれませんけれども、そこの社長になります。日本もCEOの選任プロセスとサクセッション・プランをきちんとやるべきだと書いてありますが、ほとんどの会社はできていません。

#### ⅴ　原則４－２～原則４－11

原則４－２が、経済産業省や自民党の頭を一番悩ませているところです。経営陣幹部による適切なリスクテイクを支える環境整備です。日本企業に限らず、アメリカでもそうですが、大企業がキャッシュをため込んでいるわけです。言いわけとしては、リーマンショックのとき、銀行が金を貸してくれなかったと、今で言えば世界経済が不透明だと、そうした理由からキャッシュをどんどんため込んでいます。今回、トランプ氏が当選して、アップルをはじめアメリカ企業に、海外でため込んでいるお金をアメリカに還流させたら、リパトリエーション（本国送金減税）しますと言っているわけです。日本はもっと状況がひどく、設備投資もしない、賃上げもしない、増配や自社株買いもしない、金をため込んでいるだけという会社が多く存在し、ガバナンスが効いていないということが言われるわけです。政府も、そうした状況を改善させようとして、様々な対策をやっているということです。

原則４－８は、独立社外取締役の有効な活用ということですが、社外取締役の独立性の要件は、運用会社によって定義が違います。

原則４－11は、取締役会のダイバーシティです。会社のアニュアルレポートや、最近でいえば統合報告書を見ると、役員の写真が載っています。それを見ると、日本の大企業の役員は、中年のおじさん、おじいさんばかりで、それが外国人から見ると異様に見えます。日立製作所のように、ガバナンスが進んだ会社ですと、女性や外国人などを取締役会に多く入れています。

#### ⅵ　原則５－１

原則５－１は、株主との建設的な対話です。補充原則５－１①として、経営陣幹部または取締役が面談に臨むべきであると、ただし、これは合理的な範囲でと書いてあります。しかし、運用会社のアナリストやファンドマネジャーが事業会社を訪問して、金融庁に言われているので、社長に会わせてください、そうしないと対話にならないなどと言っている人が一部にいると指摘されています。

証券会社はコーポレートアクセス部という大きいチームを持っています。そこはミーティングのアレンジをするのが主務ですが、例えば、海外の大手運用会社から3カ月後に日本に行くから、この会社とこの会社のできたら社長、CFOのアポを入れるようにというリクエストを送ってくるわけです。それに対して間接的に証券会社にコミッションが払われます。運用会社の方から見ると、予想が当たらないアナリストとミーティングするよりも、社長に直接会いたいというニーズが非常に強いわけです。しかし、事業会社から見たら、投資家に個別に会っていたら、経営する時間がなくなってしまいますので、当然、会う相手を選びます。世界一のブラックロックなど、資金力を持っていて議決権に影響しそうな会社とは優先的に会うのですが、ヘッジファンドで、ロング・ショートばかりしているような人だと会いたくないと言ってきたり、それは事業会社と運用会社がお互いにお互いを選ぶということです。

最近、社長に会うのは難しくなくなってきていても、社外取締役に会うのはまだハードルが結構高いのです。有価証券報告書（有報）で見ていただいたらわかりますが、社外取締役も千差万別です。本当に経営について語れる社外取締役はまだ少ないようです。社長の友達で、あまり文句を言わない弁護士とか公認会計士を連れてきている会社が結構あります。そうすると、投資家が社外取締役に会いたいと言っても、ぼろが出るから会社のほうは出したくないわけです。それで、一部の優秀な社外取締役、何人か有名な方がいますけれども、そういった人に会いたいというニーズが強くなります。

以上がコーポレートガバナンス・コードでの投資家の関心が高い原則ということです。

## 2　コーポレートガバナンス報告書の一般的な評価

続きまして、〔図表６－３〕、コーポレートガバナンス報告書の一般的な評価です。コーポレートガバナンス報告書の最初の締め切りは2015年末でした。証券会社は大体クリスマスを過ぎると暇になるので、年末年始に私は1,000社ぐらいのガバナンス報告書を読んで、１月にレポートを書きました。決算発表されたら次のものをアップデートすることになっているわけですが、2015年12月は非常に注目されていたのですけれども、今はコーポレートガバナンス報告書への関心が低下しました。

### (i)　アナリストはコーポレートガバナンス報告書を読むか

運用会社のガバナンス担当者やESG担当者などは、それが仕事なのでコーポレートガバナンス報告書を読んでいますが、普通のアナリストやファンドマネジャーは、最近読んでいない人が多いようです。これは前から金融庁も恐れていたことですが、形式的な書き方で、形式的な対応になってしまっているということです。みずほ証券にもアナリストが30人ぐらいいるので、そのうち何人がガバナンス報告書を読んでいるのか聞いてみたら、２～３割のアナリストしか読んでいないことが判明しました。みずほ証券のアナリストが不まじめとか、そういうことではなくて――これは自慢でも何でもないですが、みずほ証券は今アナリストをすごく強化して、アナリストランキングが４年連続１位でした――、でも、ガバナンス報告書を読んでいるアナリストが少ないということです。

でもこれはアナリストによって全然違っていて、いろいろな芸風があって、あるアナリストは、社長と非常にコネクションが強く、運用会社の人が社長に会いたいと言ったら会わせることができることを強みとします。中長期的な分析、キャッシュフローの分析とか、そういうものが得意なアナリストもいますし、株価を当てるのがうまいアナリストとか、いろんなタイプのアナリストがいます。

〔図表6－3〕コーポレートガバナンス報告書の一般的な評価

〈ネガティブ〉
(1) 2015年末の報告書の締め切りを過ぎた後、市場の注目度が低下した。ガバナンス担当者でないと、報告書を読まないというアナリストが多い
(2) 弁護士や総務部長等が書いたと思えるような形式的な表現が多く、経営者の言葉が感じられない会社が多い
(3) 報告書がWEBのどこに掲載されているかわからない企業がある。リンクだらけの報告書が多い。前回提出からの変更点も不明の会社が多い。報告書を東証の適時開示情報へアップする企業が少ない
(4) 企業によって報告書の書き方がばらばらだが、テキストマイニングを試行的に使う機関も出てきた
(5) 大胆な資本政策の見直しを行った大企業は少ない
(6) 事業会社の持合解消に本気度が見られない
(7) ガバナンスより企業業績、企業業績よりマクロ経済、政策、ファンドフローが重要との見方

〈ポジティブ〉
(1) 取締役数が減り、社外取締役の採用が当たり前になった
(2) ROEや資本コストを意識する企業が増えた
(3) MBOは思ったより増えていないが、上場の意義を認識する企業が増えた
(4) 取締役会の機能と評価、後継者育成など、日本初のコンセプトが導入された
(5) コーポレートガバナンス・コード導入で、持合解消をしやすくなった
(6) 企業と投資家の対話のツールが出来て、企業のIRが良くなった
(7) 外国人投資家の日本のコーポレートガバナンス改革への関心を高めた

### (ii) コーポレートガバナンス報告書は読み手に取ってわかりやすいものになっているか

〔図表6－3〕のネガティブの2番目に書いてありますように、本来であればわかりやすい言葉で、社長のメッセージ性が感じられるような形で、もっとおもしろく、読みたいと思えるような書き方をしてもらえば、コーポレートガバナンス報告書を読むと思うのですが、弁護士とか総務部長等が書いたような、すごくかたい感じになっています。弁護士が書いてはだめと言っているわけではないですが、会社によってはわざと読みにくくしている

のではないかと思えるような表現があったりして、経営者のメッセージが感じられない報告書が多くなっています。

また、コーポレートガバナンス報告書も、会社のホームページから見ることが多く、コーポレートガバナンスのセクションに載っていることが多いのですが、会社によっては、どこにコーポレートガバナンス報告書があるのかわからないようなことが結構あります。

あと、コーポレートガバナンス報告書にリンクが多い会社が多くて、それはホームページの別なところを見てくださいとか、最近はガバナンス報告書とは別に、ガバナンスガイドラインなど、独自のフォーマットでガバナンスについて書く会社が多く、そちらを見るようにと書いてあります。立派なガバナンスガイドラインを出している会社は、それはそれでよいのですが、中途半端にリンクがついている会社だと非常に読みにくいということです。１～２社見るなら別にいいのですが、普通バイサイドのアナリストだったら50社ぐらいカバーしているので、多くの報告書を、しかも比較しながら読まないといけないですから、読者にとっての読みやすさに対する心遣いが求められます。

また、ガバナンス報告書が、2015年末の締め切りで、今回の決算からどこがアップデートされ、どこが変わったのかを、きちんと印をつけて、強調してもらえるとわかりやすいのですが、変更点がわからないような会社も結構あります。

### ⅲ　統合報告書との比較

政府や東証は、会社の様々な報告書の要求を簡素化しようとしています。決算短信があって、有報があって、四半期報告書があってと、あまりに要求が多過ぎるということで、今、簡素化しようとしているわけです。その中に、統合報告書があります。コーポレートガバナンス報告書は東証一・二部の会社の義務ですが、統合報告書は義務ではないわけです。このため、統合報告書はまだ約300の会社しか出していません。早稲田大学が事務局になって、年に１回、統合報告書の表彰をやっているWorld Intellectual Capital Initiative＝WICIというところがあって、先週、大隈講堂でその表彰式と統合報告のディスカッションがありました。統合報告書はカラーで、きれいに書かれていて、読みやすいことが多いです。そのため、統合報告書をきちんと読んでいるアナリストは結構多くいます。コーポレートガバナンス報告書の問題としては、読みにくいし、必要なことをきちんと書いていないところが多いというのが読まれない理由かと思います。2016年の統合報告書の優秀企業には、日本精工と伊藤忠商事とオムロンとMS&ADが選ばれました。これら企業の統合報告書には社長のメッセージ性や経営戦略などが詳しく書かれていて、非常に読みがいがあるという感じがしました。

### ⅳ　報告書はばらばらの書き方

コーポレートガバナンス報告書の書き方がばらばらである一方、アナリスト、ファンドマネジャーは報告書を何十、何百、何千と読まないといけないわけです。これをもっと定量的に読むといいますか、今はやりのテキストマイニングの技術でこれを読み込むことができないかという試行がいろいろされていて、コーポレートガバナンス報告書をパソコンに読み込ませて、キーワード検索で、これはどういったことを意味しているのかということが全部読まなくてもわかるように、大量に分析しようという流れが出てきています。ただし、日本語のテキストマイニングが難しいので、現時点ではトライアルの段階を脱していません。

### ⅴ　大胆な資本政策の見直しは少ない

政府がコーポレートガバナンス報告書をつくった理由としては、日本企業にリスクテイクをもっとしてほしい、もっと競争力を高めてほしい、投資家との対話をしてほしい、結果としてキャッシュの持ち過ぎなどを是正して、適切な資本政策に修正してほしいという思いがあったわけです。例えば、安倍政権ができてコーポレートガバナンス改革が始まった時に、ファナックはキャッシュを持ち過ぎている株主軽視の代表的な企業だったわけです。そのファナックが米国アクティビストファンドのサードポイントからの圧力もあり、資本政策を大きく見直して、日本のガバナンスがいよいよ変わるということで、外国人投資家が大量に日本株を買ってきました。しかしその後、外国人の目につくような会社で、ファナック並みに大胆に資本政策を見直した会社があまりありません。それで、外国人投資家も、日本のガバナンス改革が頓挫したのではないか、手を抜いているのではないかといった見方が増えてきたわけです。

#### (vi)　コーポレートガバナンスだけ分析して儲かるか

次は本質的なところで、コーポレートガバナンスだけ分析していて株が儲かるかというポイントがあります。資産運用の世界は厳しいですから、ずっとインデックスに負けていると仕事がなくなるなるわけです。そこでよく言う議論ですが、コーポレートガバナンスがよくて業績が悪い会社と、業績がよくてガバナンスが悪い会社のどちらを買いますかと聞かれたら、ほとんどの投資家はガバナンスが悪くても業績がよい会社を買います。

ソニーは日本で最初に委員会等設置会社になって、ガバナンス改革の先駆けと言われていたわけです。昔、ソニーはアップルよりも時価総額が大きかったわけです。しかし、その後ソニーは競争力を低下させて、少し復活してきていますけれども、ソニーはアメリカ型のガバナンスができていても業績がよくないし、リストラも遅くイノベーティブな商品が出ないということで問題視されました。

アナリストもファンドマネジャーも時間に限りがありますので、先ほどガバナンス報告書を読んでいないアナリストが多いと言いましたが、それよりは業績分析やマクロの分析などをしていたほうが、適切な業績見通し、株価予想を出せると思っている人が多いということです。

#### (vii)　企業の意識の変化

よい話としては、取締役数が減って、社外取締役の採用が当たり前になったとか、ROEという言葉が定着したことです。ただ、資本コストというコンセプトはまだ定着していなくて、会社に行って、御社の資本コストはいくらですかと聞いても、IR担当者でも３～４割は答えられないと思います。

コーポレートガバナンス報告書が東証一・二部の企業に義務化されたということは、上場のコストが高くなるということです。株主もいろいろ文句を言ってくるし、だったらMBO（Management Buyout）したほうがよいのではないかということで、上場廃止が増えると思っていたのですが、思ったよりもMBOは増えていません。有名なところでは、アデランスがMBOを発表しましたが、その数は少ない。ただ、上場していることの意味合いを考える投資家や企業経営者が格段に増えたことはポジティブです。

コーポレートガバナンス報告書で一番できていない項目は、取締役会の評価やサクセッション・プランについてです。ほとんどの上場企業は、今回ガバナンス報告書が導入されるまで、こんなことは考えたことがなかったわけです。それで、今、一生懸命それを学び、やろうとしています。

### ⅷ　株式持ち合い解消を促進すべき

コーポレートガバナンス・コードの導入で、持ち合い解消をしやすくなったはずです。

2016年度中間決算説明会で三井住友フィナンシャルグループの社長が言っていましたが、持ち合いを解消するときには、相手企業のところに行って、持ち合い株を売らせてくださいと許可をとってから売るわけです。勝手に売っては怒られるし、本業の取引に悪影響が出るリスクがあるわけです。大手銀行は、どこも持ち合いの相手先に行って、株式を売らせてくださいと言うと、昔だったら、何ていうことを言うのだ、だったら御社との取引をやめる、などと脅されたわけです。それに対して銀行が反論として、コーポレートガバナンス・コードに持合解消促進が書いてあるではないですか、御社もコーポレートガバナンス報告書で出しているではないですかと言うと、納得してくれて、持ち合いを解消してもいいよと言ってくれることが多くなったそうです。

### ⅸ　企業と投資家の対話のツール

コーポレートガバナンス報告書のポジティブな面として、IRがよくなったことが挙げられます。上場企業が3,700社あって、本当に大きな運用資産を持っている運用会社は100ぐらいしかないので、IRの人、また社長さんが企業に説明に行くということが増えています。

最後ですが、外国人投資家も千差万別なので、昔から日本株をやっている人は、日本企業もきちんとやっているではないか、ガバナンス意識が出てきたな、ROE向上の意識が高まったと言って、評価してくれる投資家がいる一方、最近日本株を始めたとか、わかっていない外国人投資家は、日本のコーポレートガバナンス改革は口だけじゃないか、too small too slowだなどと言う投資家も多いということです。

以上が一般的なガバナンス報告書の評価ということです。

## 3　コーポレートガバナンス報告書の分析

### ⑴　「説明」の多い項目

続いて、**〔図表６－４〕**をご覧ください。コーポレートガバナンス・コードはコンプライ・オア・エクスプレインですが、それでコンプライが一番できていない（エクスプレイン＝「説明」になっている）のが、取締役会の実効性の分析・評価と結果の開示です。これを集計するのは大変です。上は東証の発表ですが、下は、東証一部で1,700社あるので全部やるのは難しいし、コーポレートガバナンス報告書に対する関心が投資家の間で低下してきているので少し手を抜いて、日経500の銘柄だけについて、手で数えました。ただ、一番説明率が高いのは取締役会の実効性の分析・評価で、変わっていないということです。

日経500社は大きい会社が多いので、コーポレートガバナンス報告書にまじめに取り組んでいる会社が多いと思うのですが、説明率を見ていただくと、１回目に出したときには、63％の会社が取締役会の実効性に関する評価を説明していたのが、この７月時点では25％の会社だけになりました。きちんとコーポレートガバナンス・コードを実施（コンプライ）している会社が増えてきたということだと思います。ただし、これはほとんど自己評価で、本当に取締役会評価などをやっているのかはわかりません。ボードメンバーにアンケートの紙を配って、「きちんとディスカッションしていますか」とか、「風通しがいいですか」などで、丸をつけて集計しているだけの会社も

〔図表６－４〕コーポレートガバナンス報告書で説明が多かった項目

■2015年末時点のコーポレートガバナンス・コードの“説明”率が高い原則

| 原則 | 内容 | “実施”会社数(社) | “説明”会社数(社) | “説明”率(%) |
|---|---|---|---|---|
| 補充原則4-11-3 | 取締役会による取締役会の実効性に関する分析・評価、結果の概要の開示 | 676 | 1,182 | 63.6 |
| 補充原則1-2-4 | 議決権の電子行使のための環境整備（例：議決権電子行使プラットフォームの利用等）、招集通知の英訳 | 820 | 1,038 | 55.9 |
| 原則4-8 | 独立社外取締役の２名以上の選任 | 1,069 | 789 | 42.5 |
| 補充原則4-2-1 | 中長期的な業績と連動する報酬の割合、現金報酬と自社株報酬との割合の適切な設定 | 1,288 | 570 | 30.7 |
| 補充原則4-10-1 | 指名・報酬等の検討における独立社外取締役の関与・助言（例：独立社外取締役を主な構成員とする任意の諮問委員会の設置） | 1,311 | 547 | 29.4 |
| 原則3-1 | 以下の情報開示の充実<br>(i)会社の目指すところ(経営理念等)や経営戦略、経営計画<br>(ii)コードの諸原則を踏まえた、ガバナンスに関する基本的な考え方と基本方針<br>(iii)経営陣幹部・取締役の報酬決定の方針と手続<br>(iv)経営陣幹部・取締役・監査役候補の指名の方針と手続<br>(v)個々の経営陣幹部・取締役・監査役の選任・指名についての説明 | 1,336 | 522 | 28.1 |
| 補充原則3-1-2 | 海外投資家等の比率等を踏まえた英語での情報の開示・提供の推進 | 1,379 | 479 | 25.8 |

注：2016年１月20日発表、2015年末時点の東証１部1,476社、東証２部382社を集計

出所：東証「コーポレートガバナンス・コードへの対応状況（2015年12月末時点）」よりみずほ証券エクイティ調査部作成

■2016年７月時点で、説明が多かったコーポレートガバナンス・コード

| 原則 | 内容 | “説明”会社数(社) | “説明”率(%) |
|---|---|---|---|
| 補充原則4-11-3 | 取締役会全体の実効性の分析・評価 | 116 | 25.2 |
| 補充原則4-2-1 | 中長期的な業績と連動する経営陣の報酬制度 | 66 | 14.3 |
| 補充原則1-2-4 | 議決権行使プラットフォーム利用、招集通知の英訳 | 55 | 11.9 |
| 補充原則4-10-1 | 指名・報酬等重要事項の検討への独立社外取締役の関与 | 51 | 11.1 |
| 補充原則4-1-3 | 最高経営責任者等の後継者の計画 | 43 | 9.3 |
| 原則4-8 | 独立社外取締役の有効な活用 | 32 | 6.9 |
| 原則1-4 | 政策保有株式 | 14 | 3.0 |

注：日経500平均指数銘柄のうち2016年７月14日までにコーポレート・ガバナンス報告書にて各原則を実施しない理由を開示した461社

出所：会社発表よりみずほ証券エクイティ調査部作成

ある一方で、外部のコンサルタントなど専門の会社からアドバイザーを入れて、取締役会評価をコストをかけてやっている会社もあって、千差万別だということです。

上の表では、２番目にできていないのが招集通知の英訳、３番目には独立社外取締役の２名以上の選任です。独立社外取締役の選任は、かなりの会社がもう条件を満たしてきており、2015年末時点では42％の会社が説明していたのですけれども、下を見ていただくと、それが6.9％に減りました。急遽、独立社外取締役を入れた会社が多かったということですけれども、投資家は社外取締役に会わせてくれとすぐ言うので、社外取締役の資格・能力が問われています。

それで、金融庁のフォローアップ会議が開かれて、最初はコーポレートガバナンス・コードについて議論して、2016年２月に「会社の持続的成長と中長期的な企業価値の向上に向けた取締役会のあり方」という報告書をつくりました。2015年５月にコーポレートガバナンス・コードの適用を開始してからもうすぐ１年たつので、金融庁は「上場会社は取締役会の構成や運営状況について、適切に評価してください」、「日本企業はCEO、社長の選解任プロセスが不透明なので、客観性、透明性を強くしてください」ということを言ったわけです。きちんとこれらを実施している会社もありますが、それは依然として少ないという実感を我々は持っています。ほとんどの会社は昔の習慣、社長が次の社長を勝手に任命する状況が続いているという印象を抱いています。

### ⑵　「説明」の多い会社

**〔図表６－５〕**は、2016年７月時点で「説明」の多い会社です。コンプライする会社が増えてきたので、説明件数が多い会社が減ってきました。

昨年（2015年）、１回目にコーポレートガバナンス報告書を出したときに、私は1,000社ぐらい読んだと言いましたけれども、一番驚いたのは、やまやという会社で、73項目も説明していました。それを除くと、百貨店のＪ.フロントリテイリングが28項目で最多でした。これが７月時点では、日経500社に限りますけれども、一番多いのが阪和興業で14項目でした。コンプライ

〔図表６－５〕コーポレートガバナンス・コードの説明が多い企業

| コード | 会社名 | 説明件数 | 説明項目 |
|---|---|---|---|
| 8078 | 阪和興業 | 14 | 補充原則１－１－１、補充原則１－２－３、補充原則１－２－５、補充原則２－２－１、原則３－１、補充原則３－２－１、補充原則４－１－２、補充原則４－１－３、補充原則４－２－１、補充原則４－８－１、補充原則４－８－２、原則４－９、補充原則４－11－３、原則４－14 |
| 7731 | ニコン | 13 | 補充原則１－１－１、原則１－４、補充原則２－２－１、補充原則２－３－１、補充原則４－１－３、補充原則４－４－１、補充原則４－８－１、補充原則４－８－２、補充原則４－10－１、補充原則４－11－３、原則４－14、補充原則４－14－１、補充原則４－14－２ |
| 1822 | 大豊建設 | 12 | 補充原則１－２－２、補充原則１－２－４、原則１－４、原則１－７、原則３－１、補充原則３－１－１、補充原則３－１－２、原則４－８、補充原則４－８－１、補充原則４－８－２、補充原則４－10－１、補充原則４－11－３ |
| 2531 | 宝HD | 10 | 補充原則１－２－４、補充原則４－１－３、原則４－２、補充原則４－２－１、補充原則４－８－１、補充原則４－８－２、原則４－10、補充原則４－10－１、原則４－11、補充原則４－11－３ |
| 4681 | リゾートトラスト | 10 | 原則１－４、原則１－７、原則３－１、補充原則４－１－１、原則４－８、原則４－９、補充原則４－11－１、補充原則４－11－２、補充原則４－14－２、原則５－１ |
| 5444 | 大和工業 | 10 | 補充原則１－２－４、原則１－３、原則３－１、原則４－２、補充原則４－２－１、原則４－８、補充原則４－８－１、補充原則４－８－２、原則４－11、補充原則４－11－３ |
| 5715 | 古河機械金属 | 10 | 補充原則４－１－３、原則４－２、補充原則４－２－１、原則４－７、原則４－８、補充原則４－８－１、補充原則４－８－２、原則４－10、補充原則４－10－１、補充原則４－11－１ |
| 5423 | 東京製鐵 | 9 | 補充原則１－２－２、補充原則１－２－４、原則１－４、原則３－１、補充原則４－１－２、原則４－２、補充原則４－２－１、補充原則４－11－１、補充原則４－11－３ |
| 6502 | 東芝 | 9 | 補充原則１－２－２、補充原則４－１－３、原則４－２、補充原則４－２－１、原則４－３、補充原則４－３－２、補充原則４－12－１、原則４－13、原則４－14 |
| 7202 | いすゞ自動車 | 8 | 補充原則４－２－１、原則４－３、原則４－６、原則４－７－２、原則４－10、補充原則４－10－１、原則４－11、補充原則４－11－３ |
| 3668 | コロプラ | 8 | 補充原則１－２－４、補充原則１－２－５、補充原則４－１－２、補充原則４－１－３、補充原則４－８－１、補充原則４－８－２、補充原則４－10－１、補充原則４－14－１ |
| 6113 | アマダHD | 8 | 原則３－１(iii)、原則３－１(iv)、補充原則３－１－１、補充原則４－２－１、補充原則４－３－１、補充原則４－８－２、補充原則４－10－１、補充原則４－11－３ |

注：日経500平均指数銘柄のうち2016年７月14日までにコーポレート・ガバナンス報告書にて各原則を実施しない理由を開示した461社。説明件数が８項目以上の企業。このリストは推奨銘柄でない

出所：会社発表よりみずほ証券エクイティ調査部作成

が増えて、エクスプレインが減ったということです。

私は、ここの会社の報告書がよいとか悪いとか、いろいろ言うのですけれども、それは定性的な評価です。投資家に聞くと、阪和興業は最近すごくガバナンスがよくなったと言われていました。コンプライするか、エクスプレインするかは紙一重で、本当はコンプライしていなくても、コンプライしてしまえとか、そういう事例もたくさんあります。投資家が、これはまじめに考えて、きちんとエクスプレインしていて、それを投資家に説明していると評価をしていたので、阪和興業のガバナンスは、やはりよくなったと思うわけです。

### ⑶　社外取締役の採用と兼任状況

#### (i)　社外取締役の採用と兼任状況

今や、社外取締役を２名以上選任するというのは当然で、約８割の会社が２名以上は社外取締役がいます。ただ、独立性や兼任問題、資格やクオリティが問われています（**〔図表６－６〕**）。

兼任の方は、一番多いのが伊藤レポートで有名な伊藤邦雄先生で、５社です。明確な回答はありませんが、一体何社まで兼任できるのですかという議論があります。それで、アメリカの議決権行使助言会社のグラス・ルイスは、来年（2017年）から兼任は１社まで、すなわち３社以上兼務していると役員選任に反対すると言っています。ただ、日本で一番影響力が強い議決権行使助言会社はISSで、グラス・ルイスはそんなに日本企業は議決権行使助言会社として使っていないと思います。

取締役会というのは、月末に近いころとか、大体同じような時期に開くことが多いので、何社も兼任していたら、他の会社の取締役会に出られない問題はありますが、会社のほうが気を使って、１年先の取締役会の予定まで事前に知らせてくれるそうです。

#### (ii)　兼任者数の多い社外取締役

社外取締役に求められる役目は、不採算事業からの撤退で背中を押すとか、資本効率性の向上に緊張感を持たせるとか、資本コストを意識させるとか、

〔図表6－6〕社外取締役の採用と兼任状況

■社外取締役を採用している会社

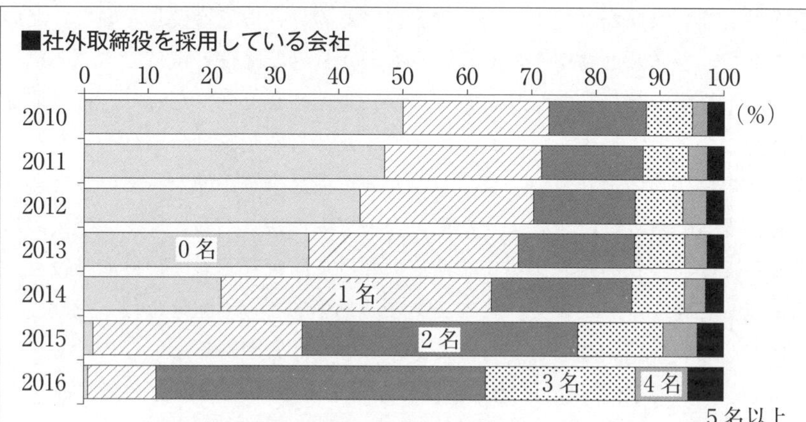


注：東証1部上場の3月決算の企業1,438社対象
出所：日本投資環境研究所資料（2016年7月19日）よりみずほ証券エクイティ調査部作成

■兼任社数が多い社外取締役

| 社外取締役 | 兼任社数（上場企業） | 主な経歴・肩書き | 社外取締役を務める上場企業 |
|---|---|---|---|
| 伊藤　邦雄 | 5 | 一橋大学大学院特任教授 | セブン＆アイ・HD（3382）、東レ（3402）、小林製薬（4967）、住友化学（4005）、曙ブレーキ（7238） |
| 川村　隆 | 4 | 元日立製作所社長 | みずほFG（8411）、カルビー（2229）、ニトリHD（9843）、いちごグループHD（2337） |
| 北畑　隆生 | 4 | 元経産省事務次官 | 丸紅（8002）、神戸製鋼所（5406）、セーレン（3569）、日本ゼオン（4205） |
| 奥　正之 | 4 | 三井住友FG会長 | パナソニック（6752）、花王（4452）、小松製作所（6301）、中外製薬（4519） |
| 名和　高司 | 4 | 一橋大学大学院教授（元マッキンゼー） | デンソー（6902）、ファーストリテイリング（9983）、味の素（2802）、NECキャピタルソリューション（8793） |
| 橘 フクシマ 咲江 | 4 | G&Sグローバル・アドバイザーズ社長 | ブリヂストン（5108）、J.フロントリテイリング（3086）、味の素（2802）、ウシオ電機（6925） |
| 島崎　憲明 | 4 | 元住友商事副社長 | 野村HD（8604）、オートバックスセブン（9832）、UKC HD（3156）、ロジネットジャパン（9027） |
| 石倉　洋子 | 4 | 元マッキンゼー日本支社マネージャー（一橋大学名誉教授） | 日清食品HD（2897）、ライフネット生命（7157）、資生堂（4911）、双日（2768） |
| 萩原　敏孝 | 4 | 元小松製作所会長 | 日野自動車（7205）、ヤマトHD（9064）、ゼンショーHD（7550）、髙松コンストラクショングループ（1762） |
| 藪中　三十二 | 4 | 元外務事務次官 | 三菱電機（6503）、小松製作所（6301）、川崎汽船（9107）、高砂熱学工業（1969） |

注：敬称略、経歴・肩書きは文芸春秋調べに基づく、文芸春秋がまとめた2014年度売上高上位100社より2社以上を兼任する社外取締役、2016年7月15日時点、このリストは推奨銘柄でない
出所：文芸春秋（第914巻第12号）、会社発表よりみずほ証券エクイティ調査部作成

身の丈に合った投資を促す、といったことです。社内では、社長に物を言える人は普通いないわけですから、物を言えるのは社外取締役しかいないということで、きちんと物申す、そういうものが社外取締役の役目です。

昔、不祥事を起こしたオリンパスとか、東芝やシャープだって、社外取締役はいたわけです。よく言われることですが、日本企業はつぶれそうにならないと事業から撤退しない。シャープだって液晶事業が儲かっているときに鴻海に売っておけば、今のような姿になっていなかったわけです。過去の事例としては、社長の意思決定が悪かったわけですけれども、社外取締役も全く機能していなかったので、日本企業が非効率的な資本配分を行ったり、全く機能しない事業戦略などを行ってきたという問題があるということです。

次の、日立製作所の川村隆元会長は、尊敬されている経営者で、みずほフィナンシャルグループやいちごグループの社外取締役もやられています。私は直接話したことはないですが、講演会で、株主が主権者だと、アメリカ的なことをおっしゃっていました。普通株主はステークホルダーのワン・オブ・ゼムではないかとかいう会社が多いのですけれども、株主が主権者だということを川村さんはおっしゃっていました。会社は稼ぎ、付加価値をつけて社会に還元し、資本コスト以上の利益を上げることに存在意義がある。事業ポートフォリオをグローバル競争に勝てるように見直す必要がある。取締役会の人数は減らさないとスピーディーな意思決定ができないということをおっしゃっていました。こういうことを学者の人が教科書的に言うなら何のインパクトもないのですけれども、川村さんみたいに経営実績があって、日本社会で尊敬されている方が、そういったお考えで他の主要企業にアドバイスしているというのはすばらしいことだなと思うわけです。

### ⅲ　CEOの選任プロセス

続きまして、Egon Zehnderはスイスに本社がある世界的なヘッドハンティングの会社です。東京代表の佃秀昭さんは、金融庁のフォローアップ会議のメンバーで、特に日本の運用機関のガバナンスなどについて、厳しい発言をされました。佃さんは日本企業のCEOの任命プロセスの問題点を指摘されました。現状、次のCEOを選ぶことは、今のCEOの専権事項となっていて、取締役会は今のCEOの指名を追認するだけであり、ほとんどのCEOは内部昇格です。Egon Zehnderのデータですと、日本のCEOで、外部から来た人は３％しかいません。世界平均は22％です。外国人社長にも失敗事例があるため、外から連れてくればよいという話ではないですが、内部昇格ばかりというのは問題ではないかということです。

昔のように日本経済が右肩上がりで、日本企業も競争力があったときであれば、おみこし型の社長、内部昇格で、周りから押し上げてもらって、「よきにはからえ」という感じで経営していれば儲かった時代もあったわけです。でも今や、激動の時代で、Brexitは起きるは、トランプ氏が当選するなど予想外のイベントが続出しているため、機動的に意思決定しないといけません。経営の良し悪しを決めるファクターとして、社長の意思決定が非常に強まっています。社長次第という割合が高まっているので、機関投資家もすぐ社長に会いたいとか言い出すというわけです。年に２回の決算説明会には大体社長さんが来ますから、そこで社長さんに質問すればよいということも言えるわけです。

Egon Zehnderは年に１回、企業統治の実態調査を行っていて、今、コーポレートガバナンス報告書で実行度合が低いCEOの選任プロセスで、透明性を確保する仕組みなどを聞いたところ、指名委員会等設置会社だと６～７割の会社が行ったと答えました。しかし、監査役会設置会社は38％に過ぎませんでした。あと、今一番問題になっている監査等委員会設置会社が一番低くなっています。一番問題になっているというのは、きちんと社外取締役を２人入れられない会社に対して、社外監査役の横滑りでいいよというニュアンスがあり、監査等委員会設置会社の新しい仕組みを入れたわけです。それで、この３つの組織形態の中では、形だけの社外取締役が一番多く、投資家の評価としては、監査等委員会設置会社の評価が一番低いという状況になっています。そもそも監査等委員会設置会社を導入した時の意図とは違った結果になっています。

## 4　コーポレートガバナンス報告書が評価される企業

### (i)　１回目のコーポレートガバナンス報告書が出たときの評価

**〔図表６－７〕**は、１回目のコーポレートガバナンス報告書が出たときに読んで、どういった会社がよいのかというのを見たものです。

カルビーは、外部から来た松本晃会長が、大きな事業再編、会社の変革をやったわけです。松本会長は尊敬されていて、ガバナンス報告書を見ても、取締役会のイノベーションを起こす役割を認識しているとか、普通の会社が書かないようなことを書いていて、取締役は十分な経験と能力を積んでいるという自信にあふれる書き方をしているので、すばらしいと思いました。

松本会長は結構ご高齢ですし、忙しいのですが、福井県に前田工繊という上場会社があって、そこの社外取締役もされています。前田工繊の前田社長は、松本会長に社外取締役になってもらって本当によくなった、福井にいたらグローバル経営の視点など全然なかったが、社外取締役としてアドバイスをもらって、非常によくなったということをおっしゃっていました。

ダイフクは、独自の企業理念について説明していて、持ち合い株の解消も積極的です。ダイフクが創っている、「マテハン」というのは、倉庫内の機械、空港のスーツケースを運ぶコンベアみたいなものです。

ダイフクは、ネット通販の増加で本業もよいのですが、中国工場を見せてもらって、そこのビジネスの計画やオペレーションもよかったと感じました。

ユナイテッドアローズであれば、皆さんもユナイテッドアローズの店に行って、店舗の状況とかを見てくればよいと思いますし、私はIRの人に話を聞いてすばらしいと思ったのは、ROEに対する強いコミットメントです。どこの会社も、10％にしますとか、ROEの目標を言うのは簡単ですが、ROEの目標をデュポンの３分解でいかに達成するか問われます。よい会社は説明会の報告書とかにROEの３分解式の要因を書いています。ユナイテッドアローズがよいと思ったのは、ROE20％以上を目指すと１つの報告書に４回も書いているのです。それは、ROEへの強いこだわりだと思うんです。言っているだけではなくて、実績でも20％を達成しているのです。そ

## 〔図表６－７〕コーポレートガバナンス報告書が評価される企業（１回目の公表時）

| コード | 会社名 | 1月7日以降の株価変化率（%） | 16年度純利益変化率(% YoY) | コードの説明数 | 評価理由 |
|---|---|---|---|---|---|
| 1878 | 大東建託 | 22.1 | 22.0 | 4 | 報告書をいち早く提出し、政策保有株式の保有方針や、株主還元方針も明確である |
| 2206 | 江崎グリコ | −15.0 | 4.3 | 5 | 長期のROE目標10%以上を達成するために、成長投資を優先し、企業価値の長期的最大化を目指すと明記 |
| 2229 | カルビー | −26.9 | 6.0 | 5 | 取締役会のイノベーションを起こす役割を認識し、能力・経験が十分な取締役を選んでいるとの自信 |
| 3086 | J.フロント リテイリング | −1.5 | −3.1 | 28 | 説明数が28と最多、FCFの増大とROEの持続的な成長が目標、持合株を削減、第三者機関による取締役会評価 |
| 4452 | 花王 | −10.1 | 25.1 | 0 | 報告書に中計、取締役会の設計、資本コストへの意識、IRの取組みなどが明記され、かつ着実に実施 |
| 4523 | エーザイ | −15.2 | −43.6 | 0 | 報告書に、中長期的に資本コストを上回るROE（正のエクイティ・スプレッドの創出）の目標を明記 |
| 4555 | 沢井製薬 | −25.5 | 7.8 | 4 | 政府の趣旨を理解し、報告書に「攻めのガバナンス」と「守りの機能」の強化を明記 |
| 4911 | 資生堂 | 26.0 | 13.1 | 2 | 報告書に「株式トータルリターンの実現」を目指すと明記、独自の役員報酬制度も高評価 |
| 5801 | 古河電気工業 | 28.5 | 24.9 | 2 | 取締役会の実効性に関する評価結果の詳細をいち早く公表した |
| 6013 | タクマ | 3.3 | −4.1 | 25 | 説明コード数が25と多く、そのうち13は2016年中の実施を約束 |
| 6287 | サトーHD | −0.8 | 35.5 | 6 | 実施・説明の両項目で、取締役の役目・責務、実効性確保などへの深い理解が感じられる |
| 6367 | ダイキン工業 | 34.3 | 10.2 | 0 | 説明責任の一層の高度化、企業風土の理解推進、個人投資家向けIR姿勢などが評価される |
| 6383 | ダイフク | 13.6 | 6.2 | 1 | 報告書で、独自の企業理念等を説明、持合解消にも積極姿勢 |
| 6445 | 蛇の目ミシン工業 | 4.0 | −3.1 | 21 | コードの説明件数が多いうえ､株主総会の反対票が20%超の場合、原因を分析・説明すると明記 |
| 6645 | オムロン | 14.6 | 0.4 | 0 | 報告書で、73のコードに分かりやすいインデックスを添付 |
| 6754 | アンリツ | −24.9 | −1.6 | 2 | コードの精神を理解し、分かりやすい言葉で、投資家フレンドリーに書いている |
| 6762 | TDK | 9.3 | 62.0 | 0 | 国内外の競合他社及び国内外の主要なガバナンス・コード記載の原則等と比較分析 |
| 7606 | ユナイテッドアローズ | −45.3 | 2.9 | 2 | 報告書に連結ROE20%以上を目指す目標を４回も記載し、高ROE達成への強い意思を表示 |
| 7741 | HOYA | −3.2 | −15.2 | 0 | 社外取締役５名全員が異なる業種における企業経営経験者であり、うち１名が女性 |
| 8130 | サンゲツ | −6.7 | −1.5 | 0 | 報告書に、取締役報酬の方針・手続きの詳細を開示 |
| 8252 | 丸井グループ | −19.7 | 5.2 | 2 | コードに合わせたガイドラインを公表し、両者の対応関係が良く分かるうえ、資本政策の変更も評価 |
| 9832 | オートバックスセブン | −21.0 | 14.4 | 0 | 取締役会の実効性評価をアンケート調査で行ったうえで、さらなる課題を明記している |

注：2016年１月７日時点の評価に基づく。株価は11月29日時点。16年度純利益変化率は東洋経済予想。このリストは推奨銘柄でない

出所：ブルームバーグ、会社発表よりみずほ証券エクイティ調査部作成

ういう会社が評価できるということです。

サンゲツは名古屋のキャッシュリッチ企業で、以前は株主軽視の会社と見られていました。サンゲツはインテリアの会社ですけれども、ここは社長が代わって、対話する投資家が大きな役割を果たしてよくなった会社です。足元の業績はいまひとつですが、もともとオーナーの会社だったのが、商社出身の安田正介社長が来て、経営改革すると言われました。多くのエンゲージメントファンドは、財務やIRのアドバイスをします。サンゲツとエンゲージメントしたみさき投資株式会社の中神康議社長は、コンサル出身なので、本業のアドバイスができるそうです。

### (ii)　直近のコーポレートガバナンス報告書の評価

**〔図表６－８〕**は直近のコーポレートガバナンス報告書の評価です。ニチレイは、冷凍食品などを安売りしていると思われるかもしれませんが、最近は冷凍チャーハンがすごく売れているし、そのプライシングもうまくいっていて、ガバナンス報告書もうまくできています。どこが変更点かが一目でわかります。ニチレイは社外取締役がきちんと機能しています。社外取締役は、早稲田大学のダイバーシティの専門家の谷口真美教授と、神戸大学の戦略論で有名な三品和広先生です。片やダイバーシティ、片や戦略論で、別な観点から社外取締役がアドバイスされているようです。

古河電気工業は、以前はガバナンスがよい会社だと思われていなかったのですが、取締役会の実効性評価の結果を詳細に公表していて、日本企業が一番できていないところで、取締役会の実効性の評価を率先してやってきました。

三和ホールディングスはシャッターの会社ですが、ガバナンス報告書もよい印象です。決算説明会資料でWACC（Weighted Average Cost of Capital）を明記しているのです。Cost of Capitalはいくらですかと聞いて、会社のIRの人でも答えられない人がたくさんいるうえ、わかっていても正式な会社資料に書く会社は少ない。正式資料に書いたら同業他社に知られるし、後から実現したか問われます。聞けば教えてくれる会社は、大企業だと結構多いのですけれども、三和ホールディングスが、明確に書いたというのは偉いと

**〔図表6－8〕コーポレートガバナンス報告書が評価される企業（2回目の公表時）**

| コード | 会社名 | 7月22日以降の株価変化率（%） | 16年度純利益変化率（% YoY） | コードの説明数 | 評価理由 |
|---|---|---|---|---|---|
| 2871 | ニチレイ | 16.3 | 0.2 | 11 | 2016年6月に改定したコーポレートガバナンス基本方針の変更点が分かりやすい |
| 4901 | 富士フイルムHD | 4.7 | －2.7 | 14 | 株主還元の強化、持合銘柄数を2015年3月期126→2016年3月期104と22銘柄削減 |
| 5801 | 古河電気工業 | 29.9 | 24.9 | 10 | 2015年12月に他社に先駆けて、取締役会の実効性の評価結果の詳細を公表。持合銘柄数を着実に削減 |
| 5929 | 三和ホールディングス | 11.9 | 14.2 | 12 | SVA（Shareholder Value Added）に数値目標。株式資本コスト8％やWACC6％を明記 |
| 6301 | 小松製作所 | 26.0 | －33.1 | 10 | 中計にコーポレートガバナンス強化、ダイバーシティ強化などを通じたESGの強化を挙げた |
| 6349 | 小森コーポレーション | 12.3 | －40.2 | 11 | コーポレートガバナンス報告書で、全てのステークホルダーの期待に応え、企業価値を最大化する目標を掲げた |
| 6369 | トーヨーカネツ | 57.7 | －42.3 | 11 | 中計に、資本効率と経営安定性の両立を目指した資金調達の最適化、ESGへの取組み強化を盛り込んだ |
| 6762 | TDK | 19.7 | 62.0 | 11 | 取締役会の評価も第三者専門機関に評価を依頼。役員報酬も単年度の営業利益とROEに応じて変動 |
| 6841 | 横河電機 | 17.6 | －23.7 | 11 | 2014年5月に買収防衛策を非継続。2016年5月にRestricted Stockをいち早く導入 |
| 8078 | 阪和興業 | 33.2 | －49.0 | 14 | 14のコードをコーポレートガバナンス報告書で自分の言葉で丁寧に説明 |
| 8140 | リョーサン | 5.0 | 0.8 | 11 | 自社株買いや増益を通じてROE向上の目標実現を確実にするための施策をスケールアップ |
| 8252 | 丸井グループ | 3.0 | 5.2 | 11 | 最適資本構成として自己資本比率30％を目安に設定。ROE6％目標を前倒し達成、目標を10％へ引き上げ |

注：7月22日時点の評価に基づく。株価は11月29日時点。16年度純利益変化率は東洋経済予想。このリストは推奨銘柄でない

出所：ブルームバーグ、会社発表よりみずほ証券エクイティ調査部作成

思ったわけです。

小松製作所（コマツ）は、アメリカでインフラ投資をするという話で、円安もあって、最近は株が暴騰しましたが、少し前までは中国事業が悪く、厳しかった会社です。コマツは経営理念であるコマツウェイを全世界の子会社や現法にそれを浸透させています。私も、コマツのインドネシアの工場を見せてもらったときに、あちらこちらにコマツウェイと書いてあって、現地の人もきちんとそれを理解しているので、すごいと思ったわけです。

コマツの坂根正弘相談役もダントツ経営とか、たくさん本を書かれています。社長だと忙しいですけれども、会長になると時間に余裕ができるので、社外取締役をやったり、対外活動をしてくれるわけです。坂根さんは、講演会でおっしゃっていましたけれども、コマツでは年に２回ある決算説明会に社長が行って、社長がそこで説明して、目標が達成されていなかったりすると、アナリストから結構厳しい質問をされたり、詰められるときがあります。アナリストとの対話をちゃんと受け止めて、決算説明会の後に会社に戻って、社内で議論して、そこでいろいろ考えたことを世界中の全社員に英語にして伝えるそうです。

## 5　運用会社の議決権行使

**〔図表６－９〕**は運用会社の議案別反対比率です。これもよく言うことですけれども、株主が会社提案議案に反対するのはよいことかということです。反対するのは、対話が失敗したからかもしれませんし、議決権行使の基準が厳しくて反対しているかもしれないということです。反対票の数え方も全然違います。一番下のシュローダーはイギリスの大手運用会社ですが、シュローダーはとりわけ経営者に優しいわけではなくて、例えば取締役だったら全部のものを合計してから数えているので、反対比率が小さく見えるだけということです。

議決権行使の基準も、例えば、JPモルガン・アセット・マネジメントは非常に詳しく公表していますが、日系運用会社は概略しか開示していないと

## 〔図表６－９〕運用会社の議案別反対比率

| (%) | 会社提案平均 | | | 剰余金処分案 | | 取締役選任 | | 監査役選任 | | 定款一部変更 | | 退職慰労金支給 | | 役員報酬額改定 | | 新株予約権発行 | | 会計監査人選任 | | 再構築関連等（※１） | | その他会社提案（※２） | | 買収防衛策 | | 株主提案 | |
|---|---|---|---|---|---|---|---|---|---|---|---|---|---|---|---|---|---|---|---|---|---|---|---|---|---|---|---|
| | 2015 | 2016 | 変化(%) | 2015 | 2016 | 2015 | 2016 | 2015 | 2016 | 2015 | 2016 | 2015 | 2016 | 2015 | 2016 | 2015 | 2016 | 2015 | 2016 | 2015 | 2016 | 2015 | 2016 | 2015 | 2016 | 2015 | 2016 |
| 全運用会社平均 | 16.6 | 17.0 | 0.4 | 6.4 | 6.0 | 26.8 | 26.4 | 22.5 | 22.9 | 4.1 | 5.1 | 45.0 | 49.3 | 5.3 | 5.5 | 19.5 | 21.0 | 0.1 | 0.5 | 4.2 | 2.1 | 37.9 | 32.2 | 57.8 | 61.4 | 94.4 | 91.2 |
| 信託銀行平均 | 15.4 | 13.3 | -2.1 | 3.9 | 3.7 | 25.8 | 22.1 | 17.7 | 16.4 | 3.2 | 1.9 | 49.7 | 48.0 | 1.7 | 1.5 | 26.6 | 24.1 | 0.0 | 0.0 | 0.0 | 1.0 | 19.8 | 14.5 | 35.5 | 39.5 | 98.9 | 97.6 |
| りそな | 18.3 | 17.1 | -1.2 | 5.3 | 6.1 | 30.6 | 29.6 | 21.6 | 20.5 | 4.9 | 2.9 | 43.7 | 40.9 | 3.6 | 2.3 | 31.7 | 24.7 | 0.0 | 0.0 | 0.0 | 4.2 | 31.3 | 27.8 | 46.7 | 57.1 | 98.1 | 97.2 |
| 三井住友信託 | 13.7 | 13.1 | -0.6 | 4.5 | 3.3 | 22.7 | 22.9 | 13.7 | 13.9 | 2.9 | 1.6 | 48.5 | 46.0 | 2.4 | 2.1 | 32.3 | 30.5 | 0.0 | 0.0 | 0.0 | 0.0 | 15.5 | 17.1 | 23.7 | 38.6 | 100.0 | 98.1 |
| 三菱UFJ信託 | 15.2 | 12.5 | -2.8 | 2.1 | 2.4 | 25.0 | 19.0 | 21.7 | 19.7 | 2.5 | 1.5 | 42.8 | 40.8 | 0.8 | 1.5 | 23.9 | 21.2 | 0.0 | 0.0 | 0.0 | 0.0 | 2.2 | 0.8 | 24.2 | 34.8 | 98.7 | 96.0 |
| みずほ信託 | 14.4 | 10.8 | -3.6 | 3.6 | 3.0 | 25.1 | 16.9 | 13.9 | 11.6 | 2.3 | 1.8 | 64.0 | 64.2 | 0.0 | 0.1 | 18.6 | 19.9 | 0.0 | 0.0 | 0.0 | 0.0 | 30.3 | 12.3 | 47.3 | 27.4 | 98.7 | 99.3 |
| 投資顧問会社等　平均 | 16.8 | 17.4 | 0.6 | 6.7 | 6.3 | 26.9 | 26.8 | 23.0 | 23.7 | 4.2 | 5.5 | 44.4 | 49.4 | 5.7 | 5.9 | 18.6 | 20.6 | 0.1 | 0.5 | 4.7 | 2.2 | 40.0 | 34.2 | 64.6 | 68.1 | 93.9 | 90.4 |
| 日系運用会社平均 | 16.3 | 16.6 | 0.3 | 6.4 | 5.5 | 26.1 | 25.5 | 19.5 | 21.2 | 4.6 | 5.6 | 42.8 | 42.9 | 6.3 | 5.8 | 20.3 | 18.5 | 0.2 | 0.5 | 2.3 | 2.7 | 35.4 | 27.4 | 61.7 | 65.5 | 95.6 | 94.2 |
| 朝日ライフAM | 35.8 | 34.8 | -1.0 | 11.4 | 11.3 | 69.1 | 61.7 | 28.5 | 25.8 | 2.5 | 8.0 | 61.1 | 71.4 | 42.6 | 38.9 | 57.1 | 52.0 | 0.0 | 0.0 | 0.0 | 0.0 | 56.0 | 35.9 | - | - | 91.9 | 96.9 |
| 大和住銀投信投資顧問 | 28.8 | 33.5 | 4.8 | 17.8 | 18.8 | 37.0 | 49.2 | 26.6 | 37.8 | 32.3 | 26.7 | 59.2 | 75.0 | 22.6 | 9.5 | 28.6 | 18.0 | 0.0 | 3.0 | 8.3 | 15.0 | 8.6 | 4.1 | 78.4 | 88.8 | 97.0 | 85.4 |
| 損保ジャパン日本興亜AM | 29.0 | 27.6 | -1.4 | 33.7 | 25.0 | 54.1 | 45.4 | 24.2 | 24.9 | 1.0 | 2.0 | 60.0 | 71.4 | 4.5 | 8.9 | 18.9 | 9.1 | 0.0 | 0.0 | 0.0 | 0.0 | 16.2 | 27.6 | 94.7 | 100.0 | 92.8 | 94.9 |
| 三井住友トラストAM | 15.0 | 23.2 | 8.2 | 1.2 | 1.2 | 17.7 | 43.5 | 29.3 | 35.0 | 6.3 | 7.2 | 40.5 | 43.2 | 0.3 | 2.3 | 7.9 | 11.6 | 0.0 | 0.0 | 0.0 | 2.6 | 0.0 | 0.0 | 31.5 | 49.1 | 99.4 | 93.0 |
| 大和証券投資信託委託 | 26.4 | 21.3 | -5.1 | 7.5 | 7.7 | 42.3 | 34.3 | 37.9 | 37.0 | 20.9 | 5.0 | 32.0 | 30.5 | 6.6 | 5.3 | 19.4 | 18.1 | 0.0 | 0.0 | 9.1 | 4.3 | 26.8 | 21.1 | 86.9 | 86.6 | 94.9 | 93.1 |
| ニッセイAM | 20.8 | 18.9 | -1.9 | 9.5 | 5.0 | 35.3 | 30.7 | 21.8 | 22.2 | 3.0 | 3.1 | 69.3 | 65.4 | 1.5 | 0.4 | 14.8 | 21.1 | 0.0 | 0.0 | 0.0 | 0.0 | 62.6 | 46.0 | 85.5 | 90.5 | 98.6 | 98.3 |
| MU投資顧問 | 16.0 | 17.8 | 1.8 | 1.2 | 2.1 | 34.6 | 38.4 | 17.7 | 18.3 | 4.9 | 4.6 | 45.0 | 55.0 | 0.0 | 1.4 | 4.3 | 5.6 | 0.0 | 0.0 | 0.0 | 0.0 | 14.8 | 15.6 | - | - | 99.1 | 100.0 |
| 野村AM | 11.3 | 17.4 | 6.1 | 7.5 | 7.7 | 9.5 | 14.6 | 17.5 | 37.3 | 3.9 | 8.0 | 1.2 | 0.5 | 5.4 | 1.1 | 17.7 | 15.4 | 0.0 | 0.0 | 3.3 | 0.0 | 39.7 | 38.8 | - | - | 99.4 | 98.4 |
| DIAM | 19.3 | 17.1 | -2.2 | 11.4 | 10.4 | 40.8 | 31.2 | 15.9 | 17.3 | 0.4 | 1.4 | 46.9 | 43.2 | 2.3 | 0.2 | 14.6 | 11.2 | 0.0 | 0.0 | 0.0 | 5.3 | 7.0 | 8.5 | 26.6 | 32.1 | 98.7 | 98.3 |
| 三菱UFJ国際投信 | 19.2 | 16.8 | -2.3 | 3.5 | 2.9 | 29.6 | 24.2 | 35.3 | 36.9 | 0.1 | 0.1 | 44.6 | 43.7 | 4.5 | 3.2 | 15.9 | 19.7 | 0.0 | 0.0 | 0.0 | 0.0 | 25.8 | 22.1 | 22.3 | 35.4 | 99.4 | 98.6 |
| 岡三AM | 17.4 | 15.8 | -1.6 | 0.8 | 0.9 | 35.6 | 28.3 | 14.8 | 13.1 | 3.9 | 4.6 | 42.7 | 44.7 | 5.8 | 5.3 | 26.3 | 23.3 | 0.0 | 0.0 | 0.0 | 0.9 | 79.8 | 78.2 | - | - | 93.7 | 94.3 |
| 三井住友AM | 15.0 | 15.2 | 0.2 | 5.1 | 5.8 | 28.4 | 27.8 | 13.9 | 15.3 | 0.5 | 0.7 | 15.6 | 17.4 | 9.1 | 5.3 | 20.8 | 13.4 | 0.0 | 2.9 | 0.0 | 0.0 | 66.9 | 46.6 | 97.2 | 95.1 | 87.7 | 84.1 |
| 新光投信 | 14.3 | 15.0 | 0.8 | 0.6 | 0.4 | 11.3 | 13.8 | 42.4 | 43.3 | 0.0 | 0.0 | 43.0 | 45.7 | 0.4 | 0.4 | 8.1 | 16.4 | 0.0 | 0.0 | 0.0 | 0.0 | 15.3 | 16.3 | 53.4 | 53.5 | 98.6 | 98.2 |
| T&D AM | 11.8 | 14.7 | 2.9 | 2.8 | 1.2 | 10.8 | 14.1 | 22.8 | 22.2 | 2.6 | 27.2 | 65.1 | 66.7 | 4.9 | 7.3 | 8.2 | 18.0 | 0.0 | 0.0 | 0.0 | 0.0 | 42.9 | 30.4 | - | - | 85.0 | 92.6 |
| 農林中金全共連AM | 10.1 | 10.3 | 0.2 | 0.5 | 0.5 | 5.8 | 7.0 | 29.3 | 28.1 | 4.0 | 3.1 | 93.5 | 95.7 | 1.9 | 1.1 | 21.7 | 16.3 | 0.0 | 3.2 | 4.0 | 21.1 | 81.6 | 51.9 | - | - | 91.1 | 81.3 |
| 東京海上AM | 11.3 | 9.2 | -2.1 | 0.3 | 0.3 | 29.4 | 21.9 | 6.0 | 4.4 | 1.9 | 1.4 | 32.1 | 29.3 | 0.6 | 1.1 | 16.9 | 14.0 | 0.0 | 0.0 | 7.1 | 0.0 | 23.4 | 16.6 | 30.6 | 32.5 | 98.0 | 99.0 |
| 日興AM | 8.7 | 9.1 | 0.5 | 1.2 | 4.3 | 7.9 | 8.6 | 11.7 | 12.3 | 6.4 | 9.0 | 29.6 | 26.9 | 3.8 | 1.8 | 29.0 | 17.6 | 4.8 | 2.1 | 14.3 | 3.9 | 53.8 | 2.7 | 92.9 | 89.6 | 95.3 | 87.6 |
| しんきんAM | 6.4 | 8.8 | 2.4 | 0.0 | 0.0 | 6.9 | 14.7 | 4.0 | 2.8 | 1.4 | 3.3 | 42.1 | 44.9 | 2.5 | 0.6 | 16.8 | 22.9 | 0.0 | 0.0 | 0.0 | 0.0 | 28.8 | 29.2 | - | - | 95.3 | 96.3 |
| さわかみ投信 | 5.0 | 7.8 | 2.8 | 1.7 | 1.9 | 2.1 | 2.2 | 0.0 | 0.0 | 0.0 | 0.0 | 28.6 | 0.0 | 4.8 | 23.4 | 60.0 | 50.0 | 0.0 | 0.0 | - | - | 45.5 | 58.3 | - | - | 100.0 | - |
| みずほ投信 | 10.1 | 7.7 | -2.4 | 9.9 | 5.6 | 13.7 | 11.0 | 8.0 | 7.2 | 1.3 | 0.6 | 18.9 | 20.0 | 2.6 | 1.5 | 11.8 | 10.9 | 0.0 | 0.0 | 0.0 | 0.0 | 22.5 | 14.0 | 40.0 | 32.6 | 93.9 | 94.7 |
| 明治安田AM | 10.7 | 6.4 | -4.4 | 7.4 | 3.5 | 25.5 | 12.7 | 2.3 | 3.4 | 0.0 | 1.6 | 27.9 | 11.1 | 5.4 | 2.5 | 6.8 | 3.8 | 0.0 | 0.0 | 0.0 | 0.0 | 25.6 | 11.0 | - | - | 98.6 | 99.0 |
| 外資系運用会社平均 | 17.5 | 18.6 | 1.1 | 7.2 | 7.3 | 28.1 | 28.9 | 28.2 | 27.4 | 3.4 | 5.3 | 46.9 | 59.2 | 4.9 | 6.1 | 15.6 | 24.3 | 0.0 | 0.5 | 8.5 | 1.6 | 46.9 | 44.4 | 100.0 | 100.0 | 91.3 | 85.0 |
| JPモルガンAM | 38.6 | 36.6 | -2.0 | 55.9 | 43.5 | 57.4 | 55.8 | 38.4 | 32.2 | 3.6 | 15.1 | 45.2 | 37.5 | 0.0 | 0.0 | 32.4 | 14.0 | 0.0 | 0.0 | 0.0 | 0.0 | 0.0 | 20.0 | 100.0 | 100.0 | 94.8 | 92.5 |
| アムンディ・ジャパン | 10.5 | 34.8 | 24.3 | 0.4 | 0.1 | 21.9 | 56.7 | 8.3 | 54.1 | 4.5 | 15.3 | 11.3 | 95.2 | 2.0 | 1.5 | 1.7 | 22.1 | 0.0 | 0.0 | 4.2 | 0.0 | 73.8 | 52.4 | - | - | 100.0 | 96.7 |
| ラッセル・インベストメント | 32.0 | 27.7 | -4.3 | 0.0 | 0.0 | 66.0 | 55.3 | 56.2 | 50.0 | 1.3 | 1.7 | 98.6 | 99.0 | 31.9 | 33.5 | - | - | 0.0 | - | 0.0 | 4.1 | 59.6 | 83.5 | - | - | 81.6 | 97.0 |
| インベスコAM | 24.9 | 24.8 | -0.1 | 1.3 | 1.2 | 57.1 | 45.1 | 25.2 | 25.1 | 5.7 | 0.2 | 83.7 | 78.4 | 0.0 | 10.7 | 9.5 | 36.0 | 0.0 | 0.0 | 0.0 | 0.0 | 52.5 | 79.5 | - | - | 93.1 | 82.5 |
| ステートストリート・グローバル | 19.2 | 21.5 | 2.3 | 0.0 | 0.1 | 15.1 | 27.3 | 41.1 | 39.6 | 3.5 | 3.2 | 91.8 | 94.1 | 7.5 | 6.4 | 12.0 | 8.3 | 0.0 | 3.3 | 2.4 | 11.8 | 81.6 | 48.6 | - | - | 89.8 | 91.7 |
| アライアンス・バーンスタイン | 22.6 | 20.7 | -1.9 | 0.0 | 0.0 | 57.5 | 53.2 | 25.3 | 18.3 | 0.0 | 0.0 | 25.0 | 50.0 | 0.0 | 0.0 | 0.0 | 7.1 | - | 0.0 | 0.0 | 0.0 | 64.3 | 45.5 | - | - | 94.9 | 95.7 |
| ブラックロック・ジャパン | 24.6 | 18.2 | -6.4 | 0.4 | 0.4 | 34.0 | 23.7 | 38.5 | 29.2 | 12.7 | 9.3 | 70.9 | 68.7 | 2.9 | 2.2 | 20.6 | 14.8 | 0.0 | 3.1 | 3.7 | 4.8 | 27.3 | 26.2 | - | - | 97.3 | 93.3 |
| BNPパリバインベストメント | 14.7 | 17.7 | 3.0 | 32.9 | 47.7 | 21.6 | 18.4 | 9.7 | 0.0 | 0.0 | 0.0 | 10.0 | 50.0 | 0.0 | 9.7 | 0.0 | 63.6 | 0.0 | - | 0.0 | 0.0 | 71.4 | 50.0 | - | - | 100.0 | 100.0 |
| ドイチェAM | 15.8 | 15.9 | 0.1 | 4.0 | 3.8 | 31.3 | 34.3 | 20.3 | 17.6 | 4.0 | 12.9 | 61.9 | 46.7 | 0.0 | 0.0 | 35.0 | 66.7 | 0.0 | 0.0 | 0.0 | - | 14.5 | 8.6 | - | - | 95.0 | 100.0 |
| パインブリッジインベストメンツ | 15.0 | 13.0 | -2.0 | 0.8 | 0.8 | 14.0 | 15.0 | 34.1 | 24.8 | 2.2 | 5.5 | 33.3 | 54.5 | 0.0 | 0.0 | 33.3 | 23.1 | - | 0.0 | 0.0 | 0.0 | 17.4 | 17.1 | - | - | 88.2 | 75.0 |
| フィデリティ投信 | 8.8 | 8.8 | 0.0 | 3.4 | 0.7 | 6.4 | 7.0 | 23.1 | 19.9 | 3.1 | 7.5 | 54.4 | 50.2 | 0.3 | 2.0 | 12.1 | 4.7 | 0.0 | 0.0 | 0.0 | 0.0 | 73.5 | 69.6 | - | - | 85.6 | 46.7 |
| スパークスAM | 6.2 | 8.0 | 1.8 | 0.9 | 1.9 | 8.9 | 9.0 | 0.4 | 0.9 | 3.8 | 1.7 | 17.7 | 28.2 | 17.6 | 13.2 | - | - | 0.0 | 0.0 | 100.0 | 0.0 | 19.1 | 28.1 | - | - | 63.3 | 25.0 |
| アクサ・インベストメント | 7.5 | 7.5 | 0.0 | 0.0 | 0.0 | 1.1 | 1.1 | 48.9 | 48.9 | 2.0 | 2.0 | 21.1 | 21.1 | 6.3 | 6.3 | 31.1 | 31.1 | 0.0 | 0.0 | 0.0 | 0.0 | 26.7 | 26.7 | - | - | 94.1 | 94.1 |
| シュローダー・インベストメント | 5.1 | 5.8 | 0.7 | 0.7 | 2.4 | 1.5 | 2.5 | 25.5 | 22.7 | 1.6 | 0.2 | 31.5 | 55.1 | 0.0 | 0.0 | 0.0 | 0.5 | 0.0 | 0.0 | - | 0.0 | 75.0 | 65.5 | - | - | 100.0 | 100.0 |

注：-はデータ非開示または対象議案なし、反対比率は反対数／議決権合計
※１：再構築関連等には、合併、営業譲渡・譲受、株式交換、株式移転、会社分割等を含む
※２：その他会社提案には、自己株式取得、法定準備金減少、第三者割当増資、資本減少、株式併合、補欠監査役選任、役員賞与支給、買収防衛策等を含む
出所：会社発表よりみずほ証券エクイティ調査部作成

いうことで、会社によって開示の姿勢も違います。

私もストラテジストを20年以上やっていて、運用会社の議決権担当者が誰で、どういった考え方をしているかということをほとんど知っています。アムンディは反対比率が上昇しましたが、その理由を聞いたら、GPIFが求めるようなパッシブファンドのエンゲージメントをしっかりやるようにして、パッシブファンドの議決権行使を厳しくしたから、反対比率が上がったそうです。

**〔質疑応答〕**

**（質問）** 先ほど多くの投資家は、ガバナンスがよい企業と儲けている企業であれば、儲けている企業に投資をするというお話がありました。それでも、なお、投資家がガバナンスを監視したり、対話をするインセンティブ、コストを払おうとする意義は何でしょうか。

**（回答）** 業績が悪いのは、例えば、たまたま為替のような外的な環境が悪い場合もありますし、新商品開発に研究開発費を使っていて、将来の種まきをしているからかもしれませんので、業績が悪い理由を見極めるというのが投資家の仕事だと思います。また、経営戦略が悪いのかもしれませんので、財務だけではなく、本業のアドバイスができる投資家もいますから、そこで対話をすれば会社がよくなるかもしれないということで、建設的対話を行っていると思います。

また、投資家によって投資期間が違います。足元の業績が悪くても、本業とガバナンスがしっかりしている会社であれば、投資家の声を聞いてくれて、将来よくなるという期待があるので、長期投資家ほどガバナンスを重視するということだと思います。

# 第3編

# 企業不祥事とコーポレートガバナンス

# 第１章　証券取引等監視委員会の課題とコーポレートガバナンス

証券取引等監視委員会　佐々木　清隆

## １　はじめに

### (i)　証券取引等監視委員会の概要

皆さん、こんにちは。ただいまご紹介いただきました、金融庁の証券取引等監視委員会事務局長の佐々木といいます。皆さん方の中で、証券取引等監視委員会という名前を聞いたことのある方はどのぐらいいますか。ちらほら手が挙がりますかね。ここは、簡単に言いますと、証券市場でのいろいろな不公正取引、問題を調査して摘発するという組織です。

一番ご記憶に新しいと思うのは、ちょうど１年前（2015年）に東芝の会計不正が問題になっています。東芝の会計不正について検査をして、課徴金、簡単に言うとペナルティー、罰金のようなものを納付する勧告をしたのが証券取引等監視委員会です。私はそこの事務局長を務めておりますけれども、私も1983年にこちら（東京大学）の法学部を卒業して、当時の大蔵省に入りました。その後、国際機関にいたり、財務省の仕事をして、今の金融庁の仕事は1998年からと長くなっています。

その中で、本日のお話の証券取引等監視委員会に昨年（2015年）から事務局長で務めていますけれども、細かい話に入る前に質問です。証券取引等監視委員会に関する数字ですけれども、何でしょうか。

１つ目、「３」という数字は何の意味があるでしょうか。おわかりの方はいますか。ちなみに、証券取引等監視委員会は、名前のとおり委員会組織です。政府の機関の中には、金融庁、財務省、庁・省と名のつく役所のほかに、組織の１つとして、何々委員会と名のつく組織が結構あります。例えば、警察庁の関連では国家公安委員会というのがあります。我々の証券取引等監視委員会もそうですが、委員会という以上は委員長がいて、委員がいます。

それで最初の質問です。３という数字はどういう意味があるか。答えは、委員長１名と委員２名の３名から構成される委員会組織の３です。３名の委員会、言ってみるとボードです。会社の取締役会をご存じだと思いますけれども、この委員会というのは取締役会に相当する組織です。３人から構成されています。いずれも外部の有識者から構成されています。言ってみますと社外取締役です。その下で、委員会の指示を受けながら日々の業務を執行する立場の、言ってみるとCEOに相当するのが私のポジションです。

次に「25」という数字は何だと思いますか。これは25年です。証券取引等監視委員会ができたのが1992年でありますので、来年（2017年）でちょうど25年を迎えます。この25という数字は、長いか短いかというと、役所の歴史で言うと極めて短いですね。若い組織です。まだ25年の歴史しかない組織です。

次に「764」という数字は何か。これは、今の証券取引等監視委員会のスタッフの人数で764人です。これは本庁と地方の組織を含めた数字ですが、金融庁の本庁が1,600人、地方が800人から900人ぐらいですから、全体で2,500～2,600人のうち、証券取引等監視委員会が764人います。この数字が多いか少ないかというと、この後、申し上げますが、極めて少ないです。

なぜかといいますと、次の数字ですが、「約8,000」。これは何かといいますと、我々の仕事の１つであります証券会社あるいは金融商品取引業者と言っていますけれども、我々が監督・検査をする証券会社の数です。これは大きいところから小さいところまで、いろいろな業種がありますが8,000社あります。極めて多いわけです。764人の中で、担当しているのは100人ちょっとです。それで8,000社を見なくてはいけないので極めて少ない。

最後に「約3,600」、これは何でしょうか。正解は、日本における上場企業の数です。上場企業が約3,600です。東京証券取引所、JPX、そのほか地方の取引所を含めて、約3,600社が証券取引所に上場されています。東芝もそのうちの１つですけれども、我々は3,600社の開示の検査をする仕事もしています。これを担当しているのは、先ほどの100名よりもっと少なくて、わずか50名です。50名弱で3,600社の上場企業を見るという仕事をしています。いかにスタッフがまだまだ足りないかということがおわかりになると思います。

### (ii)　講義の流れ

最初は証券取引等監視委員会の概要をご理解いただく上で、今こういう数字を申し上げました。本日は、まずは証券取引等監視委員会の仕事、取り組みをご理解いただきたいと思います。そんなに細かいことまでご理解いただかなくても結構ですけれども、簡単に我々が何をやっているのかということと、特に最近の新しい取り組みについてお話をしたいと思います。

２つ目に、証券市場でのいろいろな問題、不公正取引はどういう手口かということもお話をさせていただきます。この手口をまねていただきたくはないのですが、いろいろな手口があるということ。

最後に、皆さん方の勉強されているテーマでありますコーポレートガバナンスについてもお話をしたいと思います。

ちなみに、私は、大学なり学生の方にお話しする機会がいろいろあります。私自身、法学部で４年間勉強して、今こういう仕事をして、学生のとき、もっと勉強しておけばよかったなということはいっぱいありますが、その中で、皆さんにお話しする際に私が必ず言っているのは、会社法をぜひ勉強していただいたほうがよい、ということです。

当然会社法は皆さん勉強されていると思いますが、特にコーポレートガバナンス、その中でも監査ということをぜひ勉強いただくとよいと思います。監査論となると、法科大学院で勉強されるのかどうか、わかりませんけれども、経営学部か会計大学院で勉強されるケースが多いのかもしれませんが、監査論を勉強されるということは、金融庁の仕事もそうですし、会社に勤められても必須だと私は思います。特に、将来経営を目指そうという方は、会社法の知識、コーポレートガバナンスについて勉強される必要がありますが、とりわけ監査という考え方は、コーポレートガバナンスの中でも極めて重要だと私は思っています。

残念ながら、私は、大学のときも、卒業してからも、監査を学問としてしっかり勉強する機会がなかったのですが、振り返りますと、金融監督庁、金融庁、証券取引等監視委員会の仕事をしていて、一番役に立っていますのが監査の考え方です。今でも内部監査、あるいは監査法人の監査、監査役、監査委員会の監査について仕事でいろいろ勉強しますが、絶えず変化していますし、ここを理解すると、コーポレートガバナンスの基本的な考え方、その中のいろいろな論点、例えば利益相反という考え方などがよくわかってくると思います。

## 2　監視委員会を取り巻く環境変化と対応

ちょっと脱線しましたが、本日は、最初に証券取引等監視委員会（以下「監視委員会」とします）の現状について、取り巻く環境変化と対応ということでお話をしたいと思います。

### (1)　監視委員会を取り巻く環境変化と対応

#### (i)　監視委員会の機能

金融庁の１つの組織として、監視委員会は、証券市場の透明性・公正性を担保する仕事をしています。その機能にはいくつかありまして（**〔図表７－１〕**）、１つは、日々の市場の動きを分析する市場分析審査をやっています。ご存じのとおり、証券市場では膨大な取引が行われていますが、その中で問題のある取引、問題のある証券会社、不正が行われていないかを日々監視しています。これをやるには膨大なスタッフが必要ですので、我々だけではなくて、証券取引所とも連携して、まず日々の取引のモニタリング、監視をいたします。

その中から不正のにおいがする取引を発掘します。発掘してから深掘りするため、本格的な調査をします。例えばインサイダー取引――会社の内部、インサイダーしか知らない情報を公表前に悪用して株の取引をすること――は金融商品取引法の違反になりますが、こうしたインサイダー取引を調査するのが取引調査の仕事です。

次が開示検査。これは先ほど申し上げた東芝であるとか、上場企業の開示

〔図表７－１〕監視委員会の機能；証券市場の公正性・透明性の確保

■市場分析審査：日々の市場動向の分析、調査・検査の端緒の発掘
■取引調査：インサイダー取引等の調査
■開示検査：上場企業の適正開示の検査
■証券検査：証券会社等の検査
■犯則調査：裁判所の令状に基づく強制調査、刑事告発

が適正かどうかを検査することです。

それから、証券会社の検査をする機能が、証券検査です。

最後に、犯則調査です。ここまでの機能は全て一般的な行政調査の権限ですので、基本的に会社、証券会社の協力のもとに行われます。これに対して、最後の犯則調査は強制調査です。裁判所の令状を取って、強制的に家宅捜索をする、調べるという機能です。金融庁の中でも強制調査権限を持っているのは監視委員会の犯則調査の機能だけで、警察あるいは検察に近い機能です。

私自身も2005年から2007年にかけて犯則調査を担当する課長をしていました。そのときに担当していた事件はいろいろあるのですが、もう10年前ですから、皆さん方がまだ小学生のころかと思いますが、１つはライブドア、ホリエモンの事件です。うちのスタッフが六本木ヒルズに東京地検特捜部と一緒に強制調査に行きました。もう１つ有名なのが、村上ファンドのいろんな事件がございまして、これも犯則調査で担当しました。こういう強制調査という機能もあります。

### (ii)　監視委員会を取り巻く環境

このように証券市場の公正性を担保するいろいろな調査・検査をしていますが、我々の仕事を取り巻く環境は今非常に変わっています。金融庁も含めて、大きく変わってきています。

１つは、我々は設立以来25年間こうした仕事をしているのですけれども、一向に不正はなくなりません。インサイダー取引、あるいは企業の不祥事は依然としてなくなりません。去年（2015年）の東芝の事件がありました。それ以外にも企業の不祥事を見ていただければ、一番最近は何でしょうか。例

えばDeNAのウェブの問題とか、少し前ですと三菱自動車の燃費の偽装であるとか、去年の今ごろであればマンションの杭打ちの問題であるとか、たくさん不祥事があります。その不祥事の中でも会計不正と言われる問題、インサイダー取引、こういったものはなくなりません。

２番目、我々の仕事というのは、経済環境、そのときの市況、マーケットに影響されます。マクロの状況もこの１年で大幅に変わっています。例えば、マイナス金利、中国・新興国の経済減速、Brexit、やや中期的な話ですけれども、コーポレートガバナンスの進展。コーポレートガバナンスについては、後でどういう影響があるのか、もう少し申し上げますが、当然非常に歓迎されることでありますが、これが我々の仕事の上でいろんな変化を生んでいます。それから、アメリカ大統領選挙の影響も今出ています。

３番目に、もう少し中期のスパンで見ますと、構造的な変化が今生じています。例えば、今、日本の市場の投資家の６割から７割は外国人――海外のファンド、機関投資家です。日本の個人あるいは機関投資家よりも、今、外国の投資家が多い。グローバル化がそれだけ進展しています。特に、海外のHFT（High frequency trading）という高速度取引を使った業者の比重が非常に高くなりました。これは、日本のマーケットはもちろん日本の経済を反映して変化しますが、日本の状況だけではなくて、世界の状況に影響されるマーケットになっているということです。日本だけではなく、世界中のマーケットが、自分の国の経済を反映するだけではなくて、世界中のいろいろなイベントがマーケットに影響している状況です。したがって、我々は日本のことだけ見ていても仕事になりません。世界中のことを見ていませんと、どういう問題が起きるかわかりません。

さらに、FinTechをはじめ、証券市場も金融業界もITが大変進展しています。ビットコインであるとか、blockchainであるとか、いろんな技術がどんどん進んでいますので、我々も監視する上で、それに追いつかなくてはいけない。こういった大きな変化が今起きているということです。

#### (iii)　金融行政方針

こうした変化を踏まえて、金融庁、監視委員会としてどういう戦略で臨むかということを、2016年10月に「金融行政方針」というもので公表しています。これは金融庁のウェブサイトからご覧いただけます。その中で監視委員会のストラテジーとして、**〔図表７－２〕**にある５つを掲げています。細かくは申し上げませんが、今申し上げたとおり、環境がどんどん変わっているわけです。その環境に合わせて我々の仕事のやり方を変えていかなくてはいけない。PDCA（Plan・Do・Check・Action）を回す組織になっています。

ちなみに、皆さん方は、今、法科大学院あるいは公共政策大学院で勉強されて、将来、法曹界あるいは役所を志望される方もいらっしゃると思うのですが、世の中の流れは、今本当に早いわけです。それに合わせていかないと、民間企業はもちろんサバイブできません。淘汰されてしまう。役所も実はそうなのです。ただ、役所は民間と違って簡単になくなるということはありませんけれども、時代にどんどん遅れていっています。

自慢ではないですが、霞が関の役所の中でも金融庁ほど時代の流れに敏感にPDCAを回して、新しい戦略を考える、新しい方向・施策を打ち出すという組織はないと思います。私は大蔵省、財務省に入って、今、金融庁の仕事をしていますけれども、少なくとも財務省と金融庁では仕事の仕方が全然違う、スピード感が違うと私は思います。こういうPDCAを回す中で、毎年毎年、あるいは場合によっては、特にこの１カ月、アメリカ大統領選挙前と今ではもう状況が違うのです。いろいろ変わっています。それを踏まえて、新しい戦略を今また考えています。そのように、絶えずマーケットの状況に合わせて考えています。そのいくつかについては、この後、コーポレートガバナンスとも関係いたしますので、申し上げたいと思います。

#### ⅳ　監視委員会の仕事のやり方の見直しの３本柱

細かいことに入る前に、こうした新しい方針なり考え方の基本的なコンセプトを整理するのが非常に重要です。それがここに書いてある３つであります（**〔図表７－３〕**）。監視委員会の仕事のやり方の見直し。仕事のやり方は、昨年どおりやっていればいいというものではないのですね。監視委員会、金融庁は、それを絶えず見直しています。

その１つ目が、単線的な監視から多面的・複線的な監視。

**〔図表７－２〕金融行政方針（2016年10月）:市場の公正性・透明性の確保**

金融取引のグローバル化、複雑化、高度化に対応した市場監視機能の強化
1．市場環境のマクロ的な視点での分析等forward lookingな対応
2．自主規制機関や海外当局との連携
3．多面的・複線的な調査・検査
4．未然予防・再発防止の観点、問題の全体像、根本原因の追究
5．ITシステムの活用（RegTech）

**〔図表７－３〕監視委員会の仕事のやり方の見直し**

| 従来 | | 現在 |
|---|---|---|
| 1．単線的監視 | ⇒ | 多面的・複線的監視 |
| 2．部分・形式への集中 | ⇒ | 実質・全体（根本原因）重視 |
| 3．事後チェック | ⇒ | 先を読んだ対応・未然予防（forward looking） |

少し抽象的な言い方ですが、どこの組織でも自分の仕事があるわけです。こういう仕事はそれぞれ大事なのですが、組織が大きくなると、それぞれタコつぼ化します。例えば、監視委員会の機能もいろいろな調査の権限があって、それぞれの課はそれぞれの事案を担当するわけです。東芝の案件をやっているチーム、証券会社の検査をやっているチーム、それぞれ一生懸命やっているわけですが、どうしても視野が狭くなってしまう。そういう単線的な仕事をしていると、世の中が見えなくなるのです。世の中は、単線的な仕事の仕方でカバーできるものではなく、非常に複雑です。先ほど申し上げたとおり、国内だけ見ていてもだめなのですね、海外も見なくてはいけない。それから、IT技術もどんどん高度化していく。いろんな問題が複雑に絡み合ってきますので、ある一部分だけ見ていても問題の本質はわかりません。ということで、まずは、多面的・複線的な監視。また後で触れたいと思います。

２番目は、部分・形式への集中が過去、今は実質・全体（根本原因）の重

視ということです。法律を勉強されている方は、当然法律を適用するときに、刑法であれば構成要件とか、法律を当てはめる上でのいろいろな形式もご覧になると思います。我々の仕事も、例えばある事象が法令違反に当たるかどうか、形式的な部分も当然見るのですが、それだけ見ていたのでは不十分です。今、形式的なチェック、あるいは部分だけ見ているのでは不十分という時代になっています。

とりわけ、後でも何度も出てきますけれども、本日のキーワードの１つは「根本原因」、英語で言いますとroot causeです。根本原因を見抜くのは極めて難しいですが、これはコーポレートガバナンスの上でも重要だということで、後で申し上げます。

３番目、我々の仕事は、金融庁も監視委員会も事後チェック、問題が起きてから対応するというのが基本的なビジネスモデル、仕事の仕方です。例えば、証券市場で会社が何か問題を起こした、会計不正が発覚した、あるいはインサイダー取引が行われた。その後、調査して摘発する。具体的に申し上げますと、ちょうど2015年に課徴金の勧告をした東芝の事案では、会計不正をしたとされる時期は平成24年３月期、25年３月期ということで、今から４年前、５年前の話です。なぜそうなるかというと、どうしても問題が起きてから調べて、いろんな証拠を集めて、インタビューをして、当然デュープロセスを踏まなくてはいけない。時間がかかります。したがって、摘発したころには何年もたってしまっている。

これは司法制度全体の宿命かもしれません。典型的には裁判所、検察庁。昔ほどではないかもしれませんが、例えば裁判所の判決が出るのに何年かかるか。ましてや最高裁に至ると何年かかるか。どうしても時間がかかります。こうした事後チェックというのは、仕方がない部分もあるのですが、今それを切りかえていまして、先を読んだ対応、英語で言いますとforward looking、これから何が起きるかを先読みするという対応に今切りかえています。仕事の仕方を変えるということは、職員のマインドセット、実際のスキルを変えないとついていけませんので、これは、結構大変なことです。

**〔図表７－４〕多面的・複線的監視**

■単線的監視（従来）：直接の出口（勧告、告発等）、勧告・告発対象事象に集中（それ以外は不活用）
■多面的・複線的監視（現在）：直接の出口以外の出口を意識した検査・調査の実施、情報の多面的活用
①　検査・調査手法の多様化：簡易検査、テーマ別検査等
②　監視委内の各課における検査・調査の連携強化：
③　法令違反等の根本原因（root cause）の分析
④　個別事案に留まらない面的な広がり・implicationの分析：ミクロ事案に留まらないマクロ的視点（ミクロ→マクロ）

### ⑵　多面的・複線的監視

まず初めに「多面的・複線的監視」を簡単にご説明します。従来は、先ほど申し上げたとおり、それぞれの課に調査の権限があります。それぞれの出口に向かって調査していくのですが、それではもう不十分です。そこで**〔図表７－４〕**のとおり、今はいろいろな視点で多面的な仕事をするようにとしています。

中でも特に言っているのが４番目で、個別の事案にとどまらない面的な広がりを分析するということです。例えば、個別の検査・調査をして、それを法令違反で摘発する。これはもちろんミッションとして必要なことですけれども、同じ問題がほかの会社にあるのではないかとか、あるいはその問題の背景に何があるかということをたどっていくと、例えば法制度に不備があるとか、いろんなことがわかってくるわけです。

ただし、このようなミクロの調査からマクロ的な視点、広がりを持つというのは経験と知識が必要です。今これを非常に重視して、私のところでいろいろ議論するときも、必ず、例えばこの事案の意義は何なのだとか、こういう問題がほかの会社にないのかとか、なぜこういう問題が起きたのか、この後申し上げます根本原因（root cause）そのものを議論するようにしています。

### ⑶　実質・全体の重視（根本原因の追究）

#### (i)　実質・全体の重視

それから、従来はどうしても形にフォーカスしがちだったという反省を踏まえて、「実質・全体の重視」を進めています。これはコーポレートガバナンスの議論とも関係するのですが、会社法が変わって、コーポレートガバナンス・コードが導入されて、いろいろな会社が、例えば指名委員会等設置会社に変わった、あるいは監査等委員会設置会社に変わりました。しかし、形は変わっているかもしれませんが、我々から見ると、実効性が上がっていないというケースはたくさんあります。日本の国民性というのは、見ていますと、例えば金融機関もそうですし、上場企業も、形を整えるのは得意です。ただ、形をつくっても魂が入っていない、実際の運用面を見ると実効性が上がっていない、というケースは結構あります。

この理由は、いろいろなところに問題がありますが、１つは、我々当局の仕事の仕方が、どうしても形だけ見て、例えば「監査等委員会設置会社になりましたね、それでオーケー」、あるいは形式的な不備があると「これができていない」とそこばかり指摘するというやり方になっているところが影響していた部分もあります。これをやっていると、その場しのぎ的な対応になります。例えば、皆さん方も、ゼミなどで先生から形式的な部分だけ指摘されると、要はそこだけ直せばいいのだろうという対応になりがちですよね。しかし、表面的な問題なり、形式的な問題がなぜ起こっているのか、根本原因をたどっていくと、そこだけ直しても意味がないわけです。

あるいは、皆さん自身の健康に例えて、例えば指の先がちょっとおかしい。しびれる。そのときに、指先だけの問題なのか、実は本当の原因が心臓にあるのか、脳にあるのか、根本原因を知らないと本当の治療にならないわけです。それと同じように、我々も今、部分的な形式重視から実質、とりわけ問題の全体を見るようにしています。その中で根本原因という言葉が出てきます。

#### (ii)　根本原因（root cause）

基本的に我々の仕事は、いろいろな問題を見て、これが法令違反であるということを指摘する仕事です。その法令違反の原因を、会社側に意見を聞くと、よく出てくるのは規定が不備だとか、研修が不十分だとか、あるいは経営者の法令遵守意識がないとか、こういうことを言ってくるケースが結構ありますが、これは根本原因ではありません。表面的な理由です。その根本原因は別なのです。

具体的なケースで言うと、東芝は、コーポレートガバナンスの上では10年以上前から当時の委員会設置会社でした。進んでいるコーポレートガバナンスの体系をとっていると言われてきたわけです。また、社長ももちろん法令遵守は大事だと言っているわけです。ではなぜ今回のような問題が起きたのでしょうか。

こういった問題が起きたときに真っ先に、「法令を十分知りませんでした」、あるいは法務部なり組織が十分整備されていませんでした、という答えが出てくるのですが、こちらは、なぜ法令を知らないのですか、なぜ法務部なり体制が不十分なのですかということを何度も何度も聞いていきます。

そうしますと、例えば法令遵守意識が不十分だということが出てきます。次に出てくるのが、会社法なり法律が変わったけれども、内部で研修をしていませんでした、規定を十分つくっていませんでしたという答えです。しかし、これらも根本原因ではありません。

さらに、なぜ規定をすぐ改定しないのですか、なぜ研修が不十分なのですかということを繰り返し繰り返し聞いていきます。すると、例えば、社長は法令遵守が大事だと言っているけれども、実態は営業成績でボーナスなり昇進が決まるということが出てきます。コンプライアンスを重視しているかどうかなんて現場では全然重視されていない、そういう企業風土、人事体系、報酬体系、こういったものが実は根本原因だというケースが結構あります。ここまで来ないと問題の本当の解決にはなりません。

先ほどの指先だけの対症療法をしていたのではだめなのです。根本原因が例えば心臓にある、神経にある、脳にあるのだとしたら、そこを治さないと問題は再発するわけです。

こういう根本原因に至るには、やはり相当深い調査が必要です。私がいつも言っているのは、five times why、５回のwhyが必要ということです。私のところで各調査・検査の報告を受けるときには必ずそれをやっています。なぜ、なぜ、なぜ、なぜと。それをやっていかないと根本原因には至りません。

### ⑷　先を読んだ対応・未然予防（forward looking）

#### ⅰ　事後チェックからの転換

次はforward lookingな対応です。先ほど申し上げましたとおり、我々の仕事は基本的に事後チェックです。しかし、そうしていると、今起きていることに関心がなくなってしまいます。検査チームは４～５年前の調査をしています。一生懸命やっています。当然、４～５年前のいろんな資料を分析することになります。それは大事なことですが、今この瞬間にも問題が起きている可能性があるわけです。過去を見るのではなくて、今起きていることに関心を持って、これから何が起きるかという感度、これは発想の転換なり頭の使い方を変える必要があります。

私も法律を勉強して思いますけれども、法律の勉強は、どちらかというとbackward lookingというか、事後チェック的で、法律を勉強して、過去の判例を見て、というマインドの勉強の仕方が多いのではないかと思います。他方で、今起きていること、例えばITの変化、あるいは世界的ないろんな変化がどうなってくるか、こういう発想が我々の仕事で今求められています。

#### ⅱ　マーケット・経済で起きていることがもたらすこと

具体的に何をやっているのかというと、今この瞬間でもマーケット、あるいは経済は大きく変わっています。これがどのようにうちの仕事に繋がるのか、それをもとに先を読んだ対応をするということを今やっています。

例えば、**〔図表７－５〕**にいくつか細かく書いていますが、トランプ大統領選出から、今マーケット、経済は大幅に変わってしまっています。上の３つは、どちらかというと大統領選挙前の話ですが、いくつかご紹介しますと、例えば、１年前の夏に中国の株式市場がクラッシュしました。その影響がどうなるかということを去年の夏以降分析して、例えば、中国の経済がスローダウンしているわけですから、中国に進出している日本の企業に影響が出てくるだろうということが予想されます。現に出てきています。

〔図表７－５〕先を読んだ対応・未然予防（forward looking）：
マーケット・経済で起きていること

■中国経済の減速：中国株式市場下落に伴う日本市場へのインパクト、中国進出企業等日本企業への影響（財務面でのリスク、会計不正のリスク等）
■新興国経済の減速：中国経済減速、原油価格下落、米国利上げ等のインパクト、新興国株式・社債、仕組債等への影響、上場企業の財務面への影響
■マイナス金利の影響：証券会社等の経営・ビジネスモデルに与える影響、詐欺的勧誘の増加のリスク
■トランプ・ショック：金利上昇、インフレ期待、新興国からの資金流出等
■コーポレートガバナンスの進展：ROEへの関心、余剰資金の活用、M&A等の増加→インサイダー取引のリスクの高まり

２番目の新興国経済の減速、その中でも原油価格の下落、これは今変わりました。原油価格は少しずつ上昇し始めました。ただ、それまでは原油価格がずっと下がっていました。そうすると、原油価格が下がることで影響の出る業種があるわけです。例えば商社、石油セクター、あるいは海運。そういった企業はどうなるのかということを我々が認識すると、そういった業種をよく見なくてはいけないということになります。

４番目に飛びますと、トランプ・ショック。この１カ月でマーケットは様相が完全に変わりました。金利低下していたのが、今、金利上昇局面に入っています。それまで円高だったのが円安になってきています。それから、株価は上がっています。原油価格も上がっている。これは一見よいように見えますけれども、例えば、金利が上昇することで日本の金融機関によい影響が出るのか、悪い影響が出てくるのか。

あるいはよく言われるのは新興国からの資金流出。明日、アメリカの連邦準備制度理事会のFOMC、金融政策決定会合が開かれます。そこで、まず間違いなくアメリカの金利は引き上げられると言われています(1)。そうなりますと、アメリカの金利が上がり、その分、円安に振れます。そうなりますと、日本の株が上がる。一見よいように見えますけれども、金利の上昇で新

(1)　2016年12月14日、米連邦準備理事会（FRB）は連邦公開市場委員会（FOMC）においてフェデラル・ファンド金利の目標を、１年ぶりに0.25％引き上げ。

興国、ブラジル、ロシア、そういったところから資金が流出する。そうすると、新興国経済がスローダウンする。そうすると、そこに対する輸出が伸び悩む。いろいろな影響が想定されます。先を読んで手を打つという仕事の仕方を今やっています。

それから、最後に書いていますけれども、コーポレートガバナンスが進展しています。これはよいことです。よいことですが、実はコーポレートガバナンスの進展が我々の仕事を増やしています。コーポレートガバナンス改革、コーポレートガバナンス・コード、会社法改正の結果、経営者はROEに関心が高まる、あるいは余剰資金をいかに活用するかということもより真剣に考える。これはもちろん非常によいことです。ただ、それにより、M&A、自社株買いが非常に増えています。

その結果、何が起きるかといいますと、インサイダー取引です。要はM&Aが公表される前に、あるいは自社株買いが公表される前に、その情報を使って株取引をすれば、これも儲かるかもしれない。こういうことで、現にインサイダー取引は件数が増えていて、インサイダー情報の内容としては、M&A、TOB、自社株買いが多くなっています。この１年半を見ていまして、増えているなと肌で感じていたのですが、きちんと分析させてもそういう結果が出ています。

ですから、これはマーケット環境にもよりますが、これからコーポレートガバナンスが進展すればするほど、ますます企業の再編、自社株買いが増えてくる。そうすると、我々の仕事が増えるということになります。

#### (iii)　具体的な対応

こうした先を読んだ対応というのは今まであまりやっていませんでした。例えば東芝の事件も、端緒になったのは内部通報です。英語で言いますとWhistle-blowingと言いますが、内部者からの通報がきっかけで我々は調査を始めました。内部からの情報は非常に有効なのですが、私が去年（2015年）７月に今のポストに来てわかったのは、実はマーケットでは、東芝は会計不正しているかもしれないということは数年前から言われていたのです。にもかかわらず、監視委員会はそれを知らない、内部通報があったから調査

〔図表７－６〕先を読んだ対応・未然予防（forward looking）：具体的な対応

- ■内外証券会社幹部、海外機関投資家、ヘッジファンド等のリスク認識のヒヤリング
- ■民間アナリストとの意見交換の実施：電機、資源、商社、REIT、証券、建設等
- ■監視委の態勢整備:市場分析審査課市場モニタリング室、開示検査課大規模会社モニタリング班

をした。それはそれでよいのですが、なぜもっと早くできないのか、マーケットでは東芝は会計不正していると数年前から言われているではないか、なぜそれを知らないのだということです。

これは後講釈してもしようがないので、今から仕事のやり方を変えてということで、先ほどのようにforward lookingな対応に取り組んでいます。そのために、いろいろな人からいろいろな話を聞いています。マーケットの意見、マーケットで言われていることが正しいか間違っているか、これは誰もわかりませんけれども、当局の強みというのは、いろいろな人からいろいろな話が聞けるということです。そうしますと、今こういう認識なのだな、今こういうことが言われているな、とすると、多分次はこうなるのではないかという感じがだんだんわかってきています。

具体的に何をやっているかというのは細かく〔図表７－６〕に書いてありますけれども、こういうforward lookingな仕事の仕方をしていると、常に、あそこの会社は何か変だということが伝わってきます。例えば、同じ業界で、どこも損失を出している。にもかかわらず、ある会社だけすごく利益を上げている。何か変ではないかと。もちろんビジネスの内容が違う。うまくいったのかもしれない。だけれども、みんな沈んでいるのに、何で１社だけが？という見方です。

実は東芝がそうだったのです。2008年、リーマンショックの後に、家電業界を含めて電機業界は大リストラです。東芝もいろいろな部門がありましたけれども、例えばテレビは、昔型のテレビだけではなくて、液晶も相当厳しいわけです。日本で言いますと、ソニーも、パナソニックも大リストラ。

シャープも同じです。そういう事態の中で、当時、東芝だけ好調だったのです。それを、マーケットの人は、何か変ではないかと言っていたのです。

今に置きかえると、2016年の時点で、ある企業だけちょっと違う動きをしているというのは変だねということを、いろいろな情報で今、我々は認識しています。そして、そうした業界、あるいはそうした会社について今じっと見ています。今起きていることが違法かどうかわかりませんけれども、少なくとも、何か変だな、このままいくと多分次はこうなるなという経験が我々に蓄積されています。現に、そういう形で予想どおりになっているケースがあります。そうすると、実際に何か問題が起きたときに、アクションが非常に早くなります。内部通報がなくても、我々自身が見ていて、すぐ会社に接触して問題提起する。こういうスピード感が今重要になっています。

### ⑸　市場規律の強化の向上

それから、市場規律の強化（**〔図表７－７〕**）。市場規律という言葉自体になじみがないかもしれませんが、我々の仕事というのは、証券市場で行われている取引の公正性を担保すると言いますが、実は我々だけではできません。あるいは我々のところに来た段階ではもう手遅れになっています。今申し上げたとおり、できるだけ前広に、forward lookingにやっていますが、我々の手元に来た段階ではもう遅いというケースが結構あります。

むしろ、その前に問題を未然予防する方々がいます。例えば上場企業であれば、上場企業自身です。東芝のような会計不正が起きる前に、まず東芝自身がなぜしっかりできなかったのか。東芝の中の取締役会や内部監査部門、実はそこが機能していなかったのです。それ以外にも、問題を未然防止する立場の方々はたくさんいます。監査法人、あるいは法律事務所、取引所その他、いろいろな関係者がいるわけです。なぜその段階でわからなかったのでしょうか。

例えば、東芝のような会計不正が起きると、必ず責められるのは監査法人です。監査法人は監査していながら、なぜこういう問題がわからなかったのかと言われるわけです。我々としては、市場の秩序を守るためには、我々だけの仕事ではできません。そこを市場規律、市場の参加者自身の規律を高め

**〔図表７－７〕市場規律の強化**

１．市場参加者（上場企業、自主規制機関、投資家、弁護士、監査法人等）の規律強化

■連携対象の拡大：自主規制機関に加え、日弁連、監査役協会、大手証券会社幹部等との意見交換等の強化

２．監視委が「監視している」ことについての認識度の向上

■監視委の存在の「見える化」：監視委の地方開催（近畿財務局27年11月、東海財務局本年（2016年）６月、関東財務局本年10月）

３．市場規律強化のための情報発信の強化

■個別事案に留まらない事案の意義、広がり、市場参加者への期待等についての積極的説明

るという取り組みも行っています。

### ⑹　市場の構造的な変化への対応

それから、少し違う話ですが、先ほど申し上げた証券市場の構造的な変化への対応です。市場参加者・取引手法・取引の場で今変化が起きています。

まず、参加者にはますます外国人が増えています。その中には、機関投資家、ヘッジファンド、次に出てくるHFTを行う業者等が含まれています。

それから、取引手法も高度化しています。HFTと言われる、非常にスピードが速い、ミリセコンドどころかマイクロセコンドという、ものすごく速い取引が行われるようになってきています。さらに、アルゴリズム取引と言われるものも出てきています。コンピュータを使って、今ですとAIで判断をする取引がどんどん普及していきます。

我々はこれをどうやって監視するのか。もちろんシステムを使っていますけれども、我々のシステムではもう追いつかない状況になってきます。

また、取引の場にも変化があります。通常、証券取引は証券取引所で行われますが、それ以外に新しい取引の場が出てきています。細かい話ですけれども、ダーク・プールと言われるもの、PTSと言われるもの、いろいろありますが、私自身が今非常に気にしているのはblockchainです。blockchainを使って証券取引が行われるということになると、これをどうやって監視す

〔図表７－８〕IT技術の活用：RegTechの検討

■ FinTech, AI（人工知能）の発達による取引、業務内容の変化（1st Lineでの変化）
■ 市場参加者のRegTech：規制へのcomplianceのためのIT技術の進展（2nd Lineでの変化）
■ 当局のRegTech：上記を踏まえた監視システムの高度化（digital forensicに留まらない）

るのか。証券取引所ばかり見ていても、もうそこには監視すべき対象がなくなってしまうかもしれない。このように、システム、AI、FinTechの変化が、我々の仕事のやり方を大幅に変える事態になっています。

こうしたITに対応する上で、私が今使っているものにRegTechという言葉があります（〔図表７－８〕）。最近、当局の間で使われている言葉です。FinTechというのはfinancial technologyです。この民間におけるFinTechの変化に当局がどのように対応していくのかというのが、当局のRegTech、regulatory technology、こういうことを今勉強しています。

## 3　証券市場の不公正取引等の傾向

次に、「証券市場での不公正取引等の傾向」ということで、２番目のテーマのお話をしたいと思います。

### ⑴　インサイダー取引の傾向

まず、インサイダー取引についてです。公表される前の会社の内部情報を使って取引するのがインサイダー取引ですが、傾向としては、法律用語で言いますと重要事実――インサイダーの情報の種類のことですが、先ほど申し上げましたとおり、多いのがM&A、TOB、次の自社株買い、こういったものです。これはコーポレートガバナンスの浸透が背景にあると思います。それと、これも景気に左右されます。今、株式市場は好調ですが、この前の３

月期は株式市場が必ずしもよくなかった。中国、原油価格の下落、いろいろあって、多くの企業が業績の下方修正をしています、そうすると、業績の下方修正、特別損失を公表する前に、その情報を得て取引をするというパターンが目につきます。

このまま株式市場が好調ですと、企業の業績も円安でよくなる。そうすると、業績の上方修正、こういう情報が出る前にインサイダー情報として取引するというパターンが増えてくるのではないかと予想するわけです。

それから、誰がやっているか、これは細かいのでスキップしまして、次の発行体の問題を言いますと、上場企業が持つ内部者情報がインサイダー取引になるわけですが、問題は、企業の中で情報管理が甘いというケースがあります。例えば、ごく限られた人しか知るべきでない情報が、社内で情報管理態勢が緩いがゆえに問題になるというケースもある。

### ⑵　適正開示・会計不正の問題

また、コーポレートガバナンスとの関係で言いますと、上場企業の会計不正の問題もあります。日本には約3,600社の上場企業がありますけれども、その中にいわゆるハコ企業というのがあります。ハコ企業というのは、上場しているけれども、上場していることだけに意味があって、マーケットから資金を調達して、その資金をうまく別のところに流すハコになっている企業のことです。上場したときにはきちんと実業があったのですが、あるときからハコ化するような企業が結構あります。3,600社のうち、どのぐらいあるかというのは、監視委員会の秘密なので申し上げられませんが、３桁はございます。ほとんどの企業は実業がある企業です。ただ、そういうものとは違うハコ企業というのがありまして、これについては、監視委員会は従来から監視しています。

コーポレートガバナンスの観点では、取引所に上場するときには上場審査という仕組みがあります。上場企業のコーポレートガバナンスについてきちんとチェックして、それで上場させるわけです。ところが、上場した後、例えば経営陣が代わって、そこに反社会的勢力が乗り込んでくる、あるいはその他いろいろ問題のある経営者が乗り込んでくる、株も買い占められるという状態になってしまって、企業自体が実業から、単に資金調達するためだけのハコになるというケースが今でもあります。上場することが目的で、その後はぱっとしないとか、後で会計不正による決算がばれるとか、そういった企業があります。ただ、ほとんどの企業はハコ企業ではありませんので、むしろ問題は、それ以外の東芝のような企業の問題です。

### (3)　データ偽装等の企業不祥事

こうした実業のある企業では、グローバルにいろんな影響を受けます。その関係で、特に最近問題だと思うのは、データ偽装等の企業不祥事です。監視委員会が取り扱うのは、法律で言いますと金融商品取引法の有価証券報告書の虚偽記載という問題、これがいわゆる会計不正で、我々の調査・検査の対象になるわけですが、今、世の中で起きているのは、会計不正以外の企業不祥事も結構増えてきているということです。

#### (i)　会計不正以外の企業不祥事の増加

特に多いのがデータ偽装です。例えば、先ほど申し上げた三菱自動車の燃費の偽装、2015年の旭化成の子会社のマンションの杭打ちの耐震の偽装、その前ですと東洋ゴム工業の免震ゴムの基準の偽装とか、あるいは道路の強度の偽装とか、いろいろあります。データの偽装が増えています。

もう１つ、日本の企業はどんどんグローバル化していますので、海外で起きる問題が増えています。データ偽装もそうですが、不祥事の１つのパターンとして、国内だけではなく、海外で起きる問題が多いのです。それだけ日本の企業が、この10年、20年の間にグローバル化しています。昔であれば、例えば大手の上場企業しか海外に行かなかった時代が、今、上場企業はもちろん、非上場の企業も含めて海外にマーケットを求めていくわけです。

非常にわかりやすい話ですが、海外に進出するときに、真っ先に行くのは誰でしょうか。企業の管理部門でしょうか、営業部門でしょうか、監査部門でしょうか、リスク管理部門でしょうか。いろいろありますが、海外に進出するときに、真っ先に行くのは当然営業の人、あるいはフロントの人です。最初から管理部門が行くわけではないのです。まずはそのマーケットに行って商売になるかどうか。商売拡張のために行くわけですから、まず営業の人が行くわけです。最初はそれでよいのですけれども、どんどん海外で業績が伸びていったときに、そこの収益をどうするのか。日本から管理者を送ればまだしも、例えば途上国に行ったときに、現地のほうが当然賃金コストも安いですから、現地の人間にやらせる。それが現地人任せになって、いつの間にか現地のいろんな悪い連中に取り込まれてしまうというケースが結構あります。

こうした海外発の問題はいろいろありますが、中でも今、厳しくなっているのは海外での汚職の問題です。世界的に厳しくなっている分野は、テロ、マネーロンダリングなどいろいろありますが、その１つは、海外での汚職です。日本の企業でも外国の企業でも、途上国に行って、そこの政府高官に賄賂を贈るという時代がかつてはありました。これについては、今、世界中の法律が厳しくなっています。こうした海外の法令にひっかかる、法令違反を起こすという不祥事も増えています。

#### (ii)　監視委員会の業務への波及経路

以上のような企業の不祥事が、実はまた我々の仕事にもなってくるのです。具体的にどういうことかというと、１つは、不祥事が起きると損害賠償請求が起きます。そうしますと、企業の財務内容に影響が出てくる可能性があって、場合によってはその企業の会計不正につながるかもしれません。また、そういう不祥事が起きるということは、やはり根本原因としてガバナンスが弱いということが懸念されますので、会計不正なりインサイダーなり、別の問題が出てくることも考えられます。

それから、一番具体的なのは、不祥事公表前のインサイダー取引です。具体的にあったケースで申し上げますと、東洋ゴムです。数カ月前に公表していますけれども、東洋ゴムの免震ゴムのデータの偽装は２年以上前です。免震ゴムの偽装は、法律で言うと建築基準法などの国土交通省の所管する法律の問題です。直ちには金融庁の所管する金融商品取引法の問題ではありません。しかしながら、東洋ゴムが免震ゴムの偽装が起きたということを公表する前に、どこの企業もそうですが、お客さま対応のために取引先に連絡するわけです。そうしますと、このケースでは、東洋ゴムから公表前にこういう偽装があったということを聞いた取引先が東洋ゴムの株式を売って、これがインサイダー取引だというケースがあります。

## 4　コーポレートガバナンスの重視

### ⑴　ガバナンスの実効性の重要性

#### (i)　監視委員会におけるガバナンス重視

最後に、コーポレートガバナンスのお話をしたいと思います。先ほど申し上げましたとおり、我々は仕事の仕方を変えています。その中で、一番はコーポレートガバナンスの重視です。具体的には、上場企業のコーポレートガバナンス、あるいは検査の対象になる証券会社のコーポレートガバナンスです。

なぜコーポレートガバナンスを重視するのかというと、先ほど申し上げたように、表面的な問題の指摘ではなくて、根本原因（root cause）を解明することを重視すればするほど、根本原因としてのコーポレートガバナンス、人事、報酬、あるいは風土を含めて、ここが重要だとなるからです。コーポレートガバナンスが変わらない限り、問題はまた再発します。未然防止、再発防止の観点からも、コーポレートガバナンスを重視しているというのが我々の今の仕事です。

2015年12月７日、私は東芝の会計不正の課徴金の記者会見をしました。そのときにも申し上げたのは、今までなかったことですが、東芝の会計不正の根本原因はコーポレートガバナンスの機能不全であると。従来の仕事の仕方ですと、会計不正がありました、課徴金額はいくらです、これだけしか発表しない、そういう仕事の仕方でした。今回は、仕事のやり方を変えましたので、コーポレートガバナンスの実体まで調べました。その結果として、東芝については、課徴金額、こういう不正が起きた理由・根本原因としてコーポレートガバナンス、特に、10年以上前から当時の委員会設置会社でありながら機能していなかった、こういう問題を公表したということです。このように、今、コーポレートガバナンスを重視しています。

### (ii)　ガバナンス関連のrequirement（規制）の増加

近年、ガバナンス関連の規制が変わってきています。改正会社法、コーポレートガバナンス・コード、スチュワードシップ・コード――これは機関投資家向けのコードです――に加え、今、監査法人のガバナンス・コードも金融庁で検討されております。もうすぐパブリックコメントにかかると思います。

ガバナンスと言ったときに、当然企業のガバナンスがまずメインではありますが、企業のガバナンスのステークホルダー、利害関係者というのは企業だけではないわけです。機関投資家は、投資する立場でその会社のガバナンスに関心を持っています。それから、監査法人の役割も非常に大きいわけです。

### (iii)　ガバナンスの実効性の重要性

先ほど申し上げたように、ガバナンスは形だけ整えればよいというものではありません。東芝のケースが典型的です。形としては、当時の委員会設置会社で、社外取締役がいて、監査委員会があってというように、先進的でした。しかしながら、実効性が伴っていなかった。

我々監視委員会、金融庁としても、コーポレートガバナンスの実効性を今重視しています（**〔図表７－９〕**）。実効性を担保するのは、実は非常に難しい

**〔図表７－９〕ガバナンスの実効性の重要性**

１．取締役会
■議論の実効性
■社外取締役の機能：情報提供等サポート体制
■Executive session
２．監査役会（監査委員会）
■メンバーの資質・能力
■サポート体制：内部監査部門との連携等

ところがあります。皆さん方は、3,600社のうち、コーポレートガバナンス報告書をどの程度お読みになりましたか。読まれた方はいますか。あれを見ていただくと、コンプライ・オア・エクスプレインということですが、ほとんどの部分がコンプライになっている。エクスプレインしていないのですね。エクスプレインしたくないからコンプライしているのではないかという傾向もあります。あれだけ見ていると、本当に機能しているのか必ずしもわかりません。

### ⑵　取締役会の実効性

#### (ⅰ)　議論の実効性

我々もコーポレートガバナンス報告書、あるいは株主総会のいろいろな資料、有価証券報告書を含めていろいろ見ますが、そうした書類を見ていただけでは必ずしもわからない部分がたくさんあります。そのために、我々は実際検査して、いろいろな方にインタビューして、公表されていない資料も含めて検証する形で実効性を評価しています。例えば、コーポレートガバナンス・コードにも書かれていることですが、取締役会の実効性をどうやって評価するのかというと、本当に議論が行われているのかどうか、これは議事録を見れば大体わかります。議事録自体は公表されていませんので、我々のように当局でないと見られないところがありますが、議事録を見ると、例えば、どのぐらいの時間、取締役会をやっているのか、１時間なのか２時間なのか、その中でどのぐらいの項目を議論しているのか、どのぐらいの質疑応答が行われているのか、こういうことが議事録からある程度わかってきます。

#### (ⅱ)　社外取締役の機能

２番目、社外取締役も、会社法の改正を含めて今どんどん導入が進んでいますが、社外取締役を入れればよいというものではありません。社外取締役として、弁護士、公認会計士、あるいは学識経験者、いろいろな企業の経験者が入りますが、数がいればよいというものではありません。社外取締役が機能するためにはどうするかというと、重要なのは社外取締役に対するサポート体制です。どれだけ情報を入れるのか。社外取締役は他のお仕事もありますから、その企業の仕事に割ける時間は限られています。いろいろな方に聞きますと、社外取締役として企業に行って、その企業のことがわからないと機能しない、そのための情報提供、サポートをどの程度やっているのかが重要になります。

取締役の任期は１年ないし２年、基本的に１年です。社外取締役も形式的には毎年毎年株主総会で承認されて、勤務されるわけですが、実効性を評価する上でもう１つのポイントは、やや形式的な部分ではありますが、何年やっているか、です。取締役の任期は１年ごとで、何年やるかということについて明示的なルールはありません。コーポレートガバナンス・コードでも、そこは各社の実情に応じてとなっています。一方で、あまり長くやっていると独立性や社外性がなくなる、とよく言われます。これも会社によっていろいろ判断がありますけれども、１つのメルクマールとして言われるのが大体８年ではないかと。なぜ８年かというと、監査役の任期は４年です。４年×２期で８年というメルクマールを持っている会社もあります。答えは１つではないのですが、１つのメルクマールです。

あまり長くやっていると独立性がなくなるということですが、一方で、我々がよく見ているのは、短期間で代わっているケースです。例えば、社外取締役が１～２年で交代していたらどうでしょうか。機能しません。社外の方が会社に来るのは月に１回か２回で、わずか１～２時間来て、その会社のことがどこまでわかるでしょうか。私がいろいろな社外取締役の経験者の方に聞いても、やはり会社のことがわかるには、最低３年か４年やらないとわからないと言っていました。特に、大きい組織になればなるほど、職員の顔と名前が一致しません。しかし、全員は無理ですけれども、少なくとも次の役員候補、社長候補になるような人間について、社外取締役がある程度の認識を持つには最低３年か４年かかります。ですから、例えば社外取締役が１年で交代になったというケースは、我々としては懸念を持ちます。なぜ１年で代わったのか、２年で代わったのかというケースです。

### (iii)　Executive session

それから、３番目がExecutive session。これもコーポレートガバナンス・

コードで書かれていますが、社外取締役だけのセッションがあるのかどうかも、１つのメルクマールです。そして、そこでどういう議論が行われているのか。

こうした点以外にも、実効性を評価する観点は、コーポレートガバナンス・コードに盛り込まれています。我々自身がいろいろ評価する観点もあります。いずれにしても、実効性をいかに上げるかというところがポイントになっています。

### ⑶　監査役会（監査委員会）の実効性

#### (i)　メンバーの資質・能力

もう１つは、監査役会（監査委員会）です。監査役会の監査役はお飾りで機能していないと、よく言われます。我々が見ていましても、そういう会社はまだまだ多いと思います。監査役は通常の企業ですと３人以上います。例えば、３人の場合、過半数が社外監査役である必要がありますので、多いパターンは、１名が常勤で社内出身、２名が非常勤で社外の監査役というケースですが、社外監査役の方は、これまた弁護士、公認会計士、あるいは学識経験者で、社内の常勤の監査役はどういう方かといいますと、大体のケースは、取締役になり損ねてと言ったら悪いですけれども、取締役になれなくて監査役になっています。

実際に我々は金融機関、あるいは事業法人の監査役にいろいろ聞きます。一番わかりやすいのは、監査役に「あなたはどういう経緯で監査役になったのですか」という質問です。もちろん、法律上は、監査役は株主総会で選任されるわけですが、実態は、社内の常勤監査役を選んでいるのは社長です。自分より年次が上の先輩の社長が選んでいるわけです。「君、残念ながら取締役は無理だから、監査役で頑張ってくれ」と言われて、なっている人が圧倒的に多いわけです。そういう監査役が社長の不正を監査して是正を求められるでしょうか。これは無理です。さらに、社外の監査役の方も月に１回しか来ない。情報もあまり与えられないということになったら、これも機能しません。こういったメンバーの資質・能力、いろいろな経歴も、監査役会議事録などを見ているとよくわかってきます。

#### (ii)　サポート体制

それから、取締役会と同じように、サポート体制が重要となります。監査役会に対する情報提供において、とりわけ私が重視しているのは内部監査部門です。監査という言葉は、監査論の中でも、コーポレートガバナンスの議論でも使うのですが、皆さん、「三様監査（さんよう）」というのをご存知でしょうか。１つは当然監査役監査あるいは監査委員会で、それから外部監査、そして内部監査、この３つの連携が重要だというのが三様監査の考え方です。

今申し上げた３つの監査のうち、会社法、金商法、法律に出てこないものがあります。それは、内部監査です。監査役、監査役会、監査委員会、これらは当然会社法、金商法に出ています。それから、監査法人、外部監査も出てまいります。しかし、法律上、内部監査部門は出てこないのです。なぜかというと、内部監査は会社法の内部統制の中に包含されてしまっているので、「内部監査」という言葉が法律上は出てきませんが、実は三様監査の連携が極めて重要なのです。

ところが、日本の場合には、この三様監査全部が弱いと私は思います。先ほど申し上げたように、監査役もお飾りになっている。監査法人の監査も、まだ今も問題があります。それから、あまりご存じないかもしれませんが、企業には必ず検査部、あるいは監査部、名前はいろいろありますが、内部監査部門があります。ここは、こう言うと私は時々批判を受けるのですが、はっきり言わせていただければ追い出し部屋です。もう行く先のなくなった人の追い出し部屋状態になっているというのが伝統的な日本の内部監査です。ただし、金融機関は別です。金融機関は、我々金融庁が内部監査、コーポレートガバナンスを重視しているので、こうした監査機能が非常に強化されてきていますけれども、残念ながら、一般上場企業ではそこまでいっていません。こうした状況で、監査役会と内部監査部門の連携がどこまでとられているのか疑問に思います。

### (4)　各種委員会の実効性

#### (i)　監査等委員は誰がなるのか

次に、法定・任意を問わず、各種委員会についてです。今、監査等委員会設置会社はどのぐらいあるのでしょうか。3,600社の上場企業のうち、私は正確な数字を知りませんが、直近覚えている数字で言うと八百いくつあったと思います。随分増えました。これは監査役設置会社から監査等委員会設置会社になっているケースです。指名委員会等設置会社は数があまり増えておらず、まだ依然として60～70社ぐらいだったと思います。

指名委員会等設置会社に求められる指名委員会、報酬委員会、監査委員会の３つのうち、監査委員会だけ設けるのが監査等委員会設置会社です。問題は、監査等委員会設置会社になったときに、監査等委員は誰がなるのか、です。よく言われますが、従来の社外監査役がそのまま横滑りしているケース、さらに、内部監査部門との連携が何も考慮されていないケース、こういったものが結構あります。こういったところを見ていくと、実効性がどの程度上がっているのかと懸念されます。

### (ii)　指名委員会

それから、今申し上げた委員会については、指名委員会等設置会社ですと法定で３委員会があるわけですが、監査役会設置会社でも任意で指名・報酬委員会などを設けるところがあります。

こうした委員会について我々が見るのは、特に指名委員会——任意でも法定でも——が、社長のサクセッションプラン、後継者を決めるようなときに——東芝も指名委員会がありました——、後継の社長についての原案は誰がつくるのかということです。通常は、やはり今の社長、あるいは社内の人事部とか、社内の人でないとわからないですよね。外の人がつくるのはなかなか難しい。その原案は誰がつくるのか、そこのプロセスに例えば外部の目をどの程度入れているのか、あるいは審議プロセスがどうなのか、候補者に関する情報共有がどの程度図られているのか、こういったところがポイントになってきます。

例えば、私の知り合いの社外取締役の方で、指名委員会の経験がおありになる方に聞きました。実際どうですかと尋ねたら、「内部から昇格した社長が指名委員会の委員長で、社長がつくった原案が出された」と。そこに何が書いてあるか尋ねると、「名前と簡単な経歴と顔写真しかない」と。それで判断できますかと尋ねると、「いや、できないよ」と。「インタビューしないのですか」と言いましたら、「従来からやっていないと言うから、なかなか言い出しにくくて」とおっしゃっていて、それではわからないのですね。

例えば、法科大学院でも大学受験でも面接があるケースがあると思いますが、書類選考だけで社長の候補を決めろといったって無理なわけです。インタビューして、それも１回ではなくて、ふだんから見ていく、そのぐらいのプロセスが本当は必要になります。この指名委員会のプロセスというのは、本来は時間がかかります。

#### (iii)　報酬委員会

報酬委員会は、日本の場合には指名委員会ほどクリティカルではないかもしれませんけれども、一体何を議論しているのか。個別報酬を議論しているのか、あるいは報酬の体系を議論しているのか、これもまた原案は誰がつくるのか。どこでもそうですけれども、重要なのは原案を誰がつくるかということです。もちろん、その原案をきちんと議論して、修正されればいいですけれども、先ほどのように議論が十分行われない、インタビューもされないというケースになりますと、原案を誰がつくるのかということが重要になってまいります。こういったところも見ていくと実効性がよくわかるということです。

## 5　最後に——IFIAR（監査監督国際フォーラム）など

以上、いろいろお話ししてきましたが、監視委員会の活動についていろいろ公表していますので、ウェブサイトからも見ていただきたいと思います。ちなみに、ウェブも、もう少しユーザーフレンドリーになるように、今構成を見直そうとしています。

#### (i)　IFIAR（監査監督国際フォーラム）について

最後に、１点宣伝させていただきたいのですが、IFIAR（監査監督国際フォーラム）という国際機関があります。これは、監査法人の監督当局の国際的集まりです。日本では金融庁が加盟しておりますけれども、今51カ国・地域が加盟していて、2006年に発足しました。この国際組織は、まだ10年の歴史しかありません。

この組織の本部が東京に開設されます。日本には国際機関の本部はほとんどありません。国際機関では、正式に言いますと３つありまして、一番有名なのは国連大学の本部です。国際的な機関、特に金融に関連する本部としてはIFIARが日本初です。これが2017年４月に東京に開設されます。この開設に向けては、この２年間、私も選挙戦を含めて大変な、まさに東京オリンピックのような招致活動をしてきたのですが、選挙で今年４月に東京に招致することが決まりました。

こういう国際機関の本部ができるというのは、日本としても非常に画期的なことです。私も実は国際機関に３回勤務しています。OECDに２回、これはパリに本部があります。それから、IMF（国際通貨基金）、これはワシントンに本部があります。これらを含めて３回勤務しましたが、IMFあるいは国連は、日本は拠出金の規模で言いますとアメリカに次いで２番目あるいは３番目という巨大なスポンサーですが、残念ながら、そこにいる日本人の職員の比率は極めて少ないです。

こうした国際機関の本部が東京にできる。もちろん、職員はインターナショナルに公募しますので、日本人であるとは限りません。当初は５名という小さい所帯でありますが、間違いなく、その後、数年たって10名、20名になります。こういう国際機関の本部ができる意味というのは、日本人の職員がそこで働くということもそうですし、法科大学院、会計大学院、いろいろなビジネススクールの方がインターンとして経験できるということもあると思います。

それ以上に、国際機関の本部ができて、何が大きいかといいますと、情報です。国際機関の本部ができる、そこでいろいろな国際的な議論が行われる、それに合わせていろいろな人・情報が行き来する。その情報の蓄積がまさに大きいわけです。私がいましたIMFはワシントンD.C.にありますが、ワシントンD.C.にはIMF、世界銀行、その他国際金融機関の本部が多数あります。

いわゆるワシントンコンセンサスと言われてきていますけれども、金融、国際的な経済に関するいろいろな合意がワシントンでなされる。そのぐらい情報蓄積が進んでおります。IFIARは日本では知名度が低いかもしれませんが、こうした国際組織が東京にできます。皆さん方の将来のお仕事の中でも何か関係が出てくる可能性がありますので、ぜひ関心を持って見ていただければと思います。

ここの仕事は、監査法人の監督・検査の当局の集まりでありますが、先ほど申し上げた監査、外部監査、監査役、そして取締役会、コーポレートガバナンス、そういう仕事もここでやってまいりますので、コーポレートガバナンスとの関係でも非常に有効な情報源になると思います。

### ⅱ　最後に

テクニカルなことを言った部分はありますけれども、細かい話は覚えていただかなくても結構です。監視委員会はこういう仕事をしているということと、最初に申し上げたように、仕事の仕方が今どんどん変わっています。その変わっているというのは、マーケットがこれだけ変わっている。世の中が変わっている。ですから、皆さん方が将来どういう方面に行かれるにしても、絶えず自分を取り巻く環境をよく考えていただくというのが有効ではないかと思います。

余談ですが、私が大学を卒業した1983年当時は、東大法学部を出て、大蔵省に入って、その後、天下りをしてというビジネスモデルがまだ辛うじて残っていた時代ですが、今ではそれは完全に崩壊しています。それとは違うビジネスモデルで、今どんどんグローバル化、IT化が進んでいます。私が新入生なり、霞が関OPENゼミとか、いろいろな場で申し上げるのは、柔軟性、フレキシビリティだと思います。どんな場面でも、どんな環境にも柔軟に対応していく能力が大事だと思います。

そのためにも、法律の勉強、あるいはコーポレートガバナンスの勉強、それらもまたどんどん変わっていくわけですけれども、基本的な発想をする上で、コーポレートガバナンス、特に、繰り返しになりますが、監査というものは勉強しておいて本当に損はないと思います。私は、監査ということについてもっと勉強すればよかったなと、いまだもって思っています。

ここで私からのお話を終わらせていただいて、あとはご質問があればお受けしたいと思います。どうもありがとうございました。

**〔質疑応答〕**

**（質問）** 先ほど根本原因の特定、その解消が大事だというお話がありましたが、仮に根本原因が特定できた場合、監視委員会として何ができるのでしょうか。監視委員会として、どこまで「口を出す」権限があって、かつ、「口を出すことに実効性がある」のでしょうか。

**（回答）** 非常に重要な、よいご質問だと思います。根本原因として、コーポレートガバナンスについて見るようになったのは、実は2015年からでして、そういう方針を中で議論しているときも、これがうちの権限の範囲内なのかどうかという議論をさんざんしました。

権限の範囲内なのは、例えば東芝のような上場企業であれば開示です、あくまでもディスクロージャーが正しく行われているかどうか。ですから、あくまでもディスクロージャーが適正であるかどうか、それを確認する権限で、それが間違っている場合に是正を求める権限が監視委員会にあるわけです。そうしますと、直ちにコーポレートガバナンスを見る権限がうちにあるとは法律上はどこにも書いていないのです。先ほど申し上げた法律上の形式的な構成要件でいえば、あくまでも我々は適正開示を見ています。

しかしながら、先ほど申し上げたように、適正開示の背景にある問題として、根本原因としてガバナンスであるとか、インセンティブであるとか、そこまで掘り下げます。法律の適用というところでは、有価証券報告書の虚偽記載とか適正開示ということになるわけですが、先ほど申し上げた問題の再発防止というところからは、なぜ起きたのかというところまで見ることが、我々は必要だと考えたわけです。

おっしゃるとおり、そこまでやるのが監視委員会の仕事なのかと。当初記者会見したときも、そういう質問が随分出ました。仮にそれを指摘したとして、コーポレートガバナンスについて、よい・悪いといって改善を求められるのかと。

形式的に言うと、我々は直接コーポレートガバナンスに対して言う権限はありません。我々の権限は、法律違反かどうかというところがメインになります。コーポレートガバナンスが法令違反になるというのは、通常のケースではないと思います。極端なケースで言えば、例えば取締役会を設置していないとか、そういうケースであれば別ですけれども、通常そんなことはないわけです。違法にならないように、形だけはできているわけです。

ただ、繰り返しになりますけれども、問題は形ではなくて実質が伴っていない、そこが原因となって有報の虚偽記載という問題が起きてきます。したがって、そこの実質的な実効性が担保されることがマーケットの公正性を担保する上で必要、という判断で、今ここまで仕事をしているわけです。

さらに、これも東芝のケースで公表していますが、我々はコーポレートガバナンスを直接所管しているわけではないのですが、虚偽記載が起きたという問題の改善を求めることは権限としてあります。その開示体制の是正を求めるためには、根本原因としてのコーポレートガバナンスも変わってもらわないと困る。したがって、形式上は適正開示の体制の改善状況を報告してくださいという権限で報告命令を出していますけれども、その中では適正開示を支える上でのコーポレートガバナンスがどのように変わったのか、それについてもあわせて報告してくださいというアプローチをとっています。

これは今回初めて東芝で適用して、それ以降、ほかの会社についても似たようなアプローチをとりつつあるところですが、正直言って、まだまだ試行錯誤のところがあります。

法律的には、コーポレートガバナンスに対して直接我々に権限があるわけではないというのはおっしゃるとおりですが、ただ、そこの改善を求めないと、最終的に我々のミッションである市場の公正性は担保できない、適正開示は担保できない、そういう意味で射程範囲に入れているということです。

**（質問）**　海外で監視委員会の役割を持つ機関と比較して、日本の特徴はありますか。また、企業の不祥事についても、海外と比較して日本に特有なもの、顕著なものがあれば、教えてください。

**（回答）**　まず、我々と同じような組織は、証券市場がある国にはどこの国にもあります。先進国は全てありますし、中国を含めアジア諸国にもあります。

ほかの当局とどこが違うか。いろいろな点の違いがありますけれども、１つ申し上げられるのは、日本の当局の場合には、金融庁の中にあって証券取引と証券市場を見ています。

金融の分野は銀行も証券もあります。金融市場、証券市場という意味では上場企業もあります。それから、監査法人も重要なプレーヤーです。日本の当局は、これらを全て所管しています。金融庁は銀行の監督もし、検査もし、証券会社の監督もし、検査もし、監査法人の監督もし、上場企業の開示、あるいはインサイダー取引のようなマーケットの監視、これを１つの当局としてやっています。こういう組織形態をとっている国は必ずしも多くありません。アメリカではSECという組織がありますが、これは証券市場の問題だけに特化しています。ほかの多くの国もそういうところが結構あります。

これは組織のつくり方なので、メリット、デメリット、国によっていろいろあると思いますが、私は、日本の場合には、金融機関、証券会社、市場、上場企業、これらを全部一緒に見ているメリットは非常に大きいと思います。私自身、今、監視委員会の仕事をしていますが、その前は、どちらかというと、銀行、保険会社、金融機関の検査の仕事が非常に長いのです。それから、監査法人の検査・監督の仕事をしてきました。銀行だけ見ていると銀行のことしかわからない。だけど、銀行の先の上場企業のことも、監視委員会から見るとわかる、あるいは監査法人のこともわかる。ということで、問題をまさに多面的・複線的に見るには、金融庁の組織というのは、私は非常に有効だと思います。

ほかの国は必ずしもそうなっていません。ここには議論がいろいろあって、いや、むしろ分けたほうがよいという議論、例えば、分けないとそこで利益相反があるという議論もあります。

また、リソースをいかに確保するか。どこの国でもリソースは限られていますので、組織をいくつも分けてしまいますと、リソースが分散してしまうというデメリットもあります。日本の場合には、インテグレーティッド・レギュレーターと言っていますけれども、一元監督者であるというところが１つのポイントだと思います。

次に、企業の不祥事についてのご質問ですが、いろいろな企業不祥事、会計不正を見ていて思うのは、日本の場合には、東芝でもそうですが、不正を行った、例えば社長、その部下、従業員が、利得を個人のポケットに入れるというケースは極めて少ないということです。一方で、アメリカなり海外の企業不祥事というのは、動機はどちらかというと個人の利得です。ですから、日本の場合には、過去には銀行の不良債権問題の不祥事もありましたが、個人が利得を得るためにやったというよりは、銀行をつぶさないために、会社をつぶさないためにやっているわけです。それが結果的に個人の罪も問われてしまうということになっている。ですから、動機は個人の利得を得ることではなくて、むしろ会社を救うという、極めて日本的と言ってもよい「組織を守ろう」という動機に基づく不祥事が多いと思います。

# 第２章　コーポレートガバナンスと企業の危機管理

西村あさひ法律事務所　木目田　裕

## 1　企業不祥事への対応

私のテーマは「コーポレートガバナンスと企業の危機管理」ということでありまして、企業不祥事の観点からコーポレートガバナンスについてのお話をさせていただければと思っております。

### (1)　不祥事対応の主な流れ

#### (i)　守りのコーポレートガバナンス＝危機管理

まず、〔図表８－１〕は、企業不祥事にはいかなるものがあるかについてです。細かく１個１個は説明しませんけれども、ざっと上のほうから目を走らせていただくと、最近も著名な大企業の粉飾決算の事件が続いていますね。インサイダー取引でいえば、企業による自社株買いにおける「うっかりインサイダー取引」というものもありましたし、公募増資に絡むインサイダー取引事件もありました。カルテル・談合ですと、昔から多数の事件があって、自動車部品カルテルなどでは、日本人がアメリカで摘発されて、アメリカで服役しているケースもあります。製品の性能等の偽装であれば自動車会社の事件などがありました。そのほか、食品事故・製品事故、工場の爆発・労災、情報漏えいなどがあり、テレビの記者の反社会的勢力とのつながりなども報道されていました。それから架空請求・過大請求、税務問題のほか、従業員の詐欺・横領・背任、これは従業員が個人的に会社のお金を使い込むというお話であります。あと、贈収賄、政治資金規正法、公害等の環境事犯、総会屋などが、主な企業不祥事というものです。

**〔図表8－1〕企業不祥事にはいかなるものがあるか**

- 粉飾決算
- インサイダー取引
- カルテル・談合
- 製品の性能等の偽装・データ改ざん
- 食品事故・製品事故
- 工場の爆発・火災、労働災害
- 個人情報・営業秘密の漏えい
- 反社会的勢力との関係
- 取引先に対する架空請求・過大請求
- 税務当局対応
- 従業員の詐欺・横領・背任等
- 贈収賄、政治資金規正法違反
- 公害・薬害・土壌汚染
- 総会屋への利益供与　等

企業不祥事について、危機管理、あるいは守りのコーポレートガバナンスという観点から、どう考えて対応していくかですが、企業不祥事があれば、企業はいろいろなダメージを受けるわけです。できるだけ早期にそのダメージを最小化して、企業活動を正常化させる。そのために、トータルにいろいろな対応をしていくというのが守りのコーポレートガバナンス、あるいは企業の危機管理というものです。

**〔図表8－2〕**の下のほうに、危機管理の局面ということで、事実調査や社内調査、当局の捜査・調査、刑事上・行政上の制裁、適時開示、マスコミ対応、役職員や取引先にどう説明するか、再発防止策、懲戒解雇といった関係者の処分、株主総会対応、株主代表訴訟、証券訴訟など、いろいろと書いてあります。企業不祥事ではこのように様々な局面が問題となってきます。こういう場合に、トータルにいかに早く企業のダメージを最小化して立ち直らせるかということです。

**〔図表８−２〕守りのコーポレートガバナンス＝危機管理**

| 企業不祥事があった場合に企業が受けるダメージを最小化し、早期に企業活動を再び正常化させる |
|---|
| ○　危機管理の局面<br>・　事実調査、社内調査、第三者委員会<br>・　当局の捜査・調査、刑事上・行政上の制裁<br>・　適時開示、プレスリリース、マスコミ対応<br>・　役職員、取引先、金融機関等、監督官庁等向け説明や報告<br>・　再発防止策、関係者処分<br>・　株主総会対応<br>・　株主代表訴訟<br>・　証券訴訟その他の民事訴訟　等<br>⇒　**トータルかつ戦略的な対応の必要性** |

### (ii)　不祥事対応の主な流れ（粉飾決算のケース）

もう少し具体的にお話しします。粉飾決算のケースを例にしてお話しします。粉飾決算とは、虚偽記載のある有価証券報告書の提出です。

いろいろな端緒・パターンで問題が表面化していくのですが、説明の便宜上シンプルにするために、「社内で、例えば監査法人の指摘か何かがあって、どうも過年度の会計処理がおかしいのではないかという疑いが浮上した」というケースを前提としてお話しします。

そのような疑いが浮上すれば社内調査をしないといけない。社内調査をして粉飾決算が濃厚だとなれば、**〔図表８−３〕**に書いてありますように、証券取引等監視委員会に自主的に申告する。金商法上、自主的に申告することで課徴金減額という制度もある。また、第三者委員会を立ち上げて、その旨、適時開示を行い、証券取引所や監督官庁に報告する。主要な取引先や金融機関への説明も必要になってきます。

このような粉飾決算の疑いが浮上した場合に、普通はすぐに白黒はっきりわかりません。今日は会計の話までし始めると時間が足りないものですから、さわりしか言いませんが、例えば工事進行基準の適用が問題点だとします。

**〔図表8－3〕粉飾決算（虚偽記載等のある過年度有価証券報告書等の提出）**

疑い浮上　⇒　社内調査　⇒　粉飾決算の疑い濃厚
⇒　証券取引等監視委員会（SESC）に自主的申告（課徴金減額制度）
　　第三者委員会の立上げ、適時開示
　　証券取引所や監督官庁に報告、監理銘柄指定
　　主要な取引先や金融機関等への説明
　　SESCや取引所の調査に対する対応

⇒　最終的には、
- 過年度有価証券報告書等の訂正報告書の提出、決算短信訂正
- 第三者委員会の調査結果の公表
- SESCの勧告→金融庁から課徴金納付命令
- 取引所の処分（特設注意市場銘柄、上場契約違約金、改善報告書等）
- シ・ローン等では主幹事行を通じて表明保証義務違反のクレーム放棄等
- 再発防止策の構築、関係者処分
- 投資家から証券訴訟、役員に対する責任追及訴訟や株主代表訴訟
- 株主総会対応や、経営状態によっては事業のリストラクチャリング

数年かかる長期の工事について、総発生コストを見積もって、そのうちどれだけのコストを費やしたかで、工事の進捗率を算定し、その工事進捗率に応じて、売上げや利益を配分していく。これが工事進行基準というものです。

例えば3年とか4年かかる工事で、この工事は大赤字だと判明する。今からさかのぼってみると、過去のこの時点で、もっと総発生コスト見通しを大きく積んでおくべきだったとなる。総発生コスト見通しを大きく積むということは、その分、工事進捗率は下がるということですので、過去の事業年度にそんなに売上げを計上してはいけなかった、そんなに利益も計上できなかった、時には工事損失引当金を計上すべきだったとなる。とりあえずイメージだけお話ししていますが、この工事について、いろいろなコスト増加要因が発生している――例えば、資材の値段が上がっている、人件費が上がっている――、そういうものを過去のどの時点で総発生コスト見通しの中に織り込んでおくべきだったかが問題になります。これは企業にとってものすごい裁量判断になってくるわけです。

そのような裁量判断の部分を過去に総発生コスト見通しに織り込むべきだった、織り込んでいなかったから粉飾だという話になるのか。過去において織り込んでおいてもよいのだけど、織り込むことはマストではなかったとなれば、過去の決算は間違っていませんね、粉飾ではありませんねという話になります。そんな具合に、企業経営者の裁量判断に基づく会計処理という部分がある事案では、必ずしも一義的に明らかに粉飾決算かどうかはわからない。こういうことはよくあります。

また、ある１つの取引で粉飾決算がわかったとして、ほかの商流でも同様の粉飾決算が行われている可能性もあるから、ほかの部分も調べないといけないという問題もある。そんなことなので、疑いが浮上した場合に、本当に過去の決算に粉飾があったのか、粉飾の全容はどうだったのか、これを解明するにはかなり時間がかかるわけです。

時には３カ月とか半年かかったりすることもありますが、そのような疑いが浮上している状態のときに、そのまま調査だけして、あとは放置しておくというわけにもいかないことがあります。例えば、粉飾決算の疑いが浮上しているのに、それを世間に発表していないと、投資家は、本当は問題がある決算情報に基づいて株式の売買を行うことになり、「そんな問題があるのだったらもっと早く開示しろ、開示が遅いからこれだけ損をした」という場合もあり得るわけです。

そうすると、このような疑いが浮上した場合に、粉飾かどうかよくわからない、調査に時間もかかるという場合にどうするのか。その場合、証券取引等監視委員会にまずは申告をしておく。それから、第三者委員会をつくって、本当に過去の決算に問題があったのか等をきちんと調べてもらう。こういう場合、企業が自分で行うお手盛りの調査では信頼されないので、第三者委員会をつくることになります。第三者委員会をつくったことを適時開示して、マーケット、投資家に知らせることが必要になってくる。

その他にも、財務諸表の問題ですので、銀行からの借入れでは、財務諸表が適正であることが表明保証の対象だったりしますので、金融機関にもきちんと説明しないといけない。大きな粉飾になってくると、大きく報道されるわけですので、従業員、取引先にも、きちんと説明しないといけない。

最終的には、**〔図表８－３〕**の下のほうに書いてありますが、過去の有報などに問題があったとなれば、訂正報告書を提出して有報を訂正する。決算短信も訂正する、調査結果も発表する。課徴金納付命令を受け、時には刑事罰も受けます。また証券取引所の処分ということで、特設注意市場銘柄、違約金など、いろいろな処分があります。時間の関係で、１個１個は説明しませんが、銀行からの融資、シ・ローン等では、表明保証義務違反のクレーム放棄等を銀行団と交渉しないといけないこともあります。当然、再発防止策の構築や関係者の処分、最後に証券訴訟などのいろいろな裁判が起きるという話になります。

#### ⅲ　認めたほうがよいのか、認めないほうがよいのか

やや話をもとに戻しますけれども、疑いが浮上して、きちんと徹底して調べないといけない。ところが、これは事案によるのですけれども、よく問題になるのは、粉飾決算と認めてしまったほうがよいのか、認めないほうがよいのか、これで会社の中でもめることが間々あります。微妙なケースだと、頑張れば粉飾決算があったと言われないで、当局からも処罰・処分もされないで済むのではないかと思う人もいる。他方、頑張れば頑張るほど、事案によっては世間から厳しく批判され、経営者の辞任の要求が出されるような事態になっていくわけです。そのため、頑張って勝ち目があるならよいけれども、勝ち目がないのだったら早めに認めてしまって、ごめんなさいと言って、むしろ自浄能力、自浄作用の発揮をアピールしたほうがよいのではないか。そういうことをこの一連のいろいろな対応の中で検討していかないといけないわけです。

### ⑵　当局による捜査・調査

#### ⅰ　東京地検特捜部による独自捜査

次に、東京地検特捜部による独自捜査というテーマでお話ししようと思います。このお話をする趣旨は、企業不祥事があった場合に、会社は大変であって、会社の経営がストップする、ということを説明するためです。もう１つは、いろいろな会社で講演などを頼まれるのですが、特捜の捜査の話を

すると、皆さんに非常に喜んで聞いてもらえるので、ついでに少しお話をしようかなと思います（**〔図表８－４〕**）。

特捜部の独自捜査というのは、特捜部が自分で捜査をして、贈収賄などの案件を摘発して立件・訴追していく、というものです。なお、当然公訴維持して有罪立証していきます。

初めはどこから捜査が始まるかというと、端緒と書いてありますが、匿名の投書や何かが入ってくる。それを見て、内偵捜査ということで選別して、捜査する価値がある事件かどうかを見きわめるという作業をします。同様に、告訴告発もたくさん来ます。

また、端緒としては、マスコミからの情報提供もあります。

捜査中の案件から別件として判明することもあります。物読み、自白と書いていますけれども、これはどういうことかと申しますと、平成５年に摘発されたこのゼネコン汚職事件の端緒は何だったのかというと、その前年に自民党の大物政治家の脱税事件があって、その関係先として、ゼネコンも捜索をされている。あるゼネコンの捜索で、仙台30とか、茨城20とか、そういう手書きのメモが見つかりまして、これは何だとなって、そこから県知事や市長、さらには国会議員の贈収賄が発覚していきました。そういう具合に、捜査中の案件で入手した証拠物とか、あるいは自白もそうですが、そういったものから別の贈収賄等の案件に発展していくことがあります。

そんな具合に、匿名投書、あるいはマスコミからの情報提供、捜査中の案件から別件として判明する、こういうもので端緒をつかんで、内偵捜査をして、立件可能であり、立件する価値があるとなれば――できそうだし、やるべき事件だとなってきたところで、例えば会社の関係者５人とか10人に一斉に連絡をとって、「明日、東京地検特捜部に来てもらえませんか」と言って、取調べを開始する。端緒のほかに、公開情報とか、時には情報提供者がいることもありますので、そこから情報を十分収集して、立件相当という見込みを立ててから取調べを行うわけです。このように、企業側からすると、内偵段階では捜査が行われていることは普通わからない。ある日突然検察庁から「明日来てくれ」と言われて初めてわかる。大体こういう展開になります。

関係者を一斉に呼び出して取調べを開始する。「一斉取調べ」と言って、

〔図表８－４〕東京地検特別捜査部による独自捜査

端緒：匿名投書、告訴告発、マスコミからの情報提供等
　　　捜査中の案件から別件として判明（物読み、自白）
　　　（例）ゼネコン汚職、総会屋

内偵段階：公開情報の収集、協力者から情報提供
　　　　　特捜内部でも情報管理を徹底
　　　　　企業側が捜査着手を認識することは困難
　　　　　※　いわゆるリークについて

立件可能性と立件する価値（起訴価値）あり

関係者を一斉に検察庁に呼び出して取調べを開始
捜査対象となる企業に任意で資料を提出するように要請
企業は特捜の捜査が行われていることを初めて認識

以後、概ね連日、関係者の取調べ、断続的に資料提出の要請
銀行捜査、フォレンジック捜査など
※　削除データ復元
※　契約書や帳簿、議事録よりは、手帳、メモ、電子メール、スマホ・携帯メールに注目
※　通話履歴、電子メール送受信履歴

公判での有罪立証の100％の自信ができる＝「立件できる」
令状を取得して、企業の本社・営業所、関係者の自宅等に捜索差押え
関係者を逮捕（逮捕の際にも捜索差押えが行われる）
※　いわゆるリーク報道
※　マスコミとの関係……「出禁（できん）」「三庁出禁」

最大20日間の勾留を経た後、関係者および企業を起訴
※　それほど重大でない事案では、逮捕勾留せず在宅捜査で起訴

５人、10人に来てもらって、３日ぐらい取調べをして、その中で誰かが自白するわけです。自白した後、関係する資料を提出してほしいと検察官がリクエストする。その場合に、当然そういう捜査の初期の段階で、社員の方も動揺しているわけですので、証拠隠滅とか罪証隠滅リスクを検察官は相当気にします。「すぐに資料を出してくれ」と言ったり、場合によっては一緒に会社に行って資料をその場で任意提出してもらうわけです。

**〔図表８－４〕**の後半に参りますが、以後は、断続的に取調べをして、今申し上げたような資料の提出要請などを続ける。当然、金が動く以上は銀行口座も調べます。フォレンジックもやります。電子メール等の削除データは、100％ではないのですけれども、多分80％以上は復元できると思います。

実際は、契約書とか帳簿とか、表の書類に贈収賄とか違法行為を書いている会社はほとんどいない。カルテルは、露骨にカルテルをしますよということを議事録に書いていた例もありますけれども、せいぜいカルテルぐらいで、普通は違法行為を表の書類に書くことはない。先ほどの、あるゼネコンをガサした際にメモが見つかって、そこからゼネコン汚職がわかっていったという具合に、メモ、手書きの記載、手帳とか、そういったもののほうが、はるかに証拠としては価値が高いということです。電子メールやスマホ・携帯メールも同様です。

このような捜査をしていって、100％有罪立証の自信ができたら、その段階で初めて捜索差押えや逮捕の令状を取得します。逮捕とか捜索をしてから初めて立件できるかどうかを考えるというのは、誤解で、逮捕や捜索をする段階では、その事件は100％起訴するとほぼ決めて立件します。というのは、１つは、例えば特捜が逮捕して立件できなかったケースが出たりすると、批判される。特に、政治家や、大きな会社の偉い方や官僚の偉い方を捕まえれば、大きく報道もされる。その方の名誉・信用も著しく毀損される。にもかかわらず、最後に起訴できませんとなったら、えらい批判される。ですから、100％の自信がある場合でなければ強制捜査はしないということです。

その下に、リーク報道と書いてありますが、よくリークってあるのですかと聞かれます。正直、リークはほとんどないと思います。マスコミが途中の段階ですっぱ抜いて報道するのは、マスコミからの情報提供がきっかけとなって捜査が進んだ案件です。リークというよりは、もともとマスコミが持ってきたネタで、それをマスコミが書くわけで、今まで捜査の邪魔にならないようにマスコミが書かないでいてくれたというだけの話ですので、リークとは違うのかなと思います。

その下に書いてある「出禁」ですけれども、特捜の事件で捜査をやっていると、大体マスコミも感づくので、連日取調べをしている会社の関係者や何かの方のところに朝晩行ったり、通勤や何かの経路で待ち伏せして取材をしようとしたりとか、マスコミもいろいろな取材をするわけです。あまりマスコミの事件関係者への接触がひどいと、一般論ですが、自殺とか、そういう問題も生じるものですから、そのような場合に、マスコミに対して、そういうことはするなと。いわば制裁として、検察と法務省への立ち入りを一切禁止するとか、取材できなくする。そのようなものが出禁とか三庁出禁と言われているものです。

その下に書いてあるのは刑事訴訟法の話ですが、20日間勾留して関係者および企業を起訴するという話です。100％有罪の立証があって初めて令状をとるのだとすると、逮捕しないで、すぐ起訴をすればよいではないかと疑問に思うかもしれませんが、100％の自信があっても、どうしても捜索をしたい。なぜならば、逮捕するときの捜索で証拠隠滅の証拠が見つかったりする。このように口裏合わせをしよう、こういう証拠はなかったことにしよう、こういう証拠は処分しよう、そのようなものが結構あったりして、それが逮捕時の捜索で見つかったりする。そういう証拠の隠滅をやっているということが逆に有罪立証の大きな補強材料になる。それから、ガサや何かをすることで、先ほどのゼネコン汚職のように――事件を横に伸ばすと言ったりするのですが――、新しい贈収賄とか、新しい事件の端緒を得ることもできる。そういう意味でも、強制捜査はしたいと考えるわけです。

### (ii)　SESC・公取・国税による犯則調査・行政調査

次に、証券取引等監視委員会（SESC）・公正取引委員会（公取）・国税による犯則調査・行政調査については、今の特捜の捜査と大体同じような方法です。

これは本日の本題ではないのですが、カルテルの場合ですと、リニエンシー申請[(1)]、国際カルテルがありますので、日米欧、最近では韓国もそうですし、中国、ブラジル等々を含めて、各国で同時にリニエンシーの申請をしたり、同時に調査・捜査を受けたりします。粉飾は先ほど申し上げたとおりでありまして、インサイダー取引は、取引所の売買審査、重要な適時開示に係る経緯報告書が端緒になるということです。

犯則調査は刑事事件と一緒ですが、行政調査もあります。例えば、監視委員会にしても公取にしても、課徴金や排除措置命令といった行政処分をするケース、あるいは国税でも更正や決定、加算税をかけるなどのケースも、大体同じようなパターンで調査・捜査が行われるのですが、直接強制や逮捕はできません。あくまで間接強制で権限の履行の担保をしているというのが特徴です。

### ⑶　企業不祥事によるリスク

#### (i)　企業不祥事に直面すると

先ほど特捜部の捜査・調査はこのように行われるのですよというお話をしましたが、企業不祥事に直面すると、**〔図表８－５〕**の通り、ある日突然、当局の一斉取調べの出頭要請が来たり、当局の立入調査が行われたりします。それまで会社側は、自分たちに対する内偵が行われていることは全くわからないで、ある日突然当局が来て大慌てになる。事案によっては、例えば立入りがあった段階でマスコミにも感づかれて、報道されたり、あるいは報道されないにしても連日取材を受けるとか、マスコミが張っているとか、そんな状態になっていきます。

また、監督官庁対応や、社内の役職員や取引先に対する説明なども必要になってくるということで、会社のほうは、当局の捜査や調査の対応や、マスコミ、監督官庁等の対応に追われてしまって、会社経営どころではありませんという状況になってしまう。これは、どのような大きな会社でもそうなっ

---

(1)　リニエンシーとは、課徴金減免制度のことで、事業者が自ら関与したカルテル・入札談合について、その違反内容を公正取引委員会に自主的に報告した場合、課徴金が減免される制度をいう。

**〔図表８－５〕企業不祥事に直面すると**

|  |  |
|---|---|
| ① | **捜査当局（SESC、公取等）対応に追われる**<br>ある日突然に当局からの呼び出しや立入調査<br>以後、連日役職員が取調べを受けたり資料提出の要請 |
| ② | **マスコミ等への対応に追われる**<br>監督官庁対応やマスコミ対応<br>社内の役職員や取引先等への対応 |
| ③ | **経営の事実上のストップ**<br>担当者のみならず、決裁・承認を理由に会長・社長らが共犯に<br>逮捕等の場合に株価下落の可能性が高いが、詳細に適時開示もできず、M&Aや増資等もストップ |
| ④ | **当局の捜査・調査**<br>当局に対して有利な事情や証拠を適切に顕出することで、立件回避や、逮捕・起訴される役職員の範囲の最小化 |
| ⑤ | **関係者ないし企業組織ぐるみでの口裏合わせ、証拠隠滅、捜査妨害等** |
| ⑥ | **企業自身に業法に基づく行政処分や営業停止処分、違約金・損害賠償請求訴訟、株主代表訴訟等、レピュテーション・ダメージ、株主総会対応、再発防止策・関係者処分、事業のリストラ** |

てしまいます。

また、特に一部の案件では、例えば決裁や承認をしているということで、会長、社長などトップが共犯ではないのかとなる。そうなると、自分が捕まるかどうかという話なので、会社経営どころではないということで、事実上、会社の機能が止まってしまったりする。これはよくある話です。

それから、捜査が行われている局面で、例えばM&Aや増資をしようとすると、状況はどうなっているのですか、リスクはどうなのですか、といったことをきちんと投資家にディスクローズしないとできないので、事実上そうした経営活動の見通しもつかなくなる。捜査状況も発表できない、詳細に説明できないわけで、その間、M&Aとか増資等もストップさせないといけないということになります。

こうした企業不祥事に直面した場合にどのように対応していくか、積極的に協力していったほうがよい場合もあります。これは後ほどお話ししようと思いますが、こういうときによくあるのは口裏合わせとか証拠隠滅とか捜査妨害です。こういうもので報道されたり、余分な関係者が捕まったりすることも間々あります。また、先ほど粉飾決算のところでも申し上げましたが、いろいろな対応や訴訟、紛争、ダメージもあわせて発生します。

### (ii)　企業不祥事によるリスク

企業不祥事によるリスクはどのようなリスクかという切り口で整理をすると、**〔図表８－６〕**のようになります。

企業自身のリスクは、左上は調査段階の対応コストということで、当局の調査や捜査に対応する負担が非常に重い。マスコミ報道対応、経営者も企業経営に専念できないとか、社内の動揺が生じ、公募増資等を保留にしないといけません。

右上に書いてありますのは、いろいろなレピュテーション・ダメージが生じるということで、時には民事再生とか、会社がつぶれることもあったりします。

左下の欄の法令違反による処罰ですが、企業不祥事があれば、刑事罰や課徴金あるいは行政処分、営業停止などを含めたいろいろな処分を受けます。

右下にある上場廃止や取引所の処分、いろいろな裁判等も企業自身のリスクです。

役員個人のリスクという観点から整理をすると、先ほど申し上げましたように、違法行為について、指示・了解、決裁があれば十分に共犯になります。例えば、ある会社で総務部の担当部長であるベテランの方が総会屋の窓口をやっていたとします。この場合、社長や会長あるいはその一歩手前の副社長ぐらいまで共犯になることがあります。上の役員になってきますと、いずれも総会屋と会ったことすらない。会ったことはないのですが、こういう方法で総会屋に利益供与したいということを、担当部長が自分の上司の総務部長や、担当役員に報告している。部長や担当役員が了解というか、一言「仕方がないね」とか、「わかった」とか言う。沈黙していても、担当部長のほうは、担当役員が沈黙しているのは承認ということなのだなと理解して受け止める。決裁で説明に行って、了解、承認、あるいは場合によっては沈黙、こ

〔図表８−６〕企業不祥事によるリスク

【企業自身のリスク】

| | |
|---|---|
| ○　調査段階の対応コスト<br>・当局の捜査や事実調査等に係る人的・物的負担<br>・マスコミ報道への対応<br>・経営陣が企業経営に専念できない<br>・社内の動揺<br>・公募増資・社債発行等の保留 | ○　レピュテーション・ダメージ<br>・信用失墜による営業上の損失<br>・優秀な人材の退職・採用の困難化<br>・企業トップの引責辞任<br>・銀行等からの融資引き揚げ<br>・存亡の危機……民事再生等 |
| ○　法令違反による処罰<br>・刑事罰……役職員の逮捕、会社自体の処罰<br>・課徴金<br>・業務停止命令・業務改善命令等<br>・営業停止処分、公共工事の応札資格の停止 | ○　上場廃止、取引所の処分<br><br>○　被害者・投資家からの損害賠償請求<br>……粉飾決算、薬害訴訟、事実上のクラス・アクション化 |

【役員個人のリスク】

○　関与取締役等　＝　違法行為につき指示・了解、決裁

⇒　刑事罰……部下への指示・了解、決裁があれば共犯

⇒　善管注意義務違反……法令違反、経営判断原則の適用なし

(損害賠償の範囲)

企業が負担した罰金や課徴金相当額、企業が投資家・被害者に賠償した損害賠償額、営業停止処分やレピュテーション・ダメージ等より企業が失った「得べかりし利益」など

○　それ以外の取締役等

⇒　内部統制システム構築義務・監視監督義務の問題

○　不祥事発覚後の対応時点での取締役等

(ダスキン株主代表訴訟事件)

・食品の違法な添加物につき多額の損害賠償義務

・不祥事発覚後の対応が問題（隠蔽、曖昧な先送り）

⇒　事後対応の不適切だけでも任務懈怠の可能性

れだけで共犯として立件されるわけです。もちろん、証拠上、供述だけでは必ずしも立証できないので、手帳とかダイアリーとか決裁資料とか、いろいろな客観的な証拠で補充するにせよ、本質的には、そのような具合に一言の了解とか沈黙でも立件されてしまうということです。

それから、法令違反行為については、経営判断原則は適用されないので、善管注意義務違反、任務懈怠ということで損害賠償責任を負います。損害賠償の範囲は、会社が負担した罰課金相当額や損害賠償額、逸失利益などといったものです。罰金と課徴金相当額は、刑法上も会社法上も、これを会社が取締役個人に転嫁してよいのかという議論はあるのですが、裁判実務上は、いずれも取締役の任務懈怠行為と相当因果関係にある損害の範囲に含まれるということで定着しています。

また、直接違法行為に関与していない取締役であっても、内部統制システム構築義務、監視監督義務という問題があります。

さらに、不祥事発覚後の対応時点での取締役ということで、ダスキン事件という有名なケースがあります。ダスキンが販売していた肉まんに違法な食品添加物がありました。それを取引先が指摘して、口止め料を払ったりしたケースですが、直接違法行為――口止め料の支払いをした取締役だけではなくて、事後的に報告を受けて、それに対してきちんと調査もせず、世間に公表もしない取締役についても、自分は違法行為をしていないが、後で報告されたにも関わらずきちんと対応しなかったという、それだけの理由で、任務懈怠責任があるとして、損害賠償義務が肯定されています。これが役員個人のリスクであります。

### (4)　危機管理対応のポイントと失敗の原因

#### (i)　危機管理対応のポイント

次に、企業不祥事があった場合の危機管理対応のポイントについてお話させていただこうと思います。これは当たり前の話ですけれども、不祥事は必ず発生するということで、発生した場合ないしは疑いを把握した場合、その後の対応が重要です。きちんとした事実調査をしないといけない。事実調査が不十分ですと、いろいろな問題が発生します。

また、先ほど粉飾決算のところで簡単に申し上げましたけれども、違反があったかなかったかがそもそも問題になるのですが、違反について争いようがないと考えるのであれば、早期に自主的に違反事実を認めて公表し、あるいはきちんとした再発防止策や厳正な関係者の処分も行って、この会社はきちんと自浄能力があるのだと世間に示すことで、ダメージを最小化して、早期に信頼の回復を図っていくほうがよいとなります。違反があるならば、そういう対応をする。

さらに、マスコミ対応・適時開示の話ですが、ポイントになるのは、「誠実・真摯・説明責任VS隠蔽・認識欠如」ということです。これも最近はあちこちでいろいろな方がおっしゃっているので、企業も含めて大分普及したと思いますが、記者会見もそうですが、誠実・真摯に説明しないといけないということです。隠蔽を疑われたり、あるいは認識が甘いなんて言われると大変なことになります。そのような局面では、プライバシーや企業秘密といった事項を除いて、マスコミの取材には答えるということが重要であり、虚偽、隠蔽、責任転嫁、開き直りをすると、非常に厳しく批判されることになります。それから、迷った場合には社長などの上位者が記者会見の対応をするのが無難です。

他方で、違反が事実であり、早期に認めて自主的に公表していきましょうという方向に会社が舵を切ろうとなった瞬間に、日本の会社は非常に極端でして、「あれもこれも全部うちの会社が悪いです」、「あれもこれも全部うちの社長が悪いです」と何でもかんでも悪いとなったりします。そのように極端に振れてしまうと、本来負う必要のない責任まで負うことになります。

例えば、一般論として、第三者委員会の報告書で、いかにも会長、社長が粉飾決算の指示をしたかのような記載があるとなれば、当然それを見た捜査当局や監視委員会は、社長、会長に対して刑事事件として立件すべきではないかと反応します。もちろん、それが事実であれば構わないのですが、事実かどうか疑わしい、あるいは事実ではないのではないか、相当誇張しているのではないかということで、「あれも悪い、これも悪い、全てうちが悪いです」などという報告書をつくったりしてしまうと、余計な話になって、責任を負わなくてもよい人が負ってしまうとか、会社も無用の損害賠償義務を負ったりすることになります。

今日は危機管理対応のテクニカルな部分はメインではないので、簡単にしかお話ししませんが、例えば、従業員が会社の名前を騙って詐欺をやりましたというケースで、会社が詐欺の被害者から、使用者責任だ、民法719条だと訴えられるケースもあるわけですが、何でもかんでもうちの会社が悪いと言っていると、民法719条の使用者責任で訴えられた場合にも、必ず負けてしまうことになってしまいます。あくまで事実はどうなのかということが一番重要なのですが、いくら違反があり、早期に認めて自浄能力をアピールしていきましょうといっても、何でもかんでも認めればよいわけではなくて、後々のいろいろな民事の観点、あるいは当局の刑事の観点もきちんと頭に置きながらやっていかないといけないわけです。

#### (ii)　不適切な対応の原因

**〔図表８－７〕**は不適切な対応の原因です。

先ほど、事実調査の不十分が問題と申し上げました。これが上のほうに書いてある、「初動措置の不十分・遅れ」という話です。枠の中に「トップ・本社の法務コンプラに正確な情報が上がらず」とあって、枠の下に例として、「君、それは本当か」とか「知らなかった。愕然とした」と書いてありますが、これらは記者会見での著名な失敗例です。「君、それは本当か」は、ある食品会社で、牛乳の品質不良の問題で社長が記者会見をしているときに、工場長か誰かが、実はバルブが詰まって、こんなことがあったと質問に答えてしまった。横で聞いていた社長が知らなくて、「それは本当なのか」と、びっくりして言って、その場で工場長や部下を問い詰める、それがマスコミでも大きく報道されました。

そうなると、この会社はもうだめなのではないか、そもそもこの状況をコントロールできていない、およそこの会社のつくる品物なんて信用できない、となっていって、結局、その会社は最後に倒産するということになっていくわけです。「君、それは本当か」とか、そのような話が生じるのは、不祥事のきっかけを把握した後の対応として、事実関係の調査が不十分だからです。

次に書いてありますのは「甘い現状認識、問題認識」です。

〔図表８－７〕不適切な対応の原因

○　初動措置の不十分・遅れ
・事実調査の不十分・遅れ、証拠隠滅が行われて事実を誤認
・トップ・本社の法務コンプラに正確な情報が上がらず

・隠蔽批判を招く
・マスコミ報道が先行

（例）「君、それは本当か」、「知らなかった。愕然とした」、「カメラマンは元から傷ついていたサンゴを上からなぞっただけだ」

○　甘い現状認識、問題認識
・端緒を把握しても、甘く見て、初動が遅れる
・甘い社内処分
・部下・外部への責任転嫁・開き直り

マスコミや顧客・監督官庁等の批判が高まる

（例）「一社員のミス」、「持ち出したのは当社グループ社員ではない」、「私は寝てないんだ」、「なぜ上場したのかわからない」、「スピード違反をしたようなもの。どうせ使わないスペースだから」、「特別にどうってことはない、と言えば怒られるかもしれないが、健康被害がないと想定できた」、「（当社が）被害者の一面もある」
（例）食品に有害物質混入発覚後約２ヶ月間トップが記者会見せず

こうした事実調査の不十分や遅れなどが生じる原因の１つとしては、現状認識の甘さがあります。端緒を把握しても甘く見て、初動が遅れるということがあります。これは後ほど例として若干申し上げようと思います。

もう１つの原因は、甘い社内処分です。現状認識が甘いと、事実調査が不十分となり初動も遅れるのに加えて、社内処分も甘くなります。そうすると、それだけでも批判されますし、会社の説明や姿勢について、部下や外部への責任転嫁、開き直りであるという批判もされたりします。

具体的な例としてこの下に書いてあるのは、社長が会見で「一社員のミス」と言って、えらく批判されたケースです。他にも「持ち出したのはうちの社員ではありません」、「どうして上場したかわからない」、「スピード違反」、「特別にどうってことはない」、「健康被害もない」、「当社はむしろ被害

者だ」など、いろいろと書いてあります。どれも、こういう具合に記者会見で説明することで、会社が責任転嫁している、あるいは開き直りである、現状認識が甘いと非常に批判されたケースです。それでかえって批判が高まり、ダメージからの回復が遅れるわけです。

#### ⅲ　危機管理の失敗の根本原因は何か？

初動や公表の遅れ、あるいは事実調査の遅れ・不十分、問題の過小認識、甘い現状認識が生じるのはなぜか。根本的には、想像力の欠如とか、社会や世間の意識とのずれという問題が一番大きいのかなと感じます。

**〔図表８－８〕**に「従業員の指摘・クレーム（自動車メーカー）」と書いています。報道されていますが、例えば、新入社員が、これはまずいのではないですかと指摘していたそうでして、その新入社員が言っていることを無視しないで、これはやはり問題ではないのかと想像力を働かせて考えていけば、もう少し早い段階で問題をつかんで、自主的に発表して、ダメージを最小化して事態の進展をコントロールできたと思われるところです。

あるいは「顧客の苦情」もあります。化粧品会社の白斑被害のケースとか、あるいはファストフードのケースとか、通信教育会社のケースですが、お客さんのクレームがあったときに、それを例えばお客さんの体質の問題だと放置しないで、クレームの数が少ないうちにきちんと調査をするなど、拾い上げて対応しておけば、ダメージコントロールとしてははるかに違ったわけで、これも認識の甘さ、想像力の欠如があります。また、食品や化粧品の問題を、会社は大したことはないと思っても、消費者は全然そうは思わないわけですので、会社の意識が社会や世間の意識とずれていたという部分があるのかなと思われます。

その次の「顧客目線・外部目線の欠如」の話は、後ほど自動車メーカーのケースを例にして申し上げようと思いますので、ここでは省略します。

もう１つ、危機管理に失敗する根本原因として、「担当者の報告を鵜呑みにしない」ということがあります。先ほど事実調査の不十分の話でも申し上げましたが、どうしても担当者は、自分自身の責任もあったりするので、最初は嘘をつく、あるいは過小に言うことが多い。それを前提に記者会見で説

〔図表8－8〕危機管理の失敗の根本原因は何か？

【仮説】認識の甘さ、想像力欠如、社会・世間の意識とのずれ
　⇒　初動や公表等の遅れ・不十分、問題の過小認識、隠蔽等批判

・従業員の指摘・クレーム（自動車メーカー）
顧客の苦情（化粧品メーカーの健康被害、食品メーカー、通信教育会社の個人情報）
⇒　早期発見・自主的発表によるダメージ・コントロール
・顧客目線・外部目線の欠如（反社問題、食品メーカーの食品有害物、ゴム製品メーカーの免震ゴムのデータ改ざん）
・担当者の報告を鵜呑みにしない（ときには、性悪説）
　➢　不祥事に関与した者は、当初、嘘をつくことが多い
　➢　後日の当局の捜査・調査の進展や内部告発等で、事案の全容が明らかになり、当初の調査・対外公表が、隠蔽・甘いとの批判を招き、事態の収拾がつかなくなる
・内部通報…先入観・嫌悪感に注意
　➢　対応が不十分だと、官庁・マスコミへ
　➢　経験則上、100のうち20は、それなりの真実あり
　➢　報復人事等⇒「真実」だった場合のダメージが非常に大きい

明をすると、後で違っていましたとなってしまって、会社の事実調査は甘い、現状認識は甘い、意識は甘いと大きく批判を受けてしまって、かえって事態の収拾に手間取ることになってしまう。そういうことで、担当者の報告を鵜呑みにしないのも重要です。

その次の「内部通報」については、先入観、嫌悪感に注意が必要です。対応が不十分だと官庁、マスコミへ内部通報が行きますし、報復人事は絶対駄目という話です。

とある会社で内部通報があったとする。内部通報の内容がおかしいと言って、社長なども頭にきて、内部通報をした社員をクビにしてしまった。クビにされた社員がマスコミなど関係機関に情報を提供して、自分がこの情報を社内で指摘したら社長からクビにされたと新聞や当局に通報する。その結果、当局の捜査・調査が行われて、マスコミの問い合わせもくる。

そのような状況になって、結果として会社は違法事実を行っていなかった、だから、その社員の指摘は結果としては正しくなかったということで終わればよいのですが、クビになった社員の言うとおり、そういう違法行為があったかもしれないとなって、当局から会社が処分を受けることになれば、その社員をクビにした社長は辞任を迫られるかもしれない。このような具合に、内部通報を毛嫌いして、先入観・嫌悪感で担当者のクビを切ったりすると、後々えらいしっぺ返しを受けることになります。

## 2　企業不祥事の予防策

今までは実際に企業不祥事があった場合に、どのように調査が行われて、どういうことが対応上のポイントで、どういうものが失敗例かというお話をしましたが、ここから話をガラッと変えまして、企業不祥事をどのように予防していったらよいのかという話です。

### ⑴　企業不祥事の現状と企業の取組み

まず、これまでの歴史的経緯です。**〔図表８－９〕**のとおり、2000年前後からコンプライアンスや内部統制が特に強く注目されるようになりまして、昨今ではどんな上場企業でも、ハウ・ツーとか手段としてのコンプライアンスや内部統制は、かなりの程度浸透していると思われます。

社会の動きや国内の立法の動き、海外の動き等が書いてありますが、**〔図表８－９〕**に軽く目を走らせていただくと、大和銀行株主代表訴訟、事後監視型行政、いろいろな企業不祥事の摘発に加え、国内立法の動き、海外ではエンロン事件を受けたサーベンス・オクスレー法など、こういったいろいろなことがあったので、今申し上げましたように、ハウ・ツーとしてのコンプライアンスや内部統制はかなり浸透しておりまして、今では上場企業であれば、社内規程や研修、内部監査、内部通報など、仕組みとしてはコンプライアンス体制ができ上がっているのが一般的です。

また、企業側の意識も変化しておりまして、少なくとも今では、仮に違法

**〔図表8－9〕企業不祥事の現状と企業の取組み＝予防策**

○　2000年前後からコンプライアンスや内部統制が特に強く注目、上場企業等ではハウ・ツーとしてのコンプライアンスや内部統制はかなりの程度浸透

（社会の動き）

・大和銀行株主代表訴訟事件での巨額賠償責任（大阪地判H12.9.20）等

・2000年前後、金融分野を中心に事前規制型行政から事後監視型行政へ

・2000年代半ばから後半にかけて、粉飾決算、カルテル、インサイダー取引、製品等の性能偽装やデータ改ざん等の企業不祥事が相次ぎ、大きく報道

⇒企業不祥事の防止の必要性が強く認識されて、各社が取り組む

（国内の立法等の動き）

・平成16年（2004年）公益通報者保護法

・平成17年（2005年）会社法（内部統制システムの大綱が取締役会の法定決議事項）

・平成19年（2007年）犯罪対策閣僚会議幹事申合せ（反社会的勢力との関係断絶）

・平成22年（2010年）日弁連第三者委員会ガイドライン

（海外の動き）

・エンロン事件（2001年）⇒サーベンス・オクスレー法（⇒JSOX：財務報告に係る内部統制の制度化）

・欧米企業との取引では、贈賄・カルテル等を行わない旨の表明保証の一般化、贈賄防止体制等のDD（クエスチョネア等）を受けることが多くなる

行為の疑いがあれば、ふたをしないで十分な事実調査をしないといけない、本当に違法事実があれば、自主的な申告や公表といった対応が必要だ、と皆さん完全にそう思っているわけです。15年前とか20年前は、正直、必ずしもそうではなかった部分があると思いますが、今はそのような意識になっているということであります。

このような具合に、ハウ・ツーとしてのコンプライアンス体制は、今日では上場企業の間では浸透しているわけですが、それでもまだ課題がありまして、それが次の①、②、③です。

①　子会社等、非コア的業務、海外拠点への浸透の必要性

・子会社等や海外での横領的事案やカルテル等が相変わらず目立つ

②　海外法令の遵守体制

・FCPAや経済制裁関係で米国が執行管轄権を広く行使

・個人情報保護強化や化学物質のトレーサビリティ、紛争鉱物や現代的奴隷労働に係る開示規制の強化等

・そもそもカルテルで日本人が多数米国で服役

③　ハウ・ツーから組織風土・組織文化へ

・最近、コンプライアンス・内部統制が進んでいる企業でも大きな不祥事

まず、①で書いているのは「子会社等、非コア的業務、海外拠点への浸透の必要性」です。例えば、従業員の横領や使い込みが、大きな上場会社の本体・本社ではあまり起きませんが、子会社や関連会社ですと相変わらず頻繁に起きて、報道もされて捕まっています。後で申し上げる報道されている事案でも、上場企業の本体・本社部門は相当コンプライアンス意識も進んでいて、ハウ・ツーとしての体制もできているのですが、どうしても本体・本社部門にとどまっていて、子会社や非コア的業務、海外拠点になってくると、まだまだ体制すらも十分にできていないということがあります。そのため、そういったところでの不祥事が目立つという話です。

②は「海外法令の遵守体制」で、これも本日の本題ではないので、簡単に申し上げます。まず、FCPAというのは外国公務員贈賄です。FCPAあるいは経済制裁関係で、アメリカが執行管轄権を広く行使しているというのは、報道で皆さんご存知かと思います。

また、個人情報保護の強化や、化学物質のトレーサビリティ、紛争鉱物、現代的奴隷労働など、最近も某社が海外拠点の工場での取組状況を公表すると報じられていましたが、こうした開示姿勢の強化は国際的な流れです。

それからカルテルは、アメリカで摘発されて、恐らくそろそろ40人ぐらいになると思いますが、日本人がアメリカで実刑を受けて刑務所に服役しているということで、海外法令の遵守体制をきちんとつくらないといけないのではないかというのも、上場企業における今日的課題の１つであります。

③として「ハウ・ツーから組織風土・組織文化へ」と書いてあります。これがここから先の１つの大きなテーマとなります。例えば、コンプライアンスが非常に進んでいると思われていた会社でも粉飾決算が起きるのか、では一体どうしたらよいのかというのは、いろいろな上場企業の間で強い関心が抱かれているところです。手段としてのコンプライアンス体制をいくらつくってもだめなのではないか、むしろ組織風土や組織文化といったようなところから見直していく必要があるのではないか、というような問題意識です。

### ⑵　不正のトライアングル

#### (i)　不正のトライアングル

そもそも不正というのはどうして起きるのか、組織風土や組織文化はどのように位置づけられるのかというのを、不正のトライアングルで説明しようと思います（〔図表８－10〕）。不正のトライアングルというのは、どうして不正が起きるのかを、犯罪学の観点から、1950年代のアメリカの学者が説明した考え方です。

横領といったような会社のお金の使い込みのケースを典型例として考えてください。誰でも金が欲しい、という動機があります。自分しかその仕事をしていません、となると、やろうと思えばお金を横領できる機会があります。しかし、動機と機会があっても、それだけでは横領というような不正は起きません。動機と機会があって、そこに正当化があって、自分の中で横領という行為を行うことを正当化する、そういうメカニズムが働いて初めて横領のような不正が起きる。これが不正のトライアングルという考え方です。

#### (ii)　動機・機会・正当化

〔図表８－10〕の下の表でもう少し具体的に申し上げると、左側の列で、上から動機・機会・正当化と整理していて、何が動機、何が機会、何が正当化なのかの例を書いています。真ん中の列ではその徴候、右側にその対策を書いています。とりあえず、ここでは、従業員の横領の問題が一番わかりやすいので、お金の使い込み、横領あるいは取引先からのリベート受領、といった横領・背任的なケースを念頭に置いて見ていただければと思います。

### 〔図表８-10〕不正のトライアングルとは

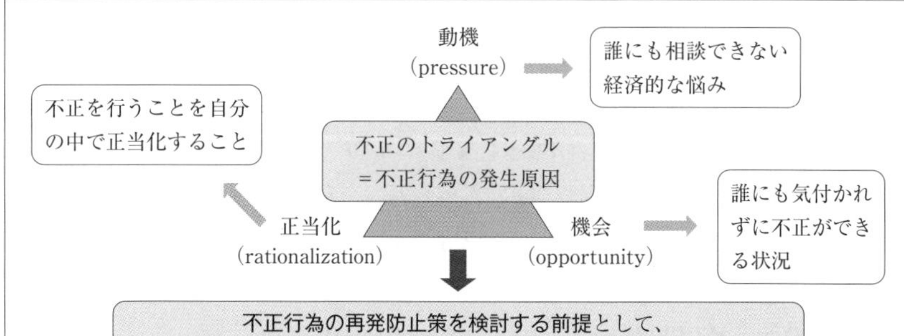


**不正行為の再発防止策を検討する前提として、**
**当該不正行為について、どのような点に動機・機会・正当化の**
**要素があったのか、整理が必要**

| | 徴候 | 対策 |
|---|---|---|
| **動機**<br>✓ギャンブル、愛人との交際<br>✓一定のレベルの人たちと付き合いたい<br>✓発注のミスで、会社に損失を与えてしまった | ・年収に不釣り合いな不動産を購入<br>・急にブランド品を身に着ける<br>・頻繁に夜の飲食店に出かけ、羽振りがよくなる | 基本的には個人の問題だが、経営環境の悪化に基づく従業員へのしわ寄せや無理な指示など、会社の行為によって作り出される場合もある |
| **機会**<br>✓業務特性上、専門性が高い<br>✓単独業務が多い<br>✓同僚の業務や行動に無関心な雰囲気<br>✓行動管理ができていない | ・長期間同一の役職・部署で勤務し、異動・昇進を望まない<br>・特定の業者や顧客と親密な関係にあり、その関係を他の者と共有しない<br>・担当している職務を他の者に分担させない<br>・夏休み等、長期休暇を取得せず、取得しても出勤する | 内部統制システムの問題：気付かれない状況、誰もチェックしていない状況を減らす<br>・人事ローテーションの活性化<br>・中堅幹部（現場を見通せる人）による抑止<br>・同僚同士の相互抑制<br>・いきいきとした、風通しの良い職場<br>・監査スタッフ・内部通報制度の充実 |
| **正当化**<br>✓一時的に借りるだけ（後で返す）<br>✓会社のみんながやっている<br>✓会社のためにやっている<br>✓お客様のご要望に沿ったもの<br>✓会社への貢献に見合った収入・待遇を得ていない<br>✓上司からひどい待遇を受けている | ・会社や上司への不満を言わなくなる<br>・会社の人間との付き合いを避けるようになる<br>・目立たないように振る舞うようになる | 「正当化」は、個人の内面の問題（道徳意識、倫理観、プライドなど）でもある。不正を「正当化」しないという組織風土や組織文化が必要 |

「動機」は金が欲しいという話がメインです。中には、一定のレベルの人と付き合いたいというので、無理して借金して、金が欲しくなって会社の金に手を出すというパターンもあります。

2段目の「機会」ですが、金が欲しいという動機に加えて、どういうことが横領などの機会となるのか。例えば、業務特性上、専門性が高い、単独業務が多い、同僚の業務や行動に無関心な雰囲気、行動管理ができていないということです。その人しかわからない、チェックも監督も誰もきちんとできないので、その人が金に手をつけようと思えばできる、あるいは取引先から違法にリベートをもらおうと思えばできる。誰も見ていない、その人しかわからないという状況が、典型的には横領などの機会と考えられています。

3段目の「正当化」ですが、先ほど申し上げましたように、動機と機会があっても、それだけでは横領その他の不正は起きません。横領を例にした場合に、ここに書いてあるような正当化があって初めてそういう不正が行われます。

例えば、お金の横領のケースで一番多いのは、「一時的に借りるだけ、後で返す」というものです。小口現金を預かっているようなケース、会社の預金の管理をしているケースで、会社の金に手をつけても、給料が入ったらそれで補填する、サラ金から借金してきて補填する。こういう具合に、一時的に借りるだけで後で補填する。そうすると、会社の金に手をつけることに心理的なハードルが下がるわけです。ところが、サラ金から借金すれば、利子も払わないといけないわけですから、そのうち利子も膨らんで、もはや穴埋めができなくなる。破綻して使い込みが露見するという話になるわけです。

また、会社のみんながやっているという話もよくある正当化で、例えば接待交際費の不正使用です。会社の中の人間だけで打ち上げに行きましょう、忘年会に行きましょう、暑気払いに行きましょうというときは、本当は社員の私的な飲食なので自分たちで金を払うか、福利厚生費が使えるならそれを使うのですが、それを接待交際費で処理しようとする。取引先のこの人を接待したことにして、嘘の接待の決裁書類をつくって、それで自分たちの飲み食い代を払おうと。すると、あいつらはみんな会社の金で飲み食いしているだけではないか、では俺がこの金に手をつけてもよいではないか、自分が会社の金に手をつけるのと、彼らがやっている社内飲食を接待費で処理するのと大して変わらないではないか、となる。これが会社のみんながやっているという正当化の一例です。

そのほか、カルテルとか贈賄の場合は、会社のためにやっているのだから、というのは結構多い正当化です。会社への貢献に見合った収入・待遇を得ていない、お客様のご要望、上司からひどい対応を受けたとか、いろいろな正当化があるのですが、いずれにしても、動機と機会だけではなくて、こういう正当化があって初めて不正行為が行われるということです。

#### ⅲ　徴候・対策

真ん中の列に書いてあるのは、不正行為の動機や機会、正当化の「徴候」として、どのようなことが言われているかという例です。

この辺の説明は簡単に申し上げますが、「動機の徴候」は、要するに金遣いが荒いという話です。次の「機会の徴候」は、長期間同一の仕事をしたがる、異動とか長期休暇は希望しない。なぜならば、異動したら自分がやったことがわかってしまうから異動したがらない。それから、「正当化の徴候」は会社や上司への不満を言わなくなったりする。これは、例えば会社の金に手をつけるとか、その他の不正行為をすることで、自分の不満がそこである程度代償されるので、会社や上司への不満を言わなくなったり、なるべく目立たないようにしようというように人間の行動が変わると言われています。

右側の列に書いてあるのは「対策」です。「動機との関係での対策」は、金が欲しいというのは個人の内面の問題なので、どうにもならないということです。ただ、無理なノルマなどで動機が形成される場合もあるので、その辺は気をつけないといけませんねということです。

「機会との関係での対策」は、誰も見ていない、その人しかわからないという状況が生じないようにすればよい。そういうことで、ここに書いてあるようなハウ・ツーとしてのコンプライアンスで大体防げる。そのほか、いきいきとした風通しのよい職場をつくりましょうという話で大体カバーできる。

次に「正当化との関係での対策」ですが、これをどう防ぐか。動機は仕方がない。機会は防げる。したがって、あとは正当化を防げれば、不正は相当防げると考えられています。正当化を防ぐためのポイントで、最近あちこちで指摘されているのは、確かに正当化も動機と似ていて、個人の内面の問題でもあるが、正当化を防ぐためには、不正を正当化しないという組織風土や組織文化をつくる必要があるということです。そうすることによって正当化を防ぐことができるのではないかと言われています。それで、本日の後半のテーマの組織風土・組織文化という話になっていくわけです。

### ⑶　不正の正当化を防ぐ組織風土・組織文化

#### (i)　自動車メーカーの過去のリコール隠し問題

その一例として、最近あった自動車メーカーの燃費不正の問題でお話ししようと思います。報道や調査委員会の報告書によれば、まず燃費目標を達成しなくてはならず、開発費の制約もあったけれども、他社と伍していく必要があった。社長からも、最高の燃費を目指せ、他社に負けるな、必達目標だというので、非常にプレッシャーがありました。

これに対して、新しい技術を開発するのではなくて、既存の方法の中で何とかしようとしました。閉鎖的な雰囲気の中で、新しいことに挑戦しないという風潮や前例踏襲的な部分があった。また、不正の報告が上層部まで上がってこなかったため、長年にわたって継続したとか、当時は忙しくて、走行試験の過程が増えるから業務量を減らしたかったという話もありました。以上が報道あるいは報告書で指摘されている原因です。

ここから言えるのは、まず、他社と伍していくためには燃費性能を上げる必要があったという会社の厳しい競争状況や、上層部からの必達目標、最高の燃費性能といったような高い目標の賦課は、どの会社でもあることです。そういうことがあったら誰でも不正しますかというと、全然そんなことはないわけです。したがって、ここで言っている厳しい競争状況や高い目標、プレッシャーというのは、先ほど不正のトライアングルで申し上げた、単なる正当化に過ぎないわけです（**〔図表8-11〕**）。

この正当化をどうやって防いだらよいのかと考えると、この事案で出てくる事情は、結局、自分の会社のことや社内のことばかりです。最高の燃費目標を達成しないといけない、あるいはうちの会社が競争するためには、どう

**〔図表８-11〕自動車メーカーのケースの検討**

○　会社の厳しい競争状況、上層部の現場への「高い目標」の賦課は、どの会社でもあること。だからといって、どの会社も不正をするわけではない。単なる正当化。

⇒　自分の会社のことや社内のことばかり。顧客のことはどう考えていたのか？

（顧客目線で見ると）
燃費性能の欠如　⇒　余計な燃料代、エコカー補助金の不適格　⇒　顧客に実害
虚偽の広告　⇒　騙された

⇒　正当化要因があろうとも、「顧客のため」で考えれば、走行試験データの改ざんで済ますのでなく、真に「最高の燃費」の車を開発しようとしたのではないか？

○　グループ会社の全ての役職員が「顧客のため」で動くにはどうしたらよいか？

⇒　「顧客のため」という組織文化を作り上げる

⇒　そうした組織文化があれば、一部に不心得者が発生しても、比較的早期に報告や監査等で判明すると期待できる

○　どの不祥事でも「長年に亘り継続」で重大事案化

⇒　「隠すな」、「隠蔽するな」、それだけでよかったのに……

⇒　これも組織文化の問題

※　他社の事案
　屋外テストコースが不十分、風の影響を受けやすく安定した測定結果を出せなかったから、実際には測定を行っていないのに、つじつま合わせのデータを偽装。チェック体制の不全、開発部門の独善を許す閉鎖的な体質、技術面での業務監査の不十分等が指摘されているが、上記の自動車メーカー事案と本質は同じ。

してもそうする必要があったとか、さらには多忙で業務量を減らしたかったという話もある。ここで背景・要因として指摘されている事柄は、結局、自分の会社のことばかりで、お客さんのことは全然出てこないわけです。

これをお客さんの目線で見た場合には、そもそも燃費性能がない車を買わ

されたお客さんはえらい迷惑です。なので、お客さんのため、顧客第一という視点で考える組織風土・組織文化があれば、厳しい競争状況とか高い目標の賦課があったとしても、そんなもので正当化してデータを改ざんしてはいけない、そんなことよりは、お客さんのためなのだから、むしろ本当によい車をつくろうではないかと思ったはずではないか。そういうことで、お客さんのために考えるという組織風土・組織文化があれば、こうした正当化を防げたのではないかと思われるところです。

また、**〔図表８-11〕**の２つ目に書いてある話ですが、お客さんのためという組織文化があれば、仮に一部で不適当なことをやっている不心得者がいたとしても、周りが比較的早期に気づいて対応することも期待できるということです。

もう１点は、最後に書いてありますが、どの案件でも、大きな不祥事があると必ず出てくるのは、長年に亘って継続したということです。上層部まできちんと報告が来なかったといったことが必ず指摘されて、その結果、重大事案化したり、あるいは広範に違反が行われているという話になったりするわけです。

このような「長年に亘り継続」というのを防ぐにはどうしたらよいかですが、これも難しい問題ですけれども、結局、「隠すな」とか「隠蔽するな」というシンプルなメッセージの問題かと思います。自動車メーカーのケースでも、報道では、過去のリコール隠しがあって、いろいろな再発防止策が導入されていて、コンプラ疲れもあったなどとも指摘されていますが、お客さんのためという観点に加えて、ともかく「隠すな」、この簡単なメッセージを現場に繰り返し言う。そうすることで物事は相当変わったのではないかと思われます。みんなが隠すなという気持ちを持っていれば、早期に不正も発見し、きちんと対応できたのではないかと思われます。

### (ii)　ゴム製品メーカーにおける免震ゴム偽装問題

次は、ゴム製品メーカーの免震ゴム偽装の話です。**〔図表８-12〕**に事案の概要を書いています。どういう事案かと申しますと、これは子会社でやっていた業務ですが、免震ゴムが国の基準を満たしていないにもかかわらず、

〔図表８-12〕ゴム製品メーカーにおける免震ゴム偽装（事案の概要）

・平成26年２月、性能検査担当者の異動を契機に、免震ゴム（建築基準法上、国交省の認定が必要。病院やマンション、自治体庁舎等で使用）について、国の基準を満たしていない製品があることが発覚し、メーカーは、平成27年３月に国交省に報告・公表
・国交省の認定を受けるため、国の基準に適合するよう一部の試験データを改ざんしていた
・経営陣は、平成26年夏に免震ゴムの性能不足を認識しながら、不適合の製品を10件未満にする方向で検討することや、国交省へ報告や出荷停止をすぐには行わないこと等を申し合わせていたとされている
・その後、平成27年８月、鉄道車両や船舶等に使われる防振ゴムについても同様の性能データ偽装が発覚し、平成27年10月に公表
・経営陣は、平成25年12月から平成26年１月には防振ゴムの性能不足を認識していながら、特段の対応をとらなかったとされている
・大阪地検特捜部が不正競争防止法違反（虚偽表示）で捜査中
・取締役ら計16人に対し株主代表訴訟が提起されているほか、客先（消防組合等）からも損害賠償請求を受けている
・なお、平成19年にも断熱パネルの耐火性能の偽装が発覚し、当時の経営陣が引責辞任

データの改ざんをして基準を満たしているように装っていたというケースです。

ここでポイントなのは、３つ目に書いていますが、経営陣は、平成26年の夏にはわかっていたけれども、不適合製品の数を減らそうとか、すぐに役所には言わないほうがよいといった対応をしていたと指摘されています。また、その後、別の防振ゴムでも似たようなことが生じて、これも、経営陣は、もっと早い段階でわかっていながら放置しました。こういう具合に、不祥事、不正が起きるのはしようがないのですけれども、「放置した」とか、「わかっていながらきちんと対応しなかった」といったことがあると、その下にも書いてあるように、大阪地検特捜部が不正競争防止法違反で調査中などと刑事事件になっていったりするわけです。また、株主代表訴訟や取引先からの損害賠償請求訴訟も起きることになります。

このゴム製品メーカーのケースは、何が原因だと報道等で言われているかというと、**〔図表８－13〕**の通り、本来こうした免震ゴムは、災害時において居住者の生命等の安全を守るためのものであるにもかかわらず、担当者らは、性能が欠如していても仕方がない、データを改ざんしてごまかして出荷してしまえということで、担当者等のお客様目線が欠如し、規範意識が著しく鈍麻していたということです。それから、出荷直前に開発担当者が進言しても出荷を強行した、納期まで時間がなかったから、急いで出荷したという点です。納期まで時間がなかったという正当化ですね。

もう１つ言われている話は、管理・監督機能の脆弱性と、特定の担当者への権限集中です。要するに、特定の人にいろいろな権限が集中していて、誰もきちんとチェックできませんでしたという話です。社内稟議や、性能検査などのダブルチェックのルールも整備されていなかった。それから、検査結果のデータをきちんと保存するというルールもなかった。監査も、ポテンヒットみたいな感じで、カバーできていない部分があった。経営陣の対応も問題があった。これが報道等で指摘されていることです。

このゴム製品メーカーのケースも、先ほどの自動車メーカーのケースと同じようなところがありまして、顧客の安全をどう考えたのかという話が出てこないわけです。出てくるのは、例えば、出荷まで時間がないから急いだとか、そんな話ばかりで、やはり顧客目線が欠如しています。

この会社は、平成４・５年とか平成16年ごろに防火性能の偽装を行っていたこともありました。そうすると、顧客の安全を第一に考えるという組織文化が明らかに欠如していたのではないかと思われます。そういう組織文化があれば、先ほどの自動車メーカーのケースと同じような意味で、簡単に不正の正当化は起きなかったのではないかと思われます。

それから、公表の先送りと経営陣との関係では、このケースでも、「隠さない、隠蔽しない」というのが徹底されていないということです。

３点目の、社内稟議やダブルチェックの欠如、データ処理過程の記録化不十分、監査の実効性欠如、といった部分ですが、これは子会社でやっていた業務であったため、どうしても非コア業務、関連業務にすぎず、ハウ・ツーとしてのコンプライアンス体制自体が十分にできていなかった。これも１つ

**〔図表８-13〕ゴム製品メーカーのケースの検討**

|  |
|---|
| ○　顧客の安全は二の次であり、やはり、顧客目線が欠如している<br>　　過去にも本質を同じくする不正を繰り返している<br>　　⇒　「顧客のため」の組織文化が必要<br>○　早期に認識していながら公表を先送りした経営陣<br>　　⇒　「隠さない、隠蔽しない」<br>○　社内稟議やダブルチェックの欠如、データ処理過程の記録化不十分、監査の実効性欠如など、体制が非常に脆弱<br>　　⇒　非コア業務、関連会社という点も大きな理由の１つだろう |

の原因なのかなと思われるところです。

### (iii)　組織風土・組織文化の構築

以上を前提として、例えば、顧客第一と考える、あるいは隠蔽しないなどといった組織風土・組織文化をどのようにつくっていったらよいのかという話です（〔図表８-14〕）。これはなかなか簡単な答えがなくて、どの会社も手探りで模索している状態です。これはアメリカの企業も一緒であって、こういうものが必要だとアメリカでも日本でも言われているのですが、どうやるのかという部分は正直難しいところです。

いろいろな考えがあると思いますが、先ほど「隠さない、隠蔽しない」というところで申し上げましたが、社員はたくさんいるわけです。数百人、数千人、数万人、あるいは10万人以上の従業員がいる会社もある、連結で見ればもっと社員がいる。いろいろな社員がいる中で、難しいことを言っても必ずしも伝わるとは限らないので、難しいことや複雑なことを言うよりは、単純素朴なメッセージを現場に繰り返すというのが一番よいのではないかと思います。「顧客のため、顧客第一で考える」とか、「隠さない、隠蔽しない」、それだけでよいとか、あるいは「カルテル・贈賄等の違法行為による儲けは一切不要である」とか、こういう極めてシンプルなメッセージにして、それを繰り返し言っていくというのが、組織風土・組織文化の構築という観点では一番効果的ではないかと思います。

**〔図表８-14〕組織風土・組織文化の構築**

➢ 簡単な答えはなく、どの企業も手探りで模索し、試行錯誤を繰り返す
➢ 単純素朴なメッセージ・動機付けが効果的ではないか
　⇒ 顧客のため、顧客第一、顧客目線
　⇒ 隠さない、隠蔽しない
　⇒ カルテル・贈賄等の違法行為による儲けは一切駄目
➢ 従業員は幹部・上司を見ている
　⇒ 幹部・上司の明確で強い意思の伝達
　　・違法行為に対する厳正な対応（懲戒、刑事・民事）
　⇒ 日ごろの言動（本音と建前）
　⇒ 自己規律……接待交際費、セクハラ・パワハラ
➢ 風通しの良い組織
　⇒ コミュニケーション
　　※ 職場の飲みニケーションは？
　⇒ 孤立化させない、誰かは見ている
　⇒ 外部の新しい目
　　部門を超えた人事異動、新入社員の声

　※ 内部通報を毛嫌いしない

それから、組織風土や組織文化というのは何でできているかと考えると、結局、人間がつくるものですから、過去の先輩が会社の組織風土や組織文化をつくっているわけです。言いかえると、結局、先輩、すなわち幹部や上司が組織風土や文化をつくっている。従業員は、幹部や上司を見ているわけです。なので、幹部や上司が、違法行為による儲けは一切不要であるとか、顧客第一で考える、そういったことを明確に強くメッセージとして日ごろから打ち出していくということが重要ではないかと思います。

例えば、宴会の席上などで、「昔は『業界の中の共存共栄』というのがあって、最近のいろいろなこともわかるんだけれども、日本にとっていろいろな技術を伝承させていくためには、やはり業界のプレーヤーを減らさないほうがよいのではないか」とか、そのような話をすると、いくらカルテルによる儲けは一切不要と言っても、結局は「業界各社の共存共栄」ということ

ですかと。つまり、本音は、カルテルでどの会社も一定の商売はとれて、存続していくようにする必要があるということなんですかね、と思われてしまう場合もあるわけです。従業員は、上司が「業界で共存共栄」などという言動をしていると、いくらカルテルによる儲けは一切不要と言っても、この人は本音では違うのだろう、本音では「業界の共存共栄」が大事だと考えているのだな、その本音に従って仕事をしましょう、というようにもなっていくわけです。

従業員は、些細な言動も含めて、幹部や上司の方の日ごろの言動をよく見ているので、そういうところに気をつける必要があるという話です。

あとは自己規律という話でして、先ほど不正のトライアングル、横領の正当化の話で、接待交際費の不正使用が横領などの正当化に使われるという話をしました。セクハラ、パワハラもそうですが、結局、幹部や上司がきちんとした自己規律を持っていなければ、従業員はそれを見て、自分もこれぐらいやってもよいではないかという話になるわけです。なので、組織風土・組織文化のためには、従業員は幹部、上司を見ているというのを常に念頭に置いて対応していく必要があるということです。

あとは風通しのよい組織、コミュニケーション、孤立化させないとか、外部の新しい目も必要であるという話です。先ほどの自動車メーカーのケースのように、新入社員のこれはよいのですかという声をすくい上げることができていれば、問題は相当違ったと考えられるわけでして、風通しのよい組織とか、外部の新しい目が非常に重要であるといえます。あと、内部通報を毛嫌いしないということです。

### ⅳ　海外子会社・現地法人での留意点

最後に、海外子会社・現地法人での留意点です（**〔図表８-15〕**）。時間の関係もあって、簡単に説明しますが、左側は最近の新興国での不正行為の特徴で、右側は先進国での特徴を対比しています。特に新興国のほうでは、最近、横領が結構多いです。その額も数億円とか、十何億円という横領もあり、どうしても海外、特に東南アジアなどでは、日本人社員が少ししかいない、現地のナショナルスタッフばかりだったりする。そうすると、ナショナルス

**〔図表8-15〕海外子会社・現地法人での留意点**

1．特に新興国の現地拠点で問題
2．横領等の不正行為
　○　手口が複雑
　　・ダミー会社を商流に介在させる
　　・取引先に、ダミー会社へのリベート支払を要求
　　・実在企業と似た名称のダミー会社
　○　不祥事が長期間継続し易い
　　・少数の日本人幹部、現地スタッフの大半は現地採用
　　・日本人幹部の人事固定化・長期化
　　・本社とのつながりの希薄化による忠誠心喪失、不満
　　・実態のある取引先か、単なるダミー会社か判別困難
　○　不正発見の端緒
　　・税務調査、内部通報
　　・現実にはこれ位しかない
　○　調査の困難
　　・現地スタッフの限界、日本との物理的距離
　　・属人的関係を背景とする取引先の非協力
　　・ダミー会社の株主・代表者の所在把握困難
　　・使途不明金に対する「現地必要経費」の抗弁
3．贈収賄リスク（中国では商業賄賂）、裏金
　cf.　GSK
4．カルテルによる摘発は、中国、韓国、シンガポールを除き、積極化していない

【先進国】
○　横領等の不正は少ない
　・日本人スタッフの異動による露見の容易性
　・日本人による相互牽制
　・現地スタッフからの通報
　・本社との距離感が近い
　・所在国の法制度の完備
○　贈収賄リスクは低い
　・所在国公務員等の倫理感が高く、接待贈答に節度がある
　・先進国拠点によるアジア等での贈賄は別
　・税務調査、会計監査が堅固なため、裏金を作りにくい
○　カルテル等のリスク
　・カルテル＝違法との考え方が一般にも普及
　・リニエンシー等を通じた確実な摘発
　・競合他社によるリニエンシー等の戦略的利用

タッフは現地の日本人社員に対して物を言わない、あるいは少数の日本人の社員も５年現地にいたら東京に帰って、２年いたらまた現地に行くという形で、いつも決まり切った同じ人しかいない。それから、例えば有名な会社の漢字４文字の名前の漢字を１カ所変えるだけで全く違う会社になるわけですが、そうして作ったダミー会社を取引の間に挟み込んで、そこに利益を落とすというのも行いやすい。漢字１字を変えるぐらいでそうなってしまうので、このような不正が結構長く続いていて、わかりにくい、なかなか発見が難しいというのが特徴です。

**〔質疑応答〕**

**（質問）**　最近でも、ベネッセの個人情報流出や、まるか食品のペヤングの異物混入のように、初動対応がつたないなというケースが散見されますが、逆に、初動対応がすばらしかったという例があればご紹介いただけませんでしょうか。また、そこから我々が学べることは何でしょうか。

**（回答）**　報道されるケースは、大体初動対応が不十分だからバッシングされて報道されるので、うまいケースというのは説明が結構難しいのですが、ペヤングのケースは、むしろうまかったほうのケースではないでしょうか。虫か何かが入っていたんですかね。早期に製品の販売を中止して、当時、あの商品ぐらいしか主な製品がなかった中で、製造を全て中止して、ラインを全部見直してというのを発表して、そこまで徹底したことをやる会社はあまりなかったと思います。こういうものを発表することで、それほどバッシングもされず、むしろ販売を再開したときには、あちらこちらのテレビでも大きく取り上げられて、ペヤングファンみたいな人が10個まとめ買いしましたなんて報道されていたぐらいですから、そういう意味では、逆にうまくいったケースかなと思います。

そこから、どのように学び取れるかですが、あまり行き過ぎてもいけないのですが、違法行為なり不祥事なりがあったというのであれば、スパッと認めることを前提として、ぐだぐだ言いわけはしないで、全部認めます、徹底的に見直しますというようにやっていくということかなと思います。ただ、同時に、行き過ぎてもいけないので、何でもかんでも悪いと言う必要はないのですが。

**（質問）**　最近の攻めの経営におけるコーポレートガバナンスの議論で、インセンティブづけで何かをするといったことが言われていますが、コンプライアンスという守りの経営において、インセンティブによる解決は可能なのでしょうか。

**（回答）**　確かに、インセンティブという観点で言うと、今も既にどの会社もやっていると思うのですが、例えば、人事考課の際に、必ずしも数字を上げているとか、そういうことばかりではなくて、執務姿勢とか、同僚からの評判とか、そのようなものを相当重視していく、そういうものはあると思います。同僚からの評判などの中には、法律違反をしないという狭い意味のコンプライアンスもそうですし、会社として、あるいは会社員として、社会的にきちんと責任を果たして仕事をしているという広い意味でのコンプライアンスも入ると思いますが、そういったようなものを人事考課の材料の１つとしてやっていく。

これは最近どの会社も結構やっているとは思うのですが、数字などと違って、そのような定性的な評価は、実際の評価は難しい。それから、法律を守らない場合には制裁や懲戒がありますが、法律を守って仕事をするのは、当たり前といえば当たり前なので、必ずしもプラスのインセンティブにならず、むしろ守らなかったことに対する制裁としてしか機能しない場合も多かったりするという意味で、実際は結構難しかったりするかなとも思います。

**（質問）**　今、企業不祥事が発生したときに、第三者委員会を立ち上げるというのは、１つの進め方だと思いますが、その中で、よい第三者委員会、やり過ぎの第三者委員会、会社寄りの第三者委員会、いろいろな議論があるかと思います。コーポレートガバナンスの１つのあり方として、第三者委員会をどういう形で立ち上げ、どうやって遂行していくのがよいか、コメントをいただけますか。

**（回答）**　第三者委員会については、１つは、昔、お手盛り委員会の問題があって、粉飾決算などのケースで、会社に都合のよいようなことを言うような人を選んできて第三者委員会を作るという問題があって、独立性を強めないといけないと言われました。

それで日弁連ガイドラインができたのですが、独立性を強め過ぎると、今度は、第三者委員会が会社と対立して独走するといった問題も生じたりして、なかなか難しいところがある。

コーポレートガバナンスの観点から見た場合に、第三者委員会をつくっていく上で、きちんと独立性の確保された外部の有識者の方から成る第三者委員会は、あったほうが、ないよりははるかによいと思います。なので、なるべくそういうものができていくほうがよいとは思いますが、ただ、現実の会社では、第三者委員会をつくるとなると会社が相当渋って、説得するのに結構骨が折れます。会社は第三者委員会をつくることに結構腰が引けるものですから、我々弁護士にどういう人が候補としてよいですかと聞いてくるので、そういう場合に、きちんとした人を推薦していくとか、そのような対応も必要になったりします。

**（質問）**　お話にあった、組織風土や組織文化の構築について、社外取締役が果たす役割というのはどのようなものが期待されるのでしょうか。

**（回答）**　自分もいくつかの会社で社外取締役をしているのですが、まず現状はどうか。結局、社外であることの意味は、会社から一歩引いているという部分に大きな意味がある。逆に言うと、一歩引いているので、会社の中にはそんなに深く入っていっていないというのがあります。だから、現状は、社外役員、社外取締役が組織風土や組織文化の構築に果たしている役割は極めて限られている、ほとんど果たしていないと言ったほうがよいかもしれません。

この現状でよいのかどうかがおそらくご質問の趣旨だと思いますが、自分の経験で言うと、コーポレートガバナンスにおいて、社外役員の持つ意味は、経営陣や会社そのものから一歩引いているということに意味があると思うので、例えば、あまり経営者と仲よくなれば経営者をクビにしにくいですし、あるいは業務執行を担当している取締役の担当分野がよくわかればわかるほど、この状況でこうだから、多分自分がこのように質問すれば、彼はこう答えるのだろうと、質問する前から相手の答えがわかってしまったりする。そうすると、コーポレートガバナンス上、もはや社外取締役として求められる機能を果たしていないということになってしまうと思うんですよね。そう考えると、社外役員というのは、やはり一歩引いている、外様、アウトサイダーというのがよいのかなと思います。そうだとすれば、組織風土・組織文化の構築というのは、社外取締役の仕事ではなくて、社内の業務執行者の役割だと考えるべきかなと思います。

# さいごに

講師の皆様には、「コーポレートガバナンスと企業・産業の持続的成長」というテーマを取り上げた意義・意図をご理解下さり、講義への登壇を快く引き受けてくださいました。講義では学生から非常に多くの質問が出され、これに対し、講師の皆様は大変丁寧に回答していただき、時間内に終わらないことも少なくありませんでした。スペースの関係などから、講義での質疑応答のすべてを掲載することができませんでしたが、講師の方には多大な時間と労力を割いていただきましたこと、心より感謝申し上げます。

この講義は、もちろん学生の学習を目的に行ったものですが、昨今のコーポレートガバナンスを取り巻く、政策上あるいは法学的な議論の高まりを踏まえ、講義の議論を広く社会で関心のある方にご覧いただくことは、様々な場面において意義があるものと考え、講師の方に原稿確認という手間までおかけして、出版することにしました。株式会社商事法務の小山秀之氏には、本書の構想段階から相談にのっていただき、大変なご尽力をいただきました。この場を借りて厚く御礼申し上げます。

本書の編集作業等は今泉が主に行いましたが、この講義は小野傑東京大学法科大学院客員教授（西村あさひ法律事務所パートナー弁護士）とともに企画し運営してきました。小野先生には、2年にわたり様々なサジェスチョンやアドバイスをいただき、様々に助けていただきました。

東京大学大学院法学政治学研究科の神作裕之教授には、この講義の企画運営・講義への登壇をはじめ、教育・研究活動の全般にわたり親身に御指導いただき、本書の出版にあたっても多大なお力添えをいただきました。

講義の運営その他では、大学院スタッフであられた三木真砂美さんに、本書のベースとなった速記録の作成には石井恭子さんに、大変お世話になりました。

また、コーポレートガバナンスに限らず、経済の持続的成長のために金融資本市場がいかにあるべきかというテーマに関して、常日頃から一緒に議論してくださる関係者の皆様よりいただいた刺激が、本書を出版することの後押しになったことは言うまでもありません。

皆様に心より御礼申し上げます。

さいごに、この講義に参加して活発な議論を交わしてくれた学生の皆さんに感謝申し上げます。学生皆さんの今後の活躍を心より祈念したいと思います。

平成29年 9 月

**今泉　宣親**

## 【編者紹介】

神作　裕之（かんさく　ひろゆき）

東京大学法学部卒。学習院大学法学部専任講師、同助教授、同教授を経て、2004年より東京大学大学院法学政治学研究科教授。専門は商法・資本市場法。近著として、「日本版スチュワードシップ・コードと資本市場」神作裕之【責任編集】＝資本市場研究会編『企業法制の将来展望――資本市場制度の改革への提言〈2015年度版〉』所収（財経詳報社、2015年）、「運用型集団投資スキームの業規制――投資信託・投資法人制度とプロ向けファンド規制の見直し――」金融法務事情2023号（2015年）、「ドイツにおけるファンド規制――ファンドおよび投資家の類型化の観点から――」早川勝ほか編『ドイツ会社法・資本市場法研究』（中央経済社、2016年）所収等。現在、金融審議会委員、関税・外国為替等審議会臨時委員、法制審議会信託法部会幹事等。

小野　傑（おの　まさる）

1976年東京大学法学部卒。1978年弁護士登録（30期）。1982年ミシガン大学ロースクールLL.M修了。1983年ニューヨーク州弁護士資格取得。1985年西村眞田（現、西村あさひ）法律事務所パートナー、2004年代表パートナー。2007年東京大学客員教授。

流動化証券化協議会専務理事、金融法委員会委員、法制審議会信託法部会委員、複数の金融機関の社外役員（社外取締役、社外監査役）を務める。

今泉　宣親（いまいずみ　よしちか）

京都大学法学部卒。2003年金融庁入庁。金融庁総務企画局企画課、総務企画局政策課課長補佐、監督局総務課課長補佐などを経て、2015年８月より東京大学公共政策大学院特任准教授。2017年７月より金融庁総務企画局政策課政策管理官。

## 【執筆者紹介（執筆順）】

田村　俊夫（たむら　としお）（担当：第１編第１章）

一橋大学大学院商学研究科教授、みずほ証券株式会社市場情報戦略部客員上級研究員。1986年東京大学法学部卒業、日本興業銀行入行。1989年ハーバードロースクール修士。ニューヨーク州弁護士登録。日本興業銀行審査部、世界銀行グループIFC、みずほ証券投資銀行第７部長、経営調査部上級研究員、一橋大学大学院商学研究科客員教授等を経て、2017年より現職。著書に『MBAのためのM&A』（有斐閣、2009年）などがある。

野崎　彰（のざき　あきら）（担当：第１編第２章）

東京大学理学部物理学科卒。2000年金融監督庁（現金融庁）入庁。金融庁監督局総務課、内閣官房郵政民営化準備室主査、関東財務局上席調査官、内閣総理大臣補佐官付、金融庁総務企画局企業開示課課長補佐などを経て、2011年経済協力開発機構（OECD）シニア・ポリシーアナリスト。2015年より金融庁総務企画局市場課総括課長補佐、2017年より同政策課総括企画官。ロンドン大学（経済政策）修了。著書に『新しい公認会計士・監査法人監査制度』（共著、第一法規、2009年）、『格付会社規制に関する制度』（共著、商事法務、2011年）、『逐条解説2017年金融商品取引法改正』（共著、商事法務、2018年刊行予定）などがある。

冨山　和彦（とやま　かずひこ）（担当：第２編第１章）

株式会社経営共創基盤（IGPI）代表取締役CEO。東京大学法学部卒。スタンフォード大学経営学修士（MBA）、司法試験合格。ボストンコンサルティンググループ、コーポレイトディレクション代表取締役を経て、2003年に㈱産業再生機構設立時に参画しCOOに就任。解散後、2007年、経営共創基盤（IGPI）を設立し現在に至る。

パナソニック㈱社外取締役。東京電力ホールディングス㈱社外取締役。経済同友会副代表幹事。財務省財政制度等審議会委員、金融庁スチュワードシップ・コード及びコーポレートガバナンス・コードのフォローアップ会議委員、経済産業省産業構造審議会新産業構造部会委員など多くの政府関連委員を務める。著書に『決定版 これがガバナンス経営だ！――ストーリーで学ぶ企業統治のリアル』（共著、東洋経済新報社、2015）、『AI経営で会社は甦る』（文藝春秋、2017）など多数。

藤田　勉（ふじた　つとむ）（担当：第２編第２章）

一橋大学大学院国際企業戦略研究科特任教授。1982年上智大学外国語学部英語学科卒業。2010年一橋大学大学院国際企業戦略研究科博士課程修了、博士（経営法）。山一証券、メリルリンチを経て、2000年シティグループ証券株式調査部日本株ストラテジスト。2010年シティグループ証券取締役副会長。2017年より現職。経済産業省企業価値研究会委員、内閣官房市場動向研究会委員、北京大学日本研究センター特約研究員、慶應義塾大学グローバルセキュリティ研究所客員研究員などを歴任。

井口　譲二（いぐち　じょうじ）（担当：第２編第３章）

ニッセイアセットマネジメント株式会社チーフ・コーポレート・ガバナンス・オフィサー、株式運用部担当部長（投資調査室）。1988年大阪大学経済学部卒業。ニッセイアセットマネジメントで、金融・素材セクターなどのアナリスト業務、投資調査室長を経て現職。ICGN理事、日経アニュアルリポートアウォード審査最終委員、企業会計基準委員会専門委員（企業結合）など。主な著書に、『スチュワードシップとコーポレートガバナンス』（共著、東洋経済、2015年）、『コーポレートガバナンス・コードの実践』（共著、日経BP、2015年）、『ダブルコード時代の機関投資家の取組みについて』旬刊商事法務2101号（2016年）などがある。

菊地　正俊（きくち　まさとし）（担当：第２編第４章）

1986年東京大学農学部卒業後、大和証券入社、大和総研、2000年にメリルリンチ日本証券を経て、2012年よりみずほ証券チーフストラテジスト。1991年米国コーネル大学よりMBA。日本証券アナリスト協会検定会員、CFA協会認定証券アナリスト。組織学会、金融学会、日本ファイナンス学会会員。日経ヴェリタス・ストラテジストランキング2017年１位。インスティチューショナル・インベスター誌ストラテジストランキング2017年１位。著書に『良い株主　悪い株主』（日本経済新聞出版社、2016年）、『なぜ、いま日本株長期投資なのか』（金融財政事情研究会、2014年）『株式投資　低成長時代のニューノーマル』（日本経済新聞出版社、2012年）等、訳書に『資本主義のコスト』（洋泉社、2009年）等がある。

佐々木　清隆（ささき　きよたか）（担当：第３編第１章）

1983年東京大学法学部卒。1983年大蔵省（現財務省）入省。OECD、IMFの勤務、金融庁検査局審議官、公認会計士・監査審査会事務局長等を経て、2015年証券取引等監視委員事務局長、2017年金融庁総務企画局総括審議官。

木目田　裕（きめだ　ひろし）（担当：第３編第２章）

1991年東京大学法学部卒、1993年検事任官、東京地検特捜部検事、米国ノートルデイム・ロースクール客員研究員、法務省刑事局付（総務課・刑事課）、金融庁総務企画局企画課課長補佐等を経て、2002年７月退官。同年８月弁護士登録。西村あさひ法律事務所パートナー弁護士。楽天証券株式会社、株式会社アドバンスクリエイトの各社外取締役。

コーポレートガバナンスと企業・産業の持続的成長

2018年3月10日　初版第1刷発行

編　　者　神　作　裕　之
　　　　　小　野　　　傑
　　　　　今　泉　宣　親

発 行 者　塚　原　秀　夫

発 行 所　株式会社　商　事　法　務

〒103-0025 東京都中央区日本橋茅場町3-9-10
TEL 03-5614-5643・FAX 03-3664-8844〔営業部〕
TEL 03-5614-5649〔書籍出版部〕
http://www.shojihomu.co.jp/

落丁・乱丁本はお取り替えいたします。　印刷／そうめいコミュニケーションプリンティング

Printed in Japan
*Shojihomu Co., Ltd.*
ISBN978-4-7857-2595-2
＊定価はカバーに表示してあります。